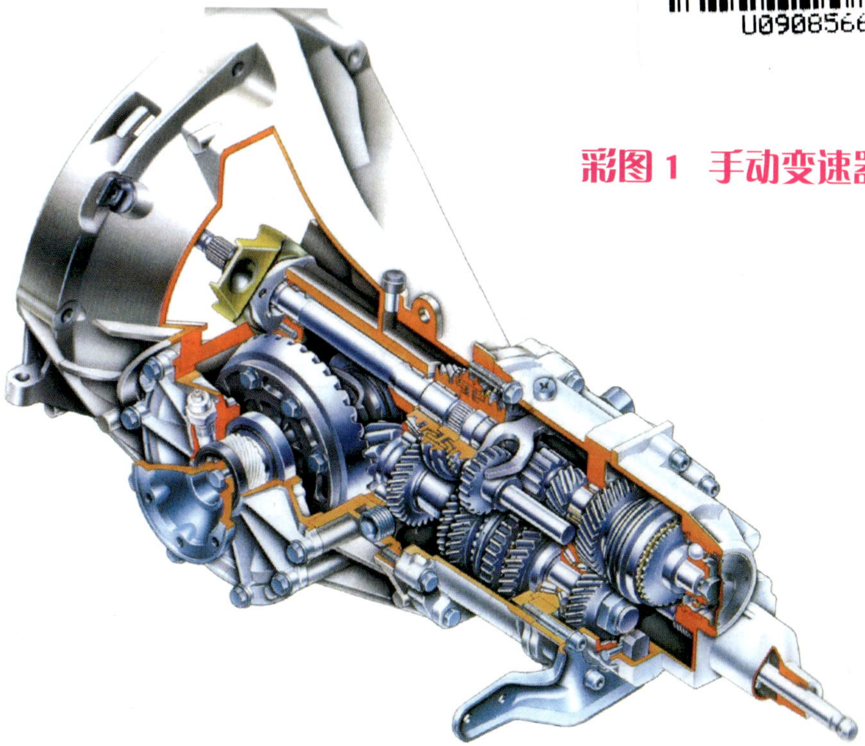

彩图1 手动变速器

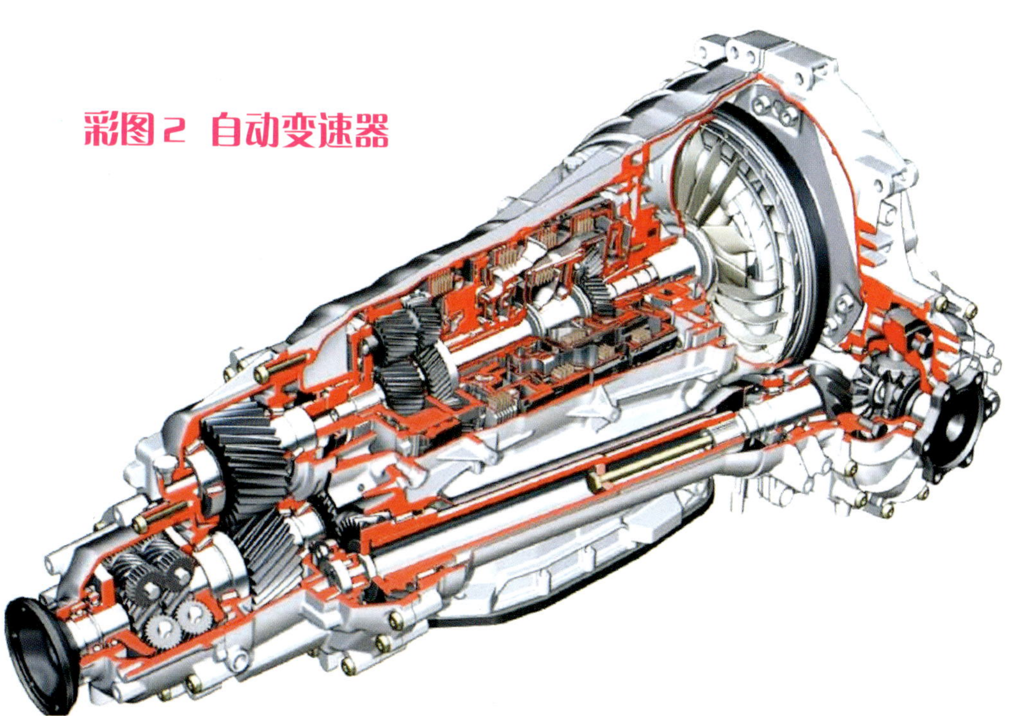

彩图2 自动变速器

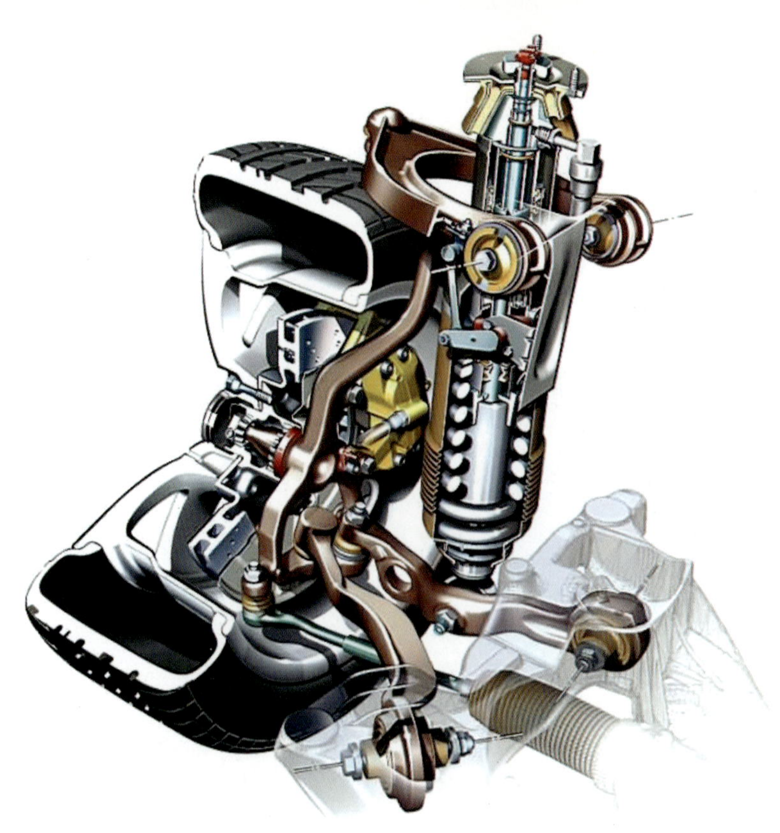

彩图3 前悬架

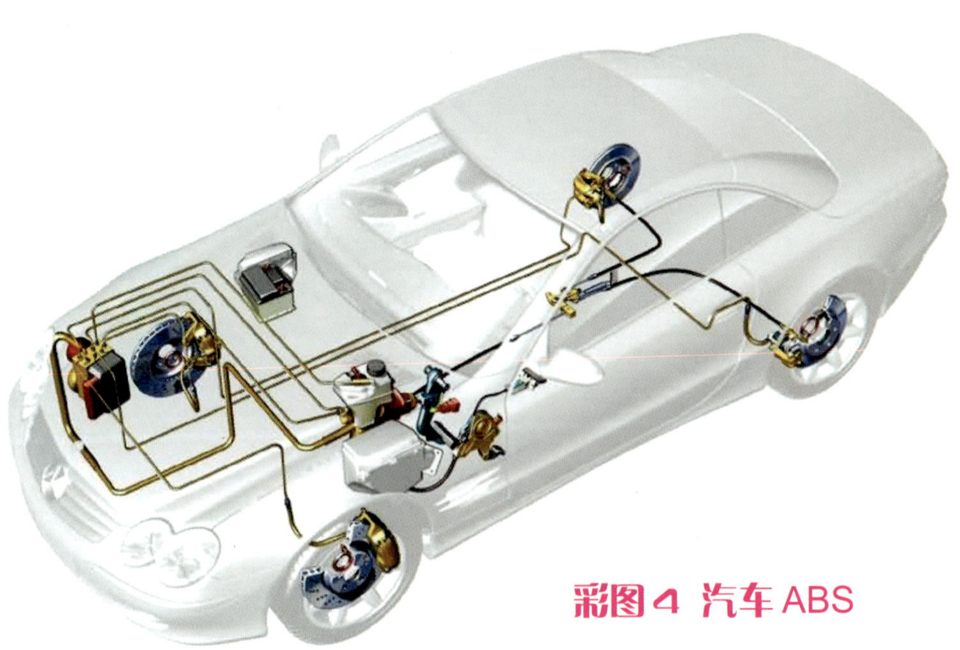

彩图4 汽车ABS

普通高等教育"十一五"国家级规划教材配套教材
汽车类教学改革规划教材

汽车构造与原理

（下册　底盘、车身）第2版

主　　编　蔡兴旺　付晓光
副 主 编　赵良红　王　斌　余志兵
参　　编　廖一峰　彭樟林
　　　　　张桢明　林志辉
课件制作　蔡兴旺　刘　群　付晓光
　　　　　王　斌　余志兵　廖一峰

机械工业出版社

本书将汽车的构造与理论有机融合，以轿车为主，系统地介绍了现代汽车的总体结构、基本工作原理和各系统、部件的结构、工作原理与日常使用维护，突出了现代汽车电子控制技术（如 EFI、VTEC、DLI、SVC、VCM、CCI、ECD、FSI、ISC、CAN、CISS、AT、ABS、EBD、ESP、ASR、ETS、EDS、SRS、CCS、SSS、GPS、TCS、AFS、TPMS 等）及新一代高压共轨电喷柴油机、直喷汽油机、燃料电池电动汽车、混合动力汽车等新车型，可变气缸控制、可变压缩比、车辆动态集成控制、车载网络（CAN）等新结构、新技术的介绍。

全书分上、下两册，共 3 篇 19 章。本书为下册，包括第 2 篇底盘和第 3 篇车身与电器，介绍了汽车的传动系统、行驶系统、转向系统、制动系统、车身、仪表、照明、影音、空调、车载网络 CAN 等的结构与工作原理。

本书可作为高职高专汽车类各专业的教材，也可作为普通院校、职大、成人教育等汽车工程类专业教材，还可作为汽车应用、维修培训及中专技校的参考教材。

本书配有电子课件，**凡使用本书作为教材的教师**可登录机械工业出版社教材服务网 www.cmpedu.com 下载。咨询邮箱：cmpgaozhi@sina.com。咨询电话：010-88379375。

图书在版编目（CIP）数据

汽车构造与原理．下册，底盘、车身/蔡兴旺，付晓光主编．—2 版．—北京：机械工业出版社，2009.10（2015.8 重印）
普通高等教育“十一五”国家级规划教材配套教材．汽车类教学改革规划教材
ISBN 978-7-111-28633-2

Ⅰ．汽…　Ⅱ．①蔡…②付…　Ⅲ．①汽车－构造－高等学校－教材②汽车－底盘－高等学校－教材③汽车－车体－高等学校－教材
Ⅳ．U463

中国版本图书馆 CIP 数据核字（2009）第 198926 号

机械工业出版社（北京市百万庄大街 22 号　邮政编码 100037）
策划编辑：葛晓慧　责任编辑：张双国　封面设计：赵颖喆
责任校对：李秋荣　责任印制：乔　宇
北京机工印刷厂印刷（三河市南杨庄国丰装订厂装订）
2015 年 8 月第 2 版第 10 次印刷
169mm×239mm・22.75 印张・1 插页・418 千字
29 001—31 000 册
标准书号：ISBN 978-7-111-28633-2
定价：38.00 元

凡购本书，如有缺页、倒页、脱页，由本社发行部调换
电话服务　网络服务
服务咨询热线：(010)88379833　机工官网：www.cmpbook.com
读者购书热线：(010)88379649　机工官博：weibo.com/cmp1952
教育服务网：www.cmpedu.com
金书网：www.golden-book.com

序

由广东韶关学院汽车系蔡兴旺教授主编，众多在粤汽车专家、教师和业内人士参加编写的《汽车构造与原理》一书出版问世，为我国汽车类技能型、应用型人才培养培训教材增添了新的品种，也为广大从事汽车维修的人员和其他人士提供了新的技术读物，这是一件值得庆贺的事情。

现今，我国进入了全面建设小康社会的时期，汽车来到了寻常百姓家。“汽车”拉动国民经济的作用日益明显，这就需要有大量的汽车技术服务与汽车商务类人材来支持汽车产业的发展。他们不仅要懂得汽车的基本结构，还要明白汽车行驶的基本理论。惟有这样才能真正地掌握好汽车，更好地使汽车服务于社会，服务于人民大众。

将汽车构造和理论融成一体编写，这是新的尝试。无论从教材体系的规划、内容的取舍深浅到文字的编排等诸多方面都要很好地进行探讨。恰好，韶关学院等在广东的高校，在这方面进行了教学实践，取得了经验，获得了师生的认可。所谓实践出真知，可以相信通过同仁们的努力，本书的出版定会受到广大师生和有关从业人员的欢迎。

汽车和社会、人民大众生活密切不可分离。节能、安全和环保是汽车对社会必须承担的责任，而大众又希望能乘坐非常舒适、使用方便可靠、容易驾驶并能跟上时代潮流的车辆，这一些又应尽量满足。这就决定了汽车必定是一高新技术密集的产品。这些技术必定要从传统的力学、机械工程、金属材料等领域中跨出，进入更多方面新的领域，如新材料、人工智能、航空航天技术，尤其是电子技术、控制技术、通信信息技术等方面。这些技术的引入将有利于提高汽车产品的水平。本书对有关这方面的新技术都有所反映。汽车产品和技术不断在发展，教材也要与时俱进。相信随着时代的前进和教学经验的不断丰富，本书将会更上一层楼。

徐石安

于清华园

第2版前言

我国汽车产业的迅速发展，急需大量汽车技术服务与汽车商务类人才。“汽车构造与原理”是汽车类各专业必修的一门专业基础课程，它对后续的多门汽车专业课程学习影响极大。在广东省教育厅、韶关学院等多个教学研究课题立项支持下，我们进行了多年的教学改革探索，以教育部的“面向21世纪深化职业教育教学改革的原则意见”等文件精神为指导，编写了这套汽车类教学改革规划教材。

本书根据学生的认识规律和理论联系实际及任务驱动、模块化教学等原则，改变传统的汽车构造、理论和使用维护分开成册编写的做法，将它们有机地融合，受到了学生的欢迎，收到了较好的教学效果。

根据高职高专职业针对性强的特点，本书强调知识的应用，形成新教材的运用体系；立足以人为本，注意培养学生对基础理论的应用能力、理论联系实际的能力、实际操作能力、自学能力和创新能力等综合素质。

本书的内容紧密联系现代汽车新技术，以轿车为主，大量更新、增补了汽车各种电子控制技术（如 EFI、VTEC、DLI、SVC、VCM、CCI、ECD、FSI、ISC、CAN、CISS、AT、ABS、EBD、ESP、ASR、ETS、EDS、SRS、CCS、SSS、GPS、TCS、AFS、TPMS 等）及新一代高压共轨电喷柴油机、直喷汽油机、燃料电池电动汽车、混合动力汽车等新车型，可变气缸控制、可变压缩比、车辆动态集成控制、车载网络（CAN）等新结构、新技术的介绍。本书在内容编排上力求新颖、活泼，图文并茂，符合学生的学习特点；本书配套了电子课件，提供了大量文本、彩图、动画和视频，形象生动地展示了现代汽车各总成及零部件的构造与工作原理，可供教师直接用来进行多媒体教学和学生自学，极大地方便了教师备课、授课和学生课外自学和复习。

本书由广东韶关学院汽车系、深圳职业技术学院汽车学院、顺德职业技术学院、番禺职业技术学院、广州珠江职业技术学院、广东白云学院、广州汽车工业集团总公司等院校、企业联合编写，由蔡兴旺和付晓光任主编。参加本书编写的有：蔡兴旺（第13章的13.1、13.4，第16章，并对全书进行修改、统稿），付晓光（第14章、第15章的15.4~15.8、第19章，并对底盘部分章节进行修改），赵良红（第12章的12.2和12.3），王斌（第18章的18.4）、余志兵（第18章的18.1~18.3），廖一峰（第13章的13.2~13.3），彭樟林（第17章）、张桢明（第12章的12.1，第15章的15.1~15.3），林志辉（第12章的

12.4～12.5)。光盘制作有蔡兴旺、刘群、付晓光、王斌、余志兵、廖一峰。

在本书的编写及光盘制作过程中，得到广东省教育厅、机械工业出版社、清华大学、华南理工大学、韶关学院、深圳职业技术学院、顺德职业技术学院、番禺职业技术学院、广东白云学院、广州珠江职业技术学院、广州汽车工业集团总公司的大力支持与帮助，在此深表感谢。

由于水平所限，书中难免存在误漏之处，诚恳期望得到同行专家和广大读者批评指正。

《汽车构造与原理》编写组

第 1 版前言

我国汽车产业的迅速发展，急需大量汽车技术服务与汽车商务类人才。《汽车构造与原理》是汽车类各专业必修的一门专业基础课程，它对后续的多门汽车专业课程学习影响极大。在广东省教育厅教学研究课题立项支持下，我们进行了多年的教学改革探索，以国家教育部的“面向 21 世纪深化职业教育教学改革的原则意见”等文件精神为指导，编写了这套《汽车构造与原理》新教材。

本书根据学生的认识规律和理论联系实际及模块化教学等原则，改变传统的汽车构造与汽车原理分开成册编写的作法，将“构造”与“原理”合二而一，有机融合。教学试验结果很受学生欢迎，收到了较好的教学效果。

本书强调知识的应用，形成新教材的运用体系；立足以人为本，注意培养学生对基础理论的应用能力、理论联系实际的能力、实际操作能力、自学能力和创新能力等综合素质。

教材内容紧密联系现代汽车新技术，以轿车为主，大量更新、增补了汽车各种电子控制技术（如 EFI 、DLI、ABS、ASR、AT、ETS、EDS、SRS、CCS、SSS、GPS 及可变配气正时和气门升程电控系统 VTEC）、新一代高压共轨电喷柴油机、直喷汽油机、燃气汽车、电动汽车等新结构、新技术、新车型的介绍。本书编排力求新颖、活泼，图文并茂，符合学生的学习特点；本书配套了光盘，提供了大量文本、彩图、动画和视频，形象生动地展示了现代汽车各总成及零部件的构造与工作原理，可供教师直接用来进行多媒体教学和学生自学，极大地方便了教师备课、授课和学生课外自学和复习。

本书由广东韶关学院汽车系、顺德职业技术学院、深圳职业技术学院汽车系、广州白云职业技术学院、广州汽车工业集团总公司等院校、企业联合编写。由韶关学院汽车系蔡兴旺教授任主编，清华大学汽车系徐石安教授任主审，顺德职业技术学院付晓光老师、赵良红老师任副主编。编写分工为：蔡兴旺（第 24 章并对全书进行统稿）、付晓光（第 21 章并对全书进行审改）、赵良红（第 14 章、第 15 章）、杜立新（第 13 章、第 22 章、第 23 章）、刘跃明（第 18 章、第 19 章、第 20 章）、崔正平（第 16 章、第 17 章）、王斌（第 25 章）、余志兵（第 26 章）。光盘制作有付晓光、刘群、蔡兴旺、王斌、余志兵等。

本书编写及光盘制作过程中，得到广东省教育厅、机械工业出版社、清华大学、华南理工大学、韶关学院、深圳职业技术学院、广州白云职业技术学院、顺德职业技术学院、广州汽车工业集团总公司的大力支持与帮助，在此深表感谢。

由于水平所限，书中误漏之处难免，诚恳期望得到同行专家和广大读者批评指正。

《汽车构造与原理》编写组

本书常用缩略语

ABS——防抱死制动系统
AFS——自适应前照灯系统
ASR——驱动防滑系统
AT——自动变速器
BLIS——盲点信息系统
CAN——控制器局域网
CCS——巡航控制系统
CISS——集成性安全核心系统
CVT——机械式无级自动变速器
DSC——动态稳定控制系统
EBD——电子控制制动力分配系统
ECU——电控单元
ESP——电子稳定程序
GPS——全球卫星定位系统
TCS——牵引力控制系统
TPMS——轮胎压力监视系统
VCM——可变气缸控制发动机
VSC——汽车稳定性控制系统
VDIM——车辆动态集成控制
VSA——汽车稳定性辅助系统
4WD——4 轮驱动

目录

第2篇 汽车底盘

第3篇 汽车车身与电器

第2篇 汽车底盘

汽车底盘是整个汽车的基体，支承着发动机、车身等各种零部件，同时将发动机的动力进行传递和分配，并按驾驶员的意志行驶（加速、减速、转向、制动等）。它一般由传动系统、行驶系统、转向系统、制动系统四大系统组成，如图Ⅱ-1 所示。

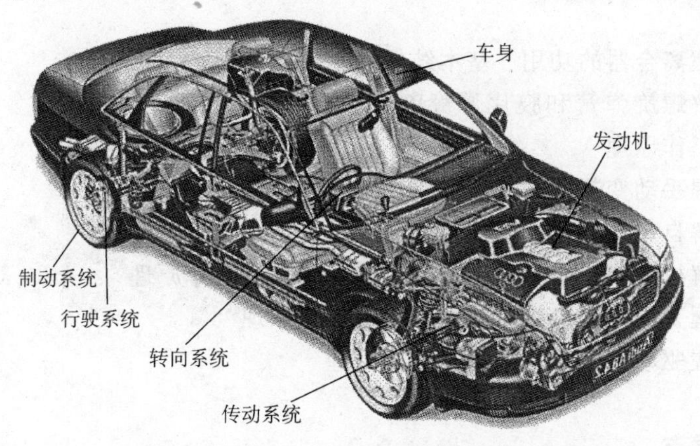

图Ⅱ-1 汽车底盘的组成

第 12 章 汽车传动系统

教学目标与要求

- 掌握离合器的功用、基本结构及工作原理
- 理解螺旋弹簧和膜片弹簧离合器及其操纵机构的结构及工作原理
- 掌握手动变速器的基本结构及工作原理
- 理解自动变速器的基本结构及工作原理
- 理解机械式无级自动变速器的基本结构及工作原理
- 掌握万向传动机构的基本结构及工作原理
- 掌握驱动桥的基本结构及工作原理

教学重点

※离合器的功用、基本结构与工作原理
※手动变速器的基本结构及工作原理
※自动变速器的基本结构及工作原理
※万向传动机构的基本结构及工作原理
※差速器的基本结构及工作原理

教学难点

▲手动变速器同步器的工作原理
▲行星齿轮变速机构的结构及工作原理
▲液压控制换挡系统的组成及工作原理
▲差速器结构及工作原理

汽车传动系统将发动机发出的动力传给驱动车轮，并实现减速增扭等功能。传动系统包括离合器、变速器、传动轴、主减速器及半轴等，如图 12-1 所示。

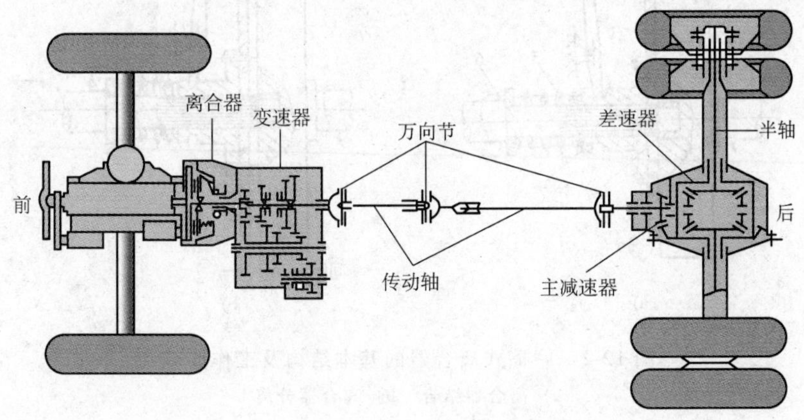

图 12-1　汽车传动系统组成

12.1　离合器

12.1.1　离合器的基本结构及工作原理

1. 离合器的功用

离合器安装于发动机与变速器之间，用于暂时分离两者或平顺地结合以传递发动机的动力。

2. 离合器的基本结构

以目前汽车上广泛采用的摩擦式离合器为例，其基本结构及工作原理如图 12-2 所示。它主要由主动部分（飞轮 1）、从动部分（从动盘 2）、压紧机构（压紧弹簧 5）和操纵机构（分离套筒 7、操纵杆 4）4 部分组成。从动盘一般采用高摩擦因数的耐热材料制成。

3. 离合器的工作原理

（1）离合器结合　离合器踏板处于自由状态时，从动盘在压紧弹簧作用下压紧在飞轮端面。发动机工作时，飞轮旋转，靠离合器从动盘摩擦片与飞轮端面之间的摩擦力将动力传给变速器。

（2）离合器分离　踩下离合器踏板，通过操纵杆使分离套筒克服压紧弹簧的作用力右移，带动从动盘右移，使从动盘与飞轮端面出现间隙，切断发动机的动力传递。

（3）汽车平稳起步　先踩下离合器踏板，切断发动机的动力，挂上挡后再缓慢松开离合器踏板。在压紧弹簧的作用下，从动盘逐渐与飞轮端面接

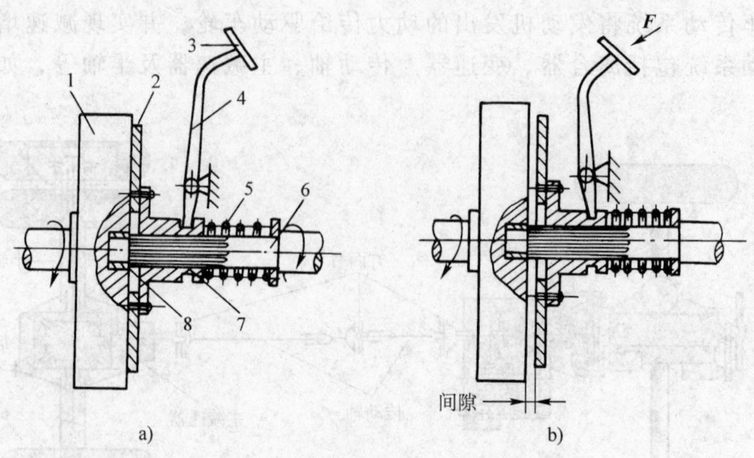

图12-2 摩擦式离合器的基本结构及工作原理

a）离合器结合 b）离合器分离

1—飞轮 2—从动盘 3—离合器踏板 4—操纵杆 5—压紧弹簧 6—花键轴 7—分离套筒 8—轴承

触压紧，将动力由小到大传到变速器，达到平稳起步。

（4）配合换挡 先踩下离合器踏板，切断发动机的动力，变速器齿轮不再传递转矩，容易退出原挡位齿轮，也容易挂上新挡位。

（5）过载保护 当汽车紧急制动时，传动系统将产生很大的惯性力距，并通过花键轴6作用在离合器从动盘上，超出从动盘所能传递的最大转矩，则从动盘打滑，避免了传动系统与发动机产生扭转，保护了机件。

12.1.2 摩擦式离合器的构造

摩擦式离合器由主动部分、从动部分、压紧装置和操纵机构4部分组成。图12-3所示为桑塔纳2000GSi汽车离合器。

1. 主动部分

主动部分包括飞轮、离合器盖和压盘等。

离合器盖通过螺钉与飞轮固定，与压盘之间通过4组传动钢片来传递转矩。压盘能随飞轮一起旋转，两者一起带动从动盘转动。在离合器的分离和接合过程中，弹性传动钢片产生弯曲变形，保证压盘可沿轴线作平行移动。

2. 从动部分

从动部分由从动盘组件（简称从动盘）组成。从动盘有带扭转减振器和不带扭转减振器两种结构形式。

（1）不带扭转减振器的从动盘（见图12-4） 从动盘钢片直接铆接在从动盘毂上。为了提高接合的柔合性，在从动盘钢片与摩擦片之间加铆波浪形弹性钢片，使从动盘具有一定的轴向弹性。为了获得足够的摩擦力矩，在

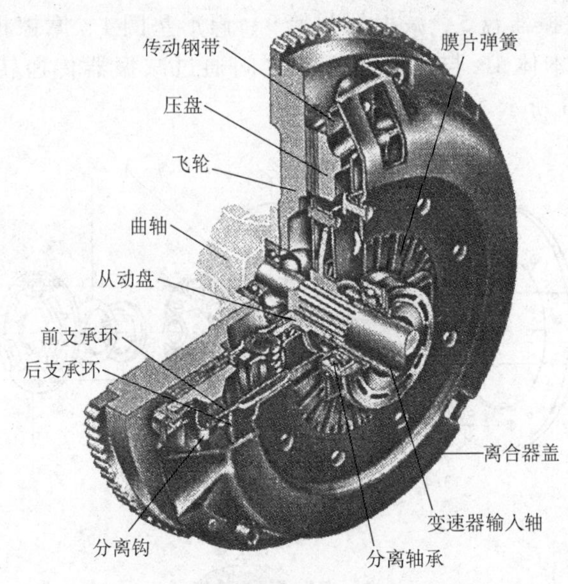

图 12-3　桑塔纳 2000GSi 汽车离合器

从动盘钢片上铆接前、后摩擦片。摩擦片采用钢纤维、陶瓷纤维及玻璃纤维等制成，具有较大的摩擦因数、良好的耐磨性、耐热性和适当的弹性。

这种从动盘结构简单、质量较轻，多用在双片离合器中。

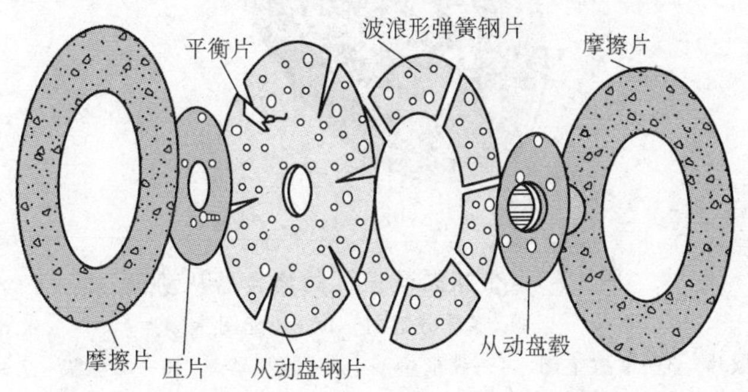

图 12-4　不带扭转减振器的从动盘

（2）带扭转减振器的从动盘　由于发动机传递到汽车传动系统中的转矩的周期性变化，使得传动系统中产生扭转振动。如果这一振动的频率与传动系统的某一固有频率相重合，将发生共振和产生噪声，这对传动系统零件的使用寿命有很大影响。此外，在不分离离合器的情况下进行紧急制动或猛烈接合离合器时，瞬间会给传动系统造成很大的冲击载荷。为了减少共振和冲击载荷，现大多数汽车在离合器从动盘中安装有扭转减振器。

这种从动盘（见图 12-5）外缘部分（即铆接摩擦片的部分）的结构及工作原理基本与前述相同，只是在从动盘本体中心部分附装有扭转减振器。

扭转减振器由减振器盘5、减振器弹簧9、碟形垫圈4、摩擦板6和摩擦垫圈3组成。从动盘本体13与从动盘毂7之间通过减振器传递转矩。其动力传递路线如图12-6所示。

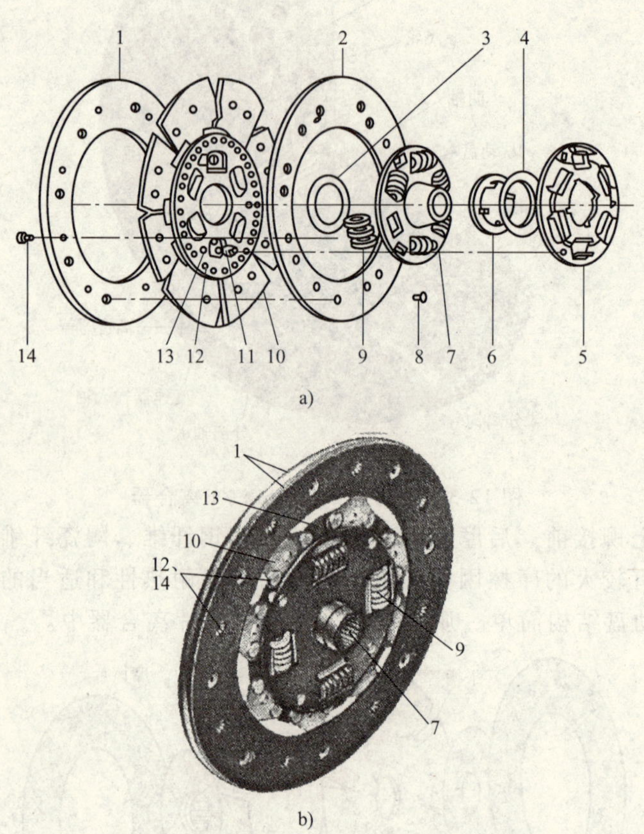

图12-5　带扭转减振器的离合器从动盘

a）零件分解图　b）装配图

1、2—摩擦片　3—摩擦垫圈　4—碟形垫圈　5—减振器盘　6—摩擦板　7—从动盘毂　8、12、14—铆钉　9—减振器弹簧　10—波形片　11—止动销　13—从动盘本体

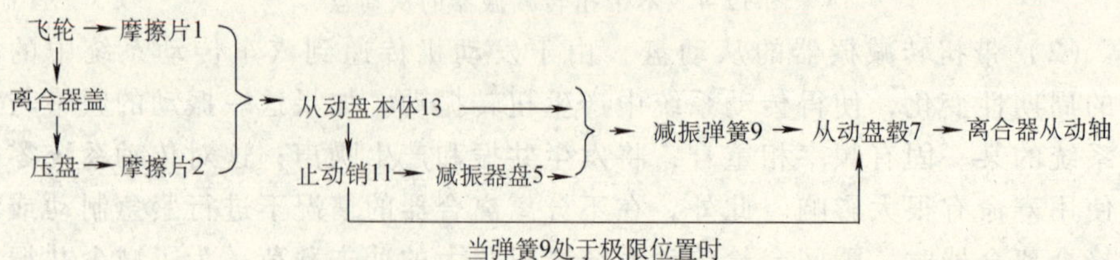

图12-6　离合器动力传递路线

带扭转减振器的从动盘的工作原理如图12-7所示。从动盘不工作时

（见图 12-7a），从动盘本体 13、盘毂 7 及减振器盘 5 三者的窗孔是相互重合的。从动盘工作时（见图 12-7b），由摩擦片传递的转矩首先通过波形片传到从动盘本体和减振器盘上，再经 6 个减振弹簧传给从动盘毂，这时弹簧被压缩，借此缓和冲击。传动系统中的扭转振动将导致从动盘本体及减振器盘同从动盘毂之间的相对往复扭转。装于其间的摩擦垫圈 3 和摩擦板 6 都是阻尼组件。相对往复扭转的结果是使阻尼组件两侧面产生摩擦，从而吸收了扭转振动能量，使振动迅速衰减。弹簧的最大变形量为止动销 11 与从动盘毂 7 上小窗口之间的周向间隙。碟形垫圈 4 能够在阻尼组件磨损后仍保持一定的轴向预紧力。有些汽车离合器从动盘上采用两组或两组以上不同刚度的减振器弹簧，并将装弹簧的窗孔长度做成尺寸不一，使弹簧起作用的时间不一致以获得变刚度特性，从而使其振动频率不断变化，避免了传动系统的共振。另外，少数减振器中采用橡胶弹性组件，可同时起缓冲和减振作用。

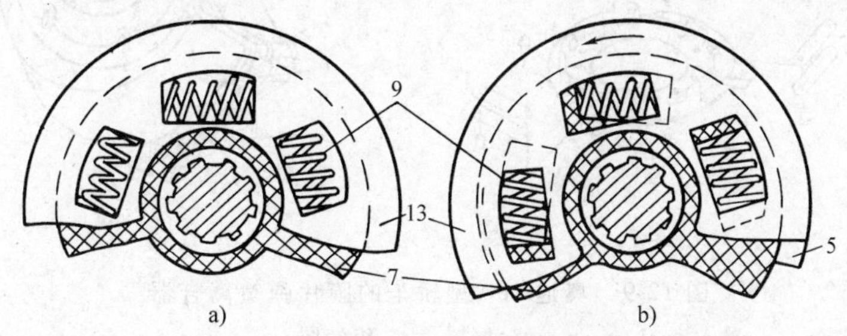

图 12-7　带扭转减振器的从动盘的工作原理

a）不工作时　b）工作时

（图注同图 12-5）

3. 压紧装置

压紧装置有螺旋弹簧压紧和膜片弹簧压紧两种。

（1）螺旋弹簧压紧装置　如图 12-8 所示，它由 16 个沿圆周分布的压紧弹簧组成，位于压盘和离合器盖之间。在压紧弹簧的压力作用下，压盘将从动盘压紧并使其与飞轮紧密接触，离合器处于接合状态。

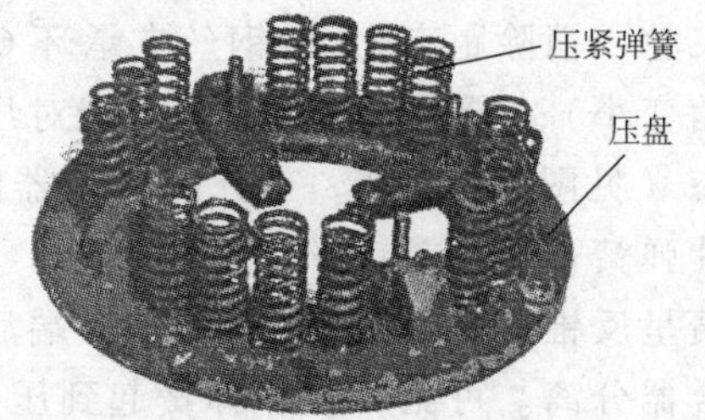

图 12-8　螺旋弹簧压紧装置

（2）膜片弹簧压紧装置

图 12-9 所示为奥迪 100 型轿车的膜片弹簧离合器。其结构特点是压紧弹簧是用薄弹簧钢板制成的带有锥度的膜片弹簧 3，它靠中心部分开有 18 条径向切口，末端接近外缘处加工成圆孔，形成 18 根弹性杠杆。支承铆钉 8 穿过膜片弹簧末端圆孔铆接在离合器盖 1

上。膜片弹簧外缘抵靠在压盘5的环形凸起上。膜片弹簧两侧有钢丝支承环2、4作为膜片弹簧的支点。转矩通过传动片6和离合器盖1传至压盘5。

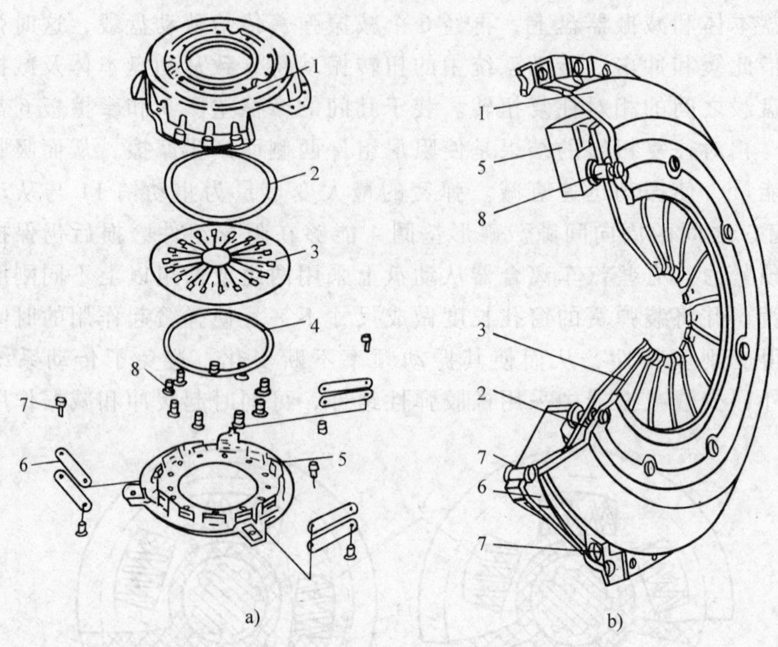

图12-9 奥迪100型轿车的膜片弹簧离合器

a）分解图 b）组装图

1—离合器盖 2、4—钢丝支承环 3—膜片弹簧 5—压盘 6—传动片

7—铆钉 8—支承铆钉

膜片弹簧离合器工作原理如图12-10所示。当离合器盖2未固定在飞轮1上时，膜片弹簧5不受力，处于自由状态。飞轮与离合器盖端面之间有一距离 l（图12-10a）。当用螺钉将离合器盖紧固在飞轮上时，离合器盖靠向飞轮，消除距离 l，后钢丝支承环6压紧膜片弹簧5使之发生弹性变形（锥角变小）；同时，膜片弹簧外端对压盘3产生压紧力，使离合器处于接合状态（见图12-10b）。当分离离合器时（见图12-10c），分离轴承8左移，膜片弹簧被压在前钢丝支承环7上，其径向截面以支承环为支点转动（膜片弹簧呈反锥形），于是膜片弹簧外端后移，并通过分离钩4带动压盘后移使离合器分离。可见，膜片弹簧起到压紧弹簧和分离杠杆的双重作用。

当离合器处于正常接合状态时，膜片弹簧离合器的分离轴承与膜片弹簧小端必须留有一定的间隙 Δ，称为离合器分离间隙。从动盘摩擦片使用磨损变薄后，在膜片弹簧的作用下，压盘和从动盘要向飞轮方向多移动一段距离才能保证离合器完全结合。相应地，膜片弹簧小端要向后移动一段距离。适当的离合器分离间隙可以防止摩擦磨损后因膜片弹簧小端后移受到分离轴承

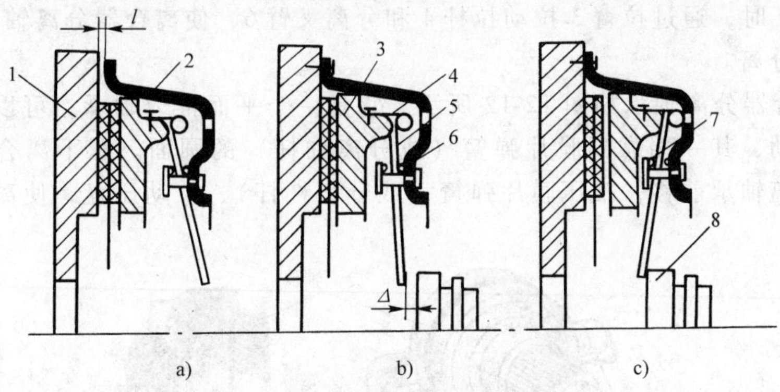

图 12-10　膜片弹簧离合器工作原理

a）安装初始位置　b）接合状态　c）分离位置

1—飞轮　2—离合器盖　3—压盘　4—分离钩　5—膜片弹簧　6—后钢丝支承环

7—前钢丝支承环　8—分离轴承

阻碍而致使离合器不能完全接合。分离间隙的调整是通过调整分离轴承 8 回位时的轴向位置实现的。

4. 离合器操纵机构

离合器操纵机构是驾驶员借以使离合器分离和接合的一套机构。它起始于离合器踏板，终止于飞轮壳内的分离轴承。

按照分离离合器的操纵能源的不同，操纵机构分为人力式和助力式两类。人力式按所用传动媒介的不同又分机械式和液压式两种。

（1）机械式操纵机构　机械式操纵机构有杆式传动和绳索式传动两种。

1）杆式传动操纵机构。它由一组杆系组成（见图 12-11）。当踩下离合

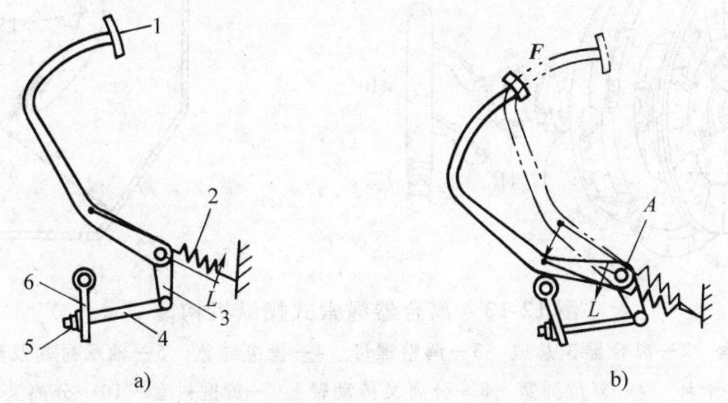

图 12-11　离合器杆式操纵机构

a）接合状态时　b）分离状态时

1—踏板　2—助力弹簧　3—拉臂　4—拉杆　5—调整螺母　6—分离叉臂

A—铰接中心　L—助力弹簧中心与 A 点距离

器踏板1时，通过拉臂3拉动拉杆4和分离叉臂6，使离合器分离轴承移动，离合器分离。

离合器分离轴承如图12-12所示。它是一个平面推力轴承，可以在花键轴上移动，其一端靠到膜片弹簧（或分离杠杆）的圆面。踩下离合器踏板时，分离轴承前移，推压膜片弹簧（或分离杠杆）、拉动压盘，使离合器分离。

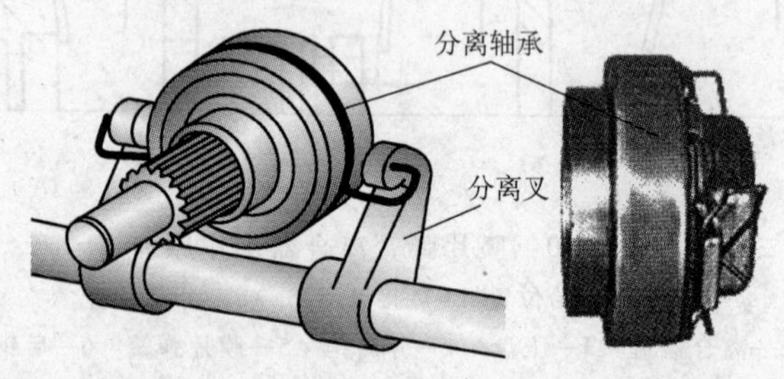

图12-12　离合器分离轴承

2）绳索式操纵机构（见图12-13）。它通过操纵绳索4，拉动分离叉传动臂8，使分离叉10转动，从而使分离轴承12移动进行离合。

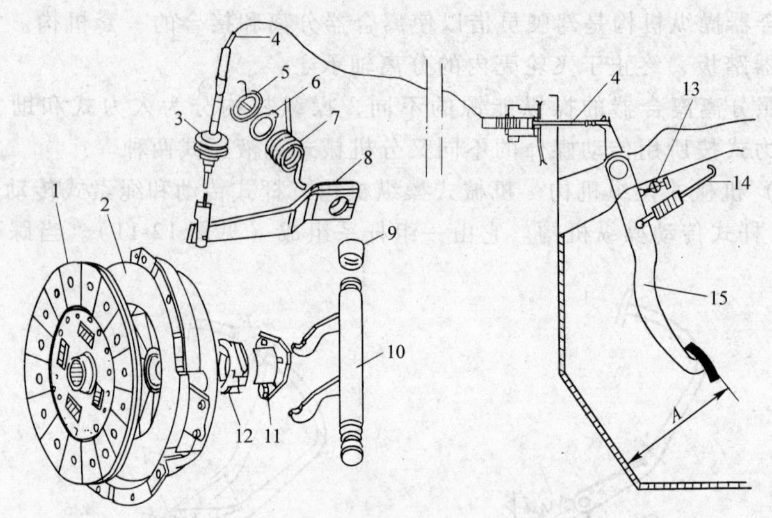

图12-13　离合器绳索式操纵机构

1—从动盘　2—离合器盖总成　3—调整螺母　4—操纵绳索　5—轴承衬套及防尘罩
6—卡环　7—复位弹簧　8—分离叉传动臂　9—黄铜衬套　10—分离叉
11—分离套筒　12—分离轴承　13—调节螺钉　14—回位弹簧
15—离合器踏板　*A*—踏板高度

驾驶员在踩下离合器踏板后，需要先消除操纵机构中的机械、液压间隙和离合器分离间隙，然后才能分离离合器。为消除这些间隙所需要的离合器踏板行程，称为离合器踏板自由行程。通常汽车每行驶一定距离都要调节离合器分离间隙、踏板高度和自由行程。图 12-13 中，由调节螺钉 13 调整踏板高度，调整螺母 3 调整离合器分离间隙和踏板自由行程。有些汽车装有自动调节装置，无需人工调整。

（2）液压式操纵机构　液压式操纵机构以油液作为传力介质。如图 12-14 所示，它一般由离合器踏板 8、主缸 9、工作缸 3 等组成。

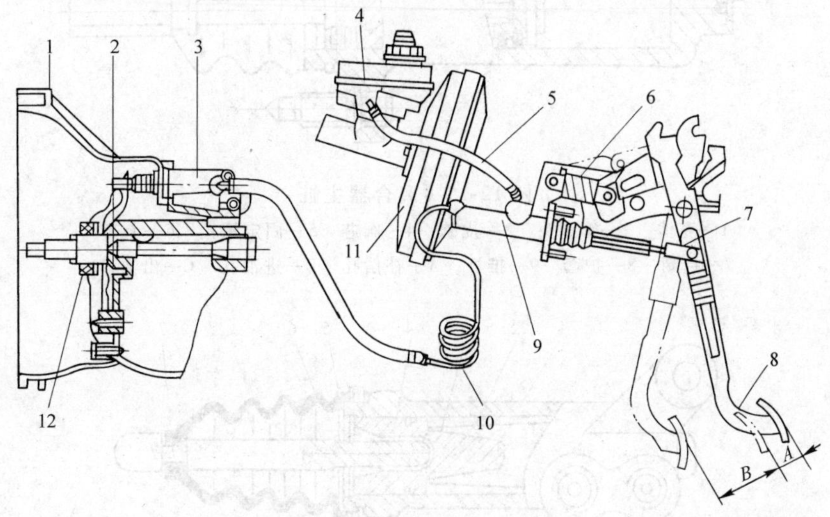

图 12-14　离合器液压操纵系统

1—变速箱壳体　2—分离叉　3—工作缸　4—储液罐　5—低压油管　6—回位弹簧　7—推杆接头　8—离合器踏板　9—主缸　10—高压油管　11—真空助力器　12—分离轴承　*A*—踏板自由行程　*B*—踏板有效行程

主缸构造如图 12-15 所示。主缸体借补偿孔 A、进油孔 B 通过低压油管与储液罐相通。主缸体内装有活塞，活塞中部较细，使活塞右方的主缸内腔形成油室。活塞两端装有皮碗。活塞左端中部装有单向阀，经小孔与活塞右方主缸内腔的油室相通。当离合器踏板处于初始位置时，活塞左端皮碗位于补偿孔 A 与进油孔 B 之间，两孔均开放。

离合器工作缸的构造如图 12-16 所示。工作缸内装有活塞、皮碗、推杆等，缸体上还设有放气螺塞。当管路内有空气存在而影响离合器操纵时，可拧松放气螺塞放气。

踩下离合器踏板时，通过主缸推杆使活塞向左移动，单向阀关闭。当皮碗将补偿孔 A（见图 12-15）关闭后，管路中油液受压，压力升高。在油压作用下，工作缸活塞被推向右移，工作缸推杆顶头直接推动分离板，从而带动分离轴承，使离合器分离。

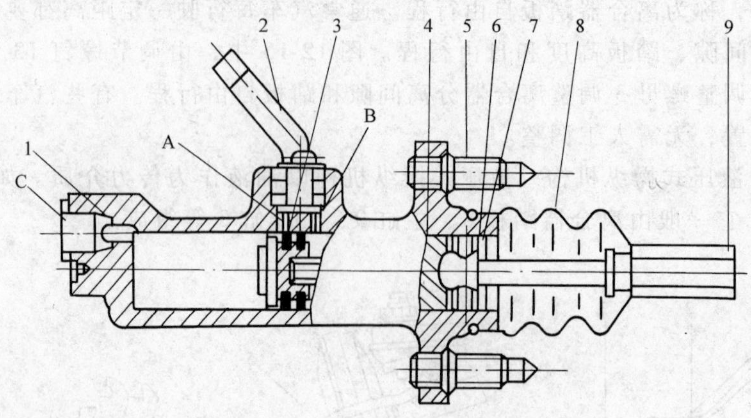

图 12-15　离合器主缸

1—壳体　2—管接头　3—皮碗　4—阀芯　5—固定螺栓　6—卡簧　7—挡圈　8—护套　9—推杆　A—补偿孔　B—进油孔　C—出油口

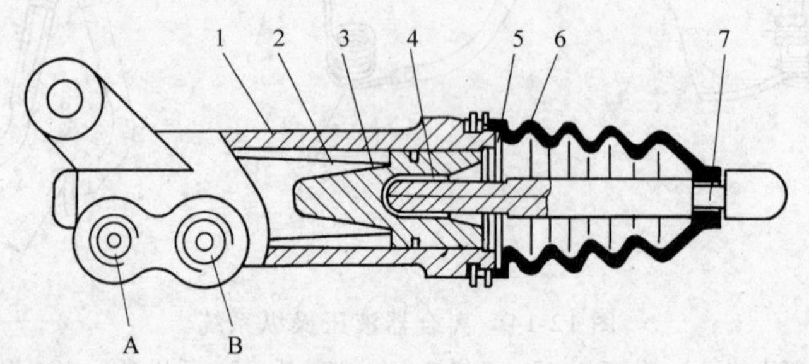

图 12-16　离合器工作缸

1—壳体　2—油缸　3—管接头　4—皮碗　5—挡圈　6—护套　7—推杆　A—放气孔　B—进油孔

通过调节主缸推杆接头 7（参见图 12-14）在踏板臂上的连接位置，可以调节推杆 9（参见图 12-15）在缸内的位置即关闭补偿孔 A 的时刻，从而调整了踏板的自由行程。

当迅速放松离合器踏板时，踏板回位弹簧通过主缸推杆使主缸活塞较快右移，由于油液在管路中流动有一定阻力，流动较慢，使活塞左面可能形成一定的真空度。在左、右压力差的作用下，少量油液通过进油孔经过主缸活塞的单向阀流到左面弥补真空。在原先已由主缸压到工作缸去的油液又重新流回到主缸时，由于已有少量补偿油液经单向阀流入，故总油量过多。这多余的油液即从补偿孔 A 流回储液罐。当液压系统中因漏油或因温度变化引起油液的容积变化时，则借补偿孔 A 适时地使整个油路中油量得到适当的增减，以保证正常油压和液压系统工作的可靠性。

12.2　手动变速器

12.2.1　变速器概述

1. 变速器的功用

（1）改变传动比　扩大驱动轮转矩和转速的变化范围，以适应汽车在各种行驶条件下所需的牵引力和合适的行驶速度，并使发动机经常能够在动力性和经济性比较有利的工况下工作。

（2）实现倒车　利用倒挡，改变驱动轮的旋转方向，从而实现汽车倒向行驶。

（3）中断动力　利用空挡，切断离合器与传动轴之间的动力传递，以便发动机起动及怠速运转。

2. 变速器的类型（表 12-1）

表 12-1　变速器类型

分类方法	分类		特征
按操纵方式分	手动变速器		靠驾驶员直接操纵变速杆进行换挡，换挡机构简单、工作可靠、操作复杂
	自动变速器		根据汽车的运行状况自动换挡，无离合器，通过加速踏板控制车速，操作简单、结构复杂
	半自动变速器	组合式	常用挡位采用自动换挡，其余挡位由驾驶员手动操作
		预选式	驾驶员先用按钮选定挡位，在踩下离合器踏板或松开加速踏板时，接通自动控制和执行机构进行自动换挡
按传动比变化方式分	有级变速器	平行轴齿轮式	变速器具有若干个数值一定的传动比
		行星齿轮式	
	无级变速器	机械传动	传动比在一定范围内连续变化
		液力传动	
		电力传动	
	综合式变速器（液力自动变速器）		一般由液力变矩器和齿轮式有级变速器组成的液力机械式变速器，其传动比在几个区段内无级变化。这种结构既可得到较大的传动比，又可实现无级变速

3. 变速器的基本工作原理

由齿轮传动的原理可知，一对齿数不同的齿轮啮合传动时可以变速变矩（见图 12-17）。主动齿轮转速与从动齿轮转速之比值称为传动比，用 i_{12} 表示：

$$i_{12} = n_1 / n_2 = z_2 / z_1$$

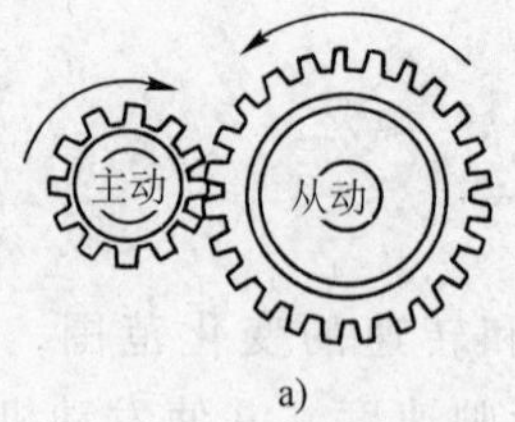

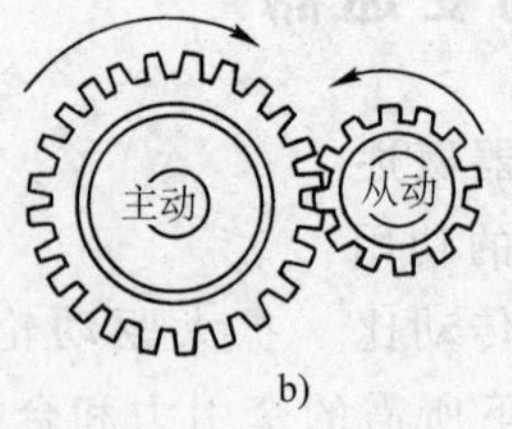

图 12-17 齿轮传动原理

a）减速传动 b）增速传动

式中 n_1、z_1——主动齿轮的转速、齿数；

n_2、z_2——从动齿轮的转速、齿数。

如传动时无效率损失，则传动比 i_{12} 还可以为

$$i_{12} = M_2 / M_1$$

式中 M_1——主动齿轮转矩；

M_2——从动齿轮转矩。

手动变速器就是通过主、从动齿轮齿数的不同而实现变速变矩。

变速器的挡位数是指前进挡位数目，如5挡变速器表示，有5个前进挡位的变速器。一般变速器有4~6个挡位。对于重型和超重型汽车，为了得到更多的挡位，采用组合式变速器，变速器分为主、副变速器两部分，主变速器挡位一般有4~5个，副变速器挡位一般有2~4个，这样可使变速器得到8~20个挡位。越野汽车的分动器也具有副变速器的作用。

12.2.2 手动变速器的构造与原理

手动变速器根据主要轴的数目可分为两轴式、三轴式和组合式。下面以两轴式为例介绍其结构与原理。

1. 基本结构

彩图1和图12-18分别为桑塔纳2000GSi轿车用的330型两轴式变速器的结构图和机构简图。

第一轴1又称为输入轴或主动轴，第一轴前端用轴承支承在曲轴中心孔内，前端与离合器从动盘通过花键联接，中段及后段3处通过轴承支承在变速器壳体上。第一轴上共有6个齿轮，两个同步器。其中3、4、5挡齿轮（分别见图中4、2、8）分别用滚针轴承空套在第一轴上，3、4挡中间有一个同步器3，5挡有一个同步器9，它们通过花键毂与轴联接，并能在拨叉作用下左右移动。1、2、倒挡齿轮（分别见图中7、5、6）与第一轴固定。

第二轴15又称为输出轴或从动轴，第二轴前、后端两处通过轴承安装在壳体上，第二轴上有7个齿轮，一个同步器。其中，6个圆柱齿轮与第一

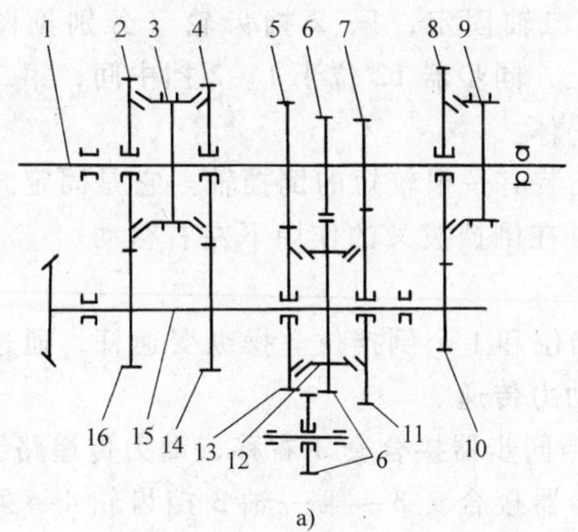

a）

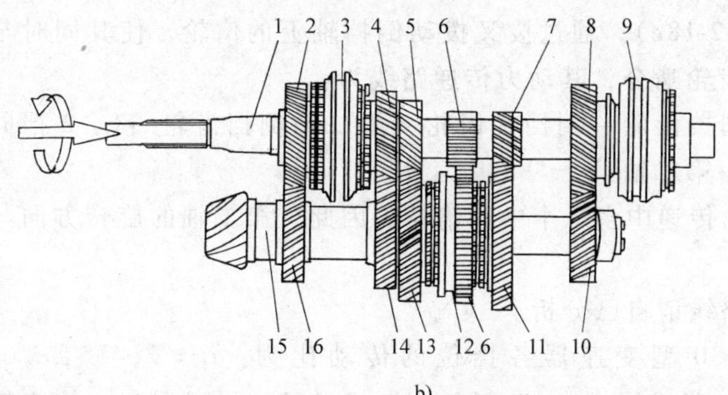

b）

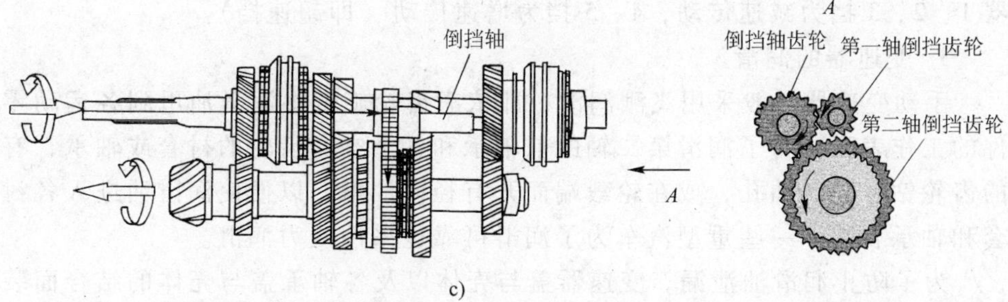

c）

图 12-18　桑塔纳 2000GSi 轿车 330 型变速器机构简图

a）机构简图　b）空挡　c）倒挡

1—第一轴　2—第一轴 4 挡齿轮　3—3、4 挡同步器接合套　4—第一轴 3 挡齿轮　5—第一轴 2 挡齿轮　6—倒挡齿轮　7—第一轴 1 挡齿轮　8—第一轴 5 挡齿轮　9—5 挡接合套同步器组件　10—第二轴 5 挡齿轮　11—第二轴 1 挡齿轮　12—1、2 挡接合套同步器组件　13—第二轴 2 挡齿轮　14—第二轴 3 挡齿轮　15—第二轴（带主动锥齿轮）　16—第二轴 4 挡齿轮

轴齿轮对应，一个锥齿轮作为主减速器的主动齿轮。3、4、5挡齿轮（分别见图中14、16、10）与第二轴固定，1、2挡齿轮（分别见图中11、13）用滚针轴承空套在第二轴上，同步器12位于1、2挡中间，第二轴上倒挡齿轮6与同步器接合套连成一体。

在第二轴中部一侧，还装有一根较短的倒挡轴。它是固定式轴，倒挡齿轮6空套在倒挡轴上，它可在倒挡拨叉的作用下左右移动。

2. 动力传递路线

该变速器有5个前进挡位和1个倒挡位。操纵变速杆，通过接合套的移动即可实现不同传动比的动力传递。

以挂3挡为例，3、4挡同步器接合套3右移，动力传递路线为：

第一轴1→3、4挡同步器接合套3→第一轴3挡齿轮4→第二轴3挡齿轮14→第二轴15。

当挂倒挡时（图12-18c），通过拨叉拨动倒挡轴上的惰轮，使其同时与输入第二轴上的倒挡齿轮啮合，其动力传递路线为：

第一轴→第一轴倒挡齿轮→倒挡轴惰轮→第二轴倒挡齿轮→1、2挡同步器接合套→花键毂→第二轴。

由于倒挡位的齿轮传递中多一个中间惰轮，因此，第二轴的旋转方向与前进位时相反。

其余各挡的传动路线请自己分析。

2000GSi轿车用330型变速器各挡位的传动比为：$i_1=3.455$，$i_2=1.944$，$i_3=1.286$，$i_4=0.969$，$i_5=0.800$，$i_R=3.167$，可以看出，该变速器1、2、3挡为减速传动，4、5挡为增速传动（即超速挡）。

3. 变速器的润滑

手动变速器一般采用飞溅润滑，即依靠齿轮旋转将润滑油甩到各运动零件的工作表面。为了润滑第二轴的前轴承和各个空套齿轮的衬套或轴承，有的齿轮钻有径向油孔，或在轮毂端面开有径向油槽，以便使润滑油进入各衬套和轴承表面。一些重型汽车为了润滑可靠也采用压力润滑。

为了防止润滑油泄漏，变速器盖与壳体以及各轴承盖与壳体的结合面装有密封垫或用密封胶密封；第一轴和第二轴与轴承盖之间则用自紧油封或回油螺纹密封。在轴承盖下部一般制有回油凹槽，在壳体的相应部位开有回油孔，使润滑油流回壳体内。装配时，应使凹槽与油孔对准。为了防止变速器工作时由于油温升高使气压过大而造成润滑油渗漏，在变速器盖上装有通气塞。

4. 同步器

（1）同步器的作用　变速器在换挡过程中，必须使所选挡位要啮合的一对齿轮轮齿的圆周速度相等，才能平顺地啮合而挂挡。同步器的功用就是使接合套与待啮合的齿圈迅速同步，实现无冲击换挡，缩短换挡时间，简化驾驶员换挡操作。

(2) 同步器的基本结构及工作原理　同步器有常压式、惯性式、自行增力式等种类。目前广泛采用的同步器是惯性式同步器，它有锁环式和锁销式等形式。

1) 锁环式惯性同步器。其结构如图 12-19 所示，它由锁环 5 和 9、滑块 6、弹簧圈 8、花键毂 3 和接合套 7 等组成。

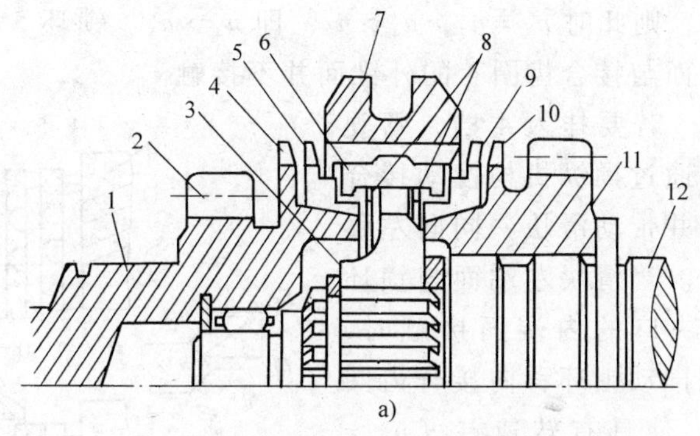

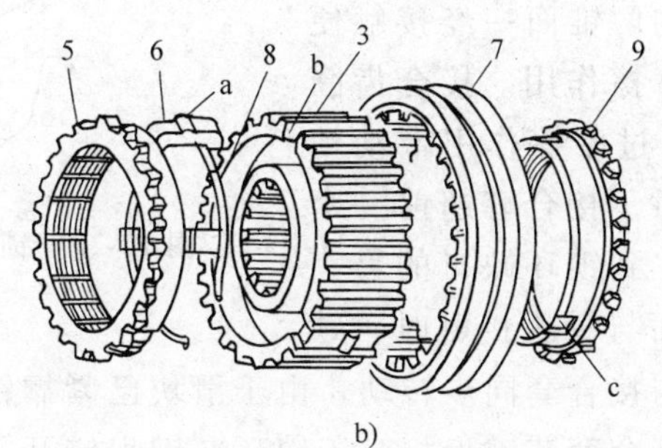

图 12-19　锁环式惯性同步器

a) 装配图　b) 分解图

1—第一轴　2—第一轴齿轮　3—花键毂　4、10—接合齿圈　5、9—锁环（同步环）　6—滑块　7—接合套　8—弹簧圈　11—3 挡齿轮　12—第二轴

a—滑块凸起　b—滑块槽　c—缺口

接合套的外圆柱面加工有与换挡拨叉配合的环槽，在换挡拨叉的拨动下，接合套可以沿花键毂 3（固定在第二轴上）作轴向移动。花键毂的内孔和外圆柱面上都加工有花键。外花键与接合套的内花键作滑动联接，花键毂通过内花键与第二轴联接，并用垫圈和卡环作轴向定位。花键毂的两端与齿轮之间各有一个锁环。锁环的外圆柱上有短花键齿圈，其断面轮廓及尺寸与齿轮上的接合齿圈的外花键齿相同。接合齿圈可以与齿轮加工成一体，也可单独加工后与齿轮焊接在一起。所有外花键齿在对着接合套的一端都有倒角，锁环上的倒角称为锁止角，并且与接合套内花键齿端的倒角相同。锁环的内孔加工成内圆锥面，它与接合齿圈的外圆锥面相配合，组成锥面摩擦副。通过这对锥面摩擦副的摩擦，可使转速不等的两轮齿在接合之前迅速达到同步。

为了增强锥面之间的摩擦作用，一般在锁环的内锥面加工出螺纹槽，以便两锥面接触后破坏油膜，使两锥面直接接触。3个滑块6分别装在花键毂的3个轴向槽b中，滑块可沿槽b作轴向移动。滑块的中部有凸起a，在两个弹簧圈的径向弹力作用下，将滑块压在接合套的内表面上，使滑块中部凸起正好嵌在接合套中部的内环槽中。此外，滑块的两端伸入锁环的缺口c中，只有当滑块位于缺口c的中央时，接合套方能穿过锁环挂挡。

用3挡挂入4挡（直接挡）来说明其工作过程。当接合套刚从3挡退出到空挡位置时（图12-20a），接合齿圈4（与齿轮2制成一体）、接合套7与锁环5在惯性作用下，继续沿原方向转动。设它们的转速分别为n_4、n_7和n_5，则此时$n_5=n_7$，$n_4>n_7$，即$n_4>n_5$。锁环5在轴向是自由的，所以其内锥面与接合齿圈4的外锥面并不接触。

若要挂入4挡，驾驶员通过操纵机构拨动接合套并带动滑块一同向左移动。当滑块左端面与锁环5缺口的内端面接触时，便推动锁环移向接合齿圈4，使具有转速差（$n_4>n_5$）的两锥面一经接触便产生摩擦作用。接合齿圈4便通过摩擦作用带动锁环相对于接合套超前一个角度，到锁环缺口的另一个侧面与滑块接触时，锁环便与接合套同步转动。由于滑块已紧靠锁环缺口的一侧，较位于缺口中央时，接合套花键齿相对于锁环花键齿错开了约半个齿厚，使接合套的齿端倒角与锁环相应的齿端倒角正好互相抵触而不能接合（见图12-20b）。

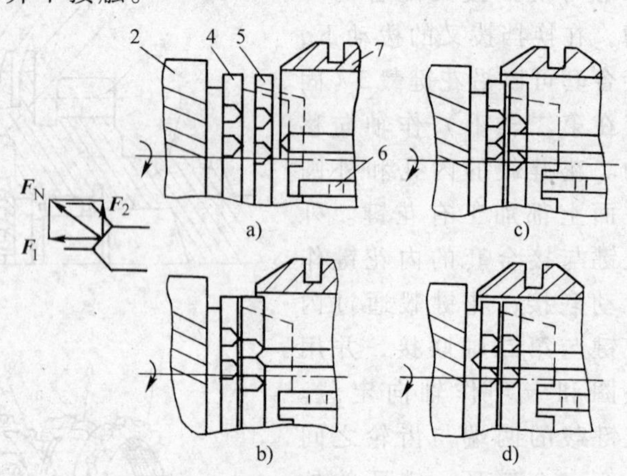

图12-20 锁环式惯性同步器工作过程示意图
（图注同图12-19）

此时，要使接合套的花键齿圈与锁环的花键齿圈接合，必须让锁环相对于接合套后退一个角度。若接合齿圈4与锁环5没有达到同步，则存在旋转方向相同的惯性力矩。该力矩阻碍了锁环相对接合套后退，使接合套无法进一步左移与锁环进入啮合。

当继续增加操纵力于接合套上，摩擦作用就迅速使接合齿圈4的转速n_4降低到与锁环5转速n_5相等，而后，两者保持同步旋转，于是惯性力矩便消失。但是，由于轴向分力$\boldsymbol{F}_1$的作用，两个摩擦锥面还是紧密接合着的。因而，此时切向分力$\boldsymbol{F}_2$所形成的拨环力矩便使锁环5连同接合齿圈4及与之相连的所有零件一起相对于接合套向后退转一个角度，使滑块又移到锁环缺口的中央，两花键齿不再抵触，此时接合套压下弹簧圈 8 继续左移与锁环的花键齿进入接合（见图 12-20c），锁环的锁止作用即行消失。

接合套与锁环接合后，轴向分力 $\boldsymbol{F}_1$ 已不复存在，锥面之间的摩擦力矩也就消失。如果此时接合套花键齿与接合齿圈的花键齿发生抵触（图 12-20c），则与上述相似，作用在接合齿圈 4 的花键齿端斜面上切向分力，使接合齿圈 4 及其与之相连的所有零件一起相对于接合套向后退转一个角度，使接合套与接合齿圈的花键齿圈进入接合（见图 12-20d 所示），最后完成了换入 4 挡的全过程。

锁环式惯性同步器在汽车上广泛采用，但锁环式惯性同步器因结构上的限制，其锥面间的摩擦力矩不大。轿车变速器由于转动惯量小，主要是以锁环惯性式同步器为主。解放 CA1092 型货车 6 挡变速器在 3、4 挡和 5、6 挡齿轮间也装用锁环式惯性同步器，且为了增大摩擦力矩，增大了齿圈的直径和宽度。

2）锁销式惯性同步器。图 12-21 所示锁销式惯性同步器为东风 EQ1092 型汽车 5 挡变速器装 4、5 挡同步器。它有两个内锥面的摩擦锥盘 2，其内齿分别固装在带有齿圈的齿轮 1 和 6 上，随齿轮一同旋转。带外锥面的摩擦锥环 3，通过在圆周上间隔均布的 3 个锁销 8 和 3 个定位销 4 与接合套 5 相联。定位销 4 与接合套 5 的相应孔为间隙配合，即接合套可沿定位销轴向移动。定位销 4 正中间一小段沿圆周方向切有凹槽，依次装入接合套 5 斜孔内的弹簧 11、钢球 10（图 12-21 的 *A—A* 剖面）。将同步器保持在空挡位置上。

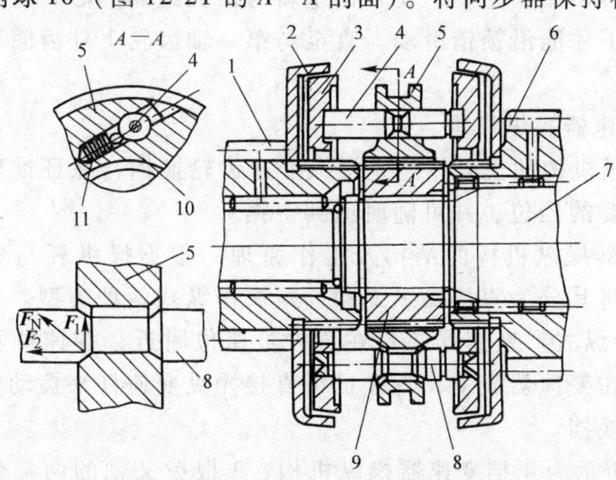

图 12-21　锁销式惯性同步器

1—第一轴齿轮　2—摩擦锥盘　3—摩擦锥环　4—定位销　5—接合套　6—第二轴 4 挡齿轮　7—第二轴　8—锁销　9—花键毂　10—钢球　11—弹簧

定位销4的两端伸入两锥环的内侧孔中，但是有周向间隙，可使摩擦锥环3相对于接合套5在一定范围内作周向摆动。锁销8中间一段的直径较前后相邻段的直径小，接合套5上相应的孔与相邻段为间隙配合。因此，在空挡位置时该孔四周是隔开一定距离空套在锁销8上的。在锁销8中部直径变化的区段切有倒角，接合套5相应孔两端也切有相同的倒角。只有在锁销与相应孔同心的情况下，才能使接合套5沿锁销8轴向移动。锁销8两端插入摩擦锥环3相应的孔中并铆固。这样两个锥盘、3个锁销、3个定位销及接合套5组成一个整体部件，然后套装在花键毂9的外齿圈上。

当接合套受到向前的轴向推力时，通过钢球10和定位销4带动摩擦锥环3向前移动，使之与摩擦锥盘2接触，由于摩擦锥盘2的转速大于摩擦锥环3的转速，因此，摩擦锥盘2便通过接触面使锥环连同锁销8一起相对接合套转过一个角度。这样，锁销8与相应孔不再同心，于是锁销中部倒角与销孔端倒角互相抵触，以阻挡接合套继续前移（图12-21左下图）。此时接合套受到的轴向推力是经倒角抵触处、锁销8而传到锁环3上并使之与锥盘2压紧，产生的摩擦力矩迫使第一轴后端外齿圈迅速与接合套内齿圈同步。只要锁销倒角选择适当，在达到同步之前，无论用多大的推力，都无法克服倒角抵触面的阻挡作用，因而在同步之前，不可能挂上挡。只有当接合套5与第一轴外齿圈达到同步，锥面摩擦力矩消失，作用于倒角面上的正压力$\boldsymbol{F}_N$的切向分力才能通过锁销使摩擦锥环3、摩擦锥盘2和第一轴齿轮1一同相对于接合套转回一个角度，使锁销重新与销孔达到同心。这样，接合套在挂挡力的作用下才能沿锁销滑动，直至与第一轴齿轮1外齿圈套合，实现挂挡。

5. 手动变速器操纵机构

变速器操纵机构的主要作用是操纵变速齿轮换挡，保证准确可靠地使变速器挂入所需要的挡位，并可随时退到空挡。

（1）变速器操纵机构的结构及工作原理　根据操纵杆与变速器相互位置的不同，可将其分为直接操纵式和远距离操纵式两种类型。

1）直接操纵式。变速器布置在驾驶员座位附近，变速杆及所有换挡操纵装置都设置在变速器壳上，驾驶员可直接操纵变速杆来拨动变速器壳内的换挡操纵装置换挡。

图12-22所示为4挡变速器操纵机构，3根拨叉轴的两端位于变速器盖的相应孔中，可以轴向滑动。1、2挡拨叉4和3、4挡拨叉5均以螺钉直接固定在相应的拨叉轴上。拨叉的顶部具有凹槽。倒挡拨叉2的中部空套于固定的倒挡拨叉导向杆3上，上端借螺钉与倒挡拨叉轴固定。该拨叉轴上另装一个顶部有凹槽的倒挡拨块7。

变速器处于空挡时，1、2 挡拨叉 4 和 3、4 挡拨叉 5 以及倒挡拨块 7 三者顶部的凹槽在横向平面内对齐。变速杆 1 下端的球头即伸入这些凹槽中。

选挡时可使变速杆绕其中部支点横向摆动，以其下端球头对准与所选挡位相应的拨叉向前或向后移动，即实现挂挡。例如，横向扳动变速杆使其下端球头伸入 1、2 挡拨叉 4 顶部凹槽中，再向纵向拨动变速杆，1、2 挡拨叉 4 连同其轴即沿纵向向前移动一定距离，便挂入 2 挡；若向后移动一定距离，则挂入 1 挡。

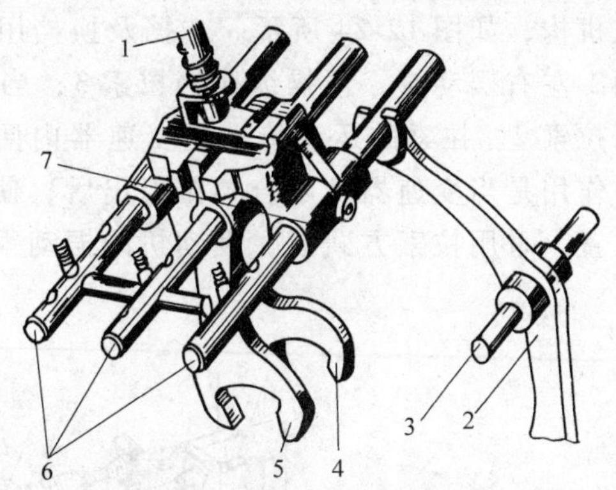

图 12-22　四挡变速器操纵机构
1—变速杆　2—倒挡拨叉　3—倒挡拨叉导向杆　4—1、2 挡拨叉　5—3、4 挡拨叉　6—拨叉轴　7—倒档拨块

2）远距离操纵式。有的汽车变速器的安装位置离驾驶员座体较远，为此在变速器与操纵手柄之间加装了一套传动元件，构成远距离操纵的形式。

图 12-23 所示为奥迪 100 型轿车的变速器杆件式操纵机构，由换挡操纵杆、铰链、限位及防护装置、换挡连接杆件等构成。变速杆通过一系列中间连接杆件操纵变速器的内操纵机构，以球形铰链为支点，可以直线前后、左右摆动，以便进行选挡、换挡。

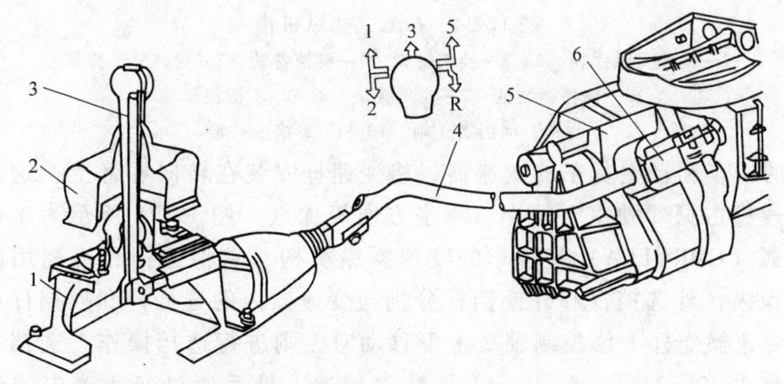

图 12-23　奥迪 100 型轿车的变速器杆件式操纵机构
1—换挡机构支座　2—防护罩　3—换挡操纵杆　4—换挡连接杆　5—变速器总成　6—换挡铰链总成

有的汽车换挡操纵手柄与变速器之间采用拉索来传递驾驶员的操纵力。本田汽车公司雅阁（ACCORD）牌轿车的 H2J4 型变速器就是采用拉索式操

纵机构，如图 12-24 所示。选挡及换挡用两根拉索分别控制。当换挡操纵手柄 1 左右摆动时，便操纵换挡拉索 3；当换挡操纵杆前后移动时，便操纵换挡拉索 2。拉索的运动传动到变速器内便进行挡位的变换。选挡复位弹簧 5 的作用是当变速器从啮合挡位退出后，使换挡操纵杆自动返回并保持在空挡位置。采用拉索方式后，发动机的振动很难传到变速杆上，则换挡操作手感好。

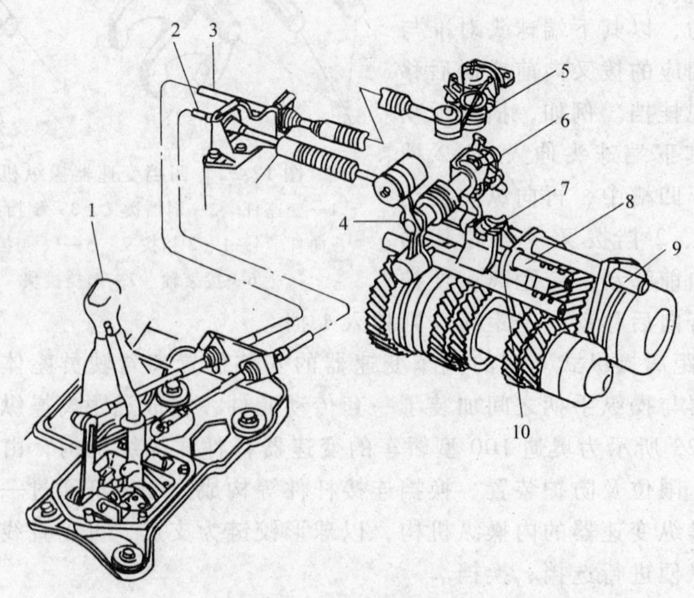

图 12-24　拉索式操纵机构

1—换挡操纵手柄　2、3—换挡拉索　4—换挡臂轴　5—选挡复位弹簧　6—倒挡锁装置　7—换挡拨块　8—3、4 挡拨叉轴　9—5、倒挡拨叉轴　10—1、2 挡拨叉轴

有的轿车和轻型货车的变速器，将变速杆安装在转向柱管上，这种布置具有变速杆占据驾驶室空间小，乘坐方便等优点。图 12-25 所示为丰田汽车公司花冠（COROLLA）牌轿车的变速操纵机构，它将选挡和换挡用两套杆件联动操纵，外选挡杆和外换挡杆分别与变速器内的选挡杆和换挡杆连接。

当变速操作杆 1 使控制轴 2 上下移动时，则进行选挡操作。选挡操作运动按杆件 1—2—3—5—8—9—11 的顺序传递，最后通过变速器内的选挡杆移动拨叉轴。当变速操纵杆 1 使控制轴 2 转动时，则进行换挡操作。换挡操作运动按杆件 1—2—4—6—7—10—12 的顺序传递，最后推动拨叉轴移动，实现挡位的变换。

远距离操纵中各连接杆应有足够的刚度，拉索应动作灵活，各连接件间隙不能过大，否则换挡手感不明显。

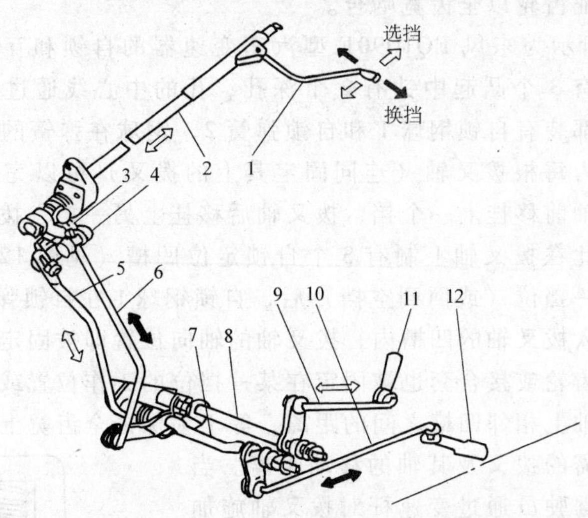

图 12-25　丰田汽车公司花冠（COROLLA）牌轿车的变速操纵机构

1—变速操纵杆　2—控制轴　3、4—选挡摆杆　5、6—换挡连杆　7、8—选挡横轴　9、10—选挡连杆　11、12—外换挡杆

（2）变速器安全装置　变速器操纵机构要保证变速器在任何情况下都能准确、安全、可靠地工作，应满足下列要求：

1）防止变速器自行挂挡或挂挡后自行脱挡，并能保持传动齿轮全齿宽啮合。

2）防止同时挂入两个挡。

3）防止误挂入倒挡。

为了达到上述要求，在变速器操纵机构中设置了自锁装置、互锁装置和倒挡锁装置。

1）自锁装置。在挂挡过程中，若操纵杆推动拨叉前移或后移的距离不足时，则滑动齿轮（或接合套）与相应的齿轮（或接合齿圈）将不能在全齿宽上啮合，因而降低齿轮的使用寿命。即使达到全齿宽啮合，也可能由于汽车振动或其他原因，使滑动齿轮或接合套自行轴向移动，因而使啮合宽度减小，甚至完全脱离啮合，即自动脱挡。采用自锁装置就是用来防止

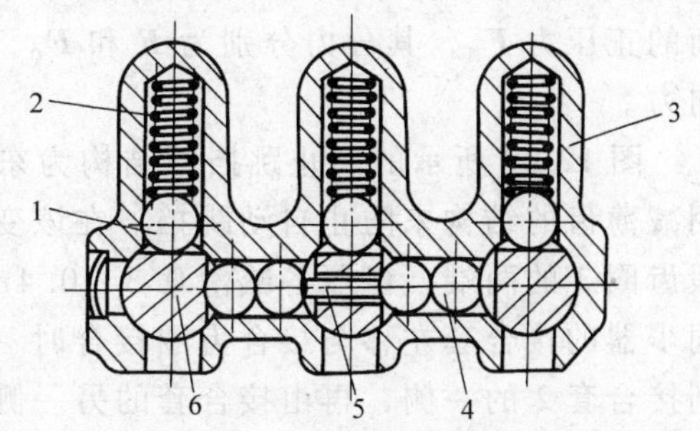

图 12-26　东风 EQ1090E 型汽车变速器的自锁和互锁装置

1—自锁钢球　2—自锁弹簧　3—变速器盖　4—互锁钢球　5—互锁销　6—拨叉轴

自动脱挡并保证齿轮以全齿宽啮合。

图 12-26 所示为东风 EQ1090E 型汽车变速器的自锁和互锁装置。在变速器盖 3 前端有 3 个凸起中钻有 3 个深孔，孔的中心线通过拨叉轴 6 的中心，每个孔内都装有自锁钢球 1 和自锁弹簧 2，钢球在弹簧的作用下压靠在拨叉轴上。因为每根拨叉轴（连同固定其上的拨叉）可以完成两个挡位的挂挡，即拨叉轴前移挂上一个挡，拨叉轴后移挂上另一挡，拨叉轴在中间位置为空挡。因此在拨叉轴上制有 3 个自锁定位凹槽（见图 12-27），移动拨叉轴，挂入某一挡位（或回到空挡）后，自锁钢球 1 在自锁弹簧 2 的推力作用下，正好落入拨叉轴的凹槽内，拨叉轴的轴向位置即被固定，不能自行脱出，从而滑动齿轮或接合套也被固定在某一挡位的工作位置或空挡位置，形成自锁。拨叉轴上相邻凹槽之间的距离，等于为保证全齿宽上啮合或是完全退出啮合所必需的拨叉及其轴的移动距离。当需要换挡时，驾驶员通过变速杆对拨叉轴施加一定的轴向力，克服自锁弹簧 2 施加于自锁钢球 1 的压力，将钢球经凹槽边缘挤回孔内，拨叉轴进行轴向移动，直至钢球又落入相邻的另一凹槽，就挂上了另一挡位或退回空挡。

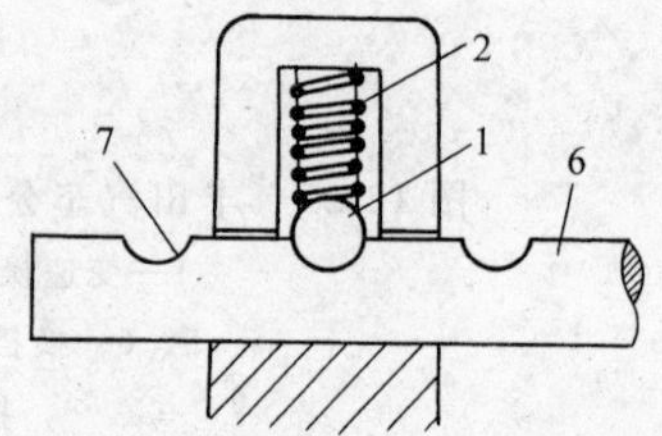

图 12-27　自锁装置工作原理
7—自锁定位凹槽
（其余标号同图 12-26）

除了采用自锁装置防止自动脱挡外，还在换挡齿轮或花键齿的结构上采取一些措施来防止自动跳挡。图 12-28 所示的防止脱挡的结构为 CA1091 型汽车变速器采用的齿端倒斜面结构。在所有接合齿圈及同步器接合套齿的端部两侧都制有倒斜面。当同步器的接合套 2 左移与接合齿圈 1 接合时，接合齿圈将转矩传到接合套齿的一侧，再经接合套齿的另一侧传给花键毂 3。由于接合齿圈 1 与接合套 2 齿端部为斜面接触，便产生了垂直斜面的正压力 $\boldsymbol{F}_{\mathrm{N}}$，其分力分别为 $\boldsymbol{F}$ 和 $\boldsymbol{F}_{\mathrm{Q}}$，向左的分力 $\boldsymbol{F}_{\mathrm{Q}}$ 即为防止跳挡的轴向力。

图 12-29 所示的防止跳挡的结构为东风 EQ1090 型汽车 5 挡变速器，采用减薄齿的结构来防止自动跳挡。在该变速器 2、3 挡与 4、5 挡同步器花键毂齿圈 3 的两端，齿厚各减薄 0.3～0.4mm，使各轮齿中部形成一凸台。当同步器的接合套左移与接合齿圈接合时（图示位置），接合齿圈 1 将转矩传到接合套 2 的一侧，再由接合套的另一侧传给花键毂。由于接合套齿的后端被凸台挡住，在接触面上作用一个力 $\boldsymbol{F}_{\mathrm{N}}$，其轴向分力 $\boldsymbol{F}_{\mathrm{Q}}$ 即为防止跳挡的阻力。

2）互锁装置。互锁装置有钢球式、锁销式和钳口式等形式，汽车上应用广泛的是钢球式互锁装置。

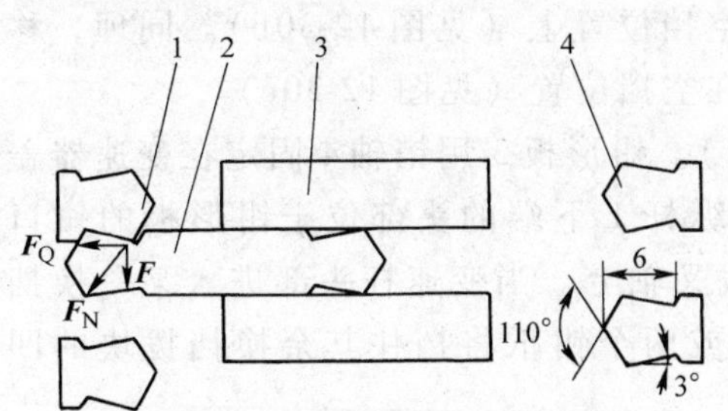

图 12-28　防止跳挡的结构（1）

1、4—接合齿圈　2—接合套　3—花键毂

F_N—倒锥齿面正压力　F—圆周力

F_Q—防止跳挡的轴向力

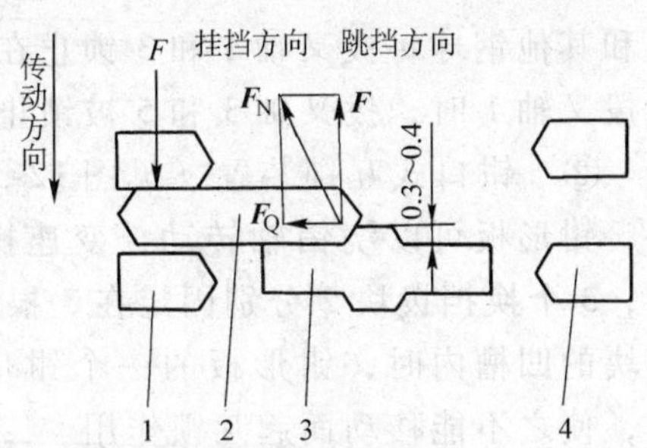

图 12-29　防止跳挡的结构（2）

1、4—接合齿圈　2—接合套　3—花键毂

F_N—凸台对接合套的压力　F—圆周力

F_Q—防止跳挡的轴向力

① 钢球式互锁装置。一般与自锁装置在一起（图 12-26），该结构紧凑、工作可靠。它由互锁钢球 4 和互锁销 5 组成。每根拨叉轴朝向互锁钢球的侧面都有一个深度相等的凹槽，任一拨叉轴处于空挡位置时，其侧面凹槽都正好对着互锁钢球 4。两个互锁钢球的直径之和正好等于相邻两拨叉轴表面之间的距离加上一个凹槽的深度。中间拨叉轴上两个侧面凹槽之间有孔相通，孔中有一根可以滑动的互锁销 5，互锁销的长度等于拨叉轴的直径减去一个凹槽的深度。

互锁装置的工作原理是：每次换挡时只允许移动一根拨叉轴，同时自动地锁住其他拨叉轴。如图 12-30 所示，当变速器处于空挡时，所有拨叉轴的侧面凹槽同互锁钢球，互锁销均处在一条直线上。当移动中间拨叉轴 3 时，拨叉轴 3 两侧的内钢球从其侧凹槽中被挤出，而两外互锁钢球 2 和 4 则分别嵌入拨叉轴 1 和 5 的侧面凹槽中，将拨叉轴 1 和 5 刚性地锁止在空挡位置（见图 12-30a）。欲移动拨叉轴 5 时，则应先将拨叉轴 3 退回空挡位置。在移动拨叉轴 5 时，互锁钢球 4 从拨叉轴 5 的侧凹槽中被挤出，同时通过互锁

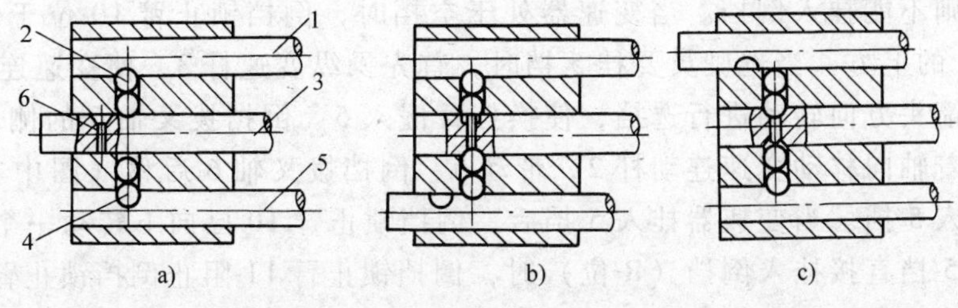

图 12-30　钢球式互锁装置工作原理

a）移动拨叉轴 3　b）移动拨叉轴 5　c）移动拨叉轴 1

1、3、5—拨叉轴　2、4—互锁钢球　6—互锁销

销和其他钢球将拨叉轴1和3锁止在空挡位置上（见图12-30b）。同理，移动拨叉轴1时，拨叉轴3和5被锁止在空挡位置（见图12-30c）。

② 钳口式互锁装置（见图12-31）。钳形板3用销轴4固定在变速器盖内，钳形板可以绕销轴转动，变速操纵杆1下端的头部位于钳形板的钳口中，3个换挡拨块2分别固定在3根拨叉轴上。当变速杆头部进入某一换挡拨块的凹槽内时，钳形板的一个钳爪或两个钳爪将挡住其余换挡拨块的凹槽，使之不能移动而起互锁作用。

3）倒挡锁装置。汽车在前进行驶中，换挡时由于疏忽而误挂入倒挡，将会使轮齿间产生极大的冲击。此外，若汽车起步时误挂倒挡则容易发生事故。为防止误挂倒挡，操纵机构中应设有倒挡锁。它有弹簧锁销式、锁片式、扭簧式、锁簧式等多种形式，应用最多的是弹簧锁销式。

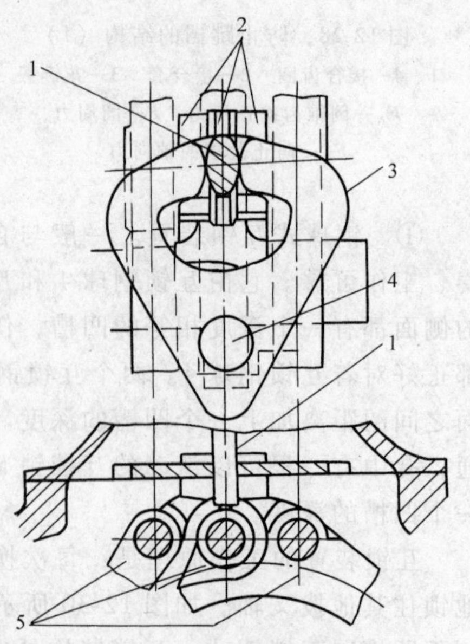

图12-31　钳口式互锁装置

1—变速操纵杆　2—换挡拨块　3—钳形板　4—销轴　5—拨叉

图12-32所示的倒挡锁装置为东风EQ1090E型汽车5挡变速器的倒挡锁装置。它由1、倒挡拨块3中的倒挡锁销1及倒挡锁弹簧2组成。当驾驶员要挂1挡或倒挡时，必须用较大的力使变速杆4下端压缩倒挡锁弹簧2，将倒挡锁销1推入锁销孔内，才能使变速杆的下端进入1、倒挡拨块3的凹槽内，以拨动1、倒挡拨叉轴而挂入1挡或倒挡。

图12-33所示是另一类倒挡锁。当驾驶员退出5挡时，若没有换入空挡位置，则不能挂入倒挡。当变速器处于空挡时，倒挡锁止臂10位于倒挡锁止臂11的上方。当驾驶员要挂5挡时，首先操纵变速杆3，使变速连动杆2按图示箭头方向转动进行选挡，使换挡臂嵌入5、倒挡拨叉轴6的侧面凹槽内，接着轴向移动变速连动杆2，带动5、倒挡拨叉轴6后移（图中右移），从而挂入5挡。当变速器挂入5挡后，倒挡锁止臂10已向下转动一个角度，当欲由5挡直接挂入倒挡（R位）时，倒挡锁止臂11阻止倒挡锁止臂10前移（图中左移），如图12-33b所示，从而保证不能由5挡直接换入倒挡。当变速杆由5挡退回到图12-33c所示的空挡（N位）后，倒挡锁的锁止作用被解除。变速器可从空挡位置挂入倒挡。

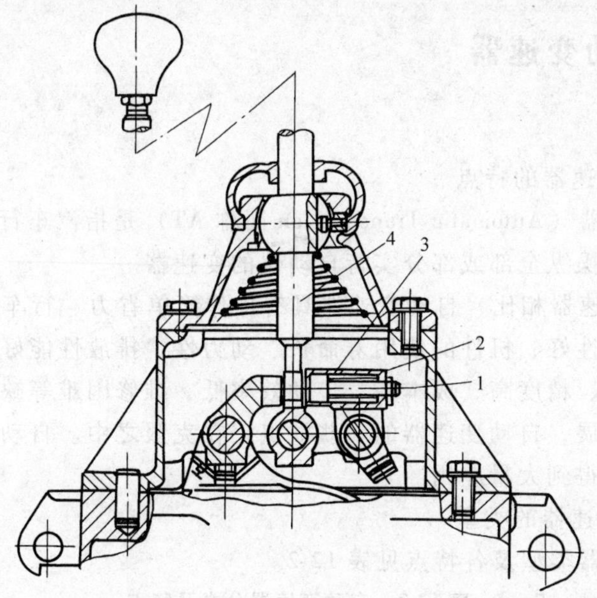

图 12-32　倒挡锁装置（1）

1—倒挡锁销　2—倒挡锁弹簧　3—1、倒挡拨块　4—变速杆

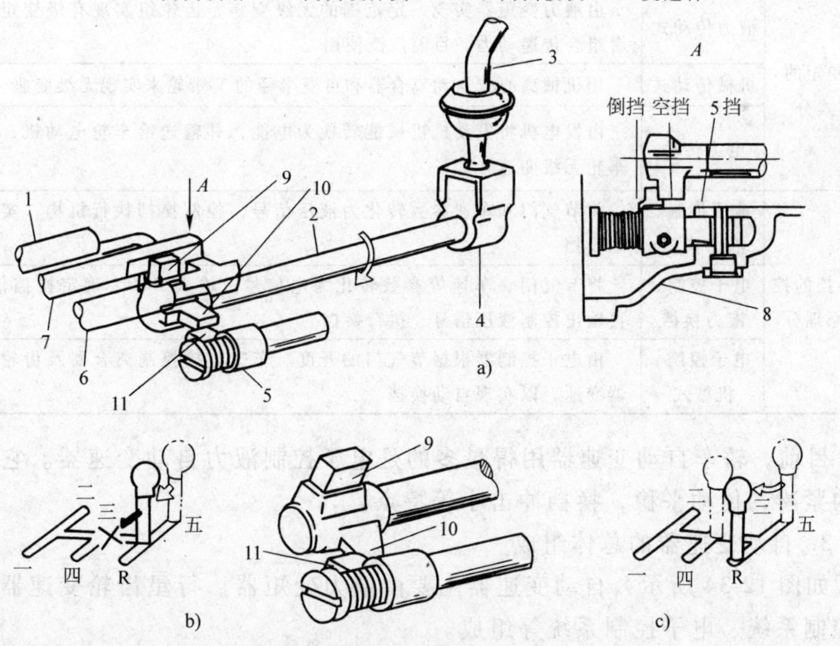

图 12-33　倒挡锁装置（2）

1—1、2 挡拨叉轴　2—变速连动杆　3—变速杆　4—球头座　5—倒挡锁　6—5、倒挡拨叉轴　7—3、4 挡拨叉轴　8—变速器壳体　9—换挡臂　10、11—倒挡锁止臂

12.3 自动变速器

12.3.1 概述

1. 自动变速器的特点

自动变速器（Automatic Transmission 简称 AT）是指汽车行驶时，变速器的操纵和换挡操纵全部或部分实行自动化的变速器。

与手动变速器相比，自动变速器具有操作简单省力、行车安全性好、生产率高、舒适性好、机件的使用寿命长、动力性、排放性能好等优点；但也存在结构复杂、精度高、成本高、传动效率低、维修困难等缺点。随着科学技术的全面发展，自动变速器的一些缺点正在克服之中。自动变速器已经在轿车等车辆中得到大量应用。

2. 自动变速器的类型

自动变速器类型及各特点见表 12-2。

表 12-2 自动变速器分类及特点

分类方法	类型	特点
按变矩的方式分	液力传动式	由液力变矩器实现一定范围的无级变矩，齿轮组实现有级变矩，两者组合传递动力，目前广泛使用
	机械传动式	用机械离心式自动离合器和可变半径的V带轮来实现无级变速
	电力传动	由发电机将发动机机械能转换为电能，并输送给车轮电动机，控制车轮无级变速
按换挡的控制原理分	液压控制、液力换挡	将节气门和车速参数转化为液压信号，控制换挡执行机构，实现自动换挡
	电子控制、液力换挡	将节气门、车速等参数转化为电信号，输入 ECU，确定换挡信号，再输出控制液压信号，执行换挡
	电子控制、机械式	由电子控制器根据节气门的开度、车速直接控制离合器及齿轮变速器变速，以实现自动换挡

目前，轿车自动变速器用得最多的是电子控制液力自动变速器。它具有结构紧凑，传动平稳，换挡冲击小等特点。

3. 自动变速器的总体组成

如图 12-34 所示，自动变速器主要由液力变矩器、行星齿轮变速器、液压控制系统、电子控制系统等组成。

工作时，汽车各种传感器将发动机转速、节气门开度、车速、发动机冷却液温度、自动变速器液压油温度等参数转变为电信号，并输入自动变速器 ECU；自动变速器 ECU 根据这些电信号，按照设定的换挡规律，向换挡电

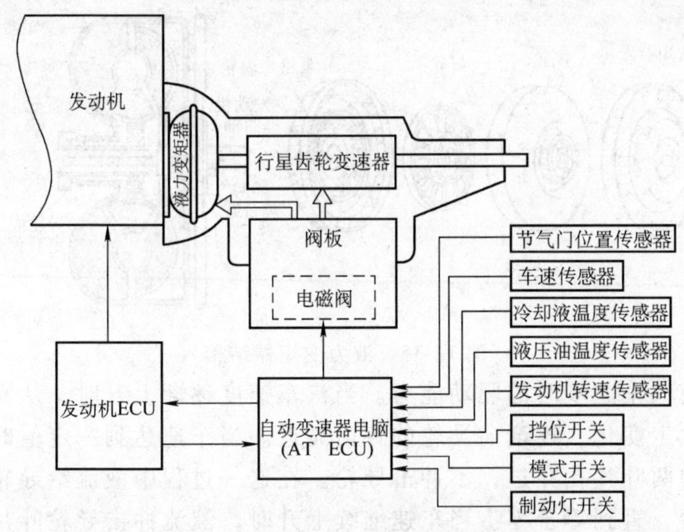

图 12-34　电子控制自动变速器

磁阀、油压电磁阀等发出电子控制信号；换挡电磁阀和油压电磁阀再将电脑的电子控制信号转变为液压控制信号，阀板中的各个控制阀根据这些液压控制信号控制换挡执行机构的动作，从而实现自动换挡。

12.3.2　液力变矩器

1. 作用

液力变矩器安装在发动机后端，可将发动机的动力通过工作油液传给自动变速器的输入轴，实现发动机与自动变速器用软连接，有效避免发动机超载。同时，具有一定的变矩功能。

2. 结构

液力变矩器如图 12-35 所示。泵轮与变矩器壳连为一体与曲轴一起旋转，涡轮通过轴承支承在变矩器壳体上并与自动变速器的输入轴相连。导轮布置在泵轮与涡轮之间，导轮通过单向离合器支承在导轮固定套管上。单向离合器的作用是只允许导轮单向转动。泵轮、涡轮、导轮上都有特定角度的叶片和导流槽，泵轮与涡轮之间约有 3mm 的间隙。整个液力变矩器内部充满自动变速器油。

3. 工作原理（见图 12-36）

发动机带动变矩器壳和泵轮一起旋转，在泵轮叶片的作用下，变矩器内的工作油液一起绕轴线旋转。在离心力的作用下，油液沿叶片向外侧射出，高速冲向涡轮，驱动涡轮以相同的方向转动。由自动变速器的输入轴将动力输出给变速器。

当汽车起步时，涡轮的转矩大于泵轮的转矩，变矩器起增大转矩的作

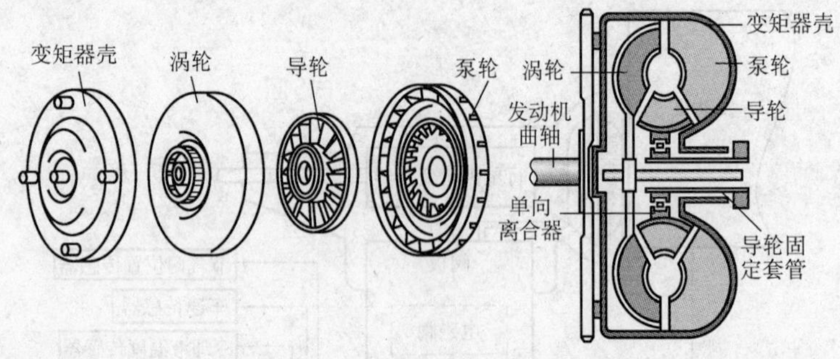

图12-35　液力变矩器结构

用，以提高汽车起步时的驱动能力。当汽车速度逐渐上升时，从涡轮流出的液流方向发生变化，逐渐向导轮的背面靠近。当车速达到一定值时，液流从导轮相邻的两叶片孔穿过，不冲击导轮。在这一过程中液流给导轮的冲击力也逐渐减少，直到等于零。当车速继续上升时，液流冲击导轮叶片背面，由于单向离合器此时打滑，液流给导轮的冲击力也近似地等于零。此时，液力变矩器不改变发动机转矩。

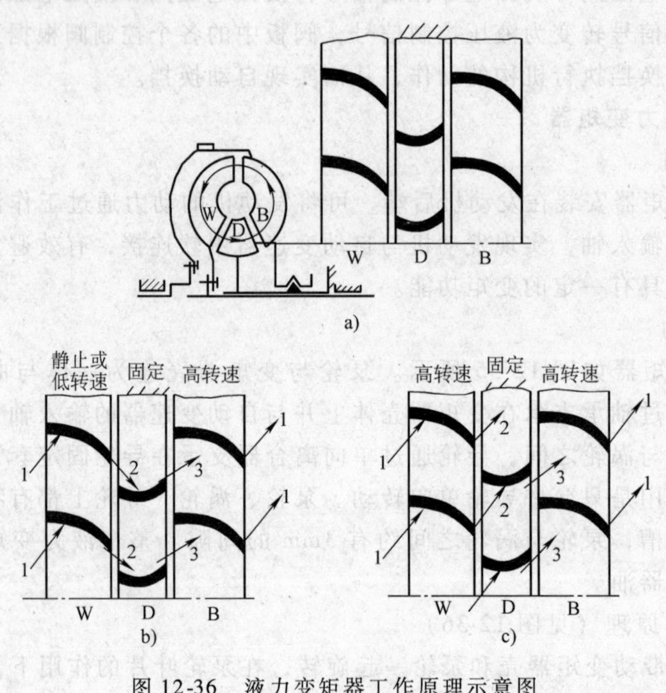

图12-36　液力变矩器工作原理示意图

a）叶片展开示意图　b）起步时　c）车速较高时

1—由泵轮冲向涡轮的液压油方向　2—由涡轮冲向导轮的液压油方向

3—由导轮流回泵轮的液压油方向　W—涡轮　D—导轮　B—泵轮

目前，大部分汽车的液力变矩器内还带有锁止离合器。当车速上升到一定值时，锁止离合器起作用，将液力变矩器的泵轮与涡轮直接连接起来，以提高汽车的传动效率。

12.3.3　齿轮变速机构

液力变矩器虽然能进行自动和无级地改变转矩和传动比，但存在变矩系数（涡轮转矩/泵轮转矩）小、效率（涡轮轴输出功率/泵轮轴输入功率）不高等缺点，难以满足汽车实际需要，目前广泛采用的是液力变矩器后配齿轮变速机构。

齿轮变速机构有行星齿轮式和平行轴式，目前绝大多数自动变速器采用行星齿轮变速机构。

1. 行星齿轮变速机构的组成和变速原理

（1）组成　行星齿轮机构由太阳轮 1、行星齿轮 4、行星架 3、齿圈 2 组成（见图 12-37）。

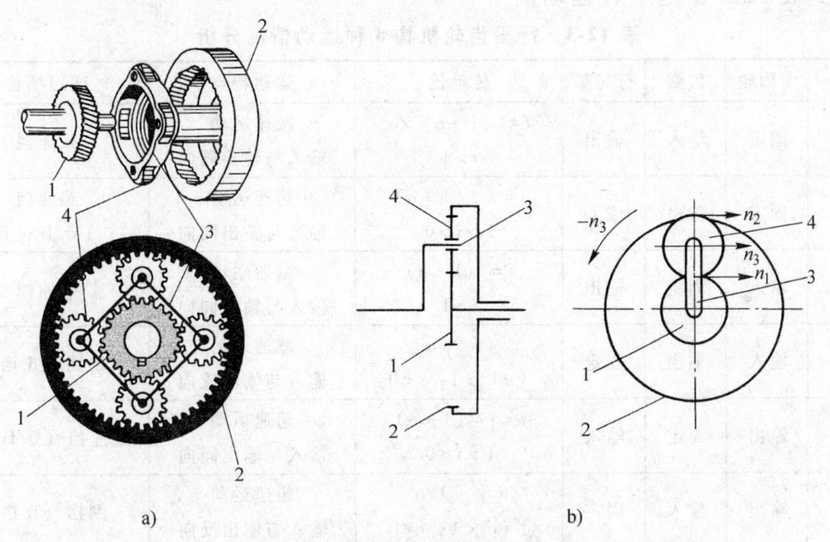

图 12-37　行星齿轮机构

a）结构图　b）变速原理示意图

1—太阳轮　2—齿圈　3—行星架　4—行星齿轮

（2）变速原理

1）行星齿轮机构运动规律。行星齿轮机构为动轴轮系，设太阳轮、齿圈、行星架的转速分别为 n_1、n_2、n_3（图 12-37 中所示为参考方向，负值表示方向相反），则行星齿轮机构的运动规律分析如下：

若 $n_3=0$，即行星架固定不动，则动轴轮系转化为定轴轮系，行星轮 4 为惰轮，只改变运动方向，不改变传动比，则太阳轮转速 n_1 与齿圈转速 n_2 关系为

$$n_1/n_2 = -z_2/z_1 = -\alpha$$

式中　z_1、z_2——太阳轮、齿圈的齿数；

α——太阳轮与齿圈的齿数之比。

若 $n_3 \neq 0$，给整个行星齿轮机构施加一个与和行星架转动方向相反，转速相同的运动，则太阳轮、齿圈、行星架三者的转速 n_1'、n_2'、n_3'分别为：

$$n_1' = n_1 - n_3, n_2' = n_2 - n_3, n_3' = n_3 - n_3 = 0$$

此时行星架转速为0，即行星齿轮机构转化为定轴轮系。

$$n_1'/n_2' = -z_2/z_1 = -\alpha$$

即

$$(n_1 - n_3)/(n_2 - n_3) = -\alpha$$

整理得

$$n_1 + \alpha n_2 - (1+\alpha)n_3 = 0$$

2）行星齿轮机构各种运动情况分析。对行星齿轮机构施加不同的约束，可得到表12-3中的8种运动。

表12-3　行星齿轮机构8种运动情况分析

序号	太阳轮	齿圈	行星架	传动比	运动特点	适用挡位
1	固定	输入	输出	$i=(1+\alpha)/\alpha$ $i>1$	减速运动 输入与输出同向	减速挡
2	固定	输出	输入	$i=\alpha/(1+\alpha)$ $1>i>0$	超速运动 输入与输出同向	超速挡 （O/D位）
3	输入	固定	输出	$i=(1+\alpha)$ $i>1$	减速运动 输入与输出同向	减速挡
4	输入	输出	固定	$i=-\alpha$ $\|i\|>1$；$i<0$	减速运动 输入与输出反向	倒挡（R挡）
5	输出	固定	输入	$i=1/(1+\alpha)$ $1>i>0$	超速运动 输入与输出同向	超速挡（O/D挡）
6	输出	输入	固定	$i=-1/\alpha$ $\|i\|<1$；$i<0$	超速运动 输入与输出反向	倒挡（R挡）
7	任两个连成一体			1	直接传动	直接挡
8	既无任一元件固定又无任两元件连成一体			自由转动	不传递动力	空挡

若不施加约束，则太阳轮、齿圈、行星架各元件都可自由转动，行星齿轮机构不能传递动力，即为空挡。

若将3件中任两件连成一体转动，即两件转速相等，则由式 $n_1+\alpha n_2-(1+\alpha)n_3=0$ 可知，第3个元件必然与前三者转速相同，即行星机构中所有元件无相对运动，为直接挡。

若太阳轮固定（$n_1=0$），齿圈输入运动，行星架输出运动，根据公式 $n_1+\alpha n_2-(1+\alpha)n_3=0$ 得

$$\alpha n_2 - (1+\alpha)n_3 = 0$$

传动比 i = 输入组件转速/输出组件转速 = n_2/n_3 = $(1+\alpha)/\alpha$，$i>1$，该运动为减速运动，输入与输出方向相同。

同理可推出其他 5 种传动结果。

（3）基本应用　自动变速器为了获得多个前进挡位，需采用多排行星齿轮机构，如图 12-38 所示为目前应用比较多的辛普森式行星齿轮机构。其特点是由两个完全相同齿轮参数的行星排组成，整个齿轮系具有相同的齿圈，6 个相同的行星轮和一个供 2 个行星排共用的加长太阳轮。因采用相同的齿轮而使加工量减至最小，工艺性好以及制造费用低。通过换联主动件，可使 2 个行星排实现三进一倒的较多挡位。它结构简单紧凑、传动效率高、换挡平稳，每次换挡也仅需要找一个操纵件。辛普森式行星齿轮机构挡位见表 12-4。

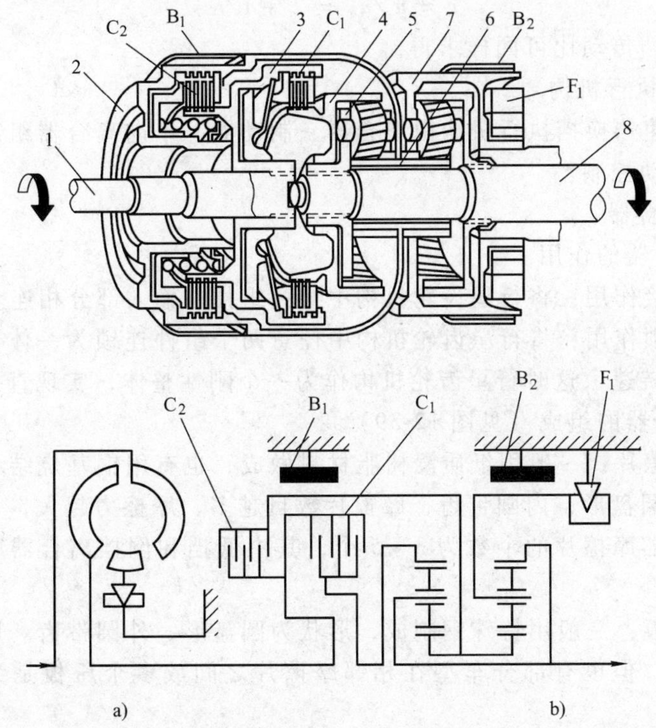

图 12-38　辛普森式 3 挡行星齿轮变速器

a）结构　b）换挡执行元件的布置

1—输入轴　2—倒挡及高挡离合器鼓　3—前进离合器鼓和倒挡及高挡离合器毂　4—前进离合器毂和前齿圈　5—前行星架　6—前后太阳轮组件　7—后行星架和低挡及倒挡制动器鼓　8—输出轴　C_1—前进离合器　C_2—倒挡及高挡离合器　B_1—2 挡制动器　B_2—低挡及倒挡制动器　F_1—低挡单向超越离合器

表12-4 辛普森行星齿轮机构挡位表

挡位	C_1	C_2	B_1	B_2	i
1	○	×	×	○	$2+1/\alpha$
2	○	×	○	×	$1+1/\alpha$
3	○	○	×	×	1.0
R	×	○	×	○	$-\alpha$

注：“○”表示操纵件起作用，“×”表示操纵件不起作用。

双排辛普森行星齿轮机构运动关系为

$$n_{11}+\alpha n_{12}-(1+\alpha)n_{13}=0$$

$$n_{21}+\alpha n_{22}-(1+\alpha)n_{23}=0$$

同时有 $n_{11}=n_{21}, n_{13}=n_{22}$

当挂入①挡时，离合器 C_1 和制动器 B_2 起作用，则 $n_i=n_{12}$，$n_{23}=0$，$n_{13}=n_{22}=n_0$，代入方程组求解得

$$i=n_i/n_0=2+1/\alpha$$

其他各挡传动比可同样求得。

2. 换挡执行机构

自动变速器换挡执行机构由离合器、制动器、单向离合器组成，由电液系统实现自动控制。

(1) 离合器

1) 离合器的作用。

① 连接作用：将行星齿轮机构中某一组件与输入部分相连。

② 连锁作用：将行星齿轮机构中任意两个组件连锁为一体，使3个组件具有相同转速，这时行星齿轮机构作为一个刚性整体，实现直接传动。

2) 离合器的组成（见图12-39）。

① 摩擦片：一般用纸质浸树脂材料做成，也有用铜基烧结粉末冶金做成。形状为圆盘形，内圆带齿，摩擦片数目越多，摩擦力越大，一般自动变速器的离合器摩擦片的个数为3~5个，其中低挡和倒挡离合器摩擦片的个数较多。

② 压板：一般用特殊钢制成，形状为圆盘形，外圆带齿。压板与摩擦片配合成对，但也有部分车型在相邻摩擦片之间放多个压板是为了调整间隙。

③ 活塞：一般用铝合金制成，表面镀有软金属，形状为环状圆柱形，四周加工出单向阀和弹簧座。

④ 离合器鼓和缸体：一般由铝合金做成，内有液压缸体及相关油道，摩擦片与压板均装于离合器鼓内并用卡簧将压板限位。

⑤ 密封圈：密封圈常用的有O形及开口型密封圈。O形密封圈安装无方向型，而开口型密封圈安装时，开口必须向缸体。在活塞内外圆各一个。

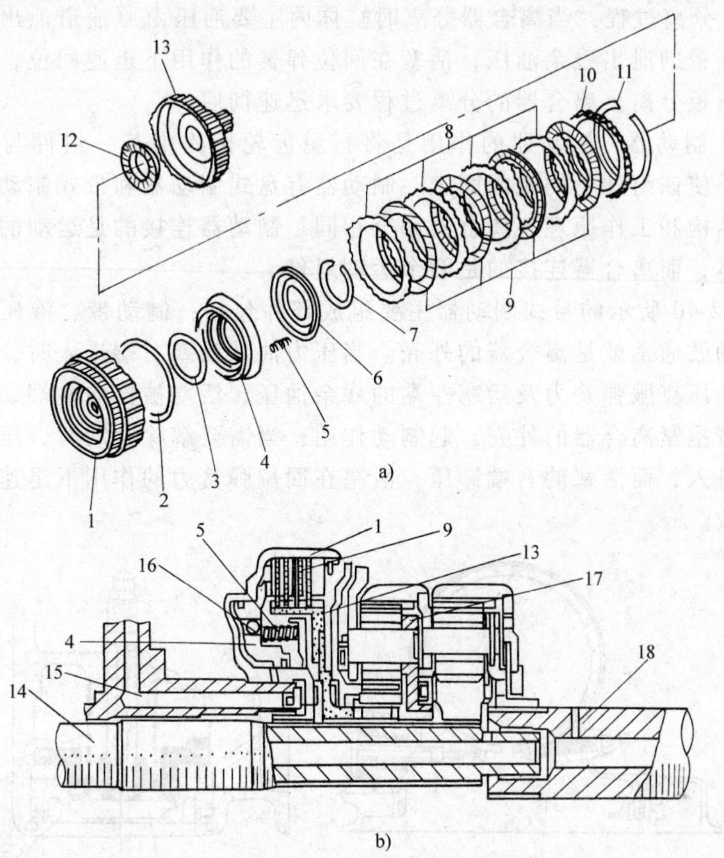

图 12-39　离合器

a）离合器分解图　b）离合器装配图

1—离合器鼓　2、3—密封圈　4—离合器活塞　5—回位弹簧　6—弹簧座　7、11—卡环　8—压板　9—摩擦片　10—挡圈　12—推力轴承　13—离合器鼓　14—行星齿轮变速器输入轴　15—油道　16—单向阀　17—前行星排行星架　18—行星齿轮变速器输出轴

⑥　碟形弹簧：有些自动变速器的离合器中装有碟形弹簧，目的是为了减轻活塞工作时的冲击，同时活塞回位时又可充当回位弹簧。安装时碟形弹簧小端对向活塞。

⑦　挡圈：离合器压板最外面一块由于承受较大的冲击力，因此厚度比其他压板厚出很多（约 2~3 倍）其平整面安装时朝向摩擦片。

3）离合器的工作原理

①　接合过程：当需要某一离合器接合工作时，自动变速器液压控制系统将液压油通过离合器鼓进油道送到活塞后方，给活塞压力，同时压力油将单向阀关闭，活塞受力克服回位弹簧的弹力，逐渐将压板与摩擦片压紧产生摩擦力。离合器的接合过程要求平稳柔和。

② 分离过程：当离合器分离时缸体内主要油压由原油道泄出，同时单向阀打开帮助泄出残余油压，活塞在回位弹簧的作用下迅速回位，离合器摩擦片与压板分离。离合器的分离过程要求迅速彻底。

（2）制动器 制动器的作用是将行星齿轮机构中某一组件与变速器壳体相连，使该组件受约束而固定。制动器有盘式制动器和带式制动器，盘式制动器结构和工作原理与离合器完全相同。制动器连接的是运动的组件与变速器壳体，而离合器连接的是两个运动组件。

图12-40所示的带式制动器主要组成部件包括：制动带、液压缸和顶杆等，制动鼓通常就是离合器的外壳。当压力油从活塞右端进入时，作用在活塞上的油压克服弹簧力及活塞左端的残余油压，活塞被推向左端，通过顶杆使制动带抱紧离合器的外壳，起制动作用；当需要解除制动时，压力油从活塞左端进入，而活塞的右端卸压，活塞在回位弹簧力的作用下迅速右移，制动带释放。

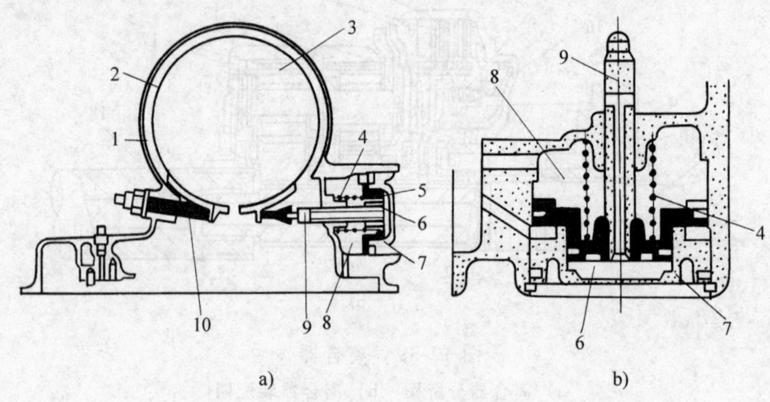

图12-40 带式制动器

a）安装示意图 b）活塞结构

1—变速器壳体 2—制动带 3—制动鼓 4—回位弹簧 5—活塞 6—液压缸施压腔 7—液压缸端盖 8—液压缸释放腔 9—顶杆 10—调整螺钉

（3）单向离合器

1）单向离合器作用和种类。单向离合器可限制一些运动组件只能作单方向的转动，或限制两个组件相对某一方向自由转动，在相反的相对运动方向相互制约。单向离合器目前在自动变速器中应用的有滚柱式单向离合器和楔块式单向离合器两种。

2）单向离合器的工作原理。

① 滚柱式单向离合器：工作原理如图12-41所示。外圈1的内表面上开有若干偏心的弧形空间与内圈2外表面形成若干个楔形空间，滚柱4位于楔形空间内，被碟形弹簧压向较窄的一端。当外圈相对内圈逆时针运动时

(见图 12-41a)，滚柱在摩擦力作用下压缩弹簧被推向楔形空间宽的一端而处于自由状态，外圈和内圈可相对转动。若外圈相对内圈顺时针转动，则情况相反（见图 12-41b)，滚柱在弹簧压力和摩擦力作用下被推向楔形空间的窄端，于是内、外圈被楔紧在一起而不能相对转动。

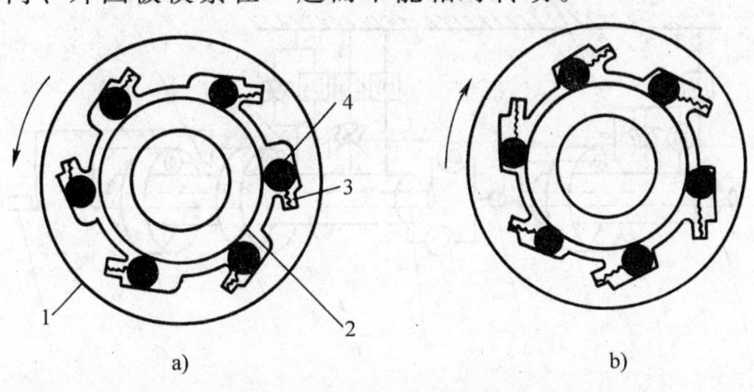

图 12-41　滚柱式单向离合器

a）自由状态　b）锁止状态

1—外圈　2—内圈　3—弹簧　4—滚柱

② 楔块式单向离合器：工作原理如图 12-42 所示。楔形块两个方向的尺寸 A、C 与环形槽的宽度 B 之间关系是 $A>B>C$。当外圈相对内圈逆时针运动时，楔块以小端尺寸 C 介于内、外圈之间自由转动；而作顺时针运动时，则楔块将内、外圈锁在一起，只能一起转动。

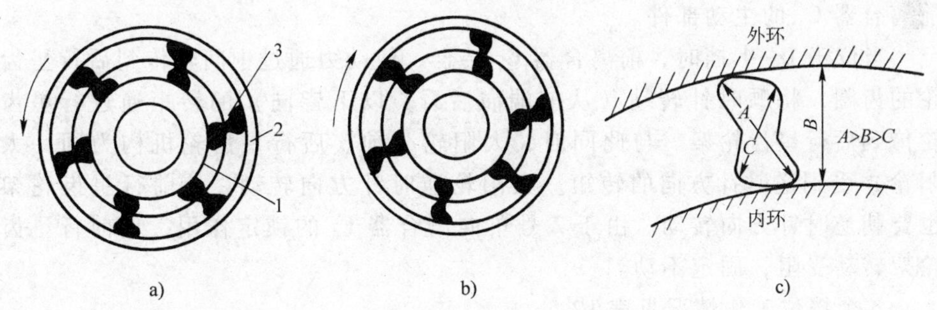

图 12-42　楔块式单向离合器

a）自由状态　b）锁止状态　c）楔块尺寸

1—内圈　2—外圈　3—楔块

3. 丰田 A43D 自动变速器变速机构

(1) 丰田 A43D 自动变速器结构　图 12-43 是丰田 A43D 自动变速器的结构示意图。它由一前、两后的 3 组行星结构（前为单排的超速行星齿轮机构，后为双排的前、后行星齿轮机构）、3 个多片离合器（C_0——超速离合器，C_1——前离合器，C_2——后离合器）、4个多片制动器（B_0——超速制动器，B_1、B_2、B_3分别为1号、2号、3号制动器）和3个单向离合器（F_0——超速单向离合器，F_1、F_2分别为1号、2号单向离合器）等组成。

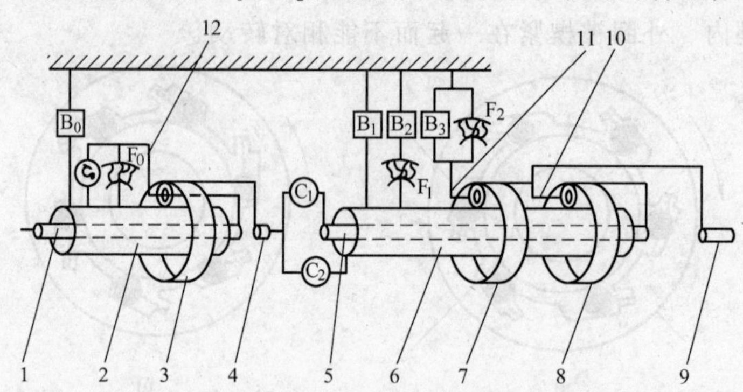

图12-43 丰田A43D自动变速器结构示意图

1—超速输入轴 2—超速太阳轮 3—超速行星齿圈 4—输入轴 5—中间轴 6—太阳轮 7—前行星齿圈 8—后行星齿圈 9—输出轴 10—后行星架 11—前行星架 12—超速行星架

（2）丰田A43D自动变速器传动路线 当汽车起步或负载大、车速低而节气门开度较大时，变速器处于1挡位置。如图12-43所示，当位于D—1挡时，超速离合器C_0结合，使超速太阳轮与超速行星架连结在一起，即超速行星齿轮机构连成一整体转动，传动比为1，使主动轴输入动力直接传给前离合器C_1的主动部件。

当位于D—1挡时，前离合器C_1结合，使动力通过中间轴传到后行星齿轮的齿圈，将顺时针转动（从前端向后看，以下皆同）的转矩通过行星齿轮传到后行星齿轮架。与此同时，太阳轮（前、后行星齿轮机构为同一太阳轮）受到逆时针方向的转矩。太阳轮逆时针方向转动，使前行星齿轮架也要朝逆时针方向转动。由于2号单向离合器F_2的锁定作用，使前行星齿轮架转动受阻，固定不动。

各个挡位工作情况见表12-5。

表12-5 丰田A43D自动变速器各挡工作情况

变速杆位置	挡位	超速离合器C_0	超速制动器B_0	超速单向离合器F_0	前离合器C_1	后离合器C_2		1号制动器B_1	2号制动器B_2	1号单向离合器F_1	2号单向离合器F_2	3号制动器B_3		传动比
						内活塞	外活塞					内活塞	外活塞	
P	停车	○											○	
R	倒挡	○		○		○	○					○	○	-2.21
N	空挡	○												

（续）

变速杆位置	挡位	超速离合器 C_0	超速制动器 B_0	超速单向离合器 F_0	前离合器 C_1	后离合器 C_2		1号制动器 B_1	2号制动器 B_2	1号单向离合器 F_1	2号单向离合器 F_2	3号制动器 B_3		传动比
						内活塞	外活塞					内活塞	外活塞	
D	1	○		○	○						○			2.45
	2	○		○	○				○	○				1.45
	3	○		○	○		○		○					1
	4		○		○		○		○					0.68
2	1	○		○	○						○			2.45
	2	○		○	○			⊗	○	○				1.45
L	1	○		○	○						○	⊗	⊗	2.45

注：“○”表示执行机构起作用；⊗表示利用发动机制动时起作用。

12.3.4　液压控制系统

1. 液压控制系统的总体组成与控制原理

自动变速器液压控制系统主要由油泵、各种阀门组成的自动换挡机构和锁止机构等组成。

全液压自动换挡控制原理如图12-44所示。节气门阀、调速阀分别将负荷信号、车速信号转化为油压信号作用在换挡阀上，当负荷、车速变化到某一特定范围时，驱动换挡阀动作，接通或断开换挡油路，控制相应的离合器、制动器闭合还是分离，改变行星齿轮机构传动关系，从而实现自动换挡。驾驶员通过操纵变速杆手动阀位置，接通或断开各换挡阀油路，控制某些挡位可以自动变挡，有的挡位则被限制不允许自动换挡。

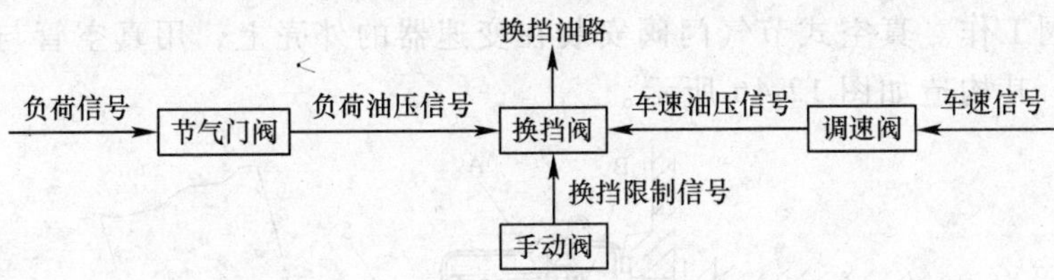

图12-44　全液压自动换挡控制原理示意图

电控液压自动变速器，取消了节气门阀和调速阀，电控单元根据节气门信号和车速信号直接通过电磁阀控制换档阀动作，改变油路，实现换档。

2. 液压控制系统主要组成的结构及功能

(1) 油泵　它是自动变速器液压控制系统的压力来源。油泵通常安装在自动变速器前方，由发动机驱动，也有部分汽车油泵安装在自动变速器的后方（如马自达6）。

自动变速器用油泵有齿轮泵、转子泵、叶片泵几种形式，目前广泛采用的是齿轮泵和叶片泵。齿轮泵有内啮合和外啮合式。

图12-45所示为内啮合齿轮油泵的结构。主动齿轮3是外齿结构，从动齿轮2是内齿结构，主、从动齿轮采用内啮合偏心装配。主动齿轮用键与液力变矩器泵轮轮毂联接，与泵轮一同由发动机曲轴驱动，带动从动齿轮同向旋转。为了防止吸油腔与排油腔之间的泄漏，在两腔之间设置了月牙形隔板5。主从动齿轮、月牙形隔板、前后盖之间形成了多个分隔的密闭空间。

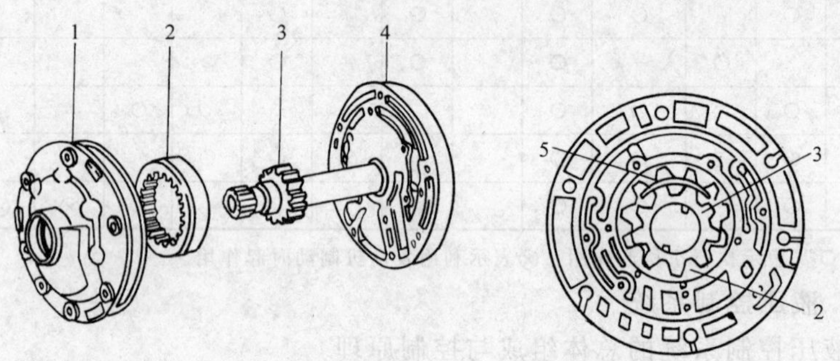

图12-45　内啮合齿轮油泵的结构

1—前壳体　2—从动齿轮　3—主动齿轮　4—泵盖　5—月牙形隔板

当齿轮旋转时，进油容积由小变大，产生真空度，不断吸油；同时出油容积由大变小，提高油压，不断泵油。

(2) 节气门阀　在行驶过程中，驾驶员会根据各种情况来控制节气门开度，液压控制系统中反映节气门的开度的控制阀称为节气门阀，根据节气门信号输入的方式不同有机械式和真空式两种。

真空式节气门阀是利用发动机进气总管的真空（负压）使控制阀中的真空节流阀工作。真空式节气门阀安装在变速器的外壳上，用真空管与进气总管相通。其构造如图12-46所示。

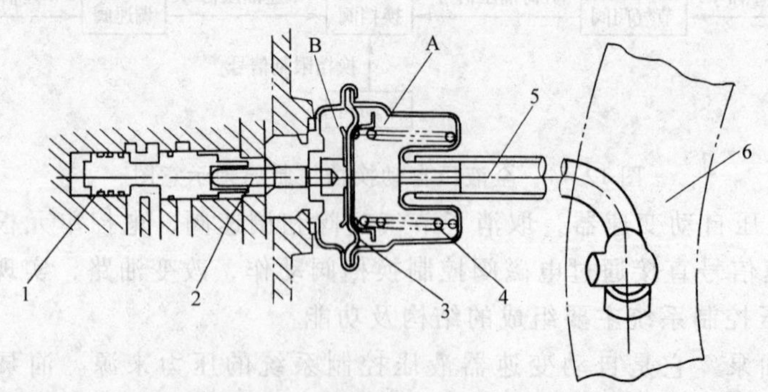

图12-46　真空式节气门阀

1—真空节流阀　2—推杆　3—膜片　4—复位弹簧　5—真空管　6—发动机进气总管　A—真空室　B—大气室

真空式节气门阀的气室被橡胶材料制成的膜片 3 分隔成真空室 A 和大气室 B 两部分。真空室 A 通过真空管与发动机进气总管 6 连接，膜片的右侧承受进气总管的负压和复位弹簧 4 的弹力。大气室 B 与大气相通，膜片的左侧承受大气压力。当节气门全开且发动机转速尚未充分上升时，此时，进气总管内的混合气流速较慢，总管内真空度较低。膜片连同推杆左移，从而推动真空节流阀的滑阀左移。反之，当发动机转速很高、混合气流速很快或节气门关闭时，进气总管内的真空度变大，作用于膜片右侧的压力减小，膜片连同推杆右移，从而使真空节流阀的滑阀右移，使真空节流阀调节出完全反映发动机负荷状态的油路压力送给控制阀，以确定最佳换挡时刻。

机械式节气门阀直接由节气门拉索拉动凸轮驱动阀芯，达到调压的目的。

（3）调速阀　它安装在输出轴上，位于油流分配器的后面，它由初级调速阀 1 和次级调速阀 4 所组成（见图 12-47）。随输出轴一同旋转。调速阀能够将油路压力调制成随输出轴转速即车速变化的油压，此油压称为调速油压。调速压力作为控制油压去控制换挡阀的动作。

调速阀的工作原理如图 12-48 所示。

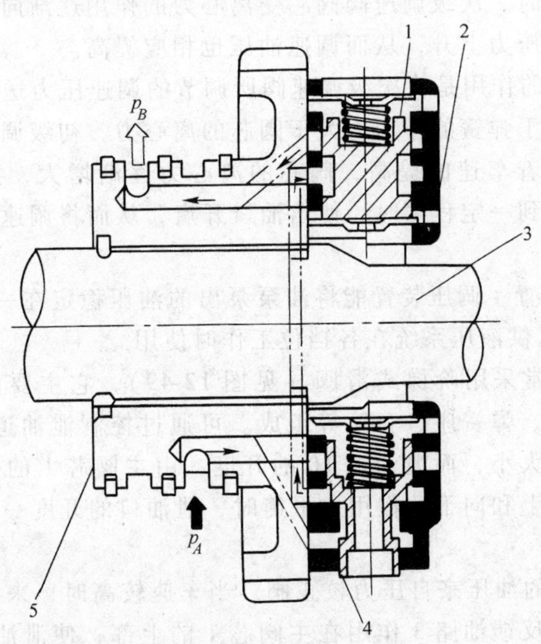

图 12-47　调速阀的结构

1—初级调速阀　2—调速阀壳体　3—输出轴　4—次级调速阀　5—油流分配器

p_A—主油路压力　p_B—调速压力

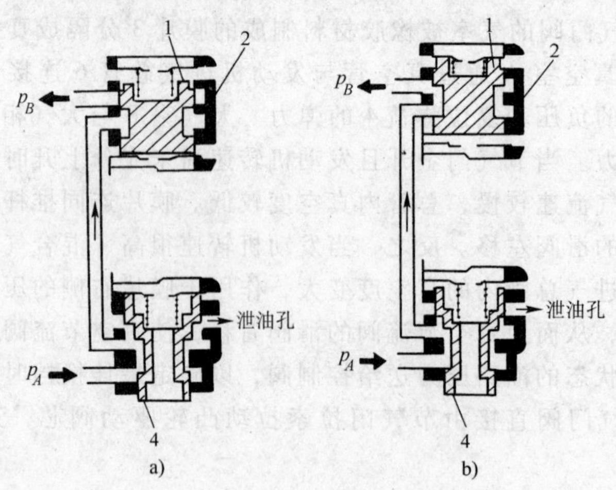

图 12-48　调速阀的工作原理
a）车速较低时　b）车速较高时
（图注同图 12-47）

次级调速阀的作用是将主油路压力调节成调速压力。当车速较低时，次级调速阀内泄油孔的开度较大，因而，油路压力较低，从而调速油压也较低。当车速提高时，次级调速阀阀芯受离心力的作用逐渐向外移动，泄油孔开度变小，油路压力上升，从而调速油压也相应提高。

初级调速阀的作用是将次级调速阀所调节的调速压力送往各控制阀。当车速较低时，由于弹簧的作用力大于阀芯的离心力，初级调速阀的出油口被关闭。但是，随着车速的提高，阀芯的离心力逐渐增大，推动阀芯往外移动，当车速增大到一定程度时，使出油口开启，从而将调速压力送往各控制阀。

（4）调压装置　调压装置能将油泵泵出的油压稳定在一定的范围（0.5~1MPa）内，以供液压系统在各挡位工作时使用。

调压装置通常采用阶梯式滑阀（见图 12-49），它主要由主阀芯、调压柱塞、调压弹簧、弹簧座、套筒等组成。可通过控制泄油道 10 的开度，控制主油道油压的大小，而泄油道 10 的开度，由主阀芯 1 的位置来决定，当主阀芯所受的向上和向下的作用力平衡时，泄油口的开度一定，调节出的主油路油压稳定。

反馈油路 3 的油压来自压力校正阀。当车速较高时，来自压力校正阀的油压较高，通过反馈油路 3 作用在主阀芯 1 的上部，使泄油道 10 的开度变大，主油路油压下降；反之，车速较低时，主油路油压上升；当发动机转速上升时，来自节气门阀的反馈油压上升，通过油路 5 作用在调压柱塞底部，使泄油道 10 的开度变小，主油路油压上升；当操纵手柄位置处于 R 位时，来自手控阀的油压通过倒挡反馈油路 4 作用在调压柱塞的环形油腔内，使泄油道 10 的开度变小，主油路油压上升。另外主油路油压还可以通过油腔 B、油路 11 送到液力变矩器。调压弹簧的弹力始终让泄油道 10 的开度变小，增大油压。

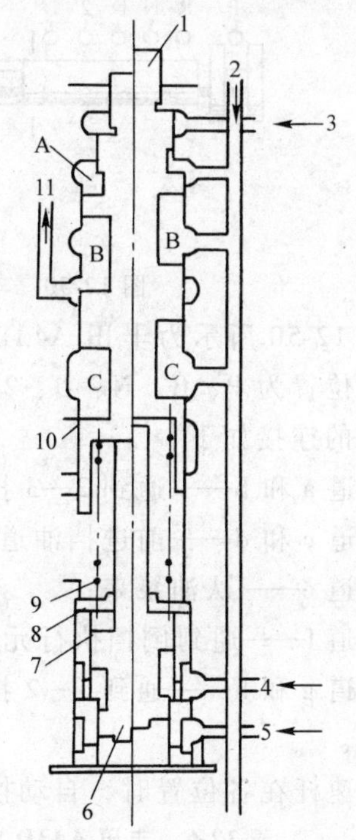

图 12-49　阶梯式滑阀调压装置工作原理

1—主阀芯　2—主油路　3—来自压力校正阀的反馈油路　4—来自手动阀的倒挡反馈油路　5—来自节气门阀的油路　6—调压柱塞　7—套筒　8—弹簧座　9—调压弹簧　10—泄油道　11—去液力变矩器油路　A、B、C—油腔

阶梯式滑阀调压装置的调压特点如下：

1）当车速较高时，主油路油压较低，反之，主油路油压较高。

2）当发动机转速较高时，主油路油压较高，反之，主油路油压较低。

3）倒挡油压比前进挡油压高。

4）调压弹簧弹簧力越大，主油路油压越高。

（5）手控制阀　手控制阀在自动变速器液压控制系统里相当于油路总开关，由驾驶室内的换挡手柄控制。当操纵手柄位于不同的位置时，手控制阀将主油路的液压油分配给不同的工作油道。

自动变速器操纵手柄常见的位置有 6 个，个别车型为 5 个或 7 个 。一般位置如下：

1）P、R、N、D_4、D_3、2、1（如本田车系）

2）P、R、N、D、2、L（如丰田车系）

3）P、R、N、D、2、1（如日产车系）

4）P、R、N、D、S、L

5）P、R、N、D、3、2、1

操纵手柄各位置的含义为：P—停车位；R—倒挡位；N—空挡位；D(D_4)—前进挡位（此时变速器可以在所有前进挡位变换）；2、1（S、L 或 3、2、1 或 D_3、2、1）—闭锁挡位（此时变速器只能在较低的几个挡位变换或只能在某一低挡位行驶，且可以利用发动机制动）。

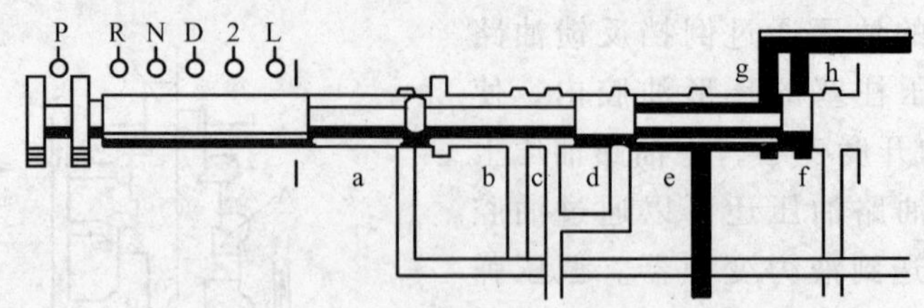

图 12-50 丰田 A43D 自动变速器手动阀

图 12-50 所示为丰田 A43D 自动变速器手动阀。它是一个 6 位的方向阀，其位置为 P、R、N、D、2、L。阀体上有油道，各油道与系统中其他液压元件的连接如下：

油道 a 和 b——通到 2—3 挡换挡阀阻止其升挡动作，并通到制动器 B_1；

油道 c 和 d——前进挡油道；

油道 e——从油泵来；

油道 f——通到倒挡执行元件；

油道 g 和 h——通到 1—2 挡换挡阀阻止其升挡动作，并通到倒挡和低挡制动器。

变速杆在各位置时，自动换挡范围和主油路接通的油道见表 12-6。

表 12-6 丰田 A43D 自动变速器自动换挡范围和手动阀油路

位置	自动换挡范围	与主油路 e 相通的油道
P	停车	
R	倒车	f、g、h
N	空挡	
D	1 ~4 挡自动换挡	c、d
2	不能由 2 挡升 3 挡	a、b、c、d
L	只能在 1 挡行驶	a、b、c、d、g、h

（6）换挡阀 它是自动换挡操纵系统中的核心机件。它的制造质量和磨损程度，不仅直接关系到自动变速器的性能好坏，而且影响到整个车辆的使用性能。其主要功用是：

1）自动选择挡位：按照换挡规律的要求，随着控制参数（节气门开度和车速）的变化，选择最佳换挡时刻，发出换挡信号。

2）完成换挡操纵：操纵换挡执行机构（换挡离合器和换挡制动器）的分离或接合动作。

3）进行换挡区范围的人工选择：随着行车条件的变化，能让驾驶员手动选择自动换挡的挡区范围。

一般一个换挡阀只控制一个前进挡油道，而前进 1 挡油道直接由手控制阀控制，因此在一个液压控制系统中换挡阀的总数比前进挡总数少一个。通常把控制前进 2、3、4 挡的换挡阀分别称为 1—2 挡、2—3 挡、3—4 挡换挡阀。

目前，自动变速器换挡阀的工作几乎都由换挡电磁阀控制。其控制方式有两种：一种是施压控制，即通过开启或关闭换挡阀控制油路的进油孔来控制换挡阀的工作；另一种是泄压控制，即通过开启或关闭换挡阀控制油路的泄油孔来控制换挡阀的工作。

施压控制方式的工作原理如图 12-51 所示。换挡阀的左端通过油路和换挡电磁阀相通。当电磁阀关闭时，没有油压作用在换挡阀左端，换挡阀在右端弹簧弹力的作用下移向左端（见图 12-51a）；当电磁阀开启时，主油路压力油经电磁阀作用在换挡阀左端，使换挡阀克服弹簧弹力移向右端（见图 12-51b），从而产生油路变换，实现换挡。

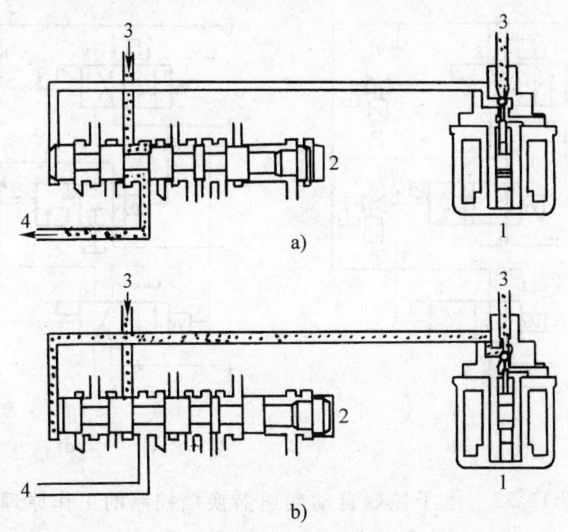

图 12-51　电液式控制系统换挡阀工作原理图

a）换挡电磁阀关闭　b）换挡电磁阀开启

1—换挡电磁阀　2—换挡阀　3—主油路压力油　4—至换挡执行机构

有 4 个前进挡的自动变速器通常有 3 个换挡阀，这 3 个换挡阀可以分别由 3 个换挡电磁阀来控制，也可以只用 2 个电磁阀来控制，并通过 3 个换挡阀之间油路的互锁作用实现 4 个挡位的变换。目前，大部分自动变速器采用由 2 个电磁阀控制 3 个换挡阀的控制方式。其工作原理如图 12-52 所示。它采用了泄压控制的方式。由图中可知，1—2 换挡阀和 3—4 换挡阀由电磁阀 A 共同控制，2—3 换挡阀则由电磁阀 B 单独控制。电磁阀不通电时关闭泄油孔，来自手控制阀的主油路压力油通过节流孔后作用在各换挡阀右端，使阀芯克服左端弹簧弹力而左移。电磁阀通电时，泄油孔开启，换挡阀右端压力油被泄空，阀芯在左端弹簧的作用下右移。

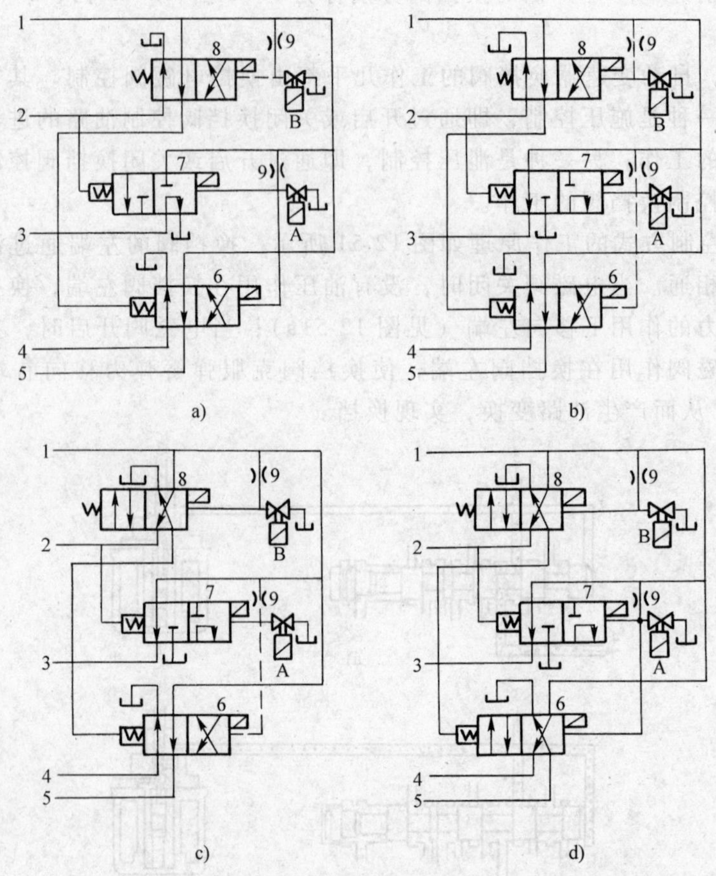

图 12-52　电子控制自动变速器换挡控制的工作原理

a）1挡　b）2挡　c）3挡　d）4挡

1—主油道　2—3挡油路　3—2挡油路　4—超速制动器油路　5—直接离合器油路

6—3—4换挡阀　7—1—2换挡阀　8—2—3换挡阀　9—节流阀

A、B—换挡电磁阀

1挡时，A不通电，B通电，1—2换挡阀左移，关闭2挡油路，2—3换挡阀右移，关闭3挡油路。同时使主油路油压作用在3—4换挡阀左端，让3—4换挡阀锁止在右端位置。

2挡时，A和B同时通电，1—2换挡阀右端油压下降，阀芯右移，打开2挡油路。

3挡时，A通电，B不通电，2—3换挡阀右端油压上升，阀芯左移，打开3挡油路。同时使主油路油压作用在1—2换挡阀左端，并让3—4换挡阀左端油压泄空。

4 挡时，A 和 B 均不通电，3—4 换挡阀右端控制压力上升，阀芯左移，关闭直接离合器油路，打开超速制动器油路。此时，由于 1—2 换挡阀左端有主油路油压作用，虽然右端有控制油压，阀芯仍保持在右端而不能左移。换挡电磁阀的工作状态见表 12-7。

表 12-7　换挡电磁阀的工作状态

换挡电磁阀	工作状态			
	1 挡	2 挡	3 挡	4 挡
A	×	○	○	×
B	○	○	×	×

注：×—不通电；○—通电。

（7）锁止离合器控制阀　锁止离合器控制阀的作用是当车速上升到一定值时，将液力变矩器的泵轮与涡轮直接连接起来，实现液力变矩器直接传动，提高传动效率。锁止离合器以电磁阀控制最广泛，可分为开关式和脉冲线性式锁止离合器控制阀。

图 12-53 所示为开关式锁止离合器控制阀的工作原理。主油路压力油经节流孔作用在锁止离合器控制阀的右端，锁止离合器控制阀的左端作用着弹簧力。

当车速、节气门开度等因素未达到锁止条件时，锁止电磁阀不通电，电磁阀的排油孔开启，使作用在锁止离合器控制阀右端的控制油压下降，阀芯在弹簧的作用下右移，来自变矩器阀的压力油经锁止离合器控制阀同时作用在变矩器内的锁止离合器活塞两侧，从而使锁止离合器处于分离状态（见图 12-53a）。

当车速、节气门开度等因素满足锁止条件时，电子控制单元向锁止电磁阀发出电信号，电磁阀的排油孔关闭，使作用在锁止离合器控制阀右端的控制油压上升，阀芯在右端控制油压的作用下左移，此时锁止离合器活塞右侧的液压油经锁止离合器控制阀泄空，活塞左侧的变矩器油压将活塞压紧在变矩器壳上，使锁止离合器处于结合状态（见图 12-53b）。

图 12-54 所示为脉冲线性式锁止离合器控制阀的工作原理。目前许多新型电子控制自动变速器上都应用。电子控制单元可以利用脉冲电信号的占空比大小来调节锁止电磁阀的开度，以控制作用在锁止离合器控制阀右端的油压和锁止离合器控制阀向左移动时所打开的排油孔开度，并以此控制锁止离合器活塞右侧油压的大小。

当作用在锁止电磁阀上的脉冲电信号的占空比为 0 时，电磁阀关闭，没有油压作用在锁止离合器控制阀右端，此时锁止离合器活塞左右两侧的油路相通，锁止离合器处于分离状态。当作用在锁止电磁阀上的脉冲电信号的占

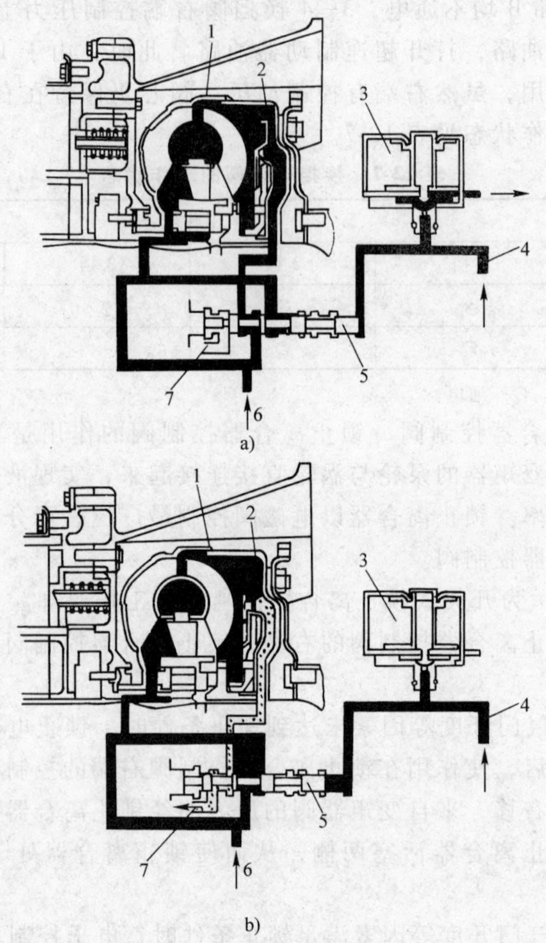

图 12-53 开关式锁止离合器控制阀的工作原理

a）分离 b）接合

1—液力变矩器 2—锁止离合器 3—锁止电磁阀 4—主油路

5—锁止离合器控制阀 6—来自变矩器阀油路 7—泄油孔

空比较小时，电磁阀的开度和作用在锁止离合器控制阀右端的油压以及锁止控制阀左移打开的排油孔开度均较小，锁止离合器活塞左右两侧油压差以及由此产生的锁止离合器接合力也较小，使锁止离合器处于半接合状态。脉冲电信号的占空比越大，锁止离合器左右两侧的油压差以及锁止离合器的接合力越大。当脉冲电信号的占空比达到一定数值时，锁止离合器即可完全接合。这样，电子控制单元在控制锁止离合器接合时，可以通过电磁阀来调节其接合力和接合速度，让接合力逐渐增大，使接合过程更加柔和。

有些车型的自动变速器电子控制单元还具有滑动锁止控制程序，即在汽

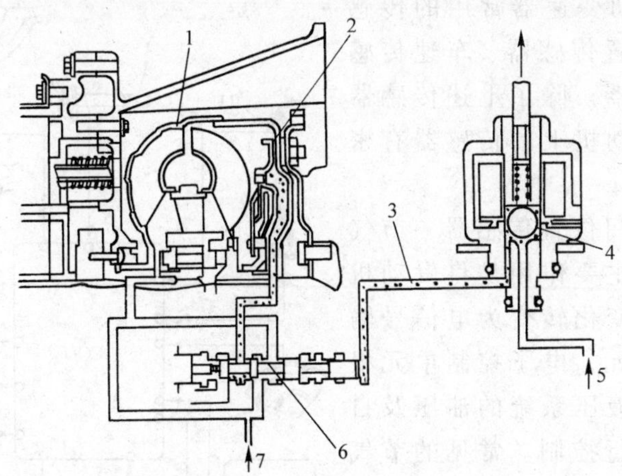

图 12-54　脉冲线性式锁止离合器控制阀的工作原理

1—液力变矩器壳　2—锁止离合器　3—控制压力　4—脉冲线性式锁止电磁阀
5—主油路　6—锁止离合器控制阀　7—来自变矩器阀油路

车的行驶条件已接近但尚未达到锁止控制程序所要求的条件时，先让锁止离合器处于滑动锁止状态（即半接合状态），逐步提高变矩器的传动效率。

12.3.5　电子控制系统

目前，绝大部分自动变速器控制系统采用电子控制系统辅助液压控制系统完成换挡及调节油压。电子控制与全液压控制的主要区别是控制原理不同。全液压控制是完全利用液压自动控制原理来完成其主要控制任务的，节气门开度和汽车车速这两个主要参数是以机械的方式传入控制系统，并利用液体力学的原理转化为相应的液压控制信号，控制系统根据这两个液压控制信号的变化进行各种控制工作。电子控制是利用电子自动控制的原理来完成各种控制任务的。传感器将汽车发动机的节气门开度、汽车车速等各种运转参数转变为电信号，电控单元（ECU）根据这些电信号，按照设定的控制程序发出换挡等控制信号，通过各种电磁阀（换挡电磁阀、油压电磁阀等）来操纵阀体总成的工作，来完成换挡等控制任务。电子控制具有控制精度高、响应快、控制灵活多样、结构简单及故障易检查与排除的优点。

电子控制系统主要包括电子控制单元（ECU）、传感器、执行元件（电磁阀）及控制系统等（见图 12-55）。电子控制系统中的传感器及各种控制开关将发动机工况、车速等信号传递给电子控制单元，电子控制单元发出指令给执行元件，执行元件和液压系统按一定的规律控制换挡执行机构工作，实现电控自动变速器自动换挡。

1. 传感器

目前，自动变速器常用的传感器有节气门位置传感器、车速传感器及油温传感器。除了上述传感器以外，还与发动机上的传感器有密切关系。

(1) 节气门位置传感器　节气门位置传感器主要作用是将发动机节气门开度的变化转变为电信号输入电子控制单元，电子控制单元根据这一信号对液压系统的油压及自动换挡系统进行控制。常见的节气门位置传感器采用线性可变电阻（见图12-56），由一个线性电位计和一个怠速开关组成，节气门轴带动线性电位计及怠速开关的滑动触点。当节气门轴转动时，电位计所控制的线性电阻值发生变化，所对应的电位也发生变化，变化的电位信号输送给电子控制单元。当节气门关闭时，怠速触点开关闭合，将怠速信号输送给电子控制单元。

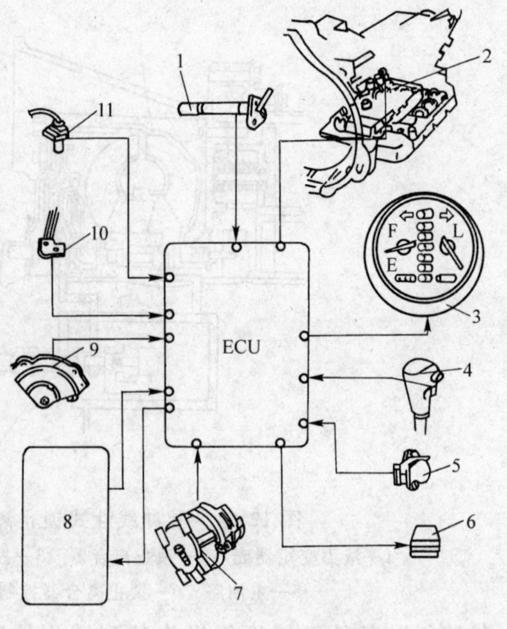

图12-55　电子控制系统

1—输入轴转速传感器　2—电磁阀　3—仪表板　4—超速挡开关　5—节气门位置传感器　6—自检插座　7—发动机转速传感器　8—巡航电子控制单元　9—挡位开关　10—液压油温度传感器　11—车速传感器

(2) 车速传感器　目前自动变速器常采用电磁感应式传感器（见图12-57），主要由永久磁铁和电磁感应线圈组成，变速器输出轴上的停车锁止齿轮充当感应转子。当输出轴转动时，感应转子的凸齿不断靠近或离开车速传

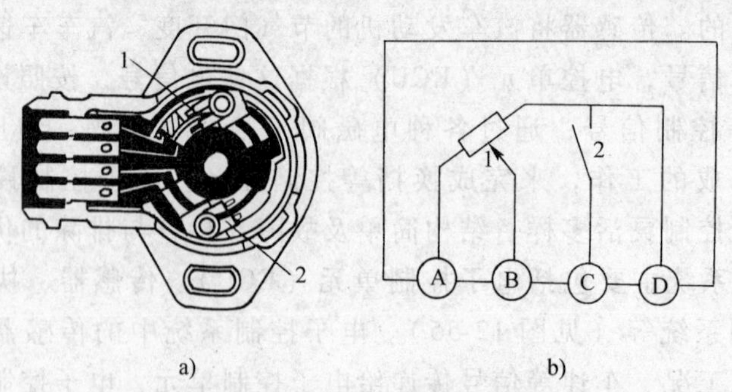

图12-56　节气门位置传感器

a) 结构　b) 电路

1—线性电位计滑动触点　2—怠速开关

A—基准电压　B—节气门开度信号　C—怠速信号　D—搭铁

感器，使感应线圈内的磁通量发生变化，从而产生交流感应电压。车速越高，输出轴的转速也越高，感应电压的脉冲频率也越大。电子控制单元根据感应电压脉冲频率的大小计算车速。

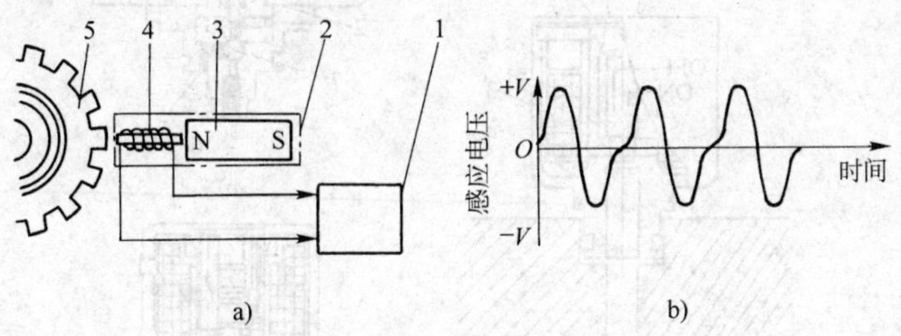

图 12-57　车速传感器

a）结构　b）感应电压曲线

1—电子控制单元　2—车速传感器　3—永久磁铁　4—感应线圈及铁心　5—感应转子

（3）油温传感器　油温传感器主要由一个具有负温度系数的可变电阻组成（见图 12-58）。当液压油温度变化时，电阻发生变化，产生的电信号发生变化，电子控制单元根据变化的电信号可测出液压油的温度。

2. 电磁阀

自动变速器电子控制系统中常用的电磁阀有开关式电磁阀和线性磁脉冲式电磁阀两种。

（1）开关式电磁阀　它被用来作为换挡控制电磁阀、锁定控制电磁阀、超速离合器电磁阀和超速挡控制电磁阀。开关式电磁阀主要由电磁线圈、针阀、排油孔等组成（见图 12-59）。

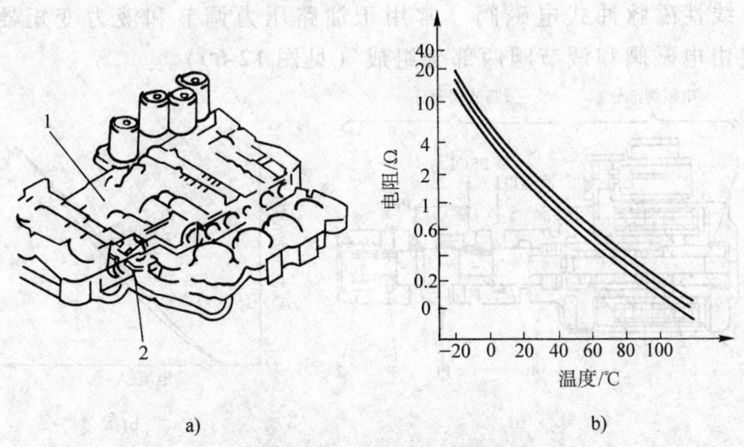

图 12-58　油温传感器

a）安装位置　b）电阻变化曲线

1—阀板　2—液压油温度传感器

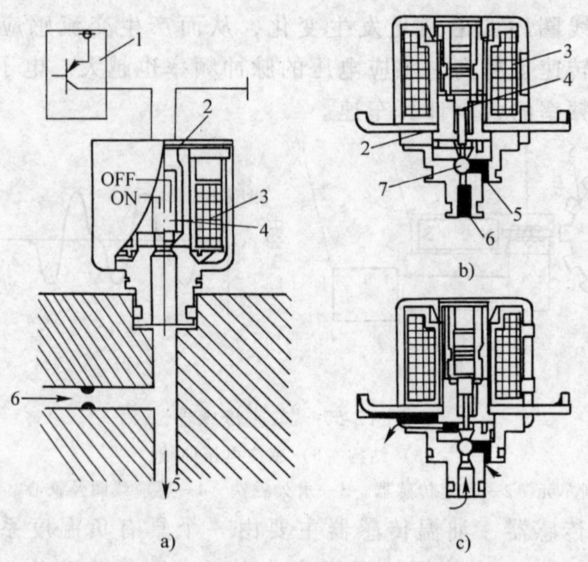

图12-59　开关式电磁阀

a）结构　b）不通电状态　c）通电状态

1—电子控制单元　2—泄油孔　3—电磁线圈　4—衔铁和阀芯　5—控制油道　6—主油道　7—球阀

当电磁阀不通电时，针阀芯轴被油压向上推动，排油孔打开，工作油道与排油孔连通；当电磁阀通电时，在电磁力作用下，针阀关闭排油孔，从节流孔出来的工作油压保持工作。也有部分电磁阀通电时油路卸压，不通电时保持油压。

（2）线性磁脉冲式电磁阀　常用于油路压力调节和液力变矩器锁定控制。主要由电磁阀和调节阀两部分组成（见图12-60）。

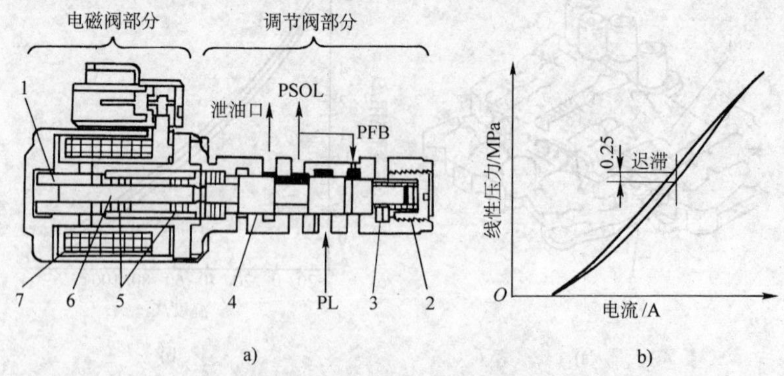

图12-60　线性磁脉冲式电磁阀

a）结构　b）输出特性

1—轴套　2—螺纹　3—弹簧　4—阀　5—轴承　6—芯轴　7—线圈

当电磁线圈通电时间越长（占空比越大）电磁力越大，阀芯向右移动程度大，调节油压（PSOL）越大；反之，当电磁线圈通电时间越短（占空比越小），电磁力越小，阀芯向右移动程度小，调节油压越小。PFB 为反馈油压，防止调节油压上升过快。

3. 电子控制系统

以丰田 A340E 型自动变速器为例，其电子控制系统计算机与配用的 2JZ—GE 汽油喷射发动机共用一个 ECU。图 12-61、图 12-62 分别为 A340E 型自动变速器电子控制系统的线路图和零件位置图。

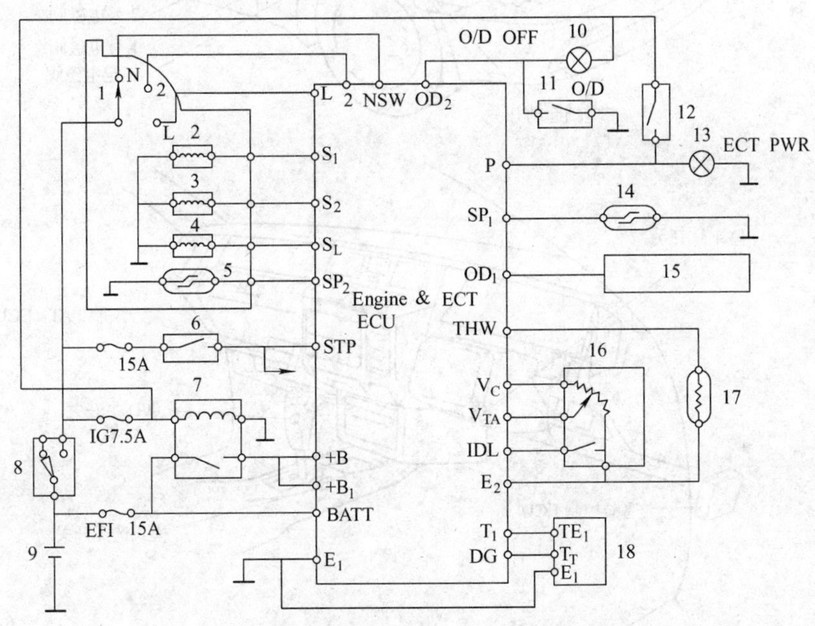

图 12-61　丰田 A340E 型自动变速器电子控制系统的线路图

1—空挡起动开关　2—1 号电磁阀　3—2 号电磁阀　4—3 号电磁阀　5—2 号速度传感器　6—停车灯开关　7—主继电器　8—点火开关　9—蓄电池　10—O/D OFF 指示灯　11—O/D 主开关　12—模式选择开关　13—动力模式指示灯　14—1 号速度传感器　15—巡航控制 ECU　16—节气门开度传感器　17—冷却液温度传感器　18—检查接头

丰田 A340E 型自动变速器电控系统由传感器、电控单元（ECU）和执行元件组成。传感器用来检测车速、节气门开度、冷却液温度及其他一些状态，以电信号形式输入到电控单元（ECU）。ECU 根据各传感器输入的信号确定换挡和锁定离合器锁定的时间，发出信号控制执行元件（电磁阀）动作。电磁阀动作使作用在控制阀的压力改变，使控制阀动作实现换挡和锁定离合器结合或分离。

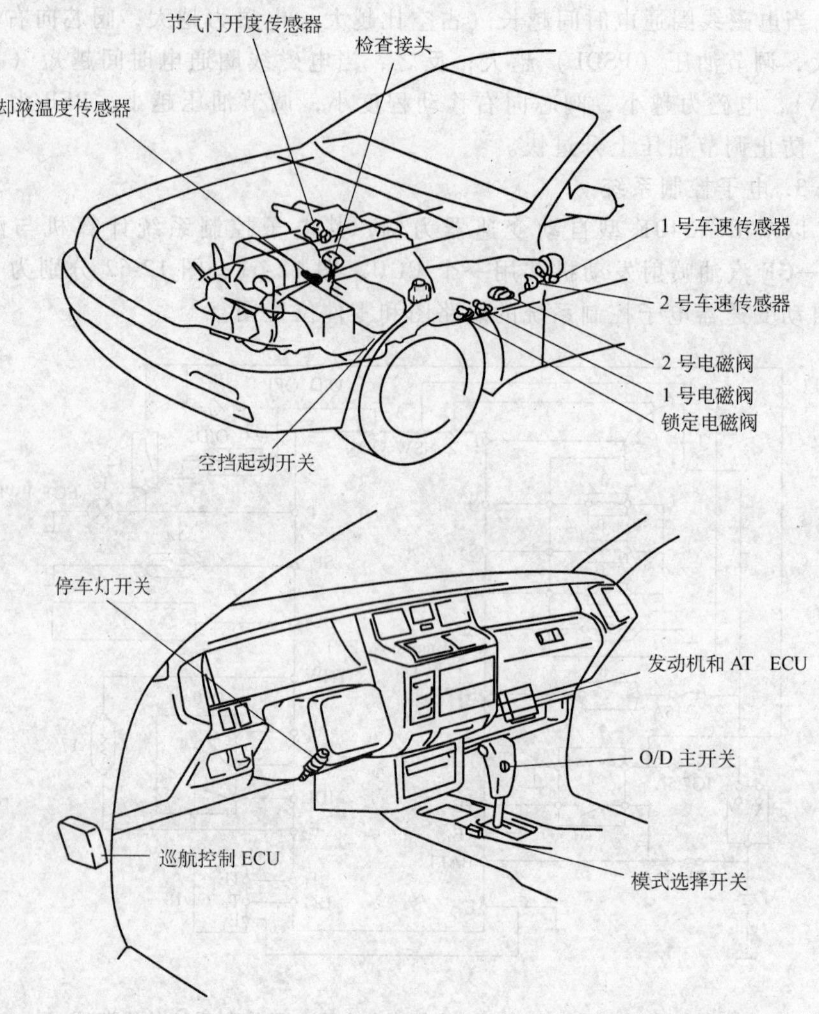

图 12-62　丰田 A340E 型自动变速器电子控制系统的零件位置图

电控元件（ECU）对于自动变速器来说，主要有4大功能，现简述如下。

（1）控制换挡的时刻　在电控单元（ECU）内部存储器中固化有计算机控制程序，它将使两种驾驶模式（NOR—普通，PWR—动力）下在D、2、1位置都按最佳程序控制换挡。

电控单元（ECU）根据车速和节气门开度信号，发出信号使1号、2号电磁阀通电或断电，使换挡阀动作而实现换挡。必须指出的是电控单元（ECU）只在汽车前进行驶时发生换挡和锁定信号，在R、P、N位置时完全是液压或机械控制的。

（2）控制换入超速挡时间　当超速主开关接通且变速杆在D位置时，

有可能换入超速挡行驶，但是如果发动机冷却液温度低于 60℃时，禁止换入超速挡。

当汽车以巡航方式超速挡行驶时，如果其实际车速比巡航设定车速低 4km/h，便退出超速挡，直到实际车速达到设定巡航车速时才可能重新换入超速挡。

(3) 控制锁定离合器　电控单元（ECU）根据车速和节气门开度信号控制 3 号电磁阀，3 号电磁阀动作使锁定延时阀移动，控制液力变矩器内部锁定离合器的接合或分离。

如果出现下列任一情况，电控单元（ECU）将指令锁定离合器分离：

① 制动灯亮时；

② 节气门开度处于怠速位置时；

③ 冷却液温度低于 60℃时，指令锁定离合器分离的目的是提高汽车的驾驶性能和加速发动机升温。必须指出的是，若锁定离合器处于结合状态时，每一次升挡或降挡时都会指令锁定离合器暂时分离，以减少换挡时的冲击。

(4) 自动故障诊断功能　电控单元（ECU）还具有故障自诊断功能。当 ECU 检测到电磁阀或速度传感器有故障时，“O/D-OFF”就会闪烁，警告驾驶员自动变速器内有故障。如果 1 号、2 号速度传感器，1 号、2 号电磁阀有故障时，“O/D-OFF”，指示灯就会闪烁（注意此时必须是 O/D 开关处于“ON”）。如果只是 3 号电磁阀有故障，指示灯不会闪烁。为了检测 0 方便，电控系统设有专用的检测接头，利用检测接头可以检测节气门位置传感器、制动信号、各挡位信号和故障码。

12.3.6 机械式无级自动变速器

机械式无级自动变速器（Continuously Variable Transmission，简称 CVT）是根据车速和节气门开度来改变机械式 V 形传动带轮的作用半径，实现无级变速。

1. CVT 基本结构

图 12-63 为日本富士重工业公司使用的 TB-40 金属带式机械式无级自动变速器，它将轿车传动系的离合器、变速器、主减速器及差速器等装配成一个整体结构。

2. CVT 基本工作原理

(1) CVT 动力传递路线　发动机→电磁离合器 3→主动带轮 11→金属传动带 7 →从动带轮 6→主减速器→差速器→半轴→驱动轮。

(2) 变速原理　金属带传动装置的变速原理如图 12-64 所示，通过同时改变主动带轮和从动带轮的作用半径，来改变传动比，其变化范围为 0.497 ~2.503，最大传动比与最小传动比的比值为 5.036，这个值与手动换挡五

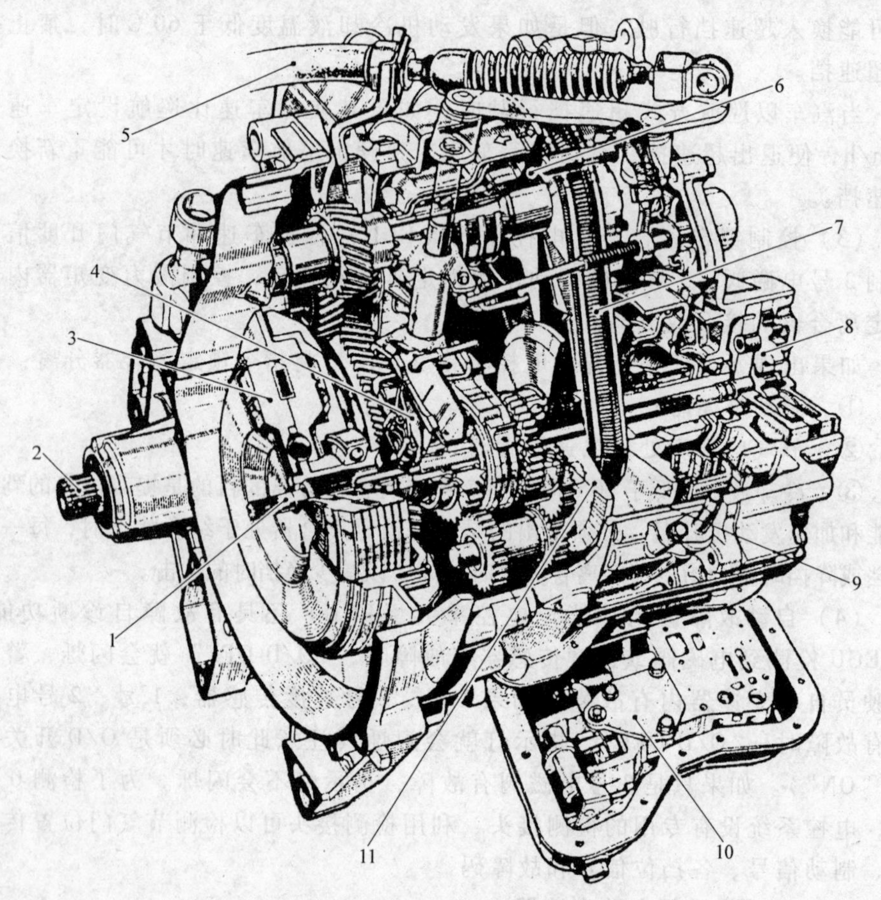

图 12-63 机械无级自动变速器结构

1—输入轴 2—半轴 3—电磁离合器 4—电刷架 5—换挡软轴 6—从动带轮 7—金属带传动 8—油泵 9—换挡机构 10—液压控制阀 11—主动带轮

挡变速器的值相当。这样的传动比变化范围还不能满足轿车行驶的需要，因此常与其他传动（液力耦合、电磁离合器等）配合使用。

CVT使用的金属带是用多层铝合金薄钢带串上V形的钢片制成（见图12-65）。这种金属带可承受很大的拉力和侧向压力，钢带装在工作半径可变的带轮上，靠液压力改变带轮的半径来改变传动比。

（3）控制原理 CVT的控制系统由两部分组成：电磁离合器控制系统和变速控制系统（见图12-66）。

电磁离合器控制原理是当汽车起步、换挡或停车时，由微机控制离合器实现分离和接合。发动机转速、车速、操纵杆位置、加速踏板位置等信息输入微机，经过运算处理后，可以确定当前所处的运行工况，然后从微机的只读存贮器中读取相应的控制参数，输出给电磁离合器，使之处于预先设定的

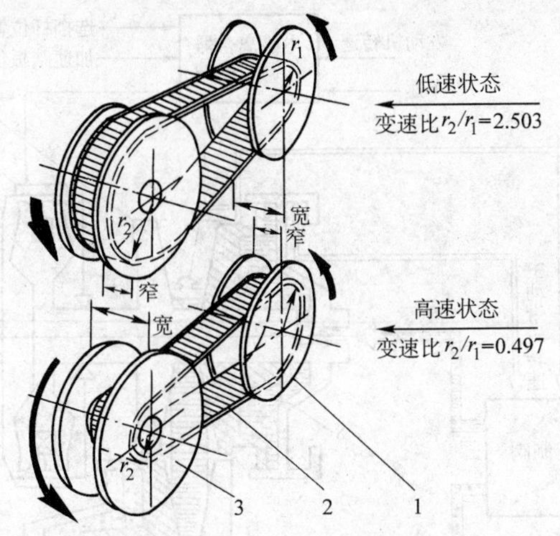

图 12-64 CVT 变速原理

1—主动带轮 2—金属传动带 3—从动带轮

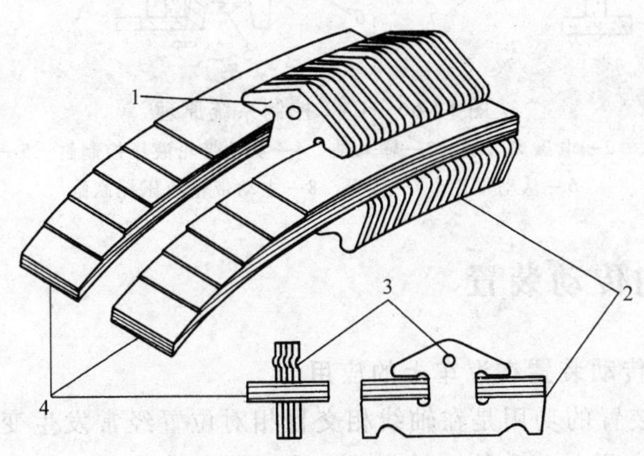

图 12-65 金属带结构

1—V 形钢片 2—工作面 3—定位凹坑 4—钢带

工作状态。电子控制系统还具有失效保险、故障自诊断等功能。

变速控制是采用液压系统控制金属传动带传动机构，即通过主动带轮和从动带轮 V 形槽宽度的变化，来控制带轮可动锥面盘的轴向位置。液压控制系统根据发动机节气门开度、发动机转速、传动比等输入信号来控制供给主从动带轮液压室的油压，调整液压室油压分别用换挡控制阀和压力调节阀来进行。

此外，还有金属带润滑用的保压阀、将换挡控制阀的动作限定在高转速范围内的 D_S 挡位阀（又称作发动机辅助制动阀）、变速锁止阀等辅助阀。

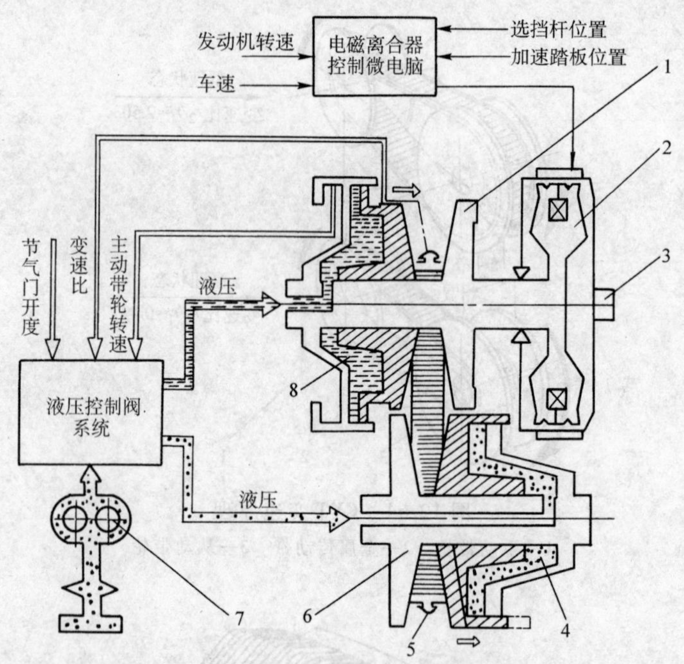

图 12-66 CVT 控制系统原理

1—主动带轮 2—电磁离合器 3—输入轴 4—从动带轮液压控制缸 5—金属传动带 6—从动带轮 7—油泵 8—主动带轮液压控制缸

12.4 万向传动装置

12.4.1 万向传动装置在汽车上的应用

万向传动装置的功用是在轴线相交且相对位置经常发生变化的两轴间传递动力，一般由万向节和传动轴组成，有的还加有中间支承。万向传动装置在汽车上的应用如下：

1. 连接变速器与驱动桥

对发动机前置后轮驱动的汽车，变速器常与发动机、离合器连成一体支承在车架前部，而驱动桥则通过悬架弹性地与车架后部连接（见图 12-67）。变速器输出轴与驱动桥的输入轴不在同一轴线上，且在汽车行驶过程中，由于路面不平等原因，造成车轮及驱动桥上下跳动，使得两轴线的相对位置经常发生变化。因此，必须在两轴之间设置万向传动装置 2，以适应动力传递的需要。

对于轴距较大的汽车，由于变速器与驱动桥距离较远，还需将传动轴分成两段或三段（见图 12-68a），即中间传动轴 2 和传动轴 4，且在中间传动轴后端设置中间支承 3。

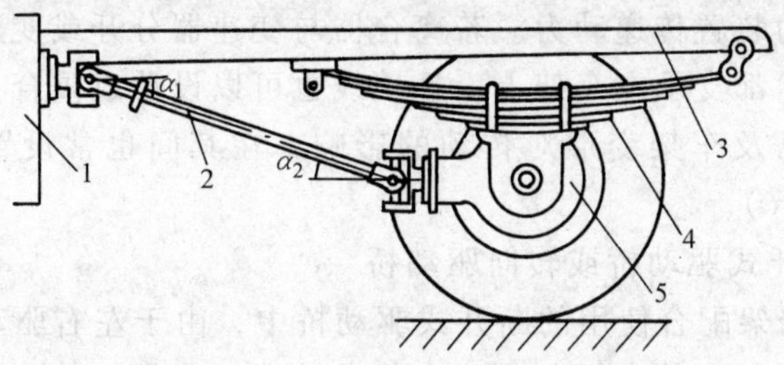

图 12-67　变速器与驱动桥之间的万向传动装置

1—变速器　2—万向传动装置　3—车架　4—后悬架　5—驱动桥

同理，越野汽车的分动器与各驱动桥之间也应设置万向传动装置（见图 12-68b）。

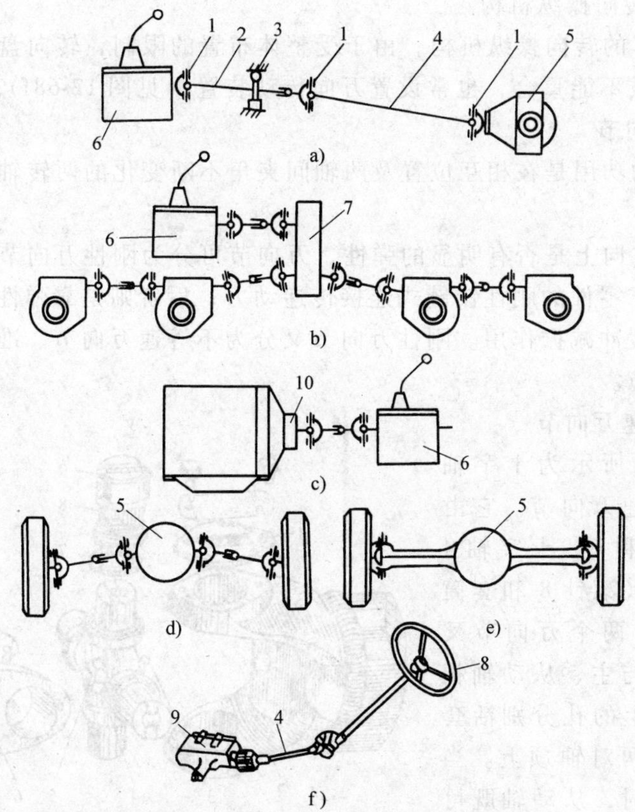

图 12-68　万向传动装置在汽车上的应用

1—万向节　2—中间传动轴　3—中间支承　4—传动轴　5—驱动桥

6—变速器　7—分动器　8—转向盘　9—转向器　10—离合器

2. 连接离合器与驱动桥或变速器与分动器

在多轴传动的汽车上，在分动器与各驱动桥之间或驱动桥与驱动桥之间也需用万向传动装置传递动力。若离合器与变速器分开或变速器与分动器分开布置时，虽然都支承在车架上，且轴线也可以设计成重合，但为了消除制造、装配误差以及车架变形对传动的影响，在其间也常设置万向传动装置(见图 12-68b、c)。

3. 连接断开式驱动桥或转向驱动桥

在与独立悬架配合使用的断开式驱动桥中，由于左右驱动轮存在相对跳动，则在差速器与车轮之间装有万向传动装置（见图 12-68d)。

在转向驱动桥中，前轮在偏转的过程中均需传递动力。因此，对非独立悬架的转向驱动桥，往往将一侧的半轴再分为内、外两段，用万向节连接(见图 12-68e)。

4. 连接转向操纵机构

有些汽车的转向操纵机构，由于受整体布置的限制，转向盘轴线与转向器输入轴轴线不能重合，也常设置万向传动装置（见图 12-68f)。

12.4.2　万向节

万向节的功用是在相互位置及两轴间夹角不断变化的两转轴之间传递动力。

按扭转方向上是否有明显的弹性，万向节可分为刚性万向节和挠性万向节。前者是靠零件的刚性铰链式连接传递动力；后者则是靠弹性元件传递动力，且具有缓冲减振作用。刚性万向节又分为不等速万向节、准等速万向节和等速万向节。

1. 不等速万向节

图 12-69 所示为十字轴式刚性不等速万向节。它由万向节叉 2 和 6、十字轴 4 及滚针轴承（滚针 8 和套筒 9）等组成。两个万向节叉的轴孔分别与主、从动轴相连，其叉形上的孔分别活套在十字轴的两对轴颈上。当主动轴转动时，从动轴既可随之转动，又可绕十字轴中心在任意方向摆动。为了减小摩擦和磨损，提高传动效率，在十字轴轴颈和万向节叉孔之间装有滚针轴承，并用轴承盖 1 定位、螺钉紧固，然后用锁片将螺钉锁紧，以防止滚针轴承在离心力作用下从万向节

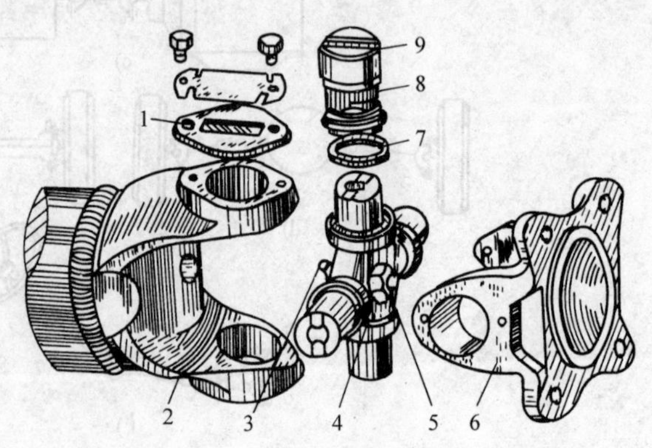

图 12-69　十字轴式刚性不等速万向节

1—轴承盖　2、6—万向节叉　3—注油嘴　4—十字轴　5—安全阀　7—油封　8—滚针　9—套筒

叉内脱出。为了润滑轴承，十字轴内钻有互相贯通的油道，并与注油嘴 3、安全阀 5 及 4 个轴颈外端面相通。轴颈端面上加工有径向凹槽，从注油嘴注入的润滑脂通过油道、轴颈端部凹槽进入轴承的工作面。为防止润滑脂从轴承内端溢出及外面尘垢进入轴承，在十字轴轴颈上套装有带金属壳的毛毡油封 7。在十字轴中部装有安全阀 5，当十字轴内腔的润滑脂压力超过允许值时，安全阀即被顶开使油脂外泄，避免因油压过高而损坏油封。

十字轴万向节的损坏程度是以十字轴和滚针轴承的磨损为标准的，因此，润滑与密封直接影响万向节的使用寿命。为了提高它的密封性能，近年来在十字轴式刚性万向节上多用橡胶油封，其密封性能好，且当十字轴内腔润滑脂压力超过允许值时，润滑脂即从油封与轴颈配合面溢出，故在使用橡胶油封的十字轴上无须安装安全阀。

单十字轴式刚性万向节结构简单、工作可靠，但使从动轴与其相连的传动部件产生扭转振动，从而产生附加交变载荷，会加剧零件的损坏。

2. 准等速万向节

准等速万向节只能近似地实现等速传动。常见的结构形式有双联式万向节和三轴销式万向节两种。

(1) 双联式万向节（见图 12-70）　双联叉 3 相当于两个在同一平面上的万向节叉。欲使轴 1 和轴 2 的角速度相等，必须保证 $\alpha_1=\alpha_2$。为此，在双联式万向节结构中装有分度机构，以使双联叉的对称线平分所连两轴的夹角。

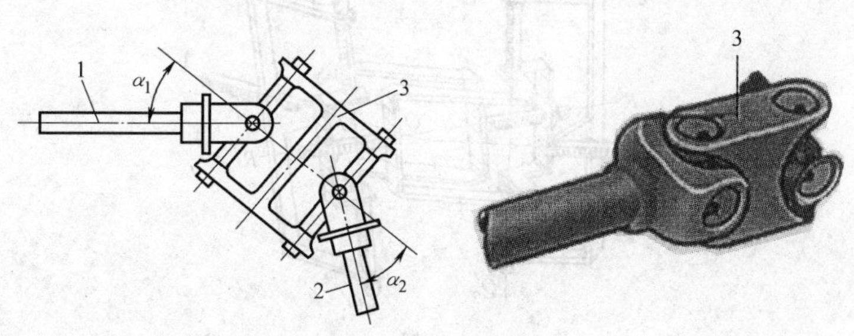

图 12-70　双联式万向节

a) 结构图　b) 实物图

1、2—轴　3—双联叉

双联式万向节允许有较大的轴间夹角，且具有结构简单、制造方便、工作可靠等优点，故在转向驱动桥中的应用逐渐增多。北京吉普汽车有限公司生产的切诺基轻型越野汽车的前传动轴与分动器前输出轴之间即采用了这种万向节。

（2）三销轴式万向节（见图 12-71） 它主要由主、从动偏心轴叉 1 和 3，三销轴 2 和 4 及 6 个轴承、密封件等组成。主、从动偏心轴叉分别与转向驱动桥的内、外半轴制成一体，其上的叉孔中心线与叉轴中心线垂直但不相交。主、从动叉由两个三销轴连接。

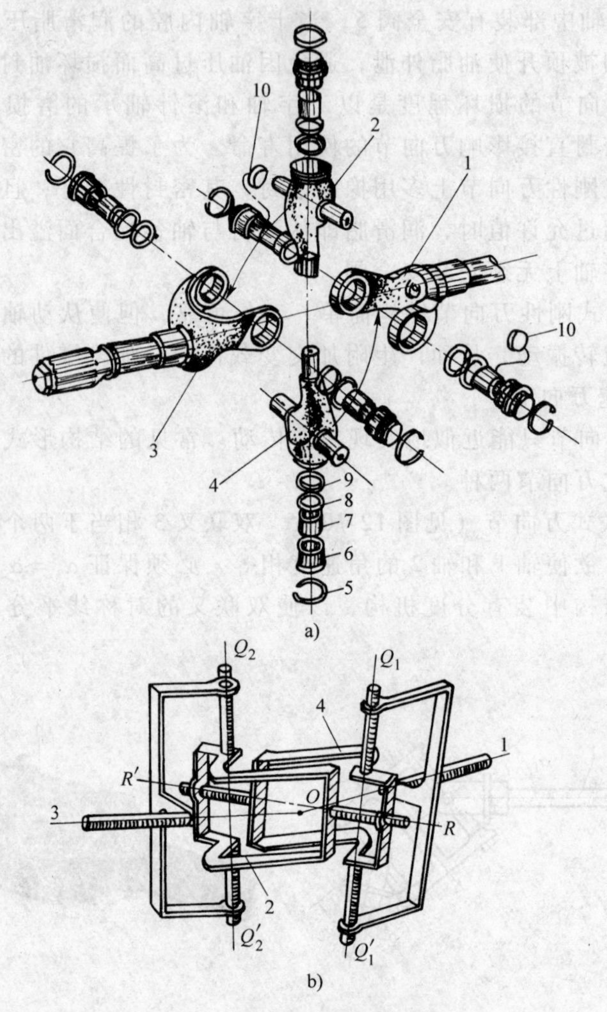

图 12-71 三销轴式准等速万向节

a）分解图 b）装配示意图

1—主动偏心轴叉 2、4—三销轴 3—从动偏心轴叉 5—卡环

6—轴承座 7—衬套 8—毛毡圈 9—密封罩 10—推力垫片

三销轴式万向节最大的特点是允许相邻两轴有较大的夹角，最大可达 45°。在转向驱动桥中采用这种万向节可以获得较小的转弯半径，以及较大的转向轮偏转角，提高了汽车的机动性。其缺点是结构尺寸大。

3. 等速万向节

等速万向节的基本原理是从结构上保证万向节在工作过程中，其传力点始终处于两轴交角的平分面上。这一原理可由图 12-72 所示的一对大小相同的锥齿轮传动来说明。两齿轮夹角为 α，两齿轮啮合点 A 位于夹角的平分面上，由 A 点到两轴的距离都等于 r。在 A 点处两齿轮的圆周速度相等，因此两个齿轮旋转的角速度也相等。

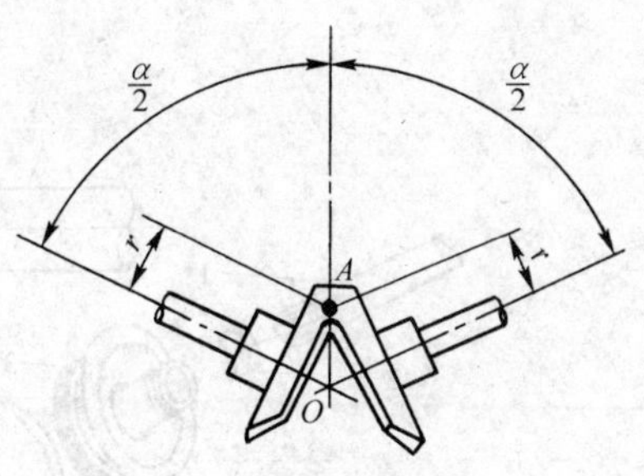

图 12-72　等速万向节传动原理

目前汽车上广泛采用的等速万向节有球叉式、球笼式和自由三枢轴式万向节 3 种。

（1）球叉式万向节　其结构如图 12-73 所示。它由主动叉 5、从动叉 1、4 个传动钢球 4、定心钢球 6 组成。其主、从动叉分别与内、外半轴制成一体，叉内各有 4 条曲面凹槽，装合后形成 4 对两两相交的环形槽，作为传动钢球 4 的滚道，4 个传动钢球装于槽中，定心钢球 6 装在两叉中心凹槽内，以确定中心。

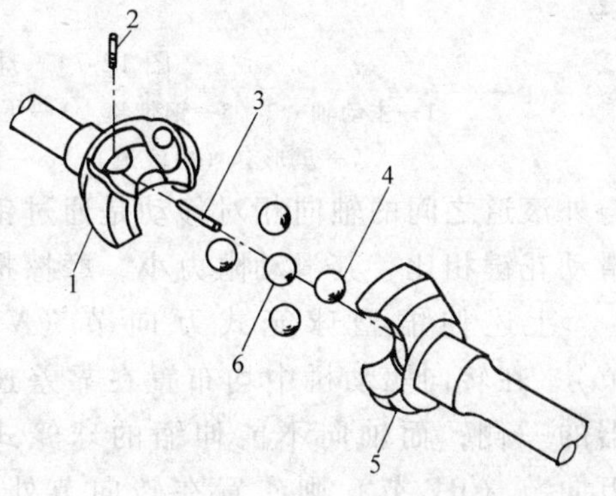

图 12-73　球叉式万向节的结构

1—从动叉　2—锁止销　3—定位销　4—传动钢球　5—主动叉　6—定心钢球

球叉式万向节结构简单，允许轴间最大交角为 32°～33°。但由于工作时只有两个传动钢球传力，而另两个钢球则在反转时传力，因此钢球与滚道之间接触压力大、磨损快，影响其使用寿命。所以，球叉式万向节通常用于中小型越野汽车转向驱动桥。

（2）球笼式万向节　其构造如图 12-74 所示。星形套 7 的外表面由 6 条凹槽形成内滚道，并用内花键与主动轴 1 相联。球形壳 8 的内表面也有相应 6 条凹槽形成外滚道。6 个钢球 6 分别装于各条凹槽中，并用保持架 4 保持在一个平面内。这样，动力便由主动轴经钢球、球形壳输出。

球笼式等角速万向节与球叉式万向节相比，改善了受力状况、减轻了磨损，且结构紧凑、拆装方便，因此应用越来越广泛。

图 12-75 所示为伸缩型球笼式万向节（VL 节）。其内、外滚道为圆筒形，在传递转矩过程中，星形套 2 与筒形筒 4 可沿轴向相对移动。因此，可省去其他万向传动装置中必须有的滑动花键，不仅使结构简化，而且内滚道

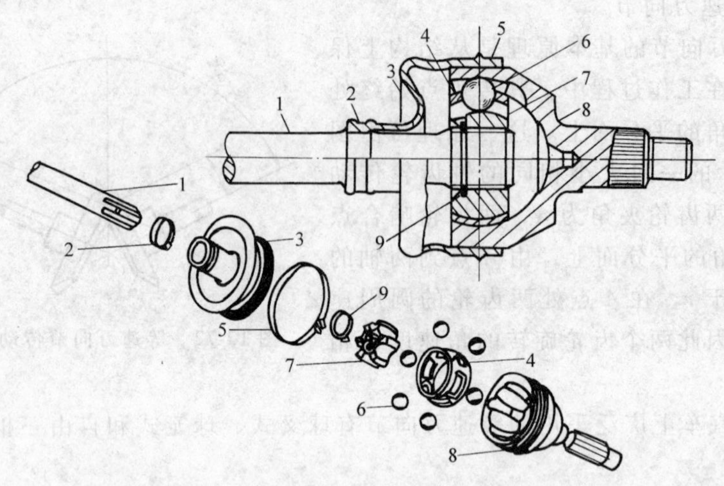

图 12-74　球笼式万向节

1—主动轴　2、5—钢带箍　3—外罩　4—保持架（球笼）　6—钢球　7—星形套（内滚道）　8—球形壳（外滚道）　9—卡环

与外滚道之间的轴向相对移动是通过钢球 5 沿内、外滚道滚动来实现的，与滑动花键相比，其滑动阻力小，摩擦损失减小，最适用于断开式驱动桥。

上述伸缩型球笼式万向节（VL 节），在转向驱动桥中均布置在靠差速器的一侧；而轴向不能伸缩的球笼式万向节（RF 节）则布置在转向节处，图 12-76 为 VL 节与 RF 节在转向驱动桥中的布置。

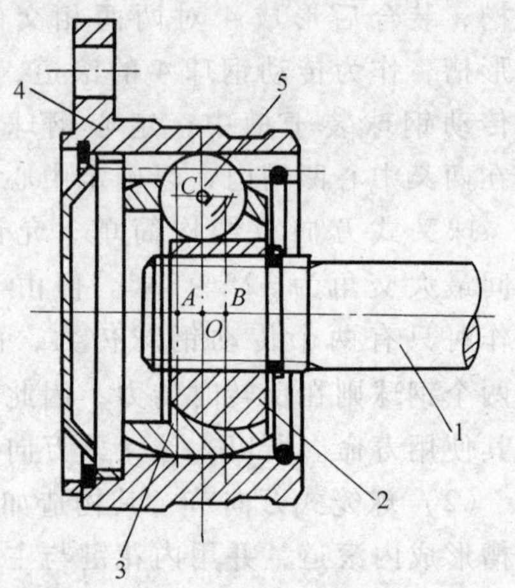

图 12-75　伸缩型球笼式万向节（VL 节）

1—主动轴　2—星形套（内滚道）　3—保持架（球笼）　4—筒形壳（外滚道）　5—钢球

(3) 自由三枢轴式万向节　其结构如图 12-77 所示。3 个枢轴 11 位于同一平面内成 120°，它们的轴线垂直于传动轴并且与传动轴轴线交于同一点。漏斗形轴 5 的筒形部分加工出 3 个均匀分布的槽形轨道，轨道配合面为部分圆柱面。3 个滚子轴承分别装入槽形轨道中。

当输出轴与输入轴交角为 0° 时，由于三枢轴的自动定心作用，能自动使两轴轴线重合。当输出轴与输入轴交角不为 0° 时，滚子轴承既可绕枢轴轴线转动，又可沿槽形轨道滑动，这样就保证了输入轴和输出轴之间始终可以传递力。因滚子轴承外表面为球面，与之配合的轨道为圆柱面，所以可以

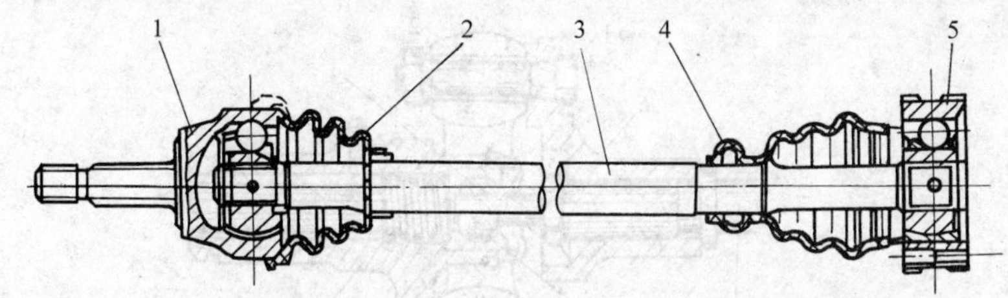

图 12-76　VL 节与 RF 节在转向驱动桥中的布置

1—球笼式万向节（RF 节）　2、4—防尘罩　3—传动轴（半轴）

5—伸缩型球笼式万向节（VL 节）

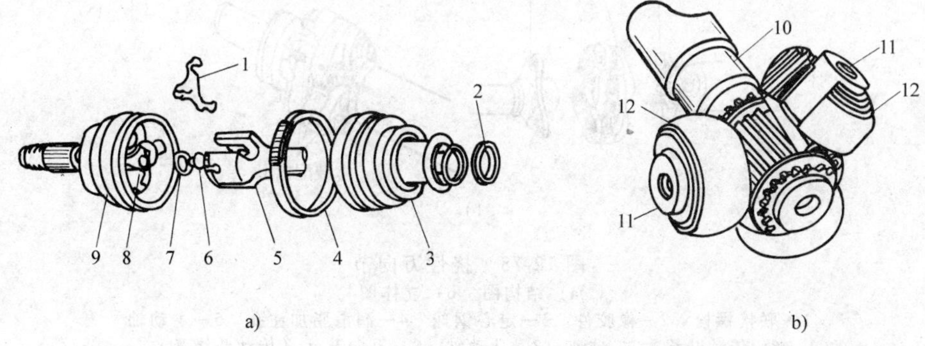

图 12-77　自由三枢轴式万向节的结构

a）分解图　b）自由三枢轴组件

1—锁定三角架　2—橡胶紧固件　3—防尘罩　4—防尘罩卡箍

5—漏斗形轴　6—止推块　7—垫圈　8—三枢轴组件

9—外座圈　10—传动轴　11—枢轴　12—滚子轴承

保证枢轴轴线与相应槽形轨道的轴线始终相交，并且自由三枢轴万向节是等速传动的。

4. 挠性万向节

挠性万向节是依靠弹性元件的弹性变形以适应变交角两轴间的传动。由于弹性元件的弹性变形量有限，故挠性万向节一般用于两轴交角不大于 3°～5°的万向传动中，通常用于连接都安装在车架或车身上的两个部件，以消除安装误差和变形的影响。

LS400 轿车、部分皇冠轿车等转向操纵机构中采用了挠性万向节（见图 16-78）。6 个弹性件交错地用 6 个联接螺栓 1 分别与主、从动轴 5、8 上的万向节叉 9 相联。在主、从动件之间装有定心装置，即在主动轴叉的轴心孔中装有球座定心钢球 3、锁止卡环、油封，从动叉轴通过油封内孔，定心钢球起定心作用。这样，避免了因万向节刚度较小，高速行驶时引起轴线偏离增大产生的振动和噪声。

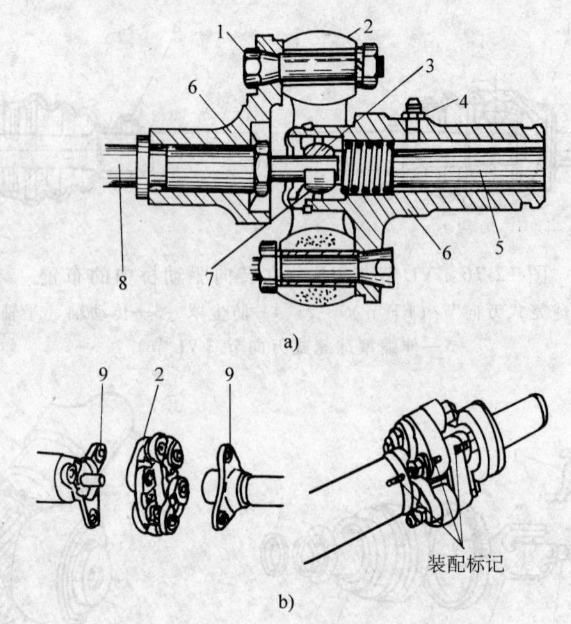

图12-78 挠性万向节

a）结构图 b）立体图

1—联接螺栓 2—橡胶件 3—定心钢球 4—润滑脂加注孔 5—主动轴
6—传动凸缘 7—球座 8—从动轴 9—万向节叉（传动凸缘叉）

12.4.3 传动轴和中间支承

1. 传动轴

传动轴是万向传动装置中的主要传力部件。通常用来连接变速器和驱动桥，在转向驱动桥和断开式驱动桥中，则用来连接差速器和驱动轮。

由于变速器和驱动桥的相对位置经常发生变化，为了避免运动干涉，通常在传动轴上用滑动花键联接，以实现传动轴总长度的变化（见图12-79）。

2. 中间支承

当传动距离较长时，往往将传动轴分段。传动轴分段时需加设中间支

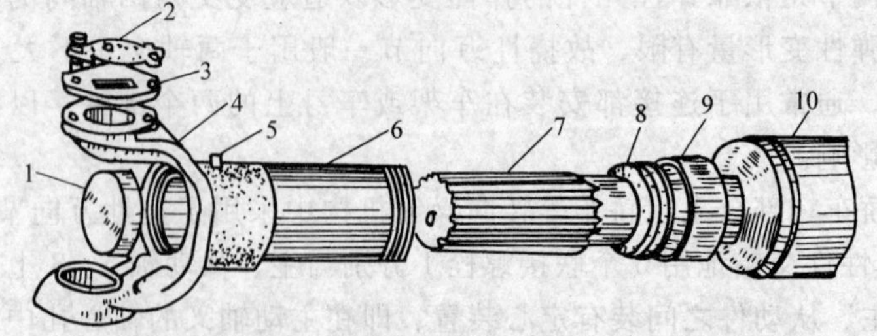

图12-79 传动轴

1—盖 2—盖板 3—轴承盖 4—万向节叉 5—注油嘴
6—伸缩套 7—滑动花键 8—油封 9—油封盖 10—传动轴管

承。通常中间支承安装在车架横梁上。

图 12-80 所示为蜂窝软垫式中间支承。轴承 3 可在轴承座 2 内轴向滑动。轴承座装在蜂窝形橡胶垫 5 内，通过 U 形支架 6 固定在车架横梁上。由于采用弹性支承，传动轴可在一定范围内向任意方向摆动，并能随轴承一起作适当的轴向移动，因此能有效地补偿安装误差及轴向位移。此外，还可以吸收振动、减少噪声等。这种支承结构简单，效果良好，应用较广泛。

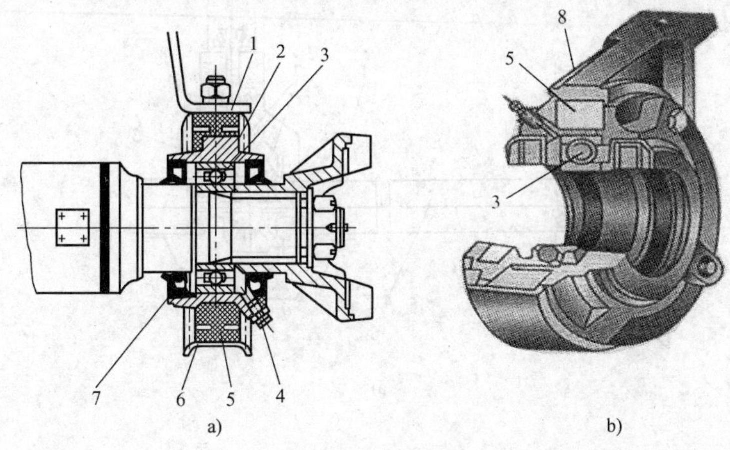

图 12-80　蜂窝软垫式汽车传动轴中间支承

a）剖视图　b）实物图
1—车架横梁　2—轴承座　3—轴承　4—注油嘴
5—橡胶垫　6—U 形支架　7—油封　8—支撑架

有的汽车采用摆动式中间支承（见图 12-81）。中间支承部分可绕支承轴 3 摆动，改善了传动轴轴向窜动时轴承的受力情况。此外，橡胶衬套 2、5 能适应传动轴在横向平面内少量的位置变化。

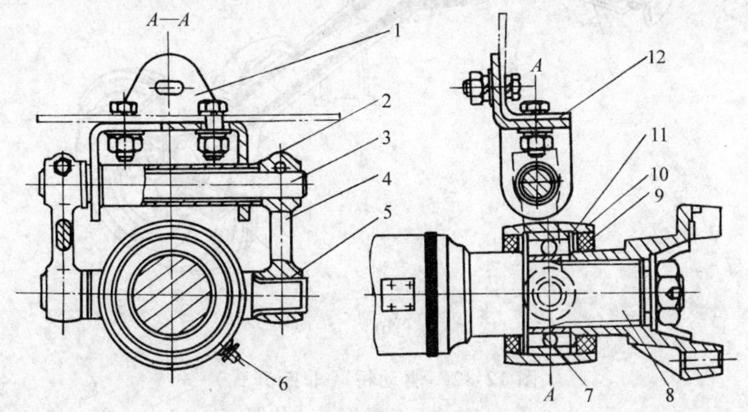

图 12-81　摆动式中间支承
1—支架　2、5—橡胶衬套　3—支承轴　4—摆臂　6—注油嘴　7—轴承
8—中间传动轴　9—油封　10—支承座　11—卡环　12—车架横梁

12.5 驱动桥

12.5.1 驱动桥的结构形式

驱动桥（见图12-82）由主减速器2、差速器3、半轴4和驱动桥壳1等组成。其功用是将变速器输出的转矩依次经主减速器、差速器、半轴等传到

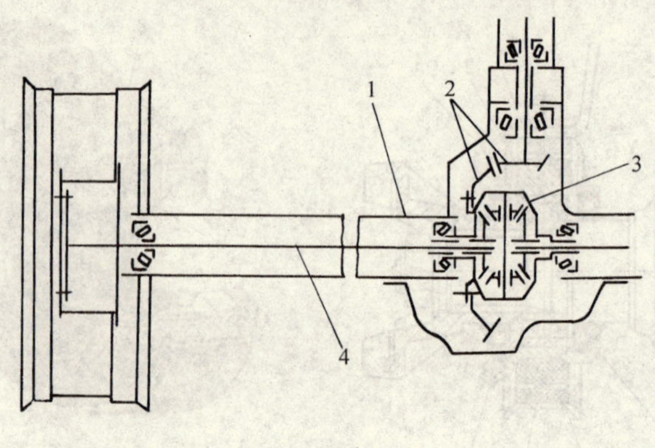

a)

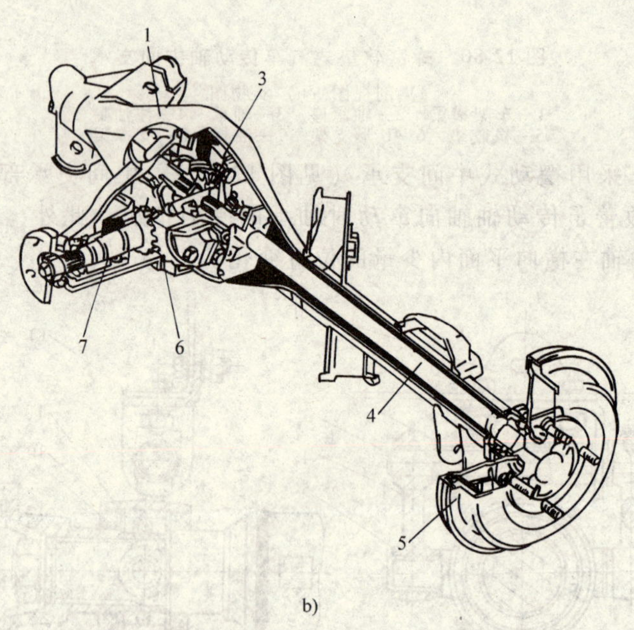

b)

图12-82 驱动桥（非断开式）

a）结构示意图 b）立体图

1—驱动桥壳 2—主减速器 3—差速器 4—半轴 5—轮毂

6—主减速器从动齿轮 7—主减速器主动齿轮

驱动轮；通过主减速器齿轮副实现减速增矩，并在需要时改变动力的传递方向；通过差速器来实现左、右驱动轮以不同的转速旋转即差速作用。

驱动桥按结构形式可分为非断开式和断开式两类。

1. 非断开式驱动桥

非断开式驱动桥又称整体式驱动桥（见图 12-82）。从变速器或分动器经万向传动装置输入驱动桥的转矩首先传到主减速器 2，在此增大转矩并相应降低转速后，经差速器 3 分配给左、右两个半轴，最后通过半轴外端的凸缘盘传至驱动车轮的轮毂 5。驱动桥壳 1 由主减速器壳和半轴套管组成。半轴 4 借助轴承支承在半轴套管内。

非断开式驱动桥与非独立悬架配合使用。其特点是：驱动桥两端通过弹性悬架与车架连接，而半轴套管和主减速器壳刚性地连成一体，即左、右半轴和驱动轮不存在相对运动。

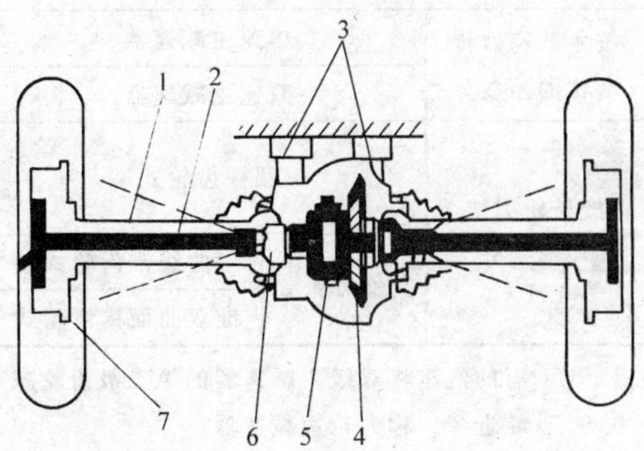

图 12-83　断开式驱动桥示意图

1—驱动桥壳　2—半轴　3—支架　4—主减速器
5—差速器　6—万向节　7—驱动轮

2. 断开式驱动桥

图 12-83 所示为断开式驱动桥示意图。它由驱动桥壳 1、半轴 2、主减速器 4 和差速器 5 等组成。但驱动桥壳 1 分为左、右两段，并用铰链连接。每根半轴分为内、外两段，用万向节 6 连接。主减速器 4 固定在车架上。

断开式驱动桥适用于独立悬架，其特点是：两侧的驱动轮分别用悬架与弹性车架相连，两轮可独立地相对于车架上下跳动。

现代汽车的断开式驱动桥更多的是省去桥壳的半轴套管（见图 12-84），主减速器 4 的壳体与驱动轮 7 的轮轴之间通过摆臂 6 铰链连接，差速器与车轮之间的半轴分段并用万向节连接。

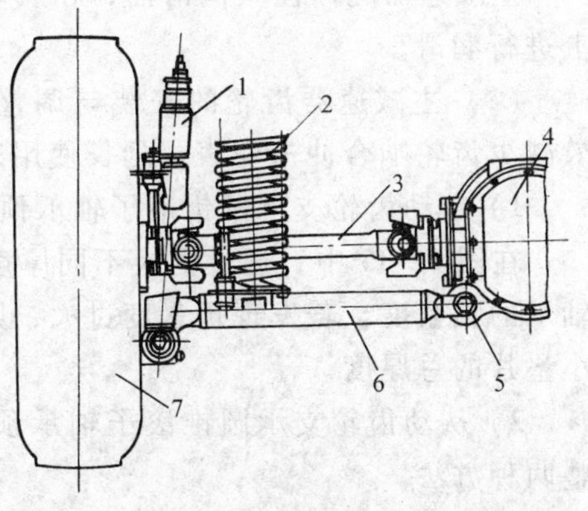

图 12-84　无半轴套管的断开式驱动桥

1—减振器　2—弹性元件　3—半轴
4—主减速器　5—摆臂轴　6—摆臂
7—驱动轮

12.5.2　主减速器

1. 主减速器的功用与类型

(1) 主减速器功用 其功用是将万向传动装置传来的转矩增大，降低转速。对发动机纵置的汽车，还可以改变转矩的传递方向。

(2) 主减速器的类型 为满足不同的使用要求，主减速器有不同的结构类型，其分类及结构特点见表12-8。

表12-8 主减速器的分类及结构特点

<table>
<tr><th>分类方法</th><th colspan="2">类别</th><th>特点</th><th>应用</th></tr>
<tr><td rowspan="2">按参加传动的齿轮副分</td><td colspan="2">单级主减速器</td><td>只有一级减速</td><td>一般汽车</td></tr>
<tr><td colspan="2">双级主减速器[①]</td><td>有多级减速</td><td>重型汽车、越野车、大型客车</td></tr>
<tr><td rowspan="2">按主减速器传动比的挡数分</td><td colspan="2">单速主减速器</td><td>传动比是一定值</td><td></td></tr>
<tr><td colspan="2">双速主减速器</td><td>有两个传动比可供选择</td><td>具有副变速器的作用</td></tr>
<tr><td rowspan="3">按齿轮副结构形式分</td><td colspan="2">圆柱齿轮式</td><td>圆柱齿轮</td><td>发动机横置前轮驱动的汽车</td></tr>
<tr><td rowspan="2">圆锥齿轮式</td><td>曲线锥齿轮式</td><td>圆锥齿轮</td><td>发动机纵置的汽车</td></tr>
<tr><td>准双曲面锥齿轮式</td><td>曲面锥齿轮，轮齿强度高</td><td>发动机纵置的汽车</td></tr>
</table>

① 有的汽车将双级主减速器的第二级齿轮减速机构制成同样的两套，分别装设在两侧驱动车轮近旁，称为轮边减速器。

2. 主减速器的基本结构与安装调整

(1) 基本结构 图12-85所示为上海桑塔纳轿车单级减速器。主动锥齿轮4通过轴承6、8支承在前、后壳体1、5上，从动锥齿轮9连接在差速器壳体2上，和差速器壳体一起用两个圆锥滚子轴承支承在主减速器壳的座孔中。

主减速器壳内注入润滑油，在从动锥齿轮的带动下甩到齿轮、轴和轴承上进行润滑。

(2) 主减速器齿轮的安装与调整 主减速器的正确安装与调整，可有效减少齿轮啮合冲击噪声，延长使用寿命。其调整主要有以下3个项目：

1）主动齿轮支承圆锥滚子轴承预紧度的调整。

在图12-85中，通过更换不同厚度的调整垫片7，可以调整两圆锥滚子轴承的预紧度。若发现预紧度过大，则增加调整垫片7的总厚度；反之，减小垫片的总厚度。

2）从动齿轮支承圆锥滚子轴承预紧度的调整。它有螺母调整和垫片调整两种方法。

通过更换不同厚度的调整垫片3和11实现差速器支承轴承预紧度调整的。加厚垫片，预紧度变大；反之预紧度变小。

3）主、从动圆锥齿轮啮合的调整。它包括啮合印迹和齿侧间隙的调整。它在主、从动圆锥齿轮轴承预紧度调整好之后进行。在图12-85中，可以通

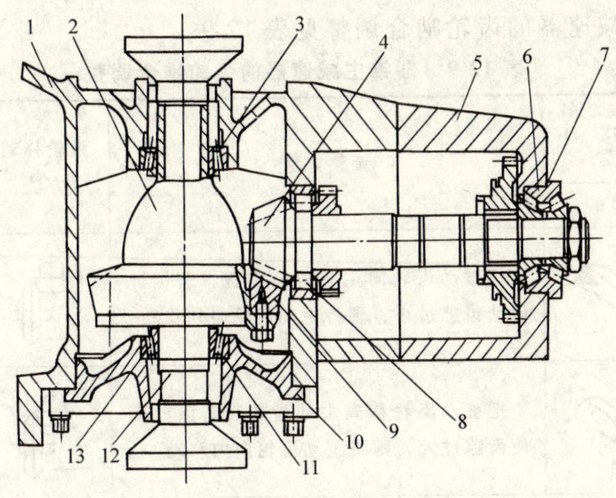

a）

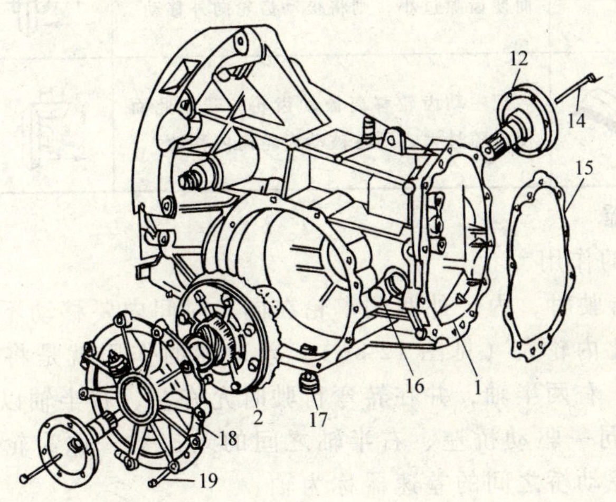

b）

图 12-85　上海桑塔纳轿车单级主减速器

a）结构图　b）立体图

1—变速器前壳体　2—差速器　3、7、11—调整垫片　4—主动锥齿轮　5—变速器后壳体　6—双列圆锥滚子轴承　8—圆柱滚子轴承　9—从动锥齿轮　10—差速器盖　12—半轴　13—圆锥滚子轴承　14—半轴固定螺栓　15—密封垫　16—加油螺塞　17—放油螺塞　18—轴承盖　19—螺栓

过增、减调整垫片3、7、11的厚度来达到要求。

圆锥主动减速器的齿轮啮合调整见表12-9。

表12-9 圆锥主减速器的齿轮啮合调整

被动齿轮面上接触痕迹的位置		调整方法	齿轮移动方法	口诀
前驶	倒车			
		把被动齿轮向主动齿轮靠拢，若因此而使齿隙过小，则将主动齿轮向外移动		大进从
		把被动齿轮移离主动齿轮，若因此而使齿隙过大，则将主动齿轮向内移动		小退从
		把主动齿轮向被动齿轮靠拢，若因此而使齿隙过小，则将被动齿轮向外移动		顶进主
		把主动齿轮移离被动齿轮，若因此而使齿隙过大，则将被动齿轮向内移动		根退主

12.5.3 差速器

1. 差速器的作用

汽车转弯行驶时，内、外两侧车轮在同一时间内要移动不同的距离，外轮移动的距离比内轮大（见图12-86）。差速器的作用就是将主减速器传来的动力传给左、右两半轴，并在转弯行驶时允许左、右半轴以不同转速旋转（差速）。装在同一驱动桥左、右半轴之间的差速器，称为轮间差速器；装在多轴汽车各驱动桥之间的差速器称为轴间差速器。

差速器按其工作特性可分为普通齿轮式差速器和防滑差速器两类。

2. 普通齿轮式差速器

普通齿轮式差速器按齿轮结构分有圆锥齿轮式和圆柱齿轮式两种，按两侧的输出转矩是否相等，可分为对称式和不对称式两类。目前，对称式锥齿轮差速器应用最为广泛。

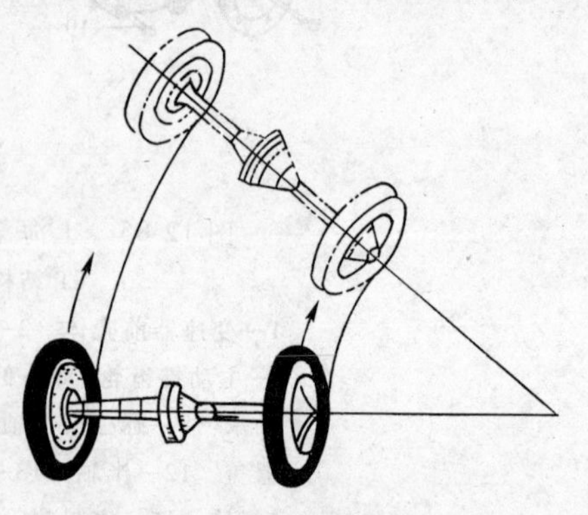

图12-86 汽车转向时车轮运动示意图

（1）对称式锥齿轮差速器的结构

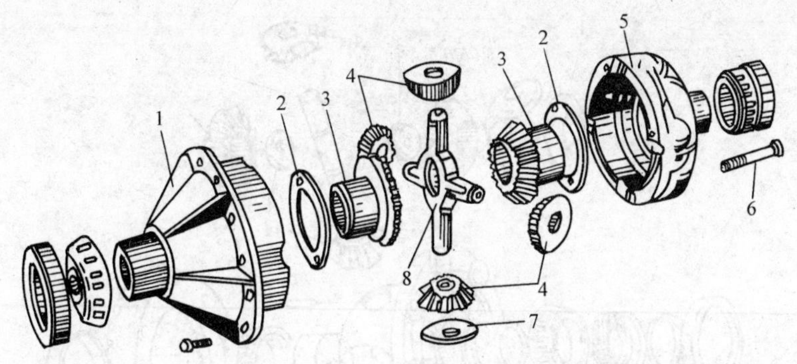

图 12-87　对称式锥齿轮差速器的结构

1、5—差速器壳　2—半轴齿轮推力垫片　3—半轴齿轮　4—行星齿轮　6—螺栓
7—行星齿轮球面垫片　8—行星齿轮轴（十字轴）

如图 12-87 所示。

差速器壳 1、5 用螺栓 6 固紧在一起。主减速器的从动锥齿轮用铆钉或螺栓固定在差速器壳 1 左半部的凸缘上。装配时，十字形的行星齿轮轴 8 的四个轴颈嵌在差速器壳相应的孔内，差速器壳的剖分面通过行星齿轮轴各轴颈中心线。每个轴颈上浮套着一个行星齿轮 4，它们均与两个半轴齿轮 3 啮合。而半轴齿轮分别支承在差速器壳相应的左右座孔中，并用花键与半轴相联。动力自主减速器从动锥齿轮依次经差速器壳、十字轴、行星齿轮、半轴齿轮、半轴输出给驱动轮。当两侧车轮以相同转速转动时，行星齿轮绕半轴轴线转动——公转。若两侧车轮阻力不同，则行星齿轮在作上述公转运动的同时，还绕自身轴线转动——自转，因此两半轴齿轮可带动两侧车轮以不同转速转动。

由于行星齿轮和半轴齿轮是锥齿轮传动，在传递转矩时，沿行星齿轮和半轴齿轮的轴线作用着很大的轴向力，而齿轮和差速器壳间又有相对运动，所以为减少齿轮和差速器壳体之间的磨损，在半轴齿轮和差速器壳之间装着半轴齿轮推力垫片 2，而在行星齿轮与差速器壳之间装着行星齿轮球面垫片 7。当汽车行驶到一定里程时，垫片磨损后可换上新垫片，以提高差速器的使用寿命。垫片通常用铜或者聚甲醛塑料制成。

为保证行星齿轮和十字轴轴颈之间有良好的润滑，在十字轴轴颈上铣出一个平面，并在行星齿轮的齿间钻有油孔。

差速器靠主减速器壳体中的润滑油润滑。在差速器壳体上开有窗口，供润滑油进出。

一般中级以下的轿车，因主减速器输出的转矩不大，故可用两个行星齿轮，因而行星齿轮轴相应为一根直轴，称为一字轴，差速器壳也不必分成左右两半而制成整体式的，其前后两侧都开有大窗孔，以便拆装行星齿轮和半

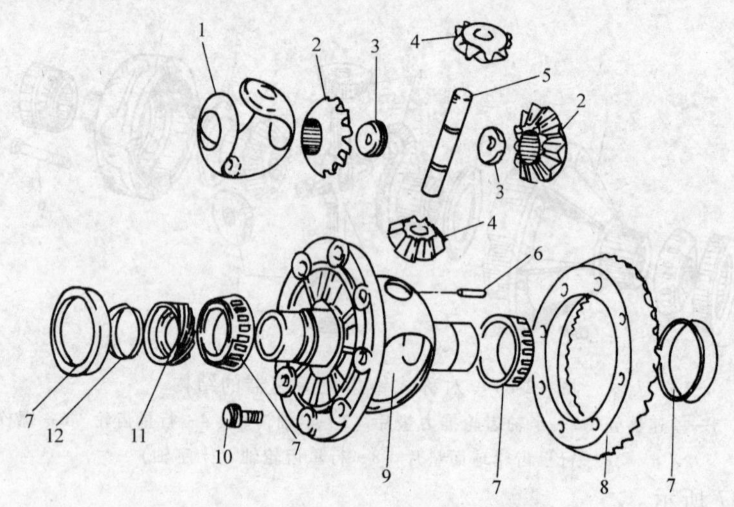

图 12-88　上海桑塔纳轿车差速器

1—复合式推力垫片　2—半轴齿轮　3—螺纹套　4—行星齿轮　5—行星齿轮轴
6—止动销　7—圆锥滚子轴承　8—从动锥齿轮　9—差速器壳　10—螺栓
11—车速表齿轮　12—车速表齿轮锁紧套筒

轴齿轮。

上海桑塔纳轿车差速器即采用这种结构（见图 12-88）。差速器壳 9 为一整体框架结构。行星齿轮轴 5 装入差速器壳后用止动销 6 定位。半轴齿轮 2 背面也制成球面，其背面的推力垫片与行星齿轮背面的推力垫片制成一个整体，称为复合式推力垫片。螺纹套 3 用来紧固半轴齿轮。

（2）差速器工作原理　如图 12-89 所示，对称式锥齿轮差速器是一种行星齿轮机构。差速器壳 3 与行星齿轮轴 5 连成一体，形成行星架，因为它又与主减速器的从动锥齿轮 6 固定连接，因此为主动件，设其角速度为 ω_0，半轴齿轮 1、2 为从动件，其角速度分别为 ω_1 和 ω_2。A、B 两点分别为行星齿轮 4 与两半轴齿轮的啮合点。行星齿轮的中心点为 C，A、B、C3 点到差速器旋转轴线的距离均为 r。

当行星齿轮只是随同行星架绕差速器旋转轴线公转时，显然，处在同一半径上的 A、B、C3 点的圆周速度都相等（见图 12-89b），其值为 $\omega_0 r$。于是 ω_1、ω_2、ω_0 相等，即差速器不起差速作用，两半轴角速度等于差速器壳 3 的角速度。

当行星齿轮在公转的同时还绕行星齿轮轴 5 以角速度 ω_4 自转时（见图 12-89c），啮合点 A 的圆周速度为

$$v_A = \omega_1 r = \omega_0 r + \omega_4 r_4$$

啮合点 B 的圆周速度为

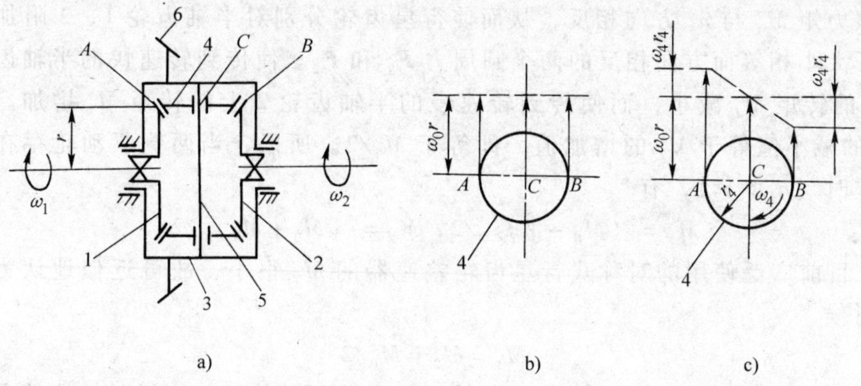

图 12-89　差速器工作原理

a）差速器机构简图　b）不起差速作用　c）起差速作用

1、2—半轴齿轮　3—差速器壳　4—行星齿轮　5—行星齿轮轴　6—从动锥齿轮

$$v_B = \omega_2 r = \omega_0 r - \omega_4 r_4$$

因此

$$v_A + v_B = \omega_1 r + \omega_2 r = (\omega_0 r + \omega_4 r_4) + (\omega_0 r - \omega_4 r_4)$$

即

$$\omega_1 + \omega_2 = 2\omega_0$$

若用每分钟转速 n 来表示角速度，则有

$$n_1 + n_2 = 2n$$

这就是两半轴齿轮直径相等的对称式锥齿轮差速器的运动特性方程式。由此可以看出，左右两侧半轴齿轮的转速之和等于差速器壳转速的两倍，与行星齿轮的转速无关。当差速器壳转速为零，若一侧半轴齿轮因受其他外力矩而转动，另一侧半轴齿轮则以相同的转速反向转动；当任何一侧半轴齿轮的转速为零时，另一侧半轴齿轮的转速为差速器壳转速的两倍。

（3）转矩分配　图 12-90 所示为差速器的转矩分配示意图。设主减速器传至差速器壳的转矩为 M_0，经行星齿轮轴和行星齿轮传给两半轴齿轮，两半轴齿轮的转矩分别为 M_1 和 M_2。

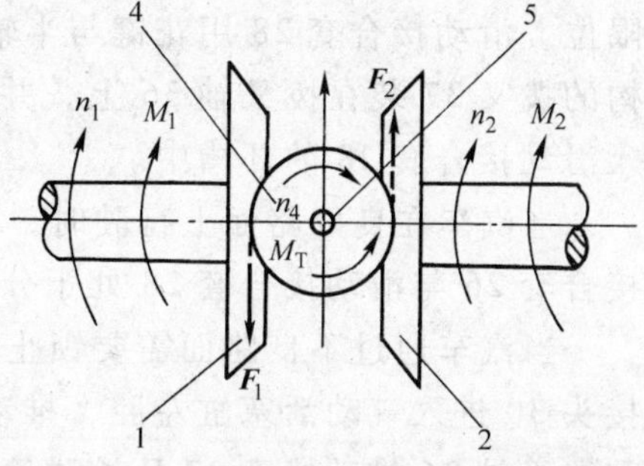

图 12-90　差速器的转矩分配示意图

（图注与图 12-89 相同）

当行星齿轮不自转时，即 $n_4 = 0$，则行星齿轮内孔和背面所受的总摩擦力矩 $M_T = 0$，行星齿轮相当于一个等臂杠杆，均衡拨动两半轴齿轮转动。所以，差速器将转矩 M_0 平均分配给两半轴齿轮，即 $M_1 = M_2 = M_0/2$。

当行星齿轮按图 12-90 中 n_4 方向自转时（此时 $n_1 > n_2$），行星齿轮所受

摩擦力矩 M_T 与 n_4 方向相反，从而使行星齿轮分别对半轴齿轮 1、2 附加作用了大小相等而方向相反的两个圆周力 $\boldsymbol{F}_1$ 和 $\boldsymbol{F}_2$。使传到转速快的半轴齿轮 1 上的转矩 M_1 减小，而使传到转速慢的半轴齿轮 2 上的转矩 M_2 增加。且 M_1 的减小值等于 M_2 的增加值，即等于 $M_T/2$。所以，当两侧驱动轮存在转速差时（$n_1 > n_2$），有

$$M_1 = (M_0 - M_T)/2,\ M_2 = (M_0 + M_T)/2$$

目前广泛使用的对称式行星齿轮差速器的 M_T 很小，故可近似地认为任何时候

$$M_1 = M_2 = M_0/2$$

即无论差速器是否起作用，都具有转矩等量分配的特性。这样的转矩等量分配特性，对汽车在好路面上行驶是有利的，但会严重影响汽车在不良路面上行驶时的通过能力。

为了提高汽车在不良路面上的通过能力，可采用防滑差速器。当汽车某一侧驱动轮发生滑转时，差速器的差速作用即被锁止，并将大部分或全部转矩分配给未滑转的驱动轮，以充分利用未滑转车轮与地面之间的附着力，来产生足够大的牵引力驱动汽车继续行驶。

3. 防滑差速器

汽车上常用的防滑差速器有强制锁止式和自锁式两大类。前者通过驾驶员操纵差速锁，人为地将差速器暂时锁住，使差速器不起差速作用。后者是在汽车行驶过程中，根据路面情况自动改变驱动轮间的转矩分配。

(1) 强制锁止式差速器　图 12-91 所示为奔驰 2026A 型汽车强制锁止式差速器。由牙嵌式接合器及其操纵机构两大部分构成差速锁。牙嵌式接合器的固定接合套 26 用花键与差速器壳 24 左端联接，并用弹性挡圈 27 轴向限位。滑动接合套 28 用花键与半轴 29 联接，并可在轴上轴向滑动。操纵机构的拨叉 37 装在拨叉轴 36 上，并可沿导向轴 39 轴向滑动，其叉形部分插入滑动接合套 28 的环槽中。

当汽车在良好路面上行驶时，不需要锁止差速器，牙嵌式接合器的固定接合套 26 与滑动接合套 28 处于分离状态，即为普通行星锥齿轮差速器。

当汽车通过不良路面需要锁止时，通过驾驶员的操纵，压缩空气由气管接头 30 进入气动活塞缸左腔，推动带密封圈的活塞 31 右移，并经调整螺钉和拨叉轴 36 推动拨叉 37 压缩弹簧 38 右移，从而拨动滑动接合套 28 右移与固定接合套 26 嵌合，将半轴 29 与差速器壳 24 连成一个整体，则左、右两半轴被联锁成一体随差速器壳 24 一起转动，即差速器被锁止，不起差速作用。这样，转矩便可全部分配给良好路面上的车轮。与此同时，差速锁指示灯开关 32 接通，驾驶室内指示灯亮，以提醒驾驶员差速器处于锁止状态，

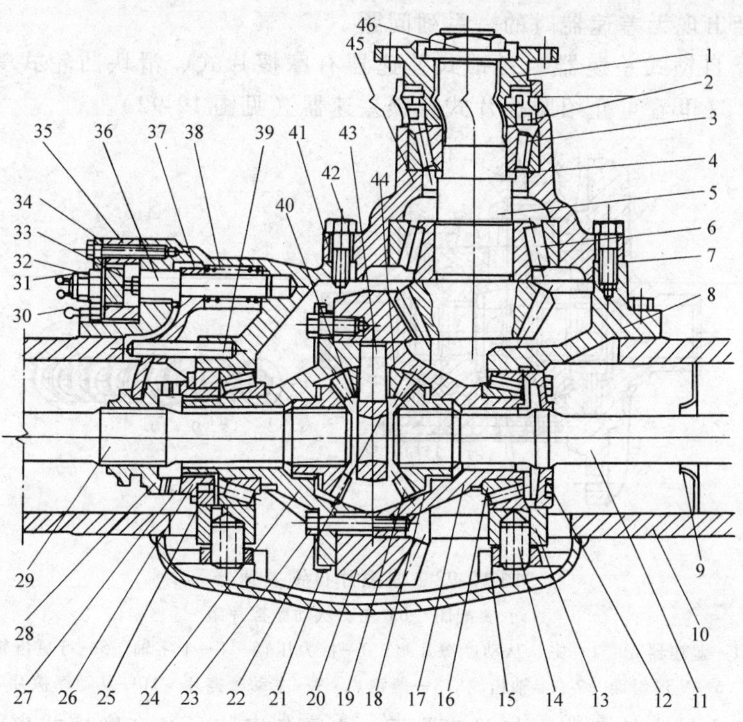

图12-91　奔驰2026A型汽车强制锁止式差速器

1—传动凸缘　2—油封　3—轴承　4—调整隔圈　5—主减速器主动锥齿轮　6—轴承　7—调整垫片　8—主减速器壳　9—挡油盘　10—桥壳　11—半轴　12—带挡油盘的调整垫片　13—轴承盖　14—定位销　15—集油槽　16—轴承　17—差速器壳　18—推力垫片　19—半轴齿轮　20—主减速器从动锥齿轮　21—锁板　22—衬套　23—螺栓　24—差速器壳　25—调整螺母　26—固定接合套　27—弹性挡圈　28—滑动接合套　29—半轴　30—气管接头　31—带密封圈的活塞　32—差速锁指示灯开关　33—调整螺钉及其锁紧螺母　34—缸盖　35—缸体　36—拨叉轴　37—拨叉　38—弹簧　39—导向轴　40—行星齿轮　41—密封圈　42—螺栓　43—十字轴　44—推力垫圈　45—轴承座　46—螺母

汽车驶出不良路面后应及时摘下差速锁。

当汽车通过不良路面后驶上良好路面时，需要解除差速器的锁止，可通过操纵机构放掉气缸内压缩空气，作用在活塞左端面的气压力消失，拨叉37及滑动接合套28在弹簧38的作用下左移回位，接合器分离，差速器恢复差速作用，同时差速器指示灯熄灭。

强制锁止式差速器结构简单，易于制造，但操纵不便，一般要在停车时进行。过早接上或过晚摘下差速器锁，即在良好路面上左、右车轮刚性连接，将会出现无差速器时的一系列问题。

（2）自锁式差速器 自锁式差速器有摩擦片式、滑块凸轮式等多种结构形式，这里着重介绍摩擦片式自锁差速器（见图12-92）。

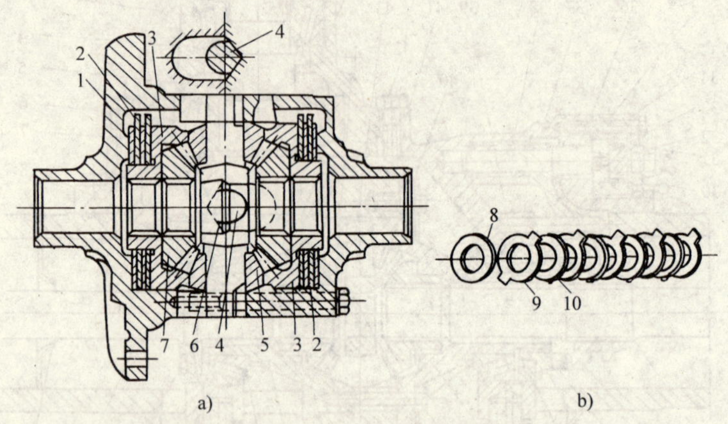

图12-92 摩擦片自锁差速器

a）装配图 b）主、从动摩擦片组

1—差速器壳 2—主、从动摩擦片组 3—推力压盘 4—十字轴 5—行星齿轮 6—V形斜面 7—半轴齿轮 8—薄钢片 9—主动摩擦片 10—从动摩擦片

在两半轴齿轮7背面与差速器壳1之间各安装了一套摩擦式离合器，该离合器由推力压盘3，主、从动摩擦片9、10组成。推力压盘以内花键与半轴相联，外花键与从动摩擦片10的内花键联接。主动摩擦片9的外花键与差速器壳1的内花键联接。主、从动摩擦片及推力压盘均可作微小的轴向移动。十字轴4由两根互相垂直的行星齿轮轴组成，其轴颈端部均切有凸V形斜面6，差速器壳1上的配合孔较大，相应地也加工有凹V形斜面。两根行星齿轮轴的V形面是反向安装的。

当汽车直线行驶、两半轴无转速差时，转矩平均分配给两半轴。由于差速器壳通过V形斜面驱动行星齿轮轴，在传递转矩时，斜面上产生的平行于差速器轴线的轴向分力迫使两根行星齿轮轴分别向左、右方向略微移动，通过行星齿轮推动推力压盘压紧摩擦片。此时转矩经两条路线传给半轴：一路经行星齿轮轴、行星齿轮和半轴齿轮将大部分转矩传给半轴；另一路则由差速器壳、主从动摩擦片、推力压盘传给半轴。

当汽车转弯或一侧车轮在不良路面上滑转时，行星齿轮自转，差速器起差速作用，使左、右半轴转速不相等。由于转速差及轴向力的存在，主、从动摩擦片间将产生摩擦力矩，且经从动摩擦片及推力压盘传给两半轴的摩擦力矩方向相反；与转速快的半轴的转向相反，而与转速慢的半轴的转向相同。因而使得转速慢的半轴所分配到的转矩大于转速快的半轴所分配到的转矩。摩擦作用越强，两半轴的转矩差越大，最大可达 5 ~ 7 倍。摩擦片式自锁差速器结构简单、工作平稳，多用于轿车或轻型货车。

4. 托森差速器

托森差速器是一种新型的中央轴间差速器，在四轮驱动的轿车上应用日益广泛。

奥迪 80 和奥迪 90 全轮驱动的轿车上所采用的就是这种差速器。其在整车传动系中的安装位置及转矩传动路线如图 12-93 所示。发动机输出的转矩经输入轴 1 输入变速器，经相应挡位变速后，由空心轴（输出轴）6 输入到托森差速器 3 的外壳。经托森差速器的差速作用，一部分转矩通过差速器齿轮轴 8 传至前桥；另一部分转矩通过驱动轴凸缘盘 4 传至后桥，实现前、后轴同时驱动和前、后轴转矩的自动调节。

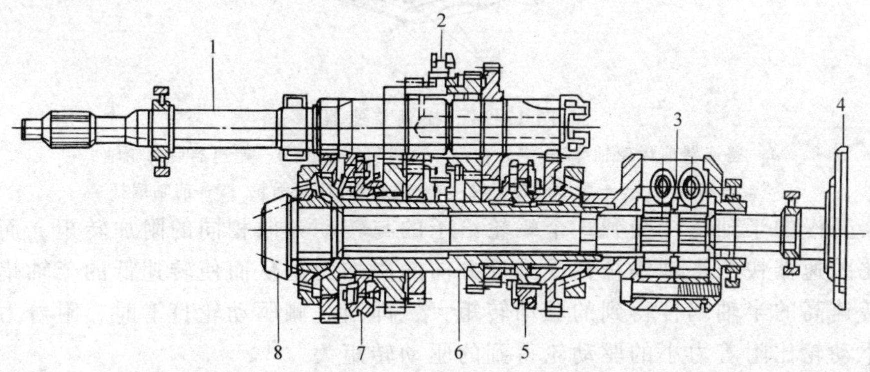

图 12-93　奥迪全轮驱动轿车变速器和托森差速器

1—输入轴　2—3、4 挡传动齿轮副　3—托森差速器　4—驱动轴凸缘盘　5—5 挡和倒挡传动齿轮副　6—空心轴　7—1、2 挡传动齿轮副　8—差速器齿轮轴

图 12-94 所示为托森差速器的结构。空心轴 2 和差速器外壳 3 通过花键相联而一同转动。蜗轮 8 通过蜗轮轴 7 固定在差速器壳上，3 对蜗轮分别与前轴蜗杆 9 及后轴蜗杆 5 相啮合，每个蜗轮上固定有两个直齿圆柱齿轮 6。与前、后轴蜗杆相啮合的蜗轮彼此通过直齿圆柱齿轮相啮合，前轴蜗杆 9 和驱动前桥的差速器前齿轮轴 1 为一体，后轴蜗杆 5 和驱动后桥的驱动轴凸缘盘为一体。

当汽车行驶时，来自发动机的驱动力通过空心轴 2 传至差速器外壳 3，差速器外壳通过蜗轮轴 7 传至蜗轮 8，再传到蜗杆。前轴蜗杆 9 通过差速器前齿轮轴 1 将驱动力传至前桥，后轴蜗杆 5 通过差速器后齿轮轴 4 传至后桥，从而实现前、后驱动桥的驱动牵引作用。

当汽车转向时，前后驱动桥出现转速差，则可依靠啮合的直齿圆柱齿轮的相对运动，使一轴转速加快，另一轴转速减慢，实现差速作用。转速比差

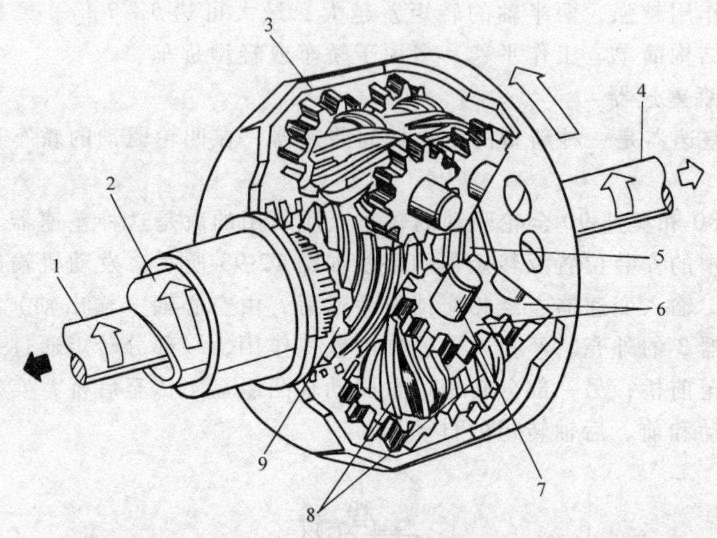

图 12-94　托森差速器

1—差速器前齿轮轴　2—空心轴　3—差速器外壳　4—差速器后齿轮轴
5—后轴蜗杆　6—直齿圆柱齿轮　7—蜗轮轴　8—蜗轮　9—前轴蜗杆

速器壳慢的半轴蜗杆受到3个蜗轮给予的与转动方向相同的附加转矩，而转速比差速器快的半轴蜗杆则受到反方向的附加力矩从而使转速低的半轴蜗杆比转速高的半轴蜗杆得到的驱动转矩大，即当一侧驱动轮打滑时，附着力大的驱动轮比附着力小的驱动轮得到的驱动转矩大。

12.5.4　半轴与桥壳

1. 半轴

半轴是在差速器和驱动轮之间传递动力的实心轴（见图 12-95），内端一般制有外花键与半轴齿轮联接，外端与驱动轮的轮毂相联。

半轴的结构因驱动桥结构形式的不同而异。非断开式驱动桥中的半轴为一根整体刚性轴（见图 12-95）。而转向驱动桥和断开式驱动桥中的半轴则分段并用万向节连接（见图 12-76）。

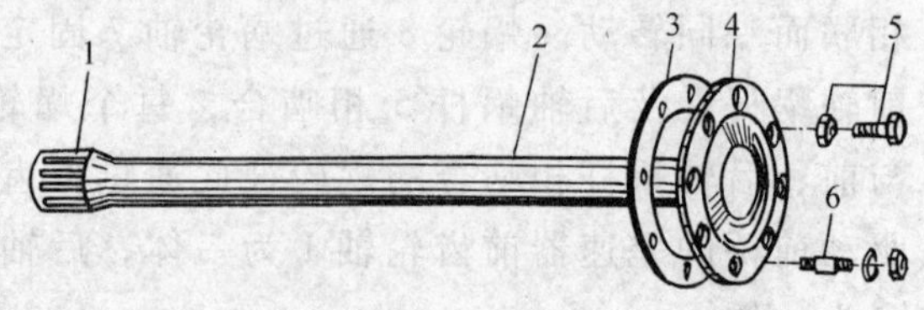

图 12-95　半轴

1—花键　2—轴　3—垫片　4—凸缘
5—半轴起拔螺栓　6—半轴紧固螺栓

非断开式驱动半轴中常采用全浮式支承和半浮式支承两种形式。

（1）全浮式半轴支承　它广泛应用于各种类型的载货汽车上。其结构示意图如图 12-96a 所示。半轴 5 外端锻出半轴凸缘 6，用螺栓与轮毂 1 联接固定，轮毂 1 用两对圆锥滚子轴承 2 支承在半轴套管上，半轴套管与空心梁压配成一体，组成驱动桥壳 4。这种支承形式，半轴与桥壳没有直接联系。半轴内端用花键与半轴齿轮联接，并通过差速器壳支承在主减速器壳的座孔中。

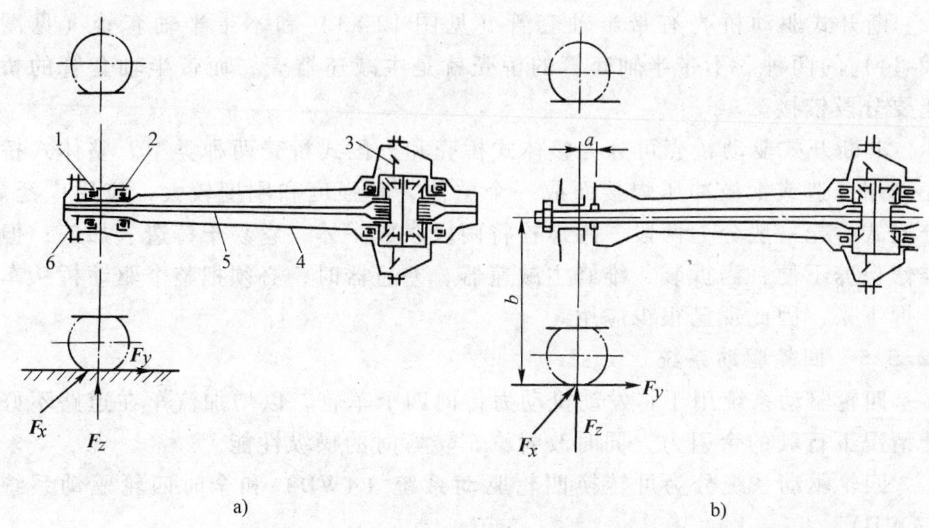

图 12-96　全浮式半轴支承和半浮式半轴

a）全浮式支承　b）半浮式支承

1—轮毂　2—轴承　3—主减速器从动锥齿轮　4—驱动桥壳　5—半轴　6—半轴凸缘

这种支承形式，使半轴只承受转矩，而不承受任何反力和弯矩，故称为全浮式半轴支承。

全浮式半轴支承便于拆装，只须拧下半轴凸缘上的轮毂螺栓，即可将半轴抽出，而车轮和桥壳照样能支撑住汽车。

（2）半浮式半轴支承　图 12-96b 所示为半浮式半轴支承。半轴内端的支承方式与全浮式相同，而外端制成锥形，锥面上有纵向键槽，最外端有螺纹。轮毂以与其相应的锥孔和半轴锥面配合，并用键联接，用螺母紧固。半轴用圆锥滚子轴承直接支承在桥壳凸缘的座孔内。车轮与桥壳之间无直接联系，而支承于悬伸出的半轴外端。因此，地面作用于车轮的各种反力都须经半轴外端的悬伸部分传给桥壳，使半轴外端承受转矩、反力及其形成的弯矩。故称这种支承形式为半浮式半轴支承。

为了对半轴进行轴向限位，差速器内装有止推块，以限制其向内轴向窜动；而半轴向外的轴向窜动则通过制动底板对轴承的限位来限制。

半浮式半轴支承结构简单，但半轴受力情况复杂且拆装不便，多用于反力、弯矩较小的各类轿车上。

2. 桥壳

（1）桥壳的功用　桥壳除了安装并保护主减速器、差速器和半轴之外，其主要功用是通过悬架支承汽车，承受驱动轮传来的反力和力矩，并将在驱动轮的牵引力、制动力、侧向力通过悬架传给车架或车身。

（2）桥壳的分类　桥壳分为断开式驱动桥壳和非断开式驱动桥壳两种。

断开式驱动桥壳有带半轴套管（见图12-83）和不带半轴套管（见图12-84）的两种。不带半轴套管的桥壳就是主减速器壳，而带半轴套管的桥壳要分段铰接。

非断开式驱动桥壳可分为整体式桥壳和分段式桥壳两种类型。整体式桥壳采用铸造或钢板冲压焊接而成一个整体，其强度和刚度较大，应用广泛。分段式桥壳一般分为两段，用螺栓将两段联成一体，它易于铸造、加工；但维修保养不便，当拆装、维修主减速器、差速器时，必须把整个驱动桥从车上拆下来，因此现已很少应用。

12.5.5 四轮驱动系统

四轮驱动系统用于将发动机动力传向四个车轮，以增加汽车在道路不好的情况下行驶的牵引力，同时改善汽车转弯时的操纵性能。

四轮驱动系统分为可转换四轮驱动系统（4WD）和全时四轮驱动系统（AWD）。

1. 可转换四轮驱动系统

这种四轮驱动系统可进行两轮驱动和四轮驱动之间的转换。它主要由变速器、前后传动轴、前后驱动桥及分动器、轴间差速器等组成（见图12-97）。

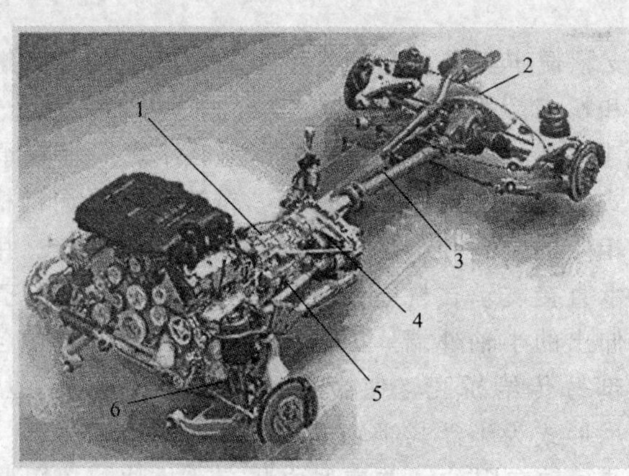

图12-97　四轮驱动系统

1—变速器　2—后驱动桥　3—后传动轴　4—分动器　5—前传动轴　6—前驱动桥

为了将变速器输出的动力分配到各驱动桥，四轮驱动系统均装有分动器。大多数四轮驱动的越野汽车使用了前轮锁定毂。

(1) 分动器　分动器用于将变速器输出的动力分配到各驱动桥。其基本结构也是一个齿轮传动系统。其输入轴直接或通过万向传动装置与变速器第二轴相连，而其输出轴则有若干个，分别经万向传动装置与各驱动桥连接。为增加传动系的最大传动比及挡数，绝大多数越野汽车都装有两挡分动器，使之兼起副变速器的作用。

图 12-98 所示为北京 BJ2020 越野汽车分动器。输入轴 3 前端的凸缘盘 1 通过万向传动装置与变速器第二轴相连接。后桥输出轴 5 的后端和前桥输出轴 8 的前端各通过凸缘盘连接后桥和前桥的万向传动装置。

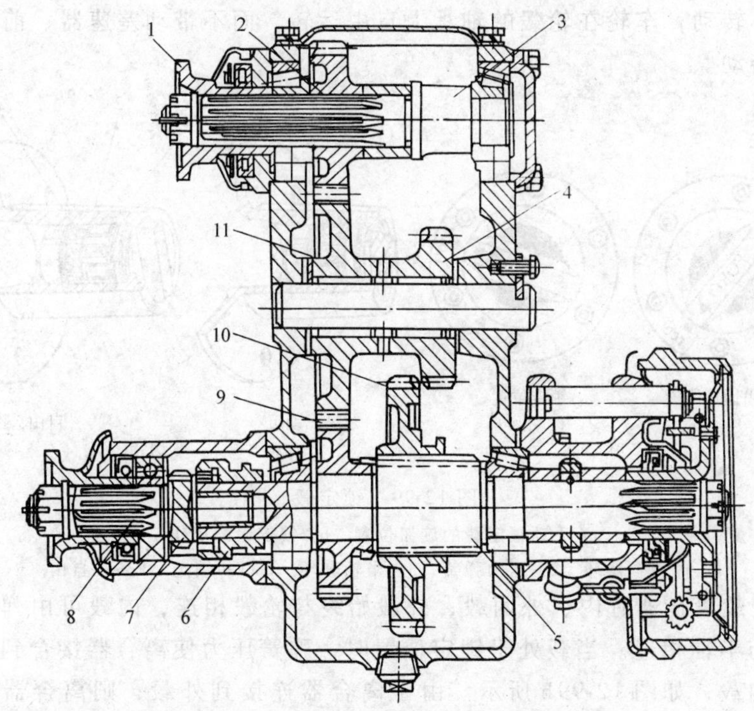

图 12-98　北京 BJ2020 越野汽车分动器

1—凸缘盘　2—主动齿轮　3—输入轴　4—中间轴小齿轮　5—后桥输出轴　6—前桥接合套　7—花键齿轮　8—前桥输出轴　9—常啮合高挡齿轮　10—变速滑动齿轮　11—中间轴大齿轮

在前桥输出轴 8 与后桥输出轴 5 之间装有接合套 6。当接合套与前桥输出轴上的花键齿轮 7 不接合时（图示位置），只有后桥驱动，动力不能传至前桥；当接合套向左移动与花键齿轮 7 相接合时，前后桥输出轴连成一体，则前后驱动桥同时驱动。

分动器的高、低挡变换是通过拨动装在后桥输出轴 5 上的变速滑动齿轮 10 来实现的。输入轴主动齿轮 2、中间轴大齿轮（高挡齿轮）11 及输出轴常啮合高挡齿轮 9 为常啮合齿轮。主动齿轮 2 通过花键与输入轴 3 相联，中间轴大齿轮11和常啮合高挡齿轮9空套在轴上。中间轴小齿轮（低挡齿轮）4与中间轴大齿轮11制为一体。

当要挂入高挡时，向左拨动变速滑动齿轮10，使其内花键与常啮合高挡齿轮9右端的接合齿圈相啮合，动力则经输入轴3，齿轮2、11、9、10和内花键齿轮传至后桥输出轴5，此时便处于高挡驱动。

（2）锁定毂　锁定毂是一种使轮毂进入或脱离半轴外端啮合的离合器。它安装在4WD汽车驱动轮毂外端，当转动锁定毂至锁定位置时，如图12-99a所示，轮毂与半轴被锁定，车轮与半轴一起转动。当锁定毂脱离锁定，半轴并不转动，车轮在轮毂的轴承上自由运转，而不带动差速器、前传动轴等发生转动。

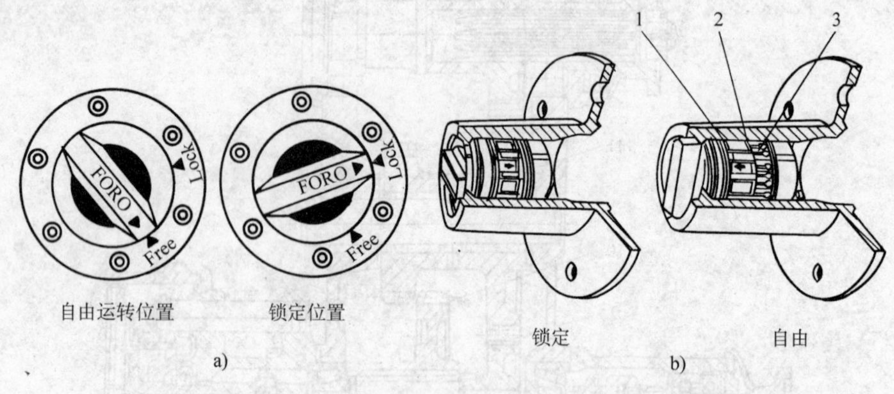

图12-99　锁定毂

a）手动锁定毂的旋钮位置　b）锁定毂的动作

1—内离合器环　2—压力弹簧　3—半轴套环　Lock—锁定　Free—自由

锁定毂离合器有内、外两毂，外毂始终与轮毂相连，内毂可由弹簧压力驱动，与半轴相连。当毂处于锁定位置时，弹簧压力使离合器接合到与半轴相连的内毂，如图12-99b所示。由于离合器连接到外毂，则离合器的接合将半轴与毂连接起来。在脱离锁定的位置，离合器不与内毂接合，车轮可以在轴承上自由旋转。

锁定毂主要用于长时间选用两轮驱动模式时，使前轮与前驱动半轴脱离接合，此时前轮作为自由轮转动。而在两轮驱动模式下，分动器将与前传动轴的动力传递中断。这样整个前轴、前差速器、前减速器、前传动轴及分动器中的某些零件同时与变速器、前轮断开，停止转动，减少了这些部件的磨损，降低了行使阻力。而当四轮驱动时，前毂必须锁定。

2. 全时四轮驱动系统

全时四轮驱动系统始终是四轮驱动，又称全轮驱动。它不适用于越野行驶，而是设计成在不良附着力情况下（如在有冰或雪的道路上）来增强汽车的附着性能，以产生最大的驱动力。

(1) 基本组成及工作原理　全轮驱动系统主要由轴间差速器、传动轴及前后驱动桥组成（见图 12-100）。

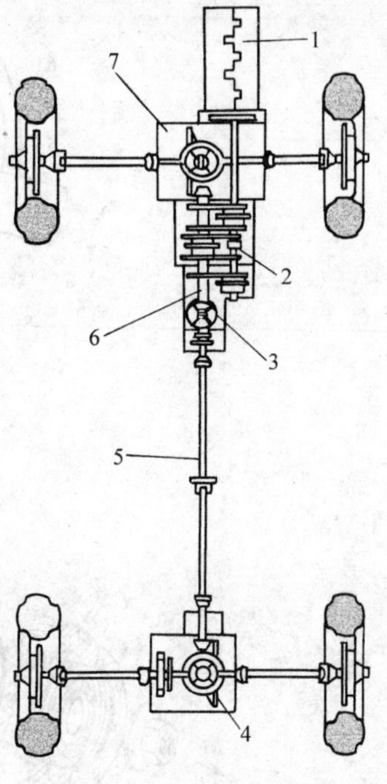

图 12-100　全轮驱动系统
1—发动机　2—手动变速器
3—轴间差速器　4—后桥总成
5—传动轴　6—变速器第二轴
7—前桥总成

大多数全时四轮驱动系统采用一个轴间差速器来分配前、后桥之间的动力。轴间差速器可自动锁定，或者由驾驶员用开关手动锁定。

粘液联轴差速器（简称 VC）广泛用于全时四轮驱动系统的轴间联接，它同时起到联轴器和防滑差速器的作用。其基本结构是一密封在壳体中的多片离合器（见图 12-101），由一个内装若干紧配合的薄圆钢盘、充满粘稠液体的圆筒等组成。

内盘 6 与输入轴 4 连接，外盘 1 装在联轴器壳体 3 上与输出轴 2 相联。来自输入轴的转矩利用圆筒内粘稠液体的油膜的剪切力传递给输出轴。粘液联轴差速器的输入轴即是前驱动桥主减速器的主动轴，直接由变速器驱动；输出轴经传动轴驱动后桥主减速器。由于利用液体传递力矩，自然保证了前后驱动桥可以存在速度差。

粘液联轴差速器传递转矩的工作介质一般是硅油。粘性联轴器传递的转矩一方面与硅油密度、粘度、圆盘片数和半径成正比，与内、外圆盘的间隙成反比；另一方面还与主从动轴的转速差成正比。输入轴与输出轴有转速差时，硅油被搅动，温度升高，产生热膨胀，硅油粘度和粘性联轴器内部压力增高。转速差越大，硅油粘度和粘性联轴器内部压力增高越大，由输入轴传递给输出轴的转矩就越大。

粘液联轴差速器的输出转矩随转速差变化的这种特性，可使转矩根据驱动桥的实际需要自动分流，并能实现类似与防滑差速器的防滑锁止的功能。当后桥阻力大时，粘性联轴输出轴的速度变慢，与输入轴的速度差增大，联轴器向后驱动桥输出更大的转矩；反之，前驱动桥获得较大的转矩。当前驱动桥因陷入泥坑或悬空而空转时，粘液联轴差速器输入、输出轴转速差在很短的时间里急剧增加，差速器内温度和压力急剧升高，将输入、输出轴抱死，变速器输出的转矩大部分传至后驱动桥；当后轮空转时，粘液联轴器的输出轴以几乎相同的速度被动地随输入轴转动，变速器输出的转矩大部分传至前驱动桥。这样粘液联轴差速器与防滑差速器一样，当一个驱动桥无法产

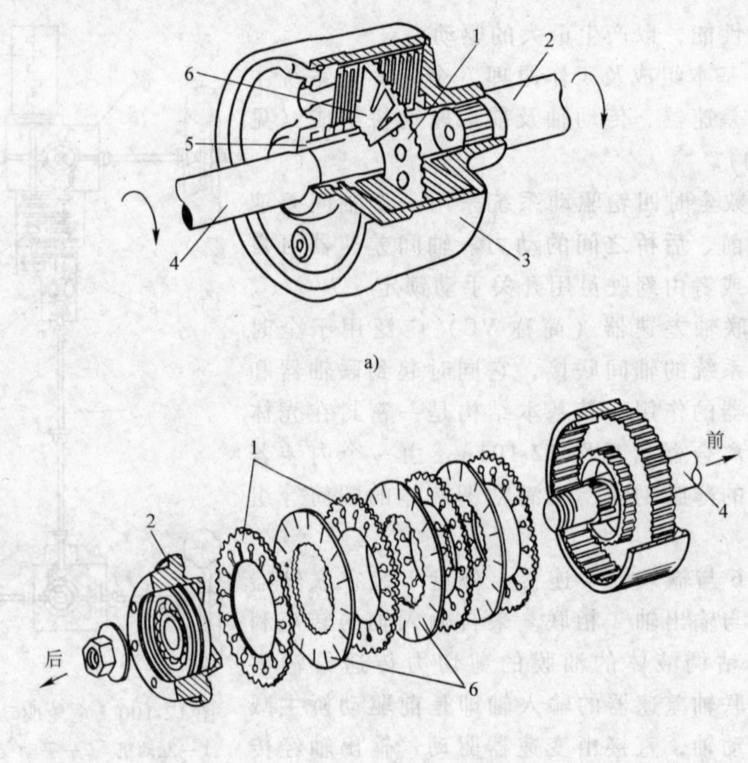

图 12-101　粘液联轴差速器

a）结构图　b）分解图

1—外盘　2—输出轴　3—联轴器壳体　4—输入轴　5—毂　6—内盘

生较大驱动力时，把转矩传递到具有更大驱动力的车桥上。

粘液联轴器也可以在前桥和（或）后桥差速器中用作防滑装置。高性能的全轮驱动汽车在轴间和后差速器中使用粘液联轴器，以改进汽车的高速转弯和操纵性能。

（2）电子控制自动全轮驱动系统　电子控制自动全轮驱动系统，以前轮驱动传动系为基础，使用了粘液联轴器作轴间差速器，把动力传递到后部。由电子控制系统根据路况对粘液联轴器内的粘液的压力进行控制，从而控制前后桥的动力分配。全轮驱动系统电子控制装置又称为变速器控制装置或 TCU。

电子控制全轮驱动系统的工作原理如图 12-102 所示。传感器监视前后驱动桥的速度、发动机速度以及发动机和动力传动系统上的负载。电子控制装置 ECU 接收来自传感器的信号，经分析后向负载螺线管发出控制信号。负载螺线管在给定占空比的脉冲的作用下非常迅速地循环开、关，从而控制

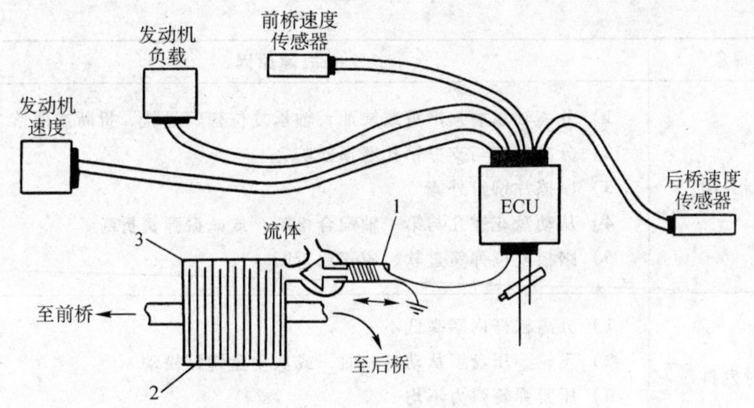

图 12-102　电子控制全轮驱动系统的工作原理

1—负载螺线管　2—多盘离合器组件　3—轴间差速器　ECU—电子控制装置

轴间差速器的液流，进而控制轴间差速器内离合器片的接合与分离，使得动力按一定比例向前后桥分配。这种动力分流发生得相当迅速，以致驾驶员意识不到驱动力的问题。动力在前后桥分配的比例范围一般是从 95% 前轮驱动和 5% 后轮驱动分流至 50% 前轮驱动和 50% 后轮驱动。某些按需求启动的四轮驱动系统仅在第一驱动桥开始分离之后才向第二驱动桥供给动力。

12.6　传动系统维护及常见故障

12.6.1　离合器维护及常见故障

1. 离合器维护

按使用说明书的要求，定期对离合器进行润滑、紧固和调整。

2. 离合器的常见故障

离合器的常见故障现象及原因见表 12-10。

表 12-10　离合器的常见故障现象及原因

故障现象	故障原因
离合器打滑	1）离合器踏板自由行程太小或没有 2）压盘弹簧过软或折断 3）摩擦片磨损变薄、硬化、铆钉外露或沾有油污 4）飞轮或压盘翘曲
离合器分离不彻底	1）离合器踏板自由行程太大 2）分离杠杆弹力不均或个别分离杠杆折断 3）离合器从动盘翘曲、铆钉松脱或新换的摩擦片过厚 4）从动盘花键孔与变速器第一轴花键轴卡滞 5）离合器液压操纵机构漏油、管路有空气或油量不足

（续）

故障现象	故障原因
离合器异响	1）分离轴承磨损严重或缺油，轴承复位弹簧过软、折断或脱落 2）分离杠杆与支撑销孔磨损松旷 3）摩擦片铆钉外露 4）从动盘花键孔与第一轴配合松旷，或减振弹簧折断 5）踏板复位弹簧过软、脱落或折断
起步时发抖	1）分离杠杆内端高低不一 2）飞轮、压盘、从动盘翘曲，或从动盘铆钉松动 3）压紧弹簧弹力不均 4）离合器与飞轮固定螺钉松动

12.6.2 变速器维护及常见故障

1. 变速器维护

1）每天出车前检查变速器系统，不得漏油，油面高度应正常。

2）按使用说明书的要求定期检查变速器油的颜色、味，不得有结块、混浊、臭味或其他杂质，否则应予以更换。

3）变速器各挡挂挡应顺畅、平滑、无异响。

2. 手动变速器的常见故障

手动变速器的常见故障现象及原因见表12-11。

表12-11 手动变速器的常见故障现象及原因

故障现象	故障原因
换挡困难	1）变速杆件调整不当 2）换挡拨叉弯曲 3）同步器故障或维修后弹簧安装不正确
自动跳挡	1）变速杆件调整不当 2）齿轮端隙过大 3）轴承磨损过大 4）同步器磨损或损伤 5）自锁弹簧弹力不足 6）拨叉轴定位球槽附近磨损、损伤
空挡时发响	1）轴承磨损或润滑不良 2）输入轴轴承损坏 3）齿轮磨损、弯曲或牙齿折断 4）导向轴承松动

（续）

故障现象	故障原因
啮合时发响	1）润滑油不足或型号不对 2）输入轴后轴承磨损 3）输出轴上的齿轮磨损 4）同步器磨损或损伤
漏油	1）润滑油油面太高 2）密封件破损 3）壳体上的紧固螺钉松动 4）变速器通气管堵塞

12.6.3　自动变速器维护及常见故障

1. 自动变速器维护

1）变速器漏油，油面高度及油质检查参照手动变速器进行。

2）变速器变速杆从P位依次一个一个地拨到其他各位置，拨动应该平顺，仪表指示灯正确指示各挡位置。

3）检查发动机，应只能在空挡（N位）和停车挡（P位）能够起动，其他挡位不能起动。

4）检查发动机怠速，应正常。一般轿车的怠速正常范围为650～750r/min。

上述检查如发现异常，应及时检修。

2. 自动变速器的常见故障

自动变速器的常见故障现象及原因见表12-12。

表12-12　自动变速器的常见故障现象及原因

常见故障	故障原因
换挡无感觉	1）换挡操纵机构调整不良 2）换挡电磁阀（1号和2号电磁阀）失效或阀体损坏 3）车速传感器或节气门位置传感器不正常 4）变速器机构故障
前进挡打滑和颤动	1）油位不正确、油质不好、油压太低 2）换挡拉杆调整不当 3）变矩器失效 4）电磁阀或阀体损坏 5）某一挡打滑时，则说明该挡结合离合器、制动器磨损失效 6）行星齿轮机构工作不良

（续）

常见故障	故障原因
不能升挡、升挡延迟滞后	1）油位、油压不正确，换挡拉杆调节不当，发动机怠速过低 2）换挡电磁阀失效 3）油泵失效 4）车速传感器或节气门位置传感器不正常 5）超速离合器失效，或其他结合离合器、制动器失效
无发动机制动	1）变矩器单向离合器失效 2）结合离合器、制动器失效 3）行星机构失效
倒挡打滑	1）倒挡结合制动器失效 2）同故障“前进挡打滑和颤动”的1~5项相同
各挡位汽车均不动	1）油位太低、滤油器、油路堵塞或漏油 2）电磁阀或阀体失效 3）油泵损坏、变矩器损坏 4）行星齿轮机构失效
降挡困难	1）节气门拉杆调节不当 2）电磁阀或阀体失效 3）制动带和伺服机构失效

12.6.4 万向传动装置维护及常见故障

1. 万向传动装置维护

1）车辆使用中，应经常检查传动轴凸缘联接螺栓螺母和中间支承U支架的紧固情况。发现松动时，应及时按规定力矩（一般为83~108N·m）拧紧。

检查十字轴轴承有无松旷的方法是：将变速器挂空挡，松开驻车制动器，双手紧握传动轴轴管，左右用力急剧转动，不应有明显的松旷量。

2）按使用说明书的要求，定时对十字轴、花键轴和中间支承加注润滑脂。

2. 万向传动装置故障

万向传动装置的常见故障现象及原因见表12-13。

表 12-13　万向传动装置的常见故障现象及原因

故障现象	故障原因
传动轴振动和噪声	1）万向节严重磨损 2）传动轴产生弯曲、扭转变形或不平衡 3）连接部件松动 4）变速器输出轴花键齿磨损严重 5）中间支承轴承磨损、中间支承松动或橡胶减振块材料老化
起步撞击和滑行异响	1）万向节严重磨损 2）变速器输出轴花键齿磨损严重 3）滑动叉花键磨损、损伤 4）传动轴连接部位松动

12.6.5　驱动桥维护及常见故障

1. 驱动桥维护

驱动桥的维护主要包括主减差速器、半轴的漏油检查，润滑油质和油量的检查及添加，轴承的检查和调整等。驱动桥维护可维持其良好的技术状态，使车辆起步时或急剧改变速度以及转弯时，驱动桥不发生异响；汽车行驶时齿轮无异常噪声；外壳不过热。驱动桥中润滑油的温度一般不超过90℃，同时在轴承位置无过热现象。

2. 驱动桥的常见故障

驱动桥的常见故障现象及原因见表 12-14。

表 12-14　驱动桥的常见故障现象及原因

故障现象	故障原因
驱动桥异响	1）齿轮或轴承严重磨损或损坏 2）主、从动齿轮配合间隙过大 3）从动齿轮铆钉或螺栓松动 4）差速器齿轮、半轴内端花键磨损松旷
驱动桥漏油	1）主减速器油封或半轴油封损坏 2）与油封接触的轴颈磨损 3）衬垫损坏或紧固螺栓松动 4）齿轮油加注过多
驱动桥发热	1）轴承装配过紧 2）齿轮啮合间隙过小 3）齿轮油太少或粘度不对

本章小结

1）离合器的主要功用是保证汽车平稳起步、换挡时工作平顺、防止传动系统过载。

2）摩擦式离合器主要由主动部分、从动部分、压紧机构和操纵机构4部分组成。

3）当离合器处于正常接合状态时，在分离轴承和分离杠杆之间留有一定量的间隙，称为离合器分离间隙。为消除操纵机构中的机械、液压间隙和离合器分离间隙所对应的离合器踏板行程称为离合器踏板自由行程。

4）变速器的功用有改变传动比、实现倒车、中断动力及实现动力输出等功能。变速器有手动和自动两类。

5）手动变速器主要由传动机构、同步器及操纵机构3部分组成。它通过多组一对或一对以上不同齿数的齿轮啮合来实现传动比的变化。

6）自动变速器操作简单省力、行车安全性好、舒适性好、机件的使用寿命长、动力性好、排放性能好；其缺点是结构复杂、精度高、成本高、传动效率低、维修困难。

7）目前，汽车自动变速器绝大部分采用电控液力自动变速器。它主要由液力变矩器、齿轮变速器、液压控制系统、电子控制系统等组成。液力变矩器主要由泵轮、涡轮、导轮组成；行星齿轮机构由太阳轮、行星齿轮、行星架、齿圈、离合器、制动器等组成；液压控制系统主要由油泵、节气门阀、调速阀、调压装置、手控制阀、换挡阀、换挡执行元件及油道组成；电子控制系统主要包括电子控制单元（ECU）、传感器、执行元件及控制电路等。

8）机械式无级自动变速器（CVT）根据车速和节气门开度来改变机械式V带轮的作用半径，来实现无级变速。它将轿车传动系统的离合器、变速器、主减速器及差速器等装配成一个整体结构。

9）万向传动装置的功用是在轴线相交且相对位置经常发生变化的两轴间传递动力。按扭转方向上是否有明显的弹性，万向节可分为刚性万向节和挠性万向节。刚性万向节分为不等速万向节、准等速万向节和等速万向节。万向传动装置一般由万向节和传动轴组成。

10）驱动桥由主减速器、差速器、半轴和桥壳等组成。其功用是将变速器输出的转矩传到驱动轮，实现增扭减速，并有差速作用。

11）驱动桥按结构形式的不同可分为非断开式和断开式两类。非断开式驱动桥与非独立悬架配合使用，断开式驱动桥适用于独立悬架。

【复习思考题】

1. 名词解释：离合器分离间隙、离合器踏板自由行程、手动变速器、自动变速器、有级变速器、无级变速器、两轴式变速器、三轴式变速器、脱挡、跳挡、刚性万向节、挠性万向节、不等速万向节、准等速万向节、等速万向节、断开式驱动桥、非断开式驱动桥、单级主减速器、双级主减速器、轮边减速器、全浮式半轴支承、半浮式半轴支承、可转换四轮驱动、全时四轮驱动。
2. 拆装一种膜片弹簧离合器，并说明其结构与工作原理。
3. 离合器为什么要有分离间隙？此间隙过大或过小会出现什么问题？
4. 离合器的操纵机构有哪几种？各有何特点？
5. 拆装东风 EQ1092 型汽车变速器，分析其挡位及动力传递路线。
6. 简要分析变速器操纵机构安全装置的工作原理。
7. 液力变矩器由哪些部件组成？简述其基本的工作原理。
8. 行星齿轮机构由哪些部件组成？其基本工作原理如何？
9. 液压控制系统由哪些部件组成？简述其基本工作情况。
10. 电控自动变速器电子控制系统由哪些部件组成？简要分析其控制原理。
11. 万向传动装置的基本功用是什么？用于什么场合？
12. 十字轴万向节的结构是怎样的？
13. 汽车驱动桥由哪几部分组成？如何分类？
14. 安装和调整圆锥式主减速器时应该注意什么？

第 13 章　汽车行驶系统

教学目标与要求

•掌握车轮的组成、轮胎的结构与规格标志
•理解轮胎压力监视系统 TPMS 和零气压轮胎
•学会轮胎的使用维护
•掌握各类型车桥的结构
•理解车轮定位参数
•掌握独立和非独立悬架的结构及工作原理
•理解电子悬架的结构及工作原理

教学重点

※轮胎的结构、标志与使用维护
※车桥的结构与车轮定位
※独立和非独立悬架的结构及工作原理
※电子悬架的结构及工作原理

教学难点

▲轮胎压力监视系统 TPMS
▲车轮定位
▲电子悬架的结构及工作原理

汽车行驶系统包括车轮总成、车架和悬架。

13.1　车轮总成

车轮与轮胎组成车轮总成，习惯上简称为车轮。图 13-1 所示为奥迪 100 型轿车的车轮总成。

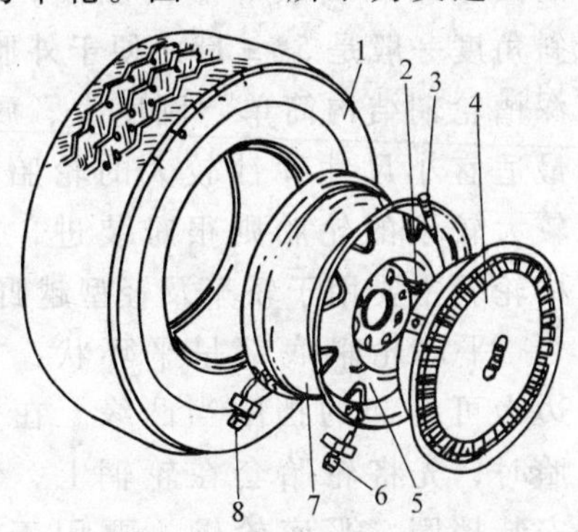

图 13-1　奥迪 100 型轿车的车轮总成

1—轮胎　2—螺栓　3—气门嘴　4—饰罩　5—轮辐　6、8—平衡块　7—轮辋

车轮和轮胎与汽车的行驶平顺性、操纵稳定性和安全性等有密切的关系。其主要功用有：

1）承受各个方向的作用力，包括支承汽车重量，产生驱动力、制动力、转向时的向心力及抗侧滑的侧向力。

2）缓和路面不平引起的冲击。

3）行驶中发生侧偏时具有自动回正能力，保证汽车直线行驶或正常转向。

4）保证汽车有一定的通过性。

13.1.1　车轮

车轮是介于轮胎和车轿之间承受负荷的旋转组件，通常由轮辋和轮辐组成（见图 13-2）。

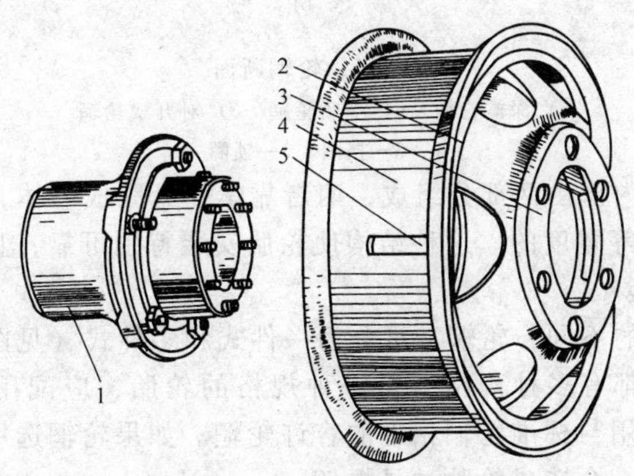

图 13-2　车轮的结构

1—轮毂　2—挡圈　3—轮辐　4—轮辋　5—气门嘴出口

1. 轮辋

轮辋是轮胎装配和固定的基础，为了保证轮胎具有准确的形状，根据汽车的用途，设有多种形状的轮辋。轮辋按断面结构形式有图 13-3 所示 7 种，

其中最常见的是深槽轮辋和平底轮辋（见图 13-4）。

深槽轮辋一般采用钢板冲压成形的整体结构，中部为一深槽，有带肩的凸缘用以安放外胎的胎圈，凸缘倾斜角度一般是 5° ±1°，便于外胎拆装。深槽轮辋结构简单、刚度大、质量小，最适宜小尺寸弹性较大的轮胎，尺寸较大较硬的轮胎则很难装进，所以深槽轮辋主要用于轿车及轻型越野车。

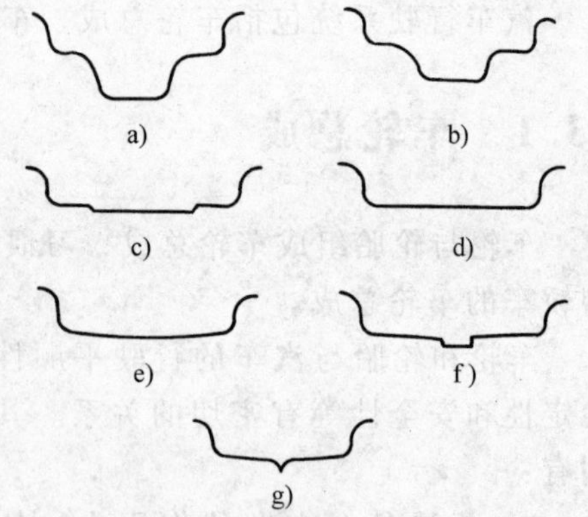

图 13-3 轮辋轮廓类型及代号

a) 深槽轮辋（DC） b) 深槽宽轮辋（WDC） c) 半深槽轮辋（SDC） d) 平底轮辋（FB） e) 平底宽轮辋（WFB） f) 全斜底轮辋（TB） g) 对开式轮辋

平底轮辋底部呈平环状，只有一边为可拆卸的挡圈当凸缘。在安装轮胎时，先将轮胎套在轮辋上，然后再安装挡圈。平底轮辋主要用于中、重型载货汽车，自卸车和大客车等，安装大而硬的轮胎。

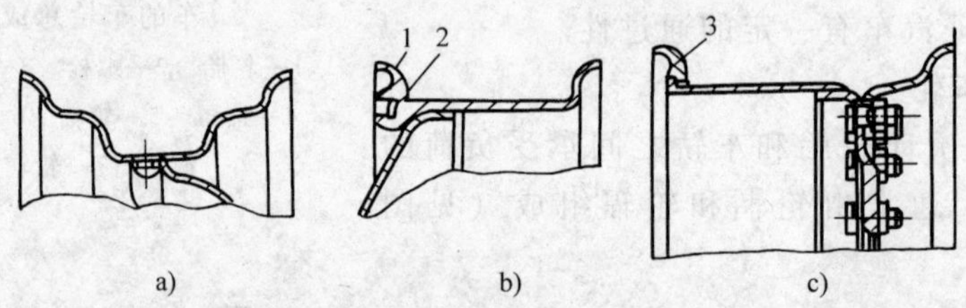

图 13-4 轮辋断面

a) 深槽轮辋 b) 平底轮辋 c) 对开式轮辋

1、3—挡圈 2—锁圈

对开式轮辋内部由两部分组成，两者靠螺栓紧固成一体，内外轮辋有等宽度的，也有不等宽度的。这种结构使轮胎安装特别可靠，且装卸方便，多用在重型汽车上。

按构件件数的不同，轮辋又可分为一件式和多件式（见图 13-5）。

轮辋和轮胎都有多种规格，每一种规格的轮胎，应配用规定的标准轮辋，必要时可选用与标准轮辋相近的容许轮辋。如果轮辋选用不当，特别是使用过窄的轮辋，会造成轮胎过早损坏。

近年来，越来越多地采用低压轮胎宽轮辋，以改善汽车的通过性和操纵稳定性，同时也可以提高轮胎和道路的使用寿命。

轮辋的边缘上往往夹装平衡块，以保证车轮总成在高速旋转时的动平衡。若车轮不平衡量过大，则会引起车身振动、前轮摆振，同时加速了轮胎的异常磨损。

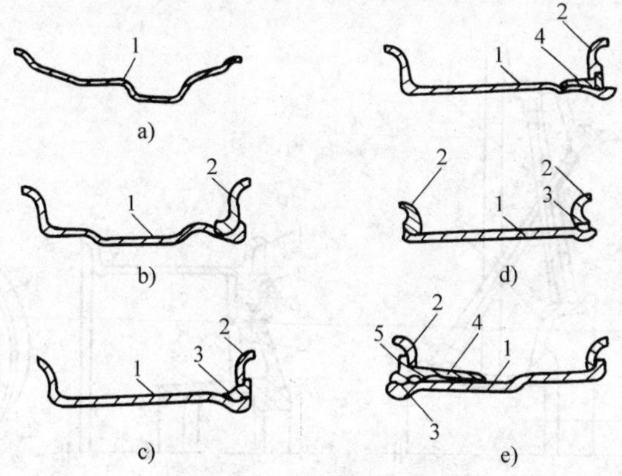

图 13-5　轮辋结构形式

a) 一件式轮辋　b) 二件式轮辋　c) 三件式轮辋　d) 四件式轮辋　e) 五件式轮辋

1—轮辋体　2—挡圈　3—锁圈　4—座圈　5—密封环

2. 轮辐

轮辐是车轮和轮毂的连接件，用以传递各种载荷。

钢制车轮的轮辐用薄钢板冲压制成。为提高强度，常将轮辐冲压成各种起伏的形状（见图 13-6），为减轻质量和有利于制动器散热，轮辐上开有若干孔。轮辐和轮辋焊接或铆接为一体。

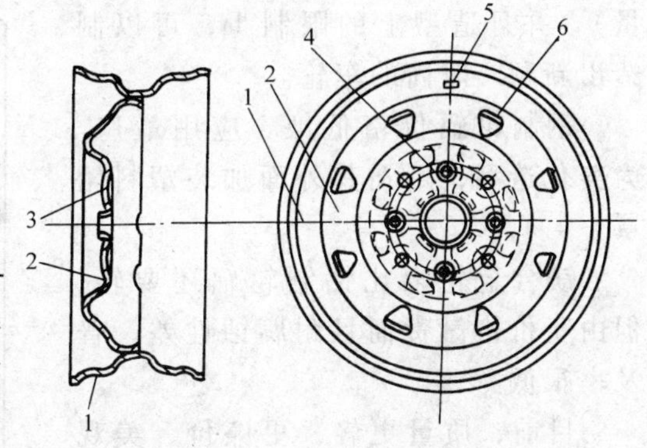

图 13-6　轮辐结构

1—轮辋　2—轮辐　3—螺栓孔　4—螺母座凸台　5—气门嘴孔　6—通风口

铝合金车轮的轮辐与轮辋铸成一体。铝制车轮通过造型的方式，靠本身的旋转从制动器排出行驶风，这种车轮的旋转方向是固定的，在更换轮胎时不能装错方向。

（1）按结构分　可分为辐板式和辐条式两种。

辐板式车轮中连接轮辋与轮毂的轮辐为圆盘状（见图 13-2）。轮辐 3 和轮辋 4 焊接或铆接固定成一个整体。轮辐通常使用螺栓安装在轮毂 1 上。

辐条式车轮的轮辐是钢丝辐条（见图 13-7a）或者与轮毂铸成一体的铸造辐条（见图 13-7b）。钢丝辐条由于需要装配，生产效率低，价格昂贵，已逐渐被淘汰，仅用于赛车和某些高级轿车上，以减轻车轮的重量。

（2）按材质分　分为钢制轮辐、铝合金制轮辐和镁合金制轮辐等几种。

铝合金铸造轮辐比钢制轮辐轻，散热性好（散发制动摩擦产生的热

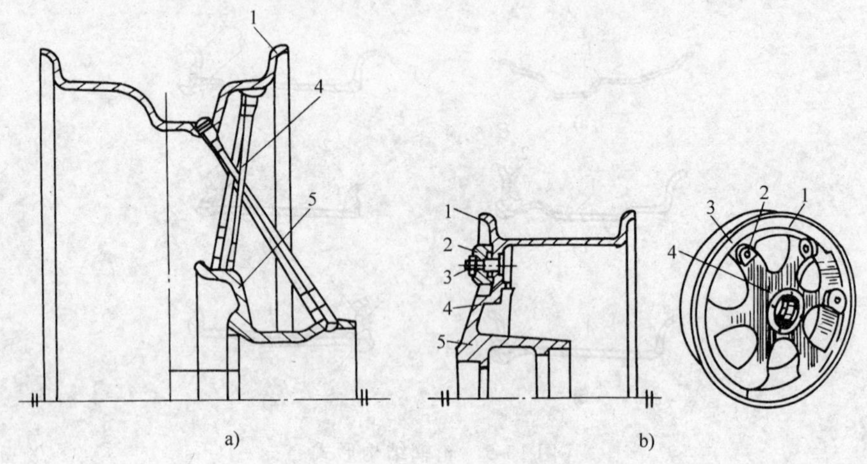

图 13-7　辐条式车轮

a）钢丝辐条　b）铸造辐条

1—轮辋　2—衬块　3—螺栓　4—辐条　5—轮毂

量），并且造型上的限制少，可以制造出新颖、时尚的车轮。

钢制轮辐价格低廉、应用最广。为美化造型，可在其外面加装塑料轮罩。

镁合金轮辐比铝制轮辐还要轻，但由于价格昂贵而且耐腐蚀性差，普及率很低。

目前，质量更轻、更廉价、美观的碳素纤维等轮辐正在研制中。

3. 双式车轮

一般轿车、轻型货车等都用单式车轮。载重量较大的货车后桥一般装用双式车轮，即在同一轮毂上安装两套轮辐和轮辋（见图 13-8）。货车的后轴负荷比前轴大得多，采用双式车轮可有效避免后轮轮胎过载。

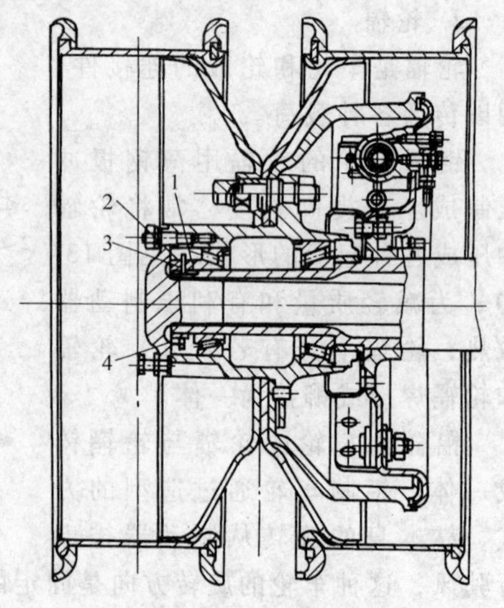

图 13-8　载货汽车双式车轮

1—调整螺母　2—锁止垫片

3—锁紧螺母　4—销钉

双式车轮内外辐板与轮毂的装配如图 13-9 所示。在图 13-9a 中，辐板的螺栓孔两端面都做成锥形，使内外轮具有互换性。内轮轮辐 3 靠在轮毂 4 的外端面上，用具有锥形端面的特制螺母 1 固定在螺栓 5 上。螺母 1 还具有外螺纹。外轮轮辐 2 紧靠着内轮辐板，并用锁紧螺母 6 来固定。采用这种双螺母固定形式时，为了防止汽车在行驶中固定轮辐的螺母自行松脱，汽车两侧车轮上的轮辐固定螺栓5一般采用旋向不同的螺纹，左侧用左旋螺纹，右侧用右旋螺纹。

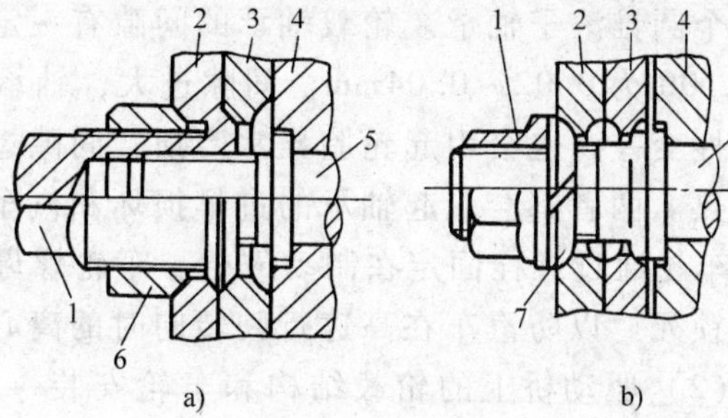

在13-9b图中，采用单螺母的固定形式，由于在该结构中采用了球面弹簧垫圈7，可以防止螺母1的自行松脱，故汽车左右车轮上固定辐板的螺栓5均可用右螺纹，从而减少了零件品种。

图13-9 双式车轮辐板的固定

a）双螺母固定形式 b）单螺母固定形式

1—螺母 2—外轮辐板 3—内轮辐板 4—轮毂

5—螺栓 6—锁紧螺母 7—球面弹簧垫圈

4. 车轮的安装与轮毂结构

车轮通过轮毂安装在车轴上。轮毂位于车轮的中心，内有中心圆孔。轮毂的结构形式有3种：独立成件（见图13-2），与轮辐制成一体（见图13-7b），与制动鼓（盘）制成一体。

不同的车桥，轮毂结构和车轮的安装形式不同。

（1）从动桥上的轮毂结构和车轮安装 奥迪100后轮毂采用典型的非驱动轴轮毂结构（见图13-10）。轮毂与制动鼓制成一体，中心孔内装有内

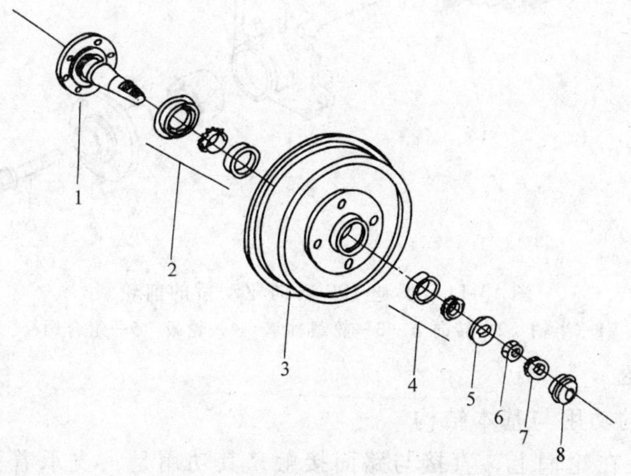

图13-10 车轮在从动桥上的安装

1—后轮毂轴 2—内轴承 3—后制动鼓 4—外轴承

5—垫片 6—螺母 7—锁盖 8—盖

外两个圆锥滚子轴承。轮毂轴承的间隙有一定的要求，通过垫片5调整。如奥迪100为0.02～0.04mm。间隙过大，轴承松旷，车轮会发生摆动，操纵稳定性变差，也会引起轮胎异常磨损；间隙过小，轴承过紧，摩擦过大，轮毂发热。两者都会引起轴承的过早损坏和汽车的经济性下降。

车轮通过螺栓固定在制动鼓上。车轮螺母6要以规定的力矩拧紧并用锁盖7锁死。以防汽车在高速行驶转向时的离心力使车轮脱落。

（2）驱动桥上的轮毂结构和车轮安装　驱动桥上的轮毂除了和从动桥上的轮毂相类似需用轴承安装在车桥上之外，它往往通过内花键与半轴相联（见图12-96b），或通过螺栓与半轴凸缘联接（见图12-96a），以传递动力。

（3）转向驱动桥上的轮毂结构和车轮安装　图13-11为奥迪100转向驱动桥的前轮毂。轮毂4通过内花键与半轴1配合，通过轮毂轴承3与转向节2内圆柱孔配合，既可实现驱动力传递、车身质量支承，又不影响转向。轮毂轴承3为双列复合轴承，功能上相当于一对单列轴承，无需调整轴承间隙。轴承内圈与轮毂外圆、轴承外圈与转向节孔之间都是过盈配合。组合螺栓5将轮毂4紧固在传动轴上。

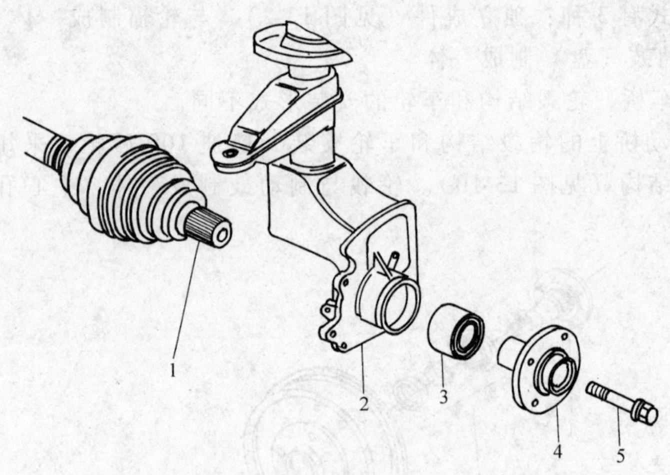

图13-11　奥迪100转向驱动桥的前轮毂

1—半轴　2—转向节　3—轮毂轴承　4—轮毂　5—组合螺栓

13.1.2　轮胎

1. 轮胎的功用与基本结构

轮胎安装在轮辋上，直接与路面接触，其功用是：支承着汽车的全部质量，产生驱动力、制动力、侧向力，缓和路面冲击。

现代汽车几乎都采用充气轮胎。轮胎按组件不同可分为有内胎轮胎和无内胎轮胎。

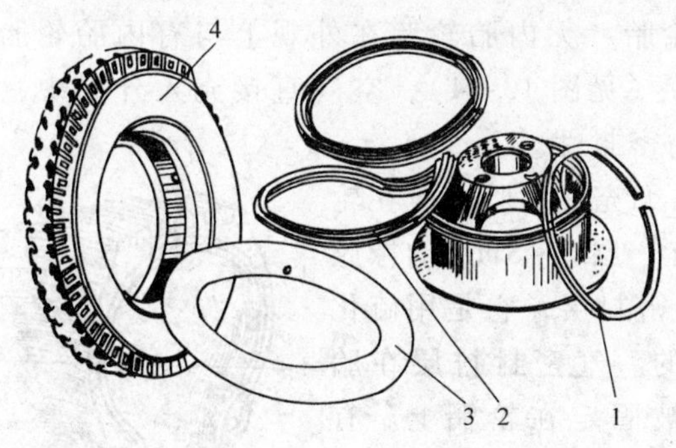

图 13-12　有内胎轮胎

1—挡圈　2—垫带　3—内胎　4—外胎

(1) 有内胎轮胎　有内胎轮胎由外胎 4、内胎 3 和垫带 2 组成（见图 13-12）。

内胎是一个环形橡胶管，应具有良好的弹性，并能耐热和不漏气，为使内胎在充气状态下不产生褶皱，其有效尺寸应稍小于外胎内壁尺寸。汽车行驶前，内胎应按要求充入一定压力的空气。根据气压高低，分有高压轮胎、低压轮胎和超低压轮胎。

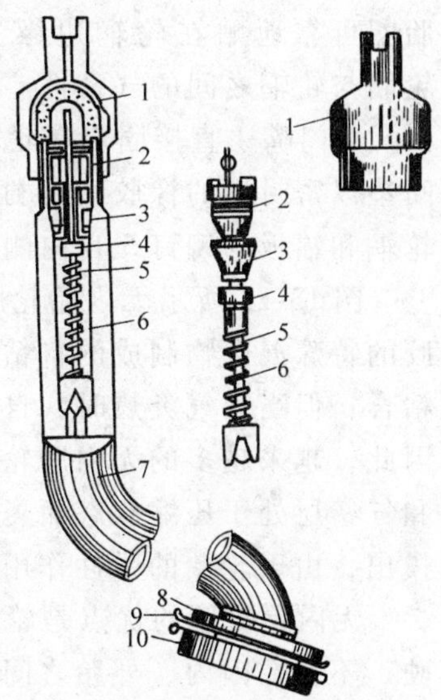

图 13-13　气门嘴

1—盖　2、8—螺母　3—衬套　4—阀门　5—杆　6—弹簧　7—座筒　9—垫片　10—凸缘

内胎上装有充气、放气的气门嘴（见图 13-13），有一个金属座筒 7，气门嘴底部的凸缘 10 通过内胎上的狭孔插入内胎中，由螺母 8 将它夹紧在两个垫片 9 之间，使气门嘴严密地装在内胎上。轮胎安装在车轮上时，气门嘴被固定在轮辋上的孔内。座筒 7 内装有带密封衬套 3 的气门芯。衬套 3 的环形槽内嵌有橡胶密封圈。当拧入螺母 2 时，密封圈即被压紧在座筒的锥形凹座上。座筒外面旋上一个带橡胶密封罩的盖 1，其柄部可以作为拧出气门芯螺母 2 的扳手。衬套 3 下面装有橡胶阀门 4。当轮胎被充气时，阀门 4 被空气压力压下；充气完毕后，套在杆 5 上的弹簧 6 便将它紧密地压在阀座上。

垫带是一个环形的橡胶带，垫在内胎与轮辋之间，保证内胎不被轮辋和胎圈擦伤，还可防止尘土及水气侵入。在深式轮辋上使用的有内胎轮胎往往没有垫带。

外胎是保护内胎的强度较高又有一定弹性的外壳，用耐磨橡胶等组成，直接与地面接触。

（2）无内胎轮胎　无内胎轮胎在外观上与有内胎轮胎近似，所不同的是没有内胎及垫带（见图13-14），空气直接充入外胎中，因此要求轮胎与轮辋之间有很好的密封性。

无内胎轮胎虽无充气内胎，但在轮胎内壁表面上附有一层2~3mm的橡胶密封层1，称为气密封层，它是用硫化的方法粘附上去的。气密封衬层在胎缘部位留有余量被固定在轮辋上。有的胎圈上有若干道同心的环形槽纹3，在轮胎内空气压力的作用下能使槽纹胎圈可靠地贴在轮辋边缘上，以保证轮胎与轮辋之间的气密性。

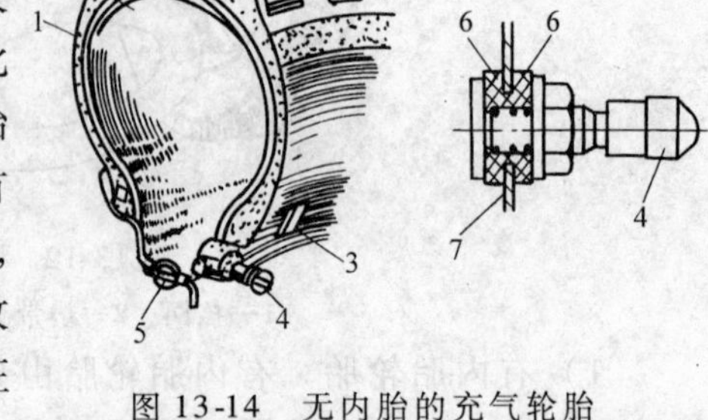

图13-14　无内胎的充气轮胎

1—橡胶密封层　2—自粘层　3—槽纹　4—气门嘴　5—铆钉　6—橡胶密封衬垫　7—轮辋

气门嘴4直接固定在轮辋7上，其间垫以密封用的橡胶密封衬垫6。铆接轮辋和辐板的铆钉5自内侧塞入，并涂上一层橡胶。

图13-14所示无内胎轮胎中，在密封层1和胎面之间贴有一层用硫化橡胶的特殊混合物制成的自粘层2。当轮胎穿孔时，自粘层能自行将刺穿的孔粘合；但当天气炎热时，自粘层可能软化而向下流动，从而破坏车轮平衡。因此，越来越多的无内胎轮胎采用无自粘层结构，当轮胎穿孔后，由于轮胎和气密层处于压缩状态而裹紧穿刺物，保持较长时间内不漏气；即使穿刺物拔出，由于轮胎的弹性作用也能暂时保持气压。

无内胎轮胎的优点是轮胎穿孔时，压力不会急剧下降，能继续安全地行驶；不存在因内、外胎之间摩擦和卡住而引起的损坏；气密性较好，可以直接通过轮辋散热，所以工作温度低，使用寿命较长；结构简单、质量较小。近几年已经出现无内胎的子午线轮胎，俗称“原子胎”。

2. 轮胎外胎结构

外胎直接与地面接触，其性能直接影响到轮胎寿命和汽车行驶性能。

外胎的基本结构如图13-15所示，主要由胎面、胎肩、胎侧、胎圈、缓冲层和帘布层组成。

（1）胎面　又称行驶面，直接和路面接触，承受摩擦和全部负荷。

胎面根据汽车用途的不同塑造有各种形状的凹凸花纹（见图13-16），以使轮胎与地面有良好的附着性能、排泥性能，防止纵、横向滑移。

（2）帘布层　又称胎体，是轮胎的骨架，其作用是承受负荷、保护轮胎的形状和外缘尺寸。通常由多层挂胶布（帘布）用橡胶粘合而成。

帘布由纵向强韧的经线和放在各经线之间的少数纬线织成。帘线有棉丝、人造丝线、尼龙线和钢丝等多种。现在多采用聚酰纤维和金属丝作帘线，使帘布层数减少到 4 层甚至两层。这样既减少了橡胶消耗和提高了轮胎质量，又降低了滚动阻力，延长了轮胎的使用寿命。

帘布层中的帘线都与轮胎的子午断面呈一定角度排列（称胎冠角）。胎冠角对轮胎的性能有很大影响。按帘布层中帘线的排列角度（胎冠角）不同轮胎分有斜交轮胎和子午线轮胎。

斜交轮胎的帘布层和缓冲层各相邻层帘线交叉且与胎中心线呈小于 90°排列，一般胎冠角为 50°~60°，如图 13-17 所示。

子午线轮胎由胎面、胎圈、带束层和帘布层组成（见图 13-18）。与斜交轮胎相比其结构有以下特点：

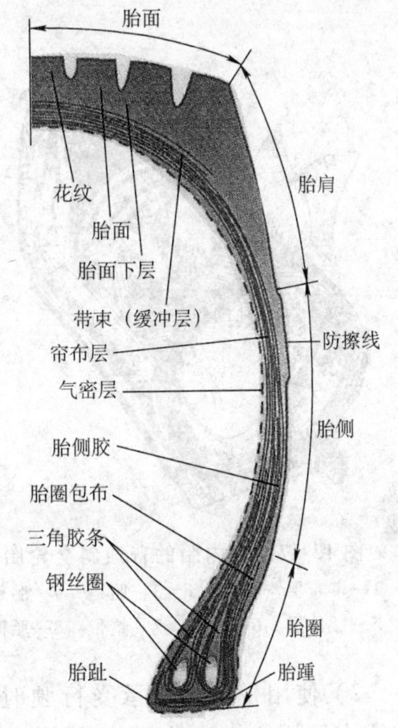

图 13-15　外胎的结构

1）帘布层帘线排列方向与轮胎的子午断面一致。这样就使其强度得到充分利用。子午线轮胎的帘布层数可比普通斜交胎减少约 40% ~50%，胎体较柔软。

图 13-16　轮胎花纹

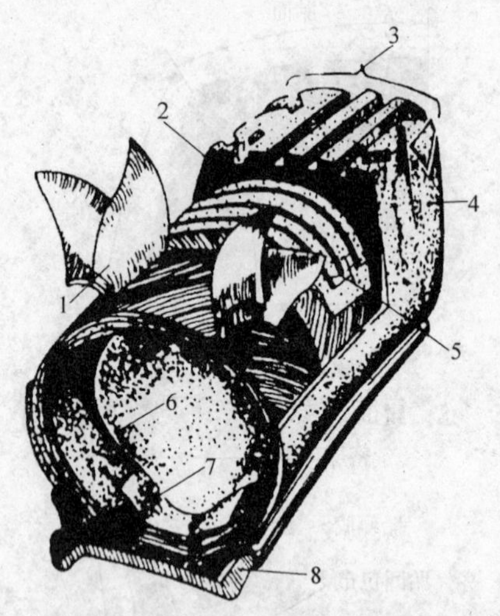

图 13-17　有内胎的普通斜交轮胎

1—帘布层　2—胎肩　3—胎冠　4—胎侧
5—缓冲层　6—内胎　7—垫带　8—胎圈

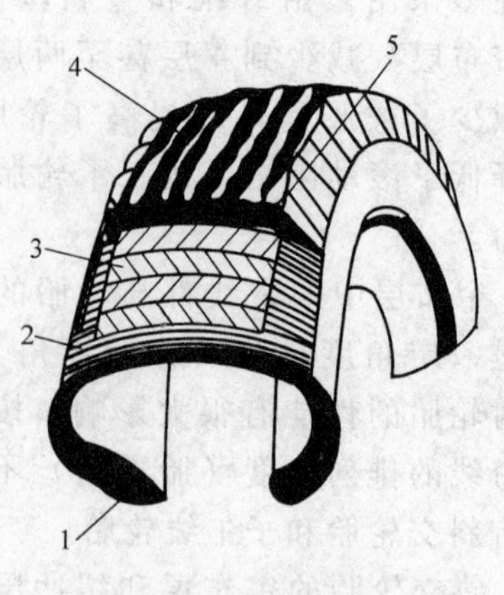

图 13-18　子午线轮胎

1—胎圈　2—帘布层　3—带束层
4—胎面　5—胎肩

2）使用带束层以承受行驶时产生的圆周上的切向力，子午线轮胎的帘布线在圆周方向上依靠橡胶来联系，无法承受太大的切向力。带束层通常采用高强度、抗拉伸的玻璃纤维、聚酰纤维或钢丝等材料制成，与子午断面接近垂直（呈 70°~75°角），可以承受较大的切向力。

子午线轮胎的使用特性有以下优点：

1）接地面积大，附着性能好，对地面单位压力小，滚动阻力小，节省油耗。

2）胎面较厚且有坚硬的带束层，刚性大，承载时触地面变形小（见图 13-19a）高速行驶时不容易发生驻波现象，不易被刺穿，使用寿命长。

3）帘线横向排列，在承受横向力时，胎侧虽然有些变形，但触地面积变形小（见图 13-19b），操纵稳定性好。

4）径向弹性大，缓冲性能好，负荷能力较大。

5）帘布层数少，胎侧薄，所以散热性能好。

其缺点是：因胎侧较薄、胎面较厚，在其过渡区胎肩部分易产生裂口，制造难度高、成本高。

子午线轮胎性能得到不断改进，应用越来越广泛。而斜交轮胎除特殊专用车使用外，基本已被淘汰。

3. 轮胎的分类、规格及标志

（1）轮胎的分类　轮胎的分类见表 13-1。

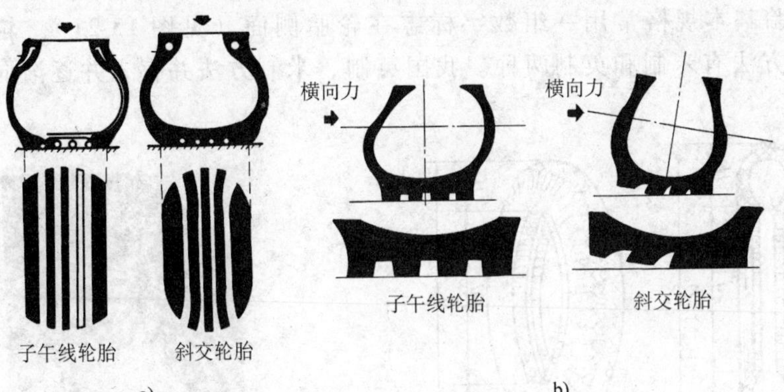

图 13-19　轮胎变形

a）垂直载荷　b）横向力

表 13-1　轮胎的分类

<table>
<tr><th>分类方法</th><th colspan="2">类　别</th><th>结构特点</th></tr>
<tr><td rowspan="3">按胎体结构分</td><td colspan="2">实心轮胎</td><td>实心轮胎</td></tr>
<tr><td rowspan="2">充气轮胎</td><td>有内胎</td><td>有充气内胎</td></tr>
<tr><td>无内胎</td><td>无充气内胎</td></tr>
<tr><td rowspan="2">按胎体中帘线的排列方向分</td><td colspan="2">普通斜线胎</td><td>相临帘布层帘线交错排列，且与胎中心线呈小于 90°排列</td></tr>
<tr><td colspan="2">子午线胎</td><td>帘线呈子午向排列</td></tr>
<tr><td rowspan="3">按轮胎气压分</td><td colspan="2">超低压轮胎</td><td>轮胎气压很低</td></tr>
<tr><td colspan="2">低压轮胎</td><td>轮胎气压较低</td></tr>
<tr><td colspan="2">高压轮胎</td><td>轮胎气压较高</td></tr>
<tr><td rowspan="4">按轮胎的断面形状分</td><td colspan="2">普通胎</td><td>正常高宽比的断面轮胎</td></tr>
<tr><td colspan="2">宽面轮胎</td><td>轮胎断面较宽</td></tr>
<tr><td colspan="2">拱形轮胎</td><td>轮胎断面呈拱形</td></tr>
<tr><td colspan="2">椭圆形轮胎</td><td>轮胎断面呈椭圆形</td></tr>
<tr><td rowspan="4">按帘布层的材料分</td><td colspan="2">尼龙</td><td>帘布层材料为尼龙</td></tr>
<tr><td colspan="2">钢丝</td><td>帘布层材料为钢丝</td></tr>
<tr><td colspan="2">棉线</td><td>帘布层材料为棉线</td></tr>
<tr><td colspan="2">…</td><td>…</td></tr>
</table>

（2）轮胎规格与标记　汽车轮胎上的标记有 10 余种，正确识别这些标记对轮胎的选配、使用、保养具有十分重要的意义，对于保障行车安全和延长轮胎使用寿命也具有十分重大的意义。

轮胎的基本规格与标记　它包括轮胎的基本几何参数（图 13-20）与物理性能等数据。

轮胎基本规格常用一组数字标志在轮胎侧面（见图 13-21）。轮胎规格的标记方法有米制和英制两种。我国英制、米制方法并存，并逐渐向米制过渡。

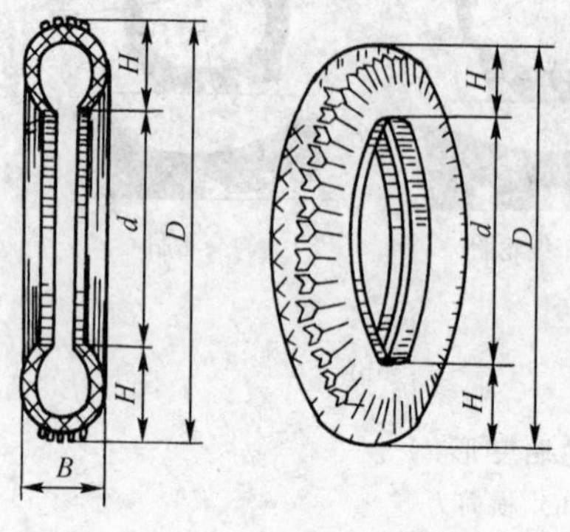

图 13-20　轮胎规格

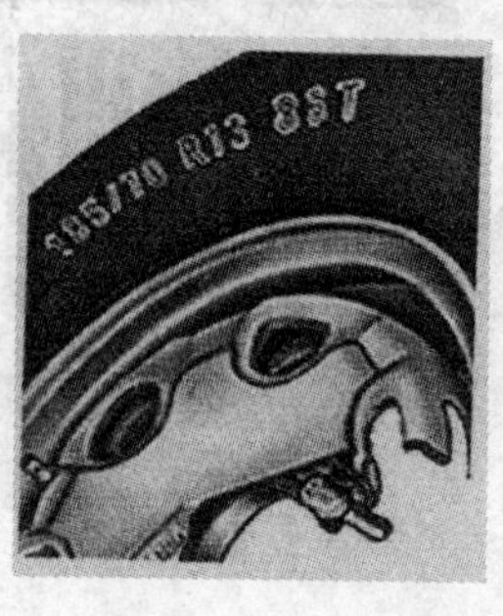

图 13-21　轮胎规格标志

英制标记方法形式如下：

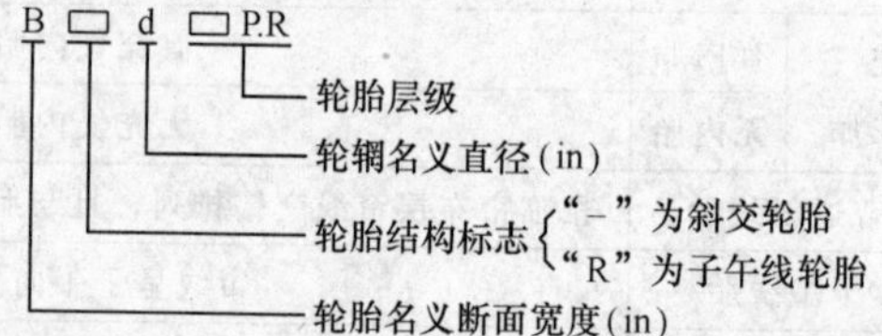

轮胎层级对于棉帘线轮胎即为帘线层数；对于其他帘线轮胎，为承载能力相当的棉帘线层数。

例如：6. 5 R 16 6P. R 表示子午线轮胎，其断面宽度为 6. 5in、轮辋直径为 16in、轮胎层级为 6。

米制、英制混合标记方法形式如下：

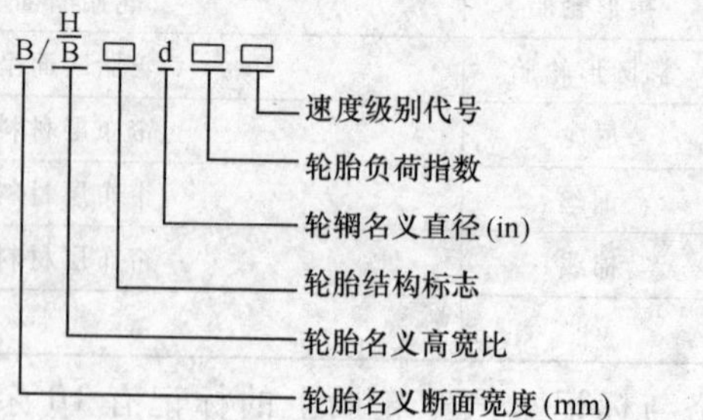

轮胎名义高宽比：又称扁平率，是轮胎断面高 H 与轮胎断面宽 B 之比 $H/B\times100\%$。它对轮胎的滚动及操纵性能影响很大，采用扁平率小的宽轮胎是提高侧偏刚度的主要措施。早期轮胎的扁平率为 100%，现代轮胎的扁平率逐渐减小。目前，不少轿车已采用扁平率为 60% 或称 60 系列的宽轮

胎。

轮胎结构标志：R代表子午线轮胎，无R代表斜交线轮胎。

轮胎负荷指数：即轮胎的负载能力，以数字代号表示，需查表检索具体负荷数值。

速度级别代号：表示轮胎最高行驶速度。不同的允许车速用不同的字母表示，见表13-2。

表13-2　轮胎的速度级别代号

符号	C	D	E	F	G	J	K	L	M	N	P	Q	R	S	T	U	H	V
km/h	60	65	70	80	90	100	110	120	130	140	150	160	170	180	190	200	210	240

例如广州本田雅阁2.3i的轮胎标志是195/65 R15 91V，表示轮胎的断面宽度是195mm，扁平率为65%，R代表子午轮胎，15是轮胎的内径15in，轮胎负荷指数91表示最大承载量615kg，速度代号V代表速度极限为240km/h。

根据国际的有关规定和方便使用者购置，外胎两侧除标注上述基本轮胎规格外，还应标注以下标记。

帘布材料：一般标在层级之后。我国胎体帘布材料以汉语拼音表示，如M表示棉帘布，R表示人造丝帘布，N表示尼龙帘布，G表示钢丝帘布，ZG表示钢丝子午线帘布。

平衡标志：轮胎侧面注有“△”、“—”、“□”等符号或注有“W”、“D”等文字，表示轮胎最轻的部位。安装内胎时，应将气门嘴对准符号安装，以使轮胎周围的质量平均，保持轮胎高速转动时平稳。

滚动方向：如有箭头“→”则表示为有方向性的轮胎，应使箭头指的方向与旋转方向一致进行安装。

磨损极限标志：轮胎一侧用像胶条、块，标示轮胎的磨损极限。一旦轮胎磨损达到这一标志位置，轮胎应及时更换，否则会因强度不够中途爆胎。

生产批号：用一组数字及字母标志表示轮胎的制造年月及数量。如“98N08B5820”表示1998年8月B组生产的第5820只轮胎。生产批号用于识别轮胎的新旧程度及存放时间。

商标：商标是轮胎生产厂家的标志，包括商标文字及图案。商标一般比较突出和醒目，易于识判，大多与生产企业厂名相连。

其他标记：例如产品等级、生产许可证号及其他附属标志，一般可作为选用时的参考资料和信息。

另外，按美国运输部的规定，轿车轮胎上还必须有Tead-wear（磨耗）、Traction（牵引）、Temperature（温度）标志。磨耗指标用来衡量轮胎胎面耐磨性能和使用寿命，其级别以具体数字表示。牵引指标用来衡量轮胎与地面的附着性能，分为A、B、C 3个等级，以A级最高。温度指标用来衡量轮胎在行驶中的升温高低，实际上是与轮胎的高速性能相关，也以A、B、C 3个等级区分，且A级最佳。例如为上海的桑塔纳2000配套的回力牌轮胎为Tead-Wear440、TractionA、TemperatureA，属于级别很高的优质轮胎。

13.1.3　轮胎压力监视系统（TPMS）

1. 概述

（1）TPMS的定义　汽车轮胎压力监视系统TPMS（Tire Pressure Monitoring System）是一种汽车轮胎气压实时自动检测系统，可对低胎压和高胎压进行预警，确保行车安全。

（2）胎压对汽车的影响　当汽车轮胎气压过低时，轮胎侧壁反复变形大，容易出现裂口，轮胎温度升高，橡胶与其帘布层的结合力随之降低，使已有裂口变大更容易发生爆胎，缩短轮胎的使用寿命。轮胎气压与轮胎寿命的关系见表13-3。

表13-3　胎压对轮胎寿命的影响

轮胎气压/%	轮胎寿命/%	轮胎气压/%	轮胎寿命/%
100	100	70	50
95	97	65	40
90	88	60	33
85	80	55	30
80	70	50	27
75	60		

轮胎气压过低会造成轮胎滚动阻力增加、油耗增大。试验表明，汽车胎压每降低100kPa，燃油消耗会增加10%～15%；轮胎气压过低还会导致车辆转弯时方向跑偏，出现安全事故。

当汽车轮胎气压过高时，胎面张力大，当受到地面的较大冲击时，轮胎容易裂口，并由裂口处迅速扩展，引发爆胎；轮胎气压过高，还会使制动距离增大，严重影响行车安全性。

中国公安交管部门交通事故数据显示，2005年1至11月交通事故389670起中，80989人死亡，因爆胎引发的事故就占了将近20%。而在高速公路46%的交通事故是由于轮胎发生故障引起的，其中爆胎就占了70%。若汽车在时速160km以上时发生爆胎，死亡率几乎是100%。目前，许多国家的保险公司对爆胎事故的态度是不做理赔。

（3）TPMS的发展简介　世界著名轮胎公司米其林公司提供的数据表明，在汽车行驶过程中，60%～80%的时间内轮胎气压处于偏低状态。2000年，由于凡世通（Firestone）公司轮胎的质量事故，造成了近千人的伤亡事故，引起了世界各国严重关注。

从20世纪70年代开始，美国、欧洲等国家就开始研究轮胎压力监视系统。2000年的凡世通的轮胎事件更引起美国政府的高度关注，当时的美国克林顿总统当年就签署了有关加强运输设备回收、责任确定和文件记录法案。在此法案基础上，不久又出台了美国运输部（DOT）国家公路交通安全管理局（NHTSA）法规，并为此颁布了两个最终准则，对汽车轮胎气压性能提出了具体要求。

事实上，通用汽车公司在1997年已开始使用间接式TPMS。

美国法律规定：从2007年1月起，所有新出售的轿车必须安装轮胎气压监测装置。现在，许多欧洲的汽车厂商也将TPMS作为汽车的必装设备。

我国TPMS的研究虽然起步较晚，但在2003年11月24日颁布的国家标准——《机动车运行安全技术条件（征求意见稿）》中，对安装轮胎压力检测装置已经作出了说明。至2006年，中国差不多有近200家TPMS制造厂家，将TPMS作为汽车安全强制标准也正在酝酿中。

2. TPMS的分类及工作原理

（1）TPMS的分类　目前，TPMS主要分为两种类型，一种是间接式轮胎气压监视系统（Wheel-Speed Based TPMS），另一种是直接式轮胎气压监视系统（Pressure-SensorBased TPMS）。

1）间接式TPMS。它通过汽车ABS的轮速传感器来比较车轮之间的转速差别，以达到监视胎压的目的。当汽车行驶时，轮胎气压监视系统接收4个车轮转速传感器的车轮转速信号，并进行综合分析。当某一个轮胎的气压太高或不足时，轮胎的直径就会变大或变小，车轮的转速也相应产生变化。监视系统将车轮转速的变化情况与预先储存的标准值相比较，就可得知轮胎气压太高或不足，从而报警。

间接方法的成本非常低，但因存在诸多缺点、系统校准复杂，在某些情况下无法正常工作，如无法对两个以上的轮胎同时缺气的状况和速度超过100km/h的情况进行判断，所以没有成为技术发展的主流。

2）直接式TPMS。它是通过测量轮胎的温度和压力来监测轮胎压力的车用嵌入式系统。它利用安装在每一个轮胎里的压力传感器直接测量汽车轮胎里的气压，并通过无线调制发射到安装在驾驶台的监视器上。监视器上随时显示各个轮胎的气压相关数据，驾驶者可以直观地了解各个轮胎的气压状况。如果轮胎气压太低或者有渗漏时，系统就会自动报警。

直接测量系统能够在驻车和行驶时精确监测所有轮胎；当更换轮胎后，也只需很短时间的学习就能监测出漏气的轮胎。

直接式TPMS按轮胎模块是否需要电池提供能量可分为带电池TPMS和

无电池 TPMS。

（2）带电池 TPMS 的结构与工作原理　带电池 TPMS 技术日趋成熟，开发出来的模块可适用于各厂牌的轮胎，是当前的主流技术，现在各种车辆上安装的多是这种 TPMS。它由采样发射装置和接收装置构成（见图 13-22）。

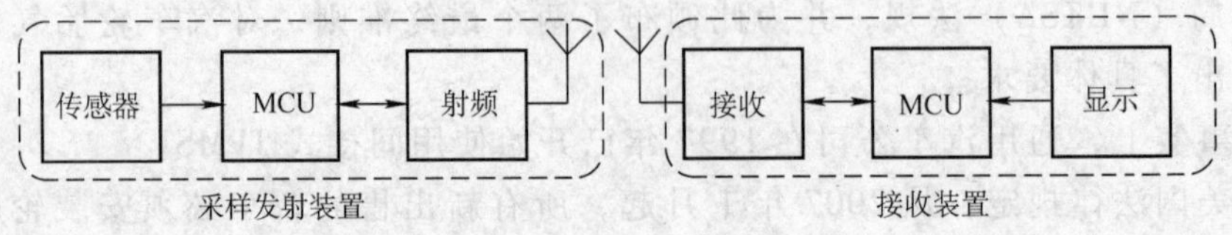

图 13-22　带电池 TPMS 的结构原理

采样发射装置一般与轮胎气门芯做成一体，如图 13-23a 所示，安装在轮胎内。采样发射装置由传感器、微控制单元（MCU）和射频（RF）模块组成。传感器负责检测轮胎的气压和温度，再由 MCU 进行数据分析处理后送给射频发射电路，经天线向外发射给接收装置。

接收装置（见图 13-23b）安装在车厢内，由接收单元、微控制单元（MCU）和显示、报警模块组成。

接收单元将发射装置发射出来的射频信号放大解调后，将数字信号送给 MCU。MCU 作出相应的处理，如更新当前压力值、声光报警等，从而实现轮胎压力的显示和监控。

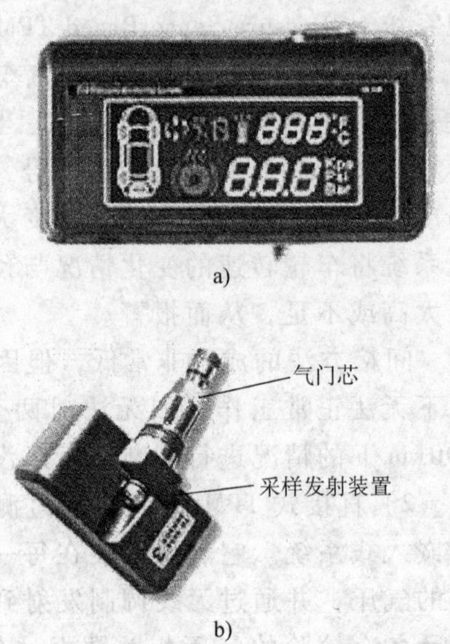

图 13-23　TPMS 发射、接收装置
a）发射装置　b）接收装置

带电池 TPMS 的发射信号需要电池提供动力，因此不可避免地带来一些弊端，如电池的寿命有限；当气温严重降低时，电池的容量就会受到影响而减少。这使得它的可靠性不够稳定。此外，电池的化学物质也会导致环境问题，同时电池的存在很难降低发射器的质量。

（3）无电池 TPMS 的结构与工作原理　无电池 TPMS 用一个中央收发器代替了原来的中央接收器，它不但要接收信号而且要发射信号。安装在轮胎中的转发器接收来自中央收发器的信号，同时使用这个信号的能量来发射一个反馈信号到中央收发器上，使得安装在轮胎内部的气压监测器发送数据不需要电池。

无电池 TPMS 的实现方案主要有以下 3 种：

• 轮胎内置发电装置，将轮胎运动的机械能转化为电能，如压电发电装置。

• 从轮胎外通过电磁场传入能量，驱动轮胎内模块工作，如磁场电磁耦合装置。

• 轮胎外发射电磁波，碰到轮胎内模块内置器件后反射，同时携带回压力信息。如表面声波无源无线装置。

1）压电发电装置。将压电陶瓷片固定在轮胎上，当轮胎和地面接触时，压电陶瓷片发生形变，产生压电效应，输出电能，电能存储在超电容器内，供给发射模块使用。目前，日本开发出了该类压电发电产品。但压电陶瓷可以形变的次数有限，目前一般是几十万次。假设汽车一天行驶 100km，大约可以使用 10 天左右。

2）磁场电磁耦合装置。它依据电磁感应定律，通过轮胎外的交变磁场在轮胎内切割发射模块的线圈感应出电压和电流，提供能量。电磁耦合系统的效率不高，所以只适用于低电流电路，作用距离短，一般只有 15cm 左右，提供能量有限。

3）表面声波无源无线装置。表面声波（Surface Acoustic Wave，SAW）是由英国物理学家瑞利在 1885 年发现的。他指出，在弹性晶体的表面上存在一种形式的波动，称为表面声波（亦称为瑞利波）。

由于 SAW 晶体组件敏感度高，可由不同的电极结构设计来产生不同的频率响应。表面声波无源无线装置的 TPMS 方案是在每个轮胎内放置 3 个 SAW 晶体组件，然后，以发信机发射 RF 信号给这些 SAW 组件；由于轮胎内的压力或温度都有变化，所以 SAW 发射回的信号频率就产生变化，天线接收到变化的 RF 信号后，将其送到处理器进行处理，就可以知道轮胎内的压力情况。由于 SAW 是无源器件，所以无需电池。

表面声波无源无线装置具有非接触、快速、无电源、体积小、可靠性高、一致性好、设计灵活、成本低等优点；缺点是测量的精度不高、抗干扰的能力不强。

13.1.4 零气压轮胎

1. 概述

零气压轮胎是指即便轮胎气压为零时，汽车仍可以继续行驶的轮胎。

零气压轮胎是米其林公司于 1998 年推出的，称为 PAX 系统轮胎；2001 年 6 月，限量安装于雷诺风景车型；2002 年 1 月，成为雷诺风景车型的标准装备；2003 年装备于奥迪 A8 和新劳斯莱斯幻影车型。现已有多种车型安装有 PAX 系统，它可望成为汽车未来的标准装备之一。

与普通轮胎相比，PAX 系统有如下优越性：

1）安全性。在轮胎完全泄气后，仍可以最高 80km/h 行进 200km，确保车辆正常驶离危险地带；另外，PAX 系统的胎壁更短，意味着相同的轮胎尺寸具有更大的轮辋直径，即车轮可以安装制动盘直径更大的制动器，具有更高的制动效率。

2）附着性。由于 PAX 系统的胎壁更短、更坚固，并且轮胎还内置有支撑环，所以 PAX 系统具有更好的响应性能和抓地力。

3）经济性。PAX 系统的胎壁更短，即消耗能量的弹性变形区更小，可以将轮胎滚动阻力降低 10% 左右。同时，可以取消传统的备胎，减轻了汽车的装备质量。与普通轮胎相比，PAX 系统可提高燃油经济性 3% 以上。

另外，由于 PAX 系统内置了支撑环，其轮胎内部的空气明显少于普通轮胎，因此轮胎的滚动回声较小，即降低了轮胎的滚动噪声。

2. PAX 系统的基本结构原理

普通轮胎主要由胎唇、胎壁和胎冠 3 部分组成，而 PAX 系统则是一个集成式的单元设计，它由不可分割的 4 部分组成：特制的轮胎、特制的车轮、支撑环和胎压监控系统，其结构如图 13-24 所示。

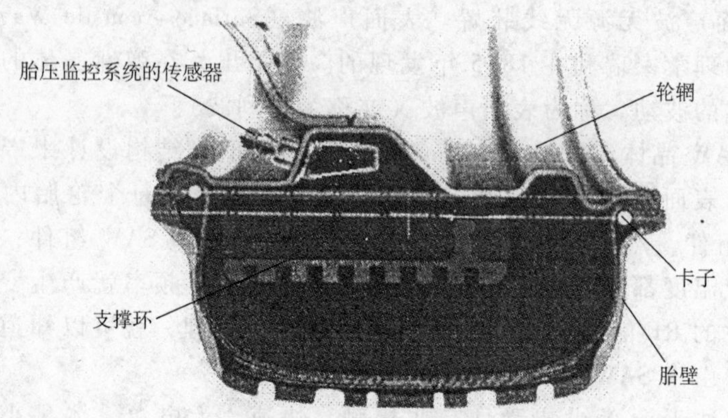

图 13-24 零气压轮胎的结构

与普通轮胎不同，PAX 系统的轮胎不仅通过卡子锁定在轮胎上，轮胎的内部还有弹性支撑环，所以，当轮胎被扎破的时候，轮胎将贴压在支撑环上，不会被压瘪也不会从轮胎上脱落下来，可以继续安全行驶。

另外，PAX 系统装备的胎压监控系统能够实时探测胎压泄漏状况，进而及时以声光报警的形式通知驾驶员，使得驾驶员可以相应调整驾驶方式，并及早进行专业维修。

应该注意，虽然 PAX 系统可进行无胎压行驶，但只是一种临时特殊处理方式，仍应及时处理出现泄漏故障的 PAX 系统。同时，PAX 系统的组成部件是不可分割的一个整体，拆卸和安装时需要专用设备，必须到有授权的特约维修站检修。

13.2　车桥与车架

13.2.1　车桥

用于连接和安装左右车轮的车轴或车梁等部件称为车桥，其功用是传递车架（或承载式车身）与车轮之间各方向的作用力及其力矩。

根据车桥上车轮作用的不同，车桥可分为转向桥、驱动桥、转向驱动桥和支持桥 4 种类型。

1. 支持桥

支持桥仅用于连接、安装左右车轮，既不产生驱动力，也不实现转向。前轮驱动汽车的后桥、多轴单桥驱动汽车的中桥或后桥、挂车上的车桥属于支持桥。

支持桥由车轴和左右轮毂轴组成（见图 13-25）。

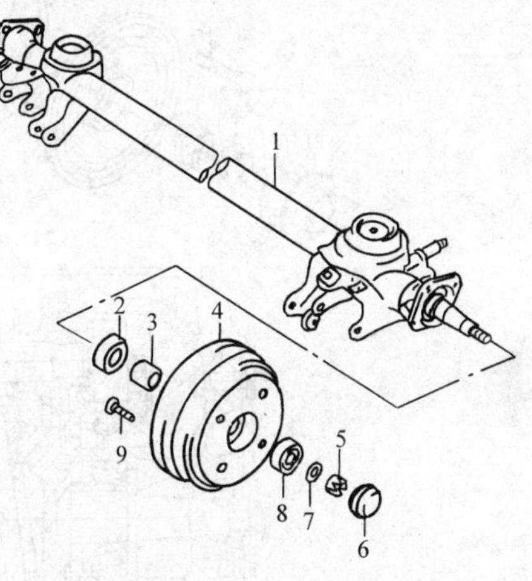

图 13-25　支持桥的结构

1—后桥　2、8—轴承　3—隔套　4—后制动鼓　5—开口销　6—轴罩　7—垫圈　9—螺栓

2. 转向桥

转向桥的功用是使车轮偏转一定角度，以实现汽车的转向。一般汽车只有一个转向桥，位于汽车前部，因此也常称为前桥。其结构主要由前轴（梁）14、转向节、主销 5 等组成（见图 13-26）。

为了减小磨损，转向节销孔内压入了衬套 7，并用装在转向节上的油孔 15 注入润滑脂进行润滑。为使转向灵活，在转向节下叉与前轴拳形部分之间装有推力轴承；在转向节上叉与拳形部分之间还装有调整垫片 12，以调整间隙大小。

为了防止转向时轮胎与转向直接杆或翼子板相碰撞，在转向节上装有限位螺栓 20，它与前轴两端的限位凸块相配合，可以调整转向轮的最大转角。

主销的作用是铰接前轴与转向节，使转向节绕着主销摆动，以实现车轮转向。

3. 转向驱动桥

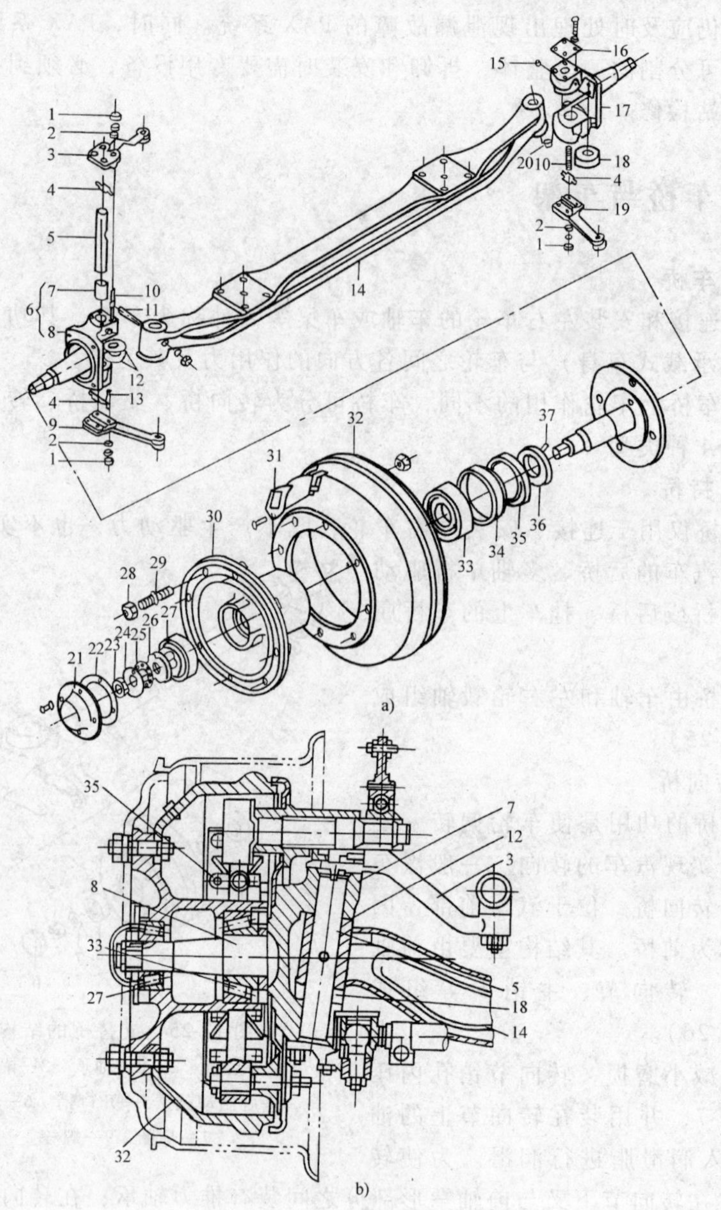

图13-26 转向桥的结构

a）零件分解图 b）装配图

1—紧固螺母 2—锥套 3—左转向节臂 4—密封垫 5—主销 6—左转向节总成 7—衬套 8—左转向节 9—左转向节臂 10、13—双头螺栓 11—楔形锁销 12—调整垫片 14—前轴（梁） 15—油孔 16—右转向节上盖 17—右转向节 18—推力轴承 19—右转向节臂 20—限位螺栓 21—轮毂端盖 22—衬套 23—锁紧螺母 24—止推垫片 25—锁紧垫圈 26—调整螺母 27—前轮毂外轴承 28—螺母 29—螺栓 30—车轮轮毂 31—检查孔堵塞 32—制动鼓 33—前轮毂内轴承 34—轮毂油封外圈 35—轮毂油封总成 36—轮毂油封内圈 37—定位销

既能转向又能驱动的车桥称为转向驱动桥。前轮驱动汽车和四轮驱动汽车的前桥为转向驱动桥。

图 13-27 所示的转向驱动桥由于转向需要，半轴被分成内、外两段（内半轴 4 和外半轴 8），其间用万向节 6 连接，同时主销 12 也因而分制成上、下两段。转向节轴颈部分做成中空的，以便外半轴穿过其中。

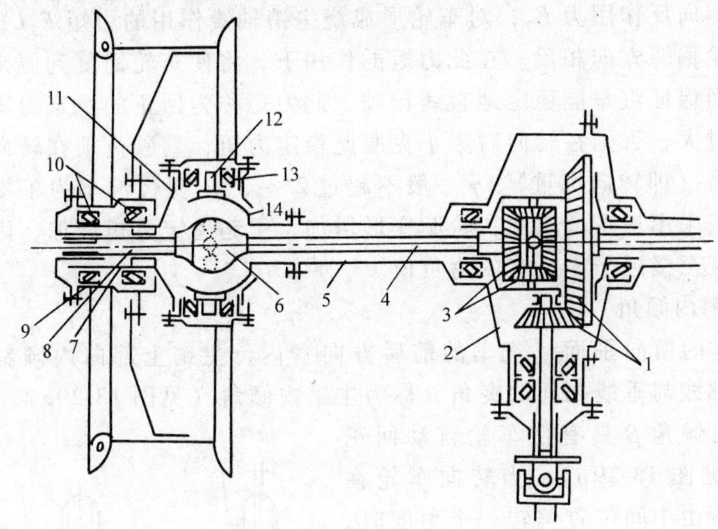

图 13-27　转向驱动桥的结构

1—主减速器　2—主减速器壳　3—差速器　4—内半轴　5—半轴套管　6—万向节　7—转向节轴颈　8—外半轴　9—轮毂　10—轮毂轴承　11—转向节壳体　12—主销　13—主销轴承　14—球形支座

13.2.2　车轮定位

车轮定位就是汽车的每个车轮（或通过转向节）和车桥、车架的安装应保持一定的相对位置。车轮定位对于增强汽车行驶的安全性和操纵稳定性及减少轮胎磨损起着重要的作用。

传统车轮定位主要是指前轮定位，但越来越多的现代汽车同时对后轮定位，即四轮定位。前轮定位参数有：主销后倾、主销内倾、前轮外倾和前轮前束；后轮定位参数有：后轮外倾和后轮前束。

1. 主销后倾角

在汽车的纵向平面（汽车的侧面）

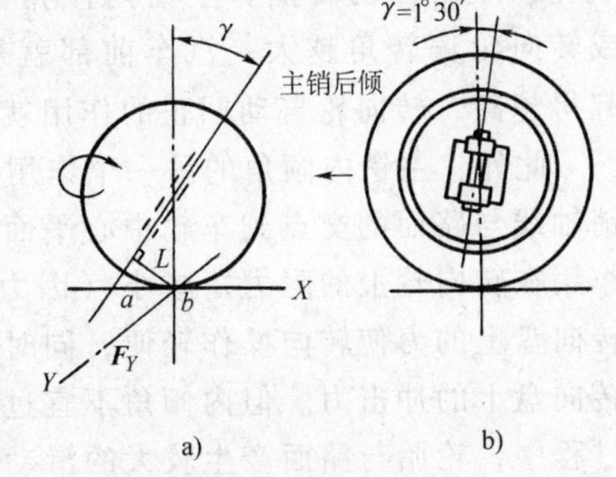

图 13-28　主销后倾

a）主销后倾作用原理

b）解放 CA1091 型汽车主销后倾角

内，主销上部向后方倾斜的一个角度γ，称为主销后倾角（见图13-28）。当主销具有后倾角γ时，主销轴线与路面交点a将位于车轮与路接触点b的前方（见图13-28a），当汽车直线行驶时，若转向轮偶然受到外力作用而稍有偏转（例如右偏转，如图13-28中箭头所示），将使汽车行驶方向向右偏离。这时，由于汽车本身离心力的作用，在车轮与路面接触点b处路面对车轮作用着一个侧向反作用力$\boldsymbol{F}_Y$，对车轮形成绕主销轴线作用的力矩F_YL，其方向正好与车轮偏转方向相反。在此力矩的作用下，将使车轮回复到原来的中间位置，从而保证汽车能稳定地直线行驶。此力矩称为回正的稳定力矩。此力矩也不宜过大，否则在转向时为了克服此稳定力矩，驾驶员须在转向盘上施加较大的力（即转向沉重）。γ一般不超过2°~3°。现代汽车为了提高行驶速度，普遍采用扁平低压胎，轮胎变形增加，引起稳定力矩增加，因此γ角可以减小甚至接近于零，有的为负值。

2. 主销内倾角

在汽车的横向平面（汽车的前后方向）内，主销上部向内倾斜一个角度，主销轴线与垂线之间的夹角β称为主销内倾角（见图13-29a）。

主销内倾角β具有使车轮自动回正的作用（见图13-29b）。当转向车轮在外力作用下由中间位置偏转一个角度时，车轮的最低点将陷入路面以下h处，但实际上车轮下边缘不可能陷入路面以下，而是将转向轮连同整个汽车前部向上抬起一个相应的高度h，这样汽车本身的重力有使转向轮回复到原来中间位置的效应，即能自动回正。主销内倾角越大或转向轮偏转角越大，汽车前部就被抬起得越高，转向轮自动回正的作用就越大。

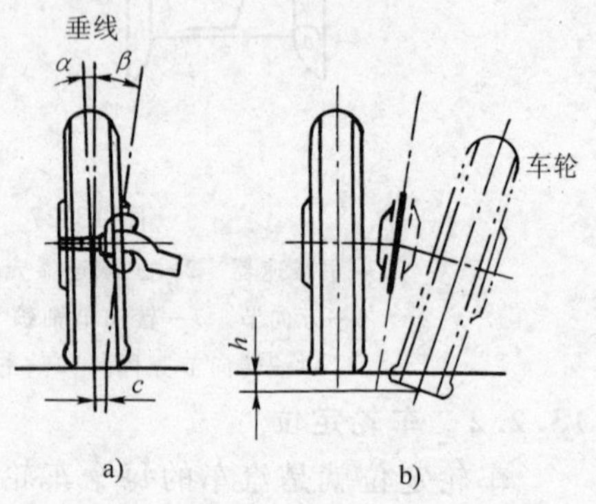

图13-29　主销内倾和前轮外倾

此外，主销内倾角的另一个作用是使转向轻便。由于主销的内倾使得主销轴线与路面的交点到车轮中心平面与地面交线的距离c减小，转向时路面作用在转向轮上的阻力矩减小（因力臂c减小），从而降低转向时驾驶员在转向盘上的力使转向操作轻便，同时也可以减小因路面不平而从转向轮传到转向盘上的冲击力。但内倾角不宜过大，否则在转向时，车轮绕主销偏转的过程中，轮胎与路面产生较大的滑动，增加了轮胎与路面的摩擦阻力，这不仅使转向变得很沉重，而且加速了轮胎的磨损。故一般内倾角β不大于8°。在一些发动机前置、前轮驱动的轿车上，为了使汽车具有良好的行驶稳定性，特别是制动稳定性，其主销内倾角较大，如奥迪100型轿车为14.2°；

天津夏利 TJ7100 型轿车为 $12° \pm 30'$。

3. 前轮外倾角

在汽车的横向平面内，前轮中心平面向外倾斜一个角度 α（见图 13-29a），称为前轮外倾角。轮胎呈现“八”字形张开时称为负外倾，而呈现“V”字形张开时称为正外倾。

前轮外倾角 α 具有提高转向操纵的轻便性和车轮工作安全性的作用。如果空车时车轮的安装正好垂直于路面，则满载时车桥将因承载变形而可能出现车轮内倾，这样将加速汽车轮胎内侧的偏磨损。另外，路面对车轮的垂直反作用力沿轮毂的轴向分力使轮毂压向外端的小轴承，加重了外端小轴承及轮毂紧固螺母的负荷，降低它们的使用寿命，严重时会损坏外端的锁紧螺母而使车轮松脱，造成交通事故。因此，为了使轮胎磨损均匀和减轻轮毂外轴承的负荷，安装车轮时应预先使其有一定的外倾角，以防止车轮内倾。但是外倾角不宜过大，否则会使轮胎产生外侧偏磨损。现代汽车将外倾角一般设定为1°左右，有的接近垂直，有的为负值。

4. 前轮前束

俯视车轮，汽车的两个前轮并不完全平行，而是稍微带一些角度。在通过两前轮中心的水平面内，两前轮的前边缘距离 B 小于两前轮后边缘距离 A，$A-B$ 之差称为前轮前束（见图 13-30）。像内八字一样前端小后端大的称为前束，而像外八字一样后端小前端大的称为后束或负前束。

前轮前束的作用是消除由车轮外倾而引起的前轮“滚锥效应”。车轮有了外倾角后，在滚动时就类似于圆锥滚动，从而导致两侧车轮向外滚开。由于转向横拉杆和车桥的约束使车轮不可能向外滚开，车轮将在地面上出现边滚边向内滑移的现象，从而增加了轮胎的磨损。为了消除车轮外倾带来的这种不良后果，可在安装车轮时，使汽车两前轮的中心平面不平行，两轮前边缘距离 B 小于后边缘距离 A。这样可使车轮在每一瞬时滚动方向接近于向着正前方，从而在很大程度上减轻和消除了由于车轮外倾而产生的不良后果。

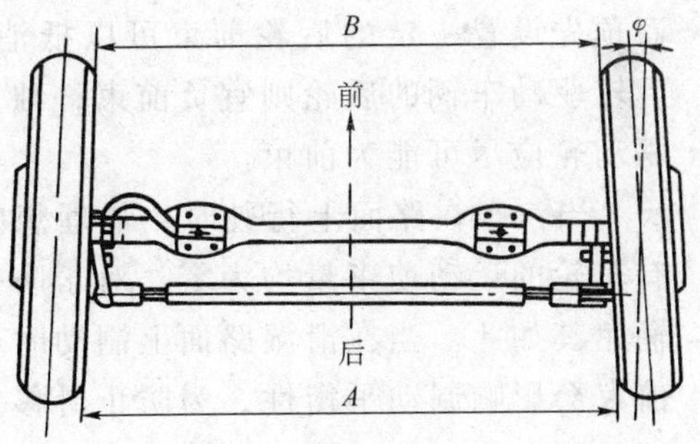

图 13-30 前轮前束

前轮前束可通过改变横拉杆的长度来调整。可根据各生产厂所规定的测量位置，使两轮前后距离差 $A-B$ 符合规定的前束值。测量位置除图 13-30 所示的位置外，还通常取两轮胎中心平面处的前后差值，也可以选取两车轮钢圈内侧面处的前后差值。一般前束值为 0~12mm，有的汽车为与负前轮外倾角相配合，其前束也取负值（即负前束），如上海桑塔纳轿车前束为 -1 ~ -3mm。

5. 后轮定位

随着道路条件的改善，现代轿车的行驶速度越来越高，现在有许多高档轿车都需要设置四轮定位（即不仅要求前轮定位，还需要有后轮定位）。其原因是如果前轮驱动汽车和独立后悬挂汽车后轮定位不当，即使前轮定位良好，仍然会有不良的操纵性和轮胎早期磨损。

（1）后轮外倾角　像前轮外倾角一样，后轮外倾角也对轮胎磨损和操纵性有影响。理想状态是4个车轮的运动外倾角均为零，这样轮胎和路面接触良好，从而得到最佳的牵引性能和操纵性能。

车轮外倾角不是静态的，它随悬架的上下移动而变化。车辆加载后悬架下沉就会引起车轮外倾角改变。为了对载荷进行补偿，采用独立后悬架的大多数车辆常有一个较小的正后轮外倾角。

（2）后轮前束　其定义与前轮前束相似。如果后轮前束不当，后轮轮胎也会被擦伤，还会引起转向不稳定及降低制动效能。

后轮前束也不是一个静态量，悬架摇动和反弹时它就要发生变化，滚动阻力和发动机转矩对它也有影响。对于前轮驱动车辆，后轮为从动轮，汽车的驱动力通过纵臂作用于后轴上，后轴将产生一定的弯曲，使车轮有前张的趋势（见图13-31），而预先设置一定的后轮前束可以抵消这种前张。后轮驱动车辆的后轮则宜负前束，独立悬架的后驱动轮应尽可能为前束。

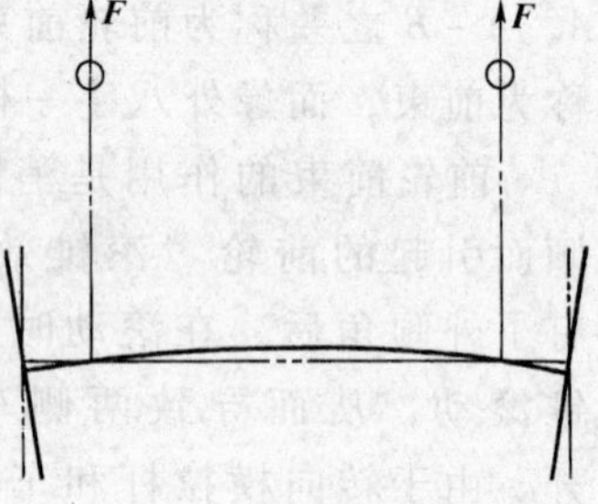

图13-31　前驱汽车后轴受力变形示意图

当汽车在路面上行驶时，最理想的状态是所有车轮的运动前束量均为零，对于防抱死制动车辆尤其如此。当在滑湿路面上制动时，不正确的前束会影响制动平衡性，为防止滑移，防抱死制动会一开一合循环不停。无防抱死制动系统时，地面驱动力受到干扰而可能引起无法控制的滑移。

13.2.3　车架

除普通轿车和部分大客车外，大部分汽车的车架用以支承连接汽车的各零部件，承受来自车内、外的各种载荷。

汽车车架的结构形式有3种：边梁式车架、中梁式车架（或称脊骨式车架）和综合式车架。

1. 边梁式车架

边梁式车架一般是用铆接或焊接的方法，将两边的纵梁和若干根横梁牢固连接的桥式结构（见图 13-32）。边梁式车架便于安装支架和布置总成，有利于改装变型车和发展多种车型的需要，所以目前被广泛应用。

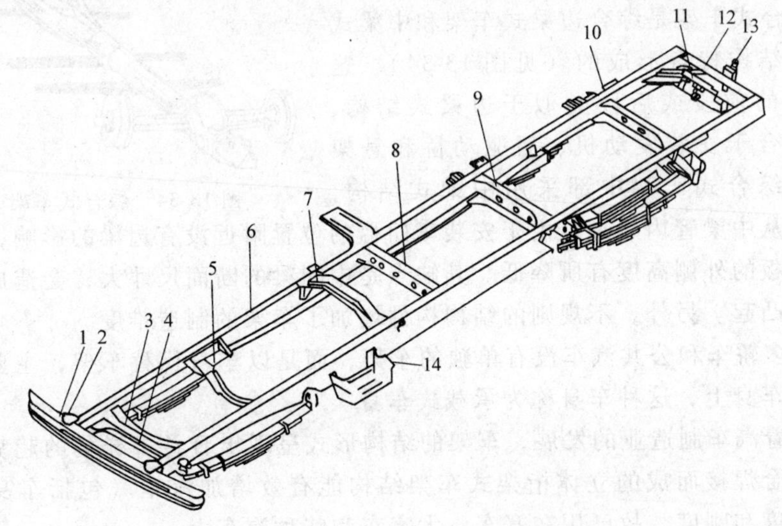

图 13-32　边梁式车架

1—保险杠　2—挂钩　3—前横梁　4—发动机前悬置横梁　5—发动机后悬置右（左）支架和横梁　6—纵梁　7—驾驶室后悬置横梁　8—第 4 横梁　9—后钢板弹簧前支架横梁　10—后钢板弹簧后支架横梁　11—角撑横梁组件　12—后横梁　13—拖钩部件　14—蓄电池托架

边梁式车架前端装有起缓冲作用的横梁式保险杠 1，上装有挂钩 2 以便于车辆牵引。

2. 中梁式车架

中梁式车架又称为脊骨式车架，只有一根纵梁位于中央贯穿汽车全长（见图 13-33）。

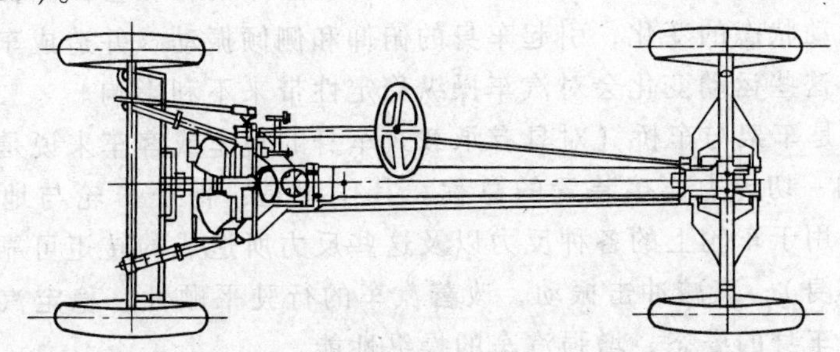

图 13-33　中梁式车架

与同等载质量的汽车相比，中梁式车架轻且重心比较低，故行驶稳定性好；车架的强度和刚度较大；脊梁还能起封闭传动轴的防尘罩作用。中梁式车架制造工艺复杂、精度要求高、总成安装困难，维护修理也不方便，故目前应用不多。

3. 综合式车架

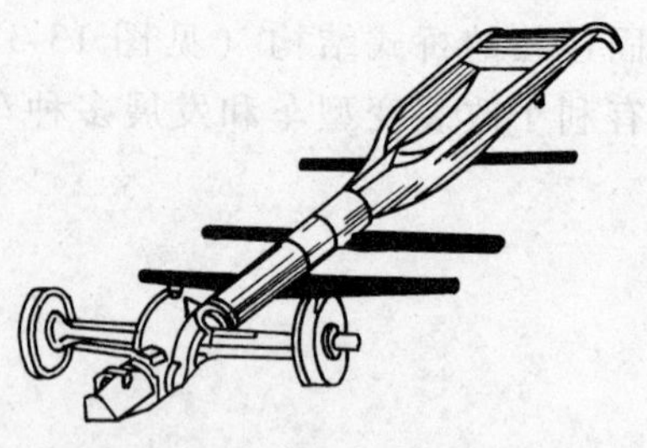
图 13-34　综合式车架

综合式车架是综合边梁式车架和中梁式车架的结构特点形成的（见图 13-34）。这种车架的前段或后段类似于边梁式结构，正好适合于安装发动机、后驱动桥和悬架装置。综合式车架中部采用中梁式结构，传动轴从中梁管内通过。由于安装车门槛的位置附近没有边梁的影响，故可以使底板的外侧高度有所降低。其缺点是中间梁的断面尺寸大，会造成底板中部的凸起。另外，不规则的结构构件增加了车架的制造难度。

许多轿车和公共汽车没有单独的车架，而是以车身代替车架，主要部件连接在车身上，这种车身称为承载式车身。

随着汽车制造业的发展，车架的结构形式呈现出日益多样化的趋势。以钢管组合焊接而成的立体桁架式车架结构能有效增加汽车（包括车身）整体的强度和刚度，故已用在赛车、大客车和特种汽车上。

13.3　汽车悬架

13.3.1　概述

汽车在行驶中时时都处于路面各种载荷的作用下，这些载荷通过行驶系统传向车身，造成车身振动，会引起乘坐者的不适，破坏了汽车的乘坐舒适性，也造成汽车各部分机件的损伤和车上运载货物的损坏，给汽车带来不必要的损害。因此，汽车上专门设置了具有弹性的悬架系统以消除各种过大的振动，保证汽车的平稳行驶。另一方面，弹性悬架的存在会因路面的起伏不平和汽车运动状态的变化，引起车身的俯仰和侧倾振动，并造成车轮位置姿态的变化，这些运动变化会对汽车操纵稳定性带来不利影响。

悬架就是车架与车桥（对具有承载式车身的轿车或客车来说是车身与车轮）之间的一切传力连接装置的总称。其作用是：保证车轮与地面很好地附着；将作用于车轮上的各种反力以及这些反力所造成的转矩可靠地传递到车架（或车身）；衰减冲击振动，改善汽车的行驶平顺性；稳定汽车行驶过程中车轮和车身的姿态，增强汽车的操纵性能。

1. 汽车悬架的基本组成与作用

汽车悬架（见图 13-35）一般由弹性元件 1、减振器 2 和导向机构（横向稳定杆 4、摆臂 3、7、纵向推力杆 5 等）3 部分组成。

弹性元件的作用是使车架（或车身）与车桥（或车轮）之间成为弹性

联接，和弹性的充气轮胎一起缓和不平路面对车辆的冲击，提高乘员的舒适性，避免货物损伤，延长汽车使用寿命。

弹性系统受到冲击会产生振动，持续的振动容易使乘员感到不舒适或疲劳，为了尽快使弹性系统的振动迅速衰减，悬架还安装有减振器以使振动迅速衰减。

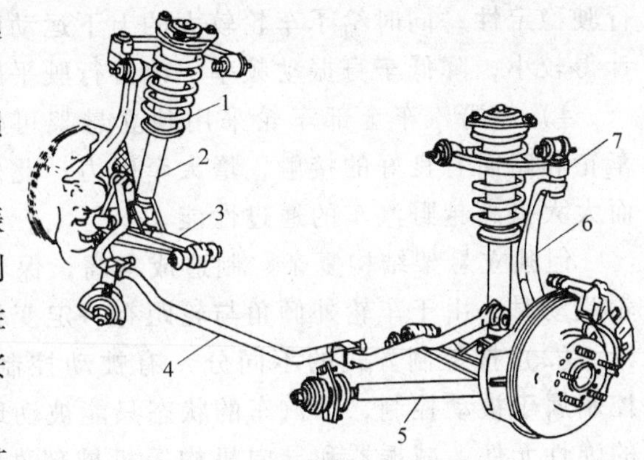

图 13-35　汽车悬架基本组成

1—弹性元件　2—减振器　3—下摆臂　4—横向稳定杆　5—纵向推力杆　6—转向节　7—上摆臂

导向机构也是传力机构，其作用一是传递各个方向的力和力矩，二是使车轮按一定轨迹相对于车架和车身跳动。汽车在行驶过程中，车轮（特别是转向轮）的运动轨迹应符合一定的要求，否则对汽车的某些行驶性能（特别是操纵稳定性）有不利的影响。

横向稳定杆是为了增强汽车的横向刚度、防止车身在转弯等行驶情况下发生过大倾斜的辅助弹性元件。

2. 汽车悬架的种类

(1) 按汽车悬架导向机构的不同分　有非独立悬架和独立悬架。非独立悬架（见图 13-36a）的结构特点是两侧的车轮由一根整体式车桥相连，车轮连同车桥一起通过弹性悬架与车架（或车身）连接。当一侧车轮因道路不平而发生跳动时，必然引起另一侧车轮在汽车横向平面内发生摆动。

独立悬架（见图 13-36b）的结构特点是车桥做成断开的，每一侧的车轮可以单独地通过弹性悬架与车架（或车身）连接。与非独立悬架相比较，独立悬架有如下优点：

1) 两侧车轮可以单独跳动，互不影响。在不平道路上可减少车架和车身的振动，并有助于消除转向轮不断偏摆的不良现象。

2) 可以减少汽车的非簧载质量（即不由弹簧支承的质量），降低汽车的固有频率，提高汽车的平均行驶速度。

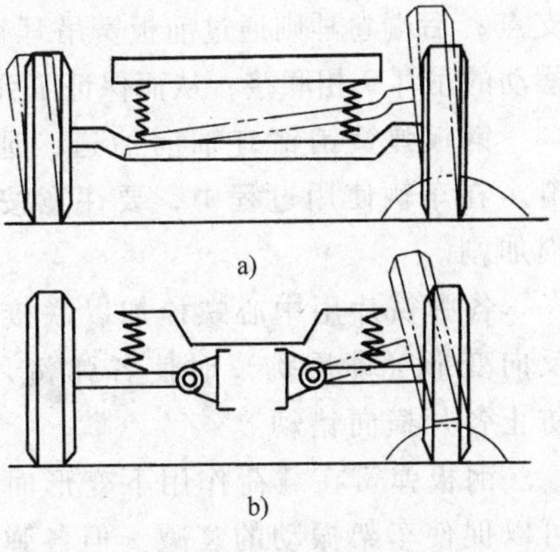

a)

b)

图 13-36　非独立悬架与独立悬架示意图

a) 非独立悬架　b) 独立悬架

3) 发动机总成的位置可以降低和前移，使汽车质心下降，提高了汽车行驶稳定性；同时给予车轮较大的上下运动的空间，因而可以将悬架刚度设计得较小，降低车身振动频率、改善行驶平顺性。

4）越野汽车全部车轮采用独立悬架可保证汽车在不平道路上行驶时，车轮和路面有良好的接触，增大牵引力；此外，可增大汽车的离地间隙，因而大大提高越野汽车的通过性能。

但独立悬架结构复杂、制造成本高，保养维修不便；在一般情况下，车轮跳动时，由于车轮外倾角与轮距有一定变化，轮胎磨损较严重。

（2）按控制方式的不同分　有被动控制和主动控制两种。传统的机械控制属于被动控制，即汽车的状态只能被动地取决于路面、行驶状况和汽车的弹性元件、减振器和导向机构等机械部件。主动控制采用电子控制技术，能根据路面和行驶状况自动调节悬架的刚度和阻尼，控制汽车的振动和状态，使汽车平顺地行驶。

13.3.2 非独立悬架

非独立悬架因其结构简单、工作可靠，被广泛应用于货车的前、后悬架。现代轿车中，很少采用或仅后悬架采用非独立悬架。

按所采用的弹性元件的不同，非独立悬架分为钢板弹簧式、螺旋弹簧式和空气弹簧式。

1. 钢板弹簧式非独立悬架

（1）总体组成与工作原理　图 13-37 所示为解放 CA1091 型汽车的钢板弹簧式前悬架。前钢板弹簧 2 纵向安置，中部用两个 U 形螺栓 3 固定在前轴的工字梁上。钢板弹簧的主片（最上面的一片）的两端弯成卷耳，内装轴衬。前端卷耳用钢板弹簧销 15 与钢板弹簧前支架 1 相连，形成固定的铰链支点；后端卷耳则通过前板簧吊耳销 14 与用铰链挂在吊耳支架 10 上可以自由摆动的吊耳 9 相联接，从而保证了弹簧变形时两卷耳中心线间的距离可变。

钢板弹簧销钻有轴向油道，通过油嘴将锂基润滑脂加至衬套处进行润滑。在车辆使用过程中，要注意按使用说明书的要求定期加润滑脂，以免磨损加剧。

各弹簧片用中心螺栓加以联接，并用若干个弹簧夹定位，以防钢板弹簧反向变形（即反跳）时使各弹簧片分开，以免主片单独承载；此外，还可防止各片横向错动。

钢板弹簧在载荷作用下变形时，各弹簧片之间有相对滑动而产生摩擦，可以促使车架振动的衰减。但各弹簧片间的干摩擦，将使车轮所受的冲击在很大的程度上传给车架，既降低了悬架缓和冲击的能力，又使各弹簧片加速磨损。为减少弹簧片的磨损，在装配钢板弹簧时，各弹簧片间须涂上较稠的润滑剂（石墨润滑脂），并定期进行保养。为了在使用期间长期储存润滑脂

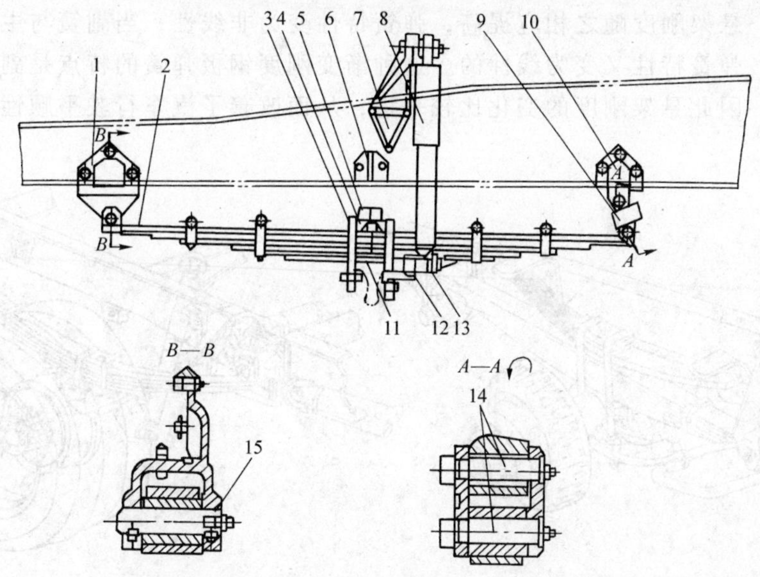

图 13-37　钢板弹簧式前悬架

1—钢板弹簧前支架　2—前钢板弹簧　3—U 形螺栓　4—前板簧盖板　5—橡胶缓冲块　6—限位块　7—减振器上支架　8—减振器　9—吊耳　10—吊耳支架　11—中心螺栓　12—减振器下支架　13—减振器联接销　14—前板簧吊耳销　15—钢板弹簧销

和防止污染，有时将钢板弹簧装在护套内。

减振器 8 的上、下两吊环通过橡胶衬套和减振器联接销 13 分别与固定在车架和车桥上的减振器上、下支架 7、12 相连接，以衰减振动，改善驾驶员的乘坐舒适性。

在前板簧盖板 4 上装有橡胶缓冲块 5，以限制弹簧的最大变形并防止弹簧直接撞击车架。

解放 CA1091 型货车后悬架由于所承受的载荷在很大范围内变化，为减小车身固有频率变化，悬架刚度应该是可变的，所以在后悬架中加装副弹簧（见图 13-38）。当汽车空载或实际装载质量不大时，副簧不承受载荷而由主簧单独工作；在重载和满载时，车架相对车桥下移，使车架上的副簧滑板式支座与副簧接触，即主、副簧共同参加工作，一起承受载荷而使悬架刚度增大，以保证车身振动频率不会因载荷的增大而变化过大。

加装副簧的悬架其刚度的增加是突变的，这对汽车行驶平顺性不利。为提高汽车的平顺性，有的轻型货车上采用将副簧置于主簧下面的渐变刚度钢板弹簧（见图 13-39）。主簧由 4 片（或 3 片）厚度为 9mm 的弹簧片组成，副簧由 2 片（或 3 片）厚度为 15mm 的弹簧片组成，它们用中心螺栓固定在一起。在小载荷时，仅主簧起作用；当载荷增加到一定值时，副簧开始与主簧接触，悬架刚度随之相应提高，弹簧特性变为非线性；当副簧与主簧全部接触后，弹簧特性又变为线性的。这种渐变刚度钢板弹簧的特点是副簧逐渐起作用，因此悬架刚度的变化比较平稳，从而改善了汽车行驶平顺性。

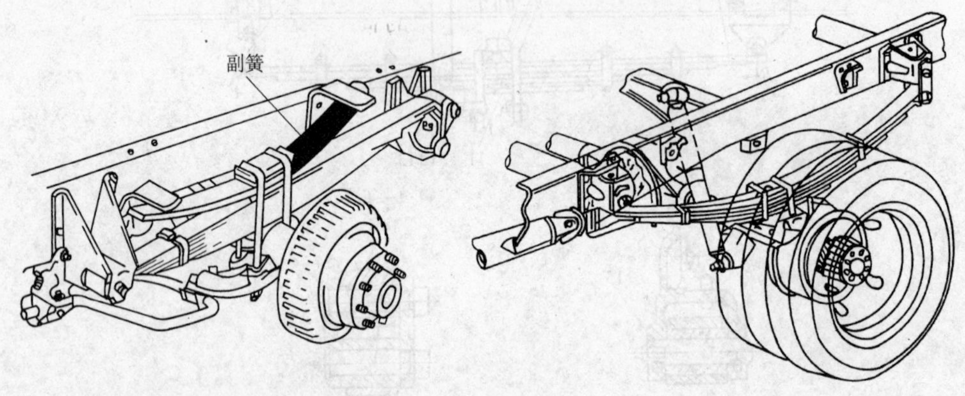

图 13-38　加装副弹簧的后悬架　　图 13-39　渐变刚度钢板弹簧的后悬架

（2）主要部件的结构原理　钢板弹簧式非独立悬架主要部件有钢板弹簧和减振器。

1）钢板弹簧。它是由若干片等宽但不等长（厚度可以相等，也可以不相等）的合金弹簧片组合而成的一根近似等强度的弹性梁（见图 13-37）。钢板弹簧纵向安置时具有导向能力，所以采用纵置钢板弹簧的悬架不必另设独立的导向机构。多片钢板弹簧变形时，各弹簧片之间有相对滑动而产生摩擦，可以衰减车身的振动，因而在对舒适性要求不高的钢板弹簧悬架中（见图 13-38），不安装减振器，以简化结构。

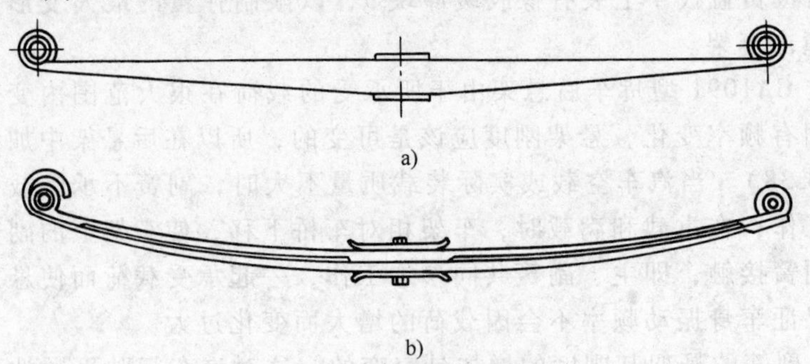

图 13-40　变截面钢板弹簧
a）单片弹簧　b）少片弹簧

变截面钢板弹簧（见图 13-40）由单片或 2～3 片变厚度断面的弹簧片构成。这种少片变截面钢板弹簧没有钢板弹簧质量大、性能差（由于片间摩擦的存在，影响了汽车的行驶平顺性）的缺点。

2）减振器。它用以减少汽车的振动，与弹性元件并联安装（见图 13-41）。汽车减振器有液力式、充气式和阻力可调式几种。

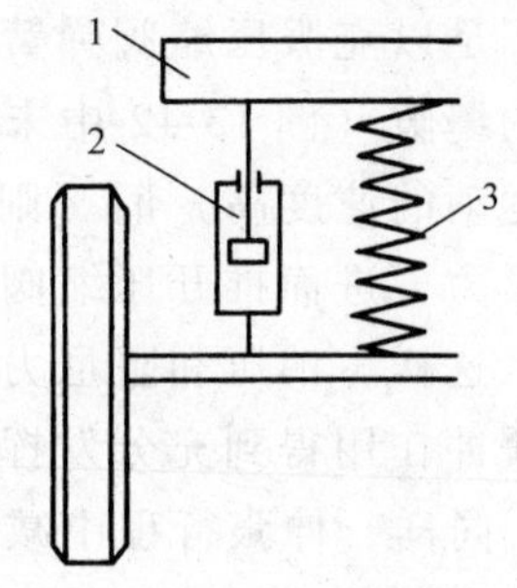

图 13-41 减振器和弹性元件的安装示意图
1—车架 2—减振器 3—弹性元件

① 液力式减振器。目前汽车广泛采用的筒式液力式减振器能在压缩和伸张两个行程内起减振作用，故称为双向作用式减振器（图 13-42）。它一般具有 4 个阀：压缩阀 6、伸张阀 4、流通阀 8 和补偿阀 7。流通阀和补偿阀是一般的单向阀，其弹簧很弱，当阀上的油压作用力与弹簧力同向时，阀处于关闭状态；当油压作用力与弹簧力反向时，只要有很小的油压，阀便能开启。压缩阀和伸张阀是卸载阀，其弹簧较强，预紧力较大，只有当油压升高到一定程度时，阀才能开启。

双向作用筒式减振器的工作原理如下。

压缩行程：当汽车车轮滚上凸起和滚出凹坑时，车轮移近车架（车身），减振器受压缩，减振器活塞 3 下移。活塞下面的腔室（下腔）容积减小，油压升高，油液经流通阀 8 流到活塞上面的腔室（上腔）。由于上腔被活塞杆占去一部分空间，上腔内增加的容积小于下腔减小的容积，故还有一部分油液推开压缩阀 6，流回储油缸 5。这些阀对油液的节流便造成对悬架压缩运动的阻尼力。

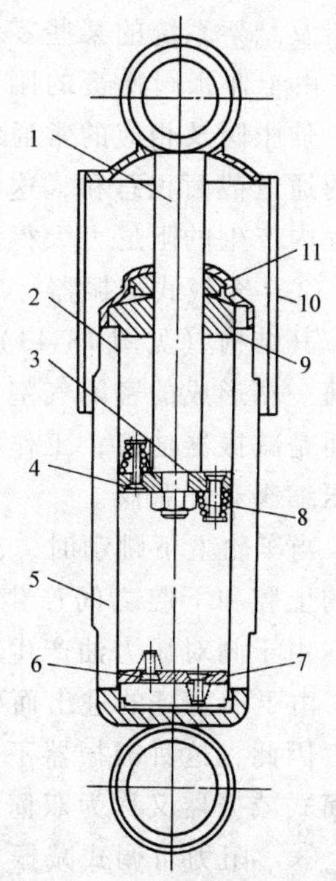

图 13-42 双向作用筒式减振器
1—活塞杆 2—工作缸 3—活塞 4—伸张阀 5—储油缸 6—压缩阀 7—补偿阀 8—流通阀 9—导向座 10—防尘罩 11—油封

伸张行程：当车轮滚进凹坑或滚离凸起时，车轮相对车身移开，减振器受拉伸。此时，减振器活塞向上移动，活塞上腔油压升高，流通阀 8 关闭。上腔内的油液便推开伸张阀 4 流入下腔。同样，由于活塞杆的存在，自上腔流来的油液还不足以充满下腔所增加的容积，下腔内产生一定的真空度，这时储油缸中的油液便推开补偿阀 7 流入下腔进行补充。这些阀的节流作用造成对悬架伸张运动的阻尼力。

压缩阀的节流阻力是随活塞运动速度的变

化而变化的。当车架或车身振动缓慢（即活塞向下的运动速度低）时，油压不足以克服压缩阀弹簧的预紧力而推开阀门，多余部分的油液便经一些常通的缝隙（图13-42中未画出）流回储油缸。当车身振动剧烈（即活塞向下运动的速度高）时，则活塞下腔油压骤增，油压大到克服压缩阀弹簧的预紧力，进而推开压缩阀，使油液在很短的时间内通过较大的通道流回储油缸。这样，油压和阻尼力都不会超过一定限度，以保证压缩行程中弹性元件的缓冲作用得到充分发挥。

同样，伸张行程中减振器的阻尼力也随活塞运动速度的变化而变化。当车轮向下运动速度不大（即活塞向上的运动速度不大）时，油液经伸张阀的常通孔隙（图13-42中未画出）流入下腔，由于通道截面积很小，便产生较大的阻尼力，从而消耗了振动能量，使振动迅速衰减。当车身振动剧烈时，活塞上移速度增大到使油压足以克服伸张阀弹簧的预紧力，伸张阀开启，通道截面积增大，使油压和阻尼力保持在一定限度以内。这样，可使减振器及悬架系统的某些零件不会因超载而损坏。

由于伸张阀弹簧的刚度和预紧力比压缩阀的大，在同样的油压力作用下，伸张阀及相应的常通缝隙的通道截面积总和小于压缩阀及相应的常通缝隙的通道截面积总和，这就保证了减振器在伸张行程内产生的阻尼力比压缩行程内产生的阻尼力大得多。

② 充气式减振器。它是20世纪60年代以来发展起来的一种新型减振器。其结构（见图13-43）特点是，在缸筒的下部装有一个浮动活塞2，与缸筒一端形成的密闭气室3中充有高压（2~3MPa）的氮气；在浮动活塞的上面是减振器油液；工作活塞1上装有随其运动速度变化而改变通道截面积的压缩阀和伸张阀。

当车轮上下跳动时，减振器的工作活塞在油液中作往复运动，使工作活塞的上腔和下腔之间产生油压差，压力油便推开压缩阀或伸张阀而来回流动。由于阀对压力油产生较大的阻尼力，使振动衰减。

由于活塞杆的进出而引起的缸筒容积的变化由浮动活塞的上下运动来补偿。因此，这种减振器不需储液缸，所以又称为单筒式减振器。前述双向作用筒式减振器又称为双筒式减振器。

③ 阻力可调式减振器。试验研究证明，随着使用因素（如道路条件、载荷）的变化，减振器的阻力也应随之改变，从而保证悬架系统有良好的振动特性。

图13-44所示为某些高级轿车上采用的阻力可调式减振器示意图，系统采用了刚度可变的空气弹簧。其工作原理是：当汽车的载荷增加时，空气囊的气压升高，则气室2内的气压也随之升高，膜片向下移动与弹簧3产生的

压力相平衡。与此同时，膜片带动与它相连的柱塞杆 4 和柱塞 5 下移，因而使得柱塞相对空心连杆 1 上的节流孔 6 的位置发生变化，结果减小了节流孔的通道截面积，也就是减少了节流孔的流量，从而增加了油液的流动阻力。反之，当汽车载荷减小时，柱塞上移，增大了节流孔的通道截面积，从而减小了油液的流动阻力。

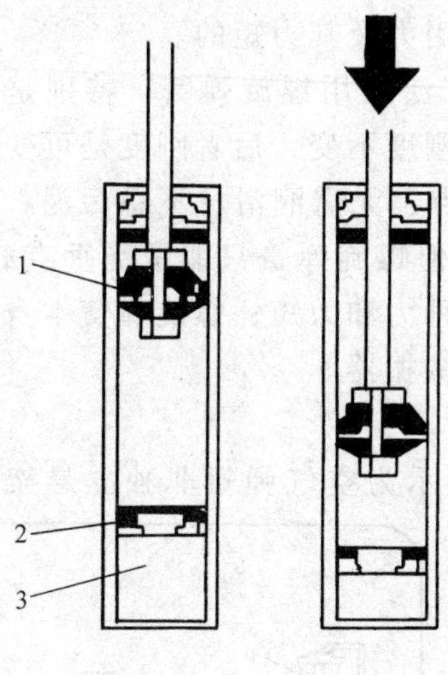

图 13-43　充气式减振器的结构

1—工作活塞　2—浮动活塞

3—密闭气室

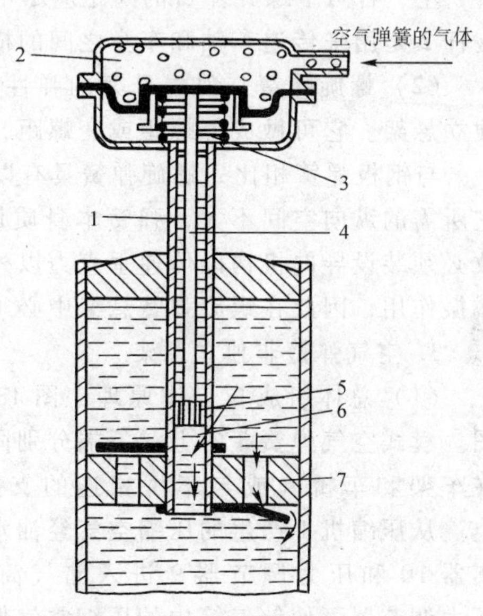

图 13-44　阻力可调式减振器示意图

1—空心连杆　2—气室　3—弹簧　4—柱塞杆

5—柱塞　6—节流孔　7—活塞

2. 螺旋弹簧非独立悬架

(1) 总体组成与工作原理　螺旋弹簧非独立悬架一般只用作轿车的后悬架（见图 13-45）。两端车轮用整体式后桥相连，上、下控制臂 5、4 的一端和车桥固定在一起，另一端头部有孔，里边装有橡胶衬套，联接螺栓穿过

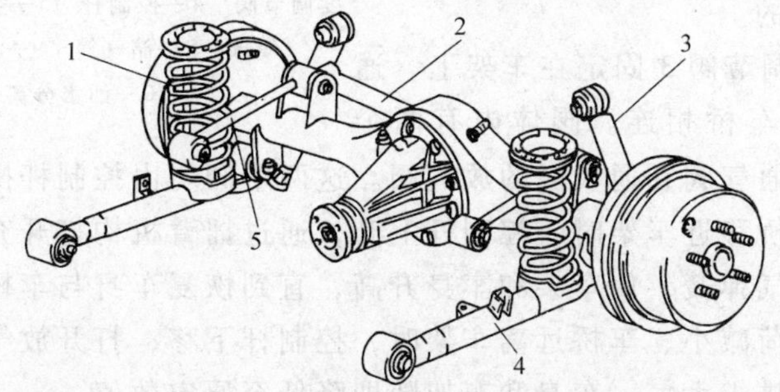

图 13-45　螺旋弹簧非独立悬架

1—螺旋弹簧　2—横支杆　3—减振器　4—下控制臂　5—上控制臂

橡胶衬套中间的孔和车身相联，并形成铰链点。汽车行驶过程中，整个后轴可以通过控制臂和车身连接的铰链点进行纵向摆动。由于铰链点处的橡胶衬套有一定的厚度和长度，橡胶本身又有弹性，所以后轴在铰链点摆动时，根据受力方向的不同，橡胶衬套可以在各个方向产生较小的变形来防止运动干涉。

左、右两个螺旋弹簧的间距应尽可能大，以提高悬架的横向角刚度。横支杆2是用来传递车轴和车身之间的横向作用力及其力矩的。

(2) 螺旋弹簧　独立悬架的弹性元件广泛采用螺旋弹簧，特别是前轮独立悬架。它可做成等螺距或变螺距，前者刚度不变，后者刚度是可变的。

与钢板弹簧相比，螺旋弹簧具有以下优点：无需润滑、不忌污泥，安置它所需的纵向空间不大，弹簧本身质量小。但螺旋弹簧只能承受垂直载荷，故必须装设导向机构以传递垂直力以外的各种力和力矩；螺旋弹簧本身没有减振作用，因此在螺旋弹簧悬架中必须另装减振器。

3. 空气弹簧非独立悬架

(1) 总体组成与工作原理　图13-46所示为空气弹簧非独立悬架示意图。囊式空气弹簧5的上、下端分别固定在车架和车桥（或与车桥相连的支架）上。从压缩机1产生的压缩空气经油水分离器10和压力调节器9进入储气筒8。压力调节器可使储气筒中的压缩空气保持一定的压力。储气罐6通过管路与两个（或几个）空气弹簧相通。储气罐和空气弹簧中的空气压力由车身高度调节阀3控制。空气弹簧和螺旋弹簧一样只能传递垂直力，其纵向力和横向力及其力矩也是由纵向推力杆和横向推力杆（图13-46中未画出）来传递的。

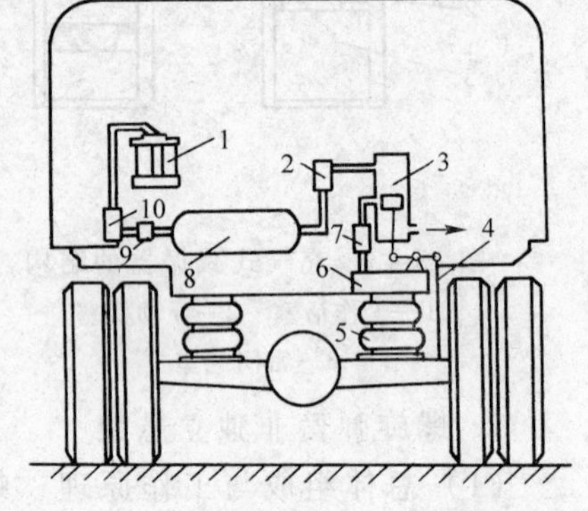

图13-46　空气弹簧非独立悬架示意图
1—压缩机　2、7—空气滤清器　3—车身高度调节阀　4—控制杆　5—空气弹簧　6—储气罐　8—储气筒　9—压力调节器　10—油水分离器

车身高度调节阀3固定在车架上，通过控制杆4与车桥相连。阀体内有两个阀：通气源的通气阀和通大气的放气阀。这两个阀均由控制杆操纵。当汽车载荷增加、车桥移近车架时，控制杆上升，通过摇臂机构打开充气阀，压缩空气便进入空气弹簧，使车架和车身升高，直到恢复车身与车桥的原定距离为止；而当载荷减小、车桥远离车架时，控制杆下移，打开放气阀，则空气弹簧内的空气排入大气，车身和车架随即降低至原定数值。

(2) 气体弹簧　它是在一个密封的容器中充入压缩气体（气压为0.5～1MPa)，利用气体的可压缩性实现其弹簧作用的。其弹簧的刚度是可变的，随着作用在弹簧上的载荷的增加，容器内的定量气体受压缩，气压升高，则弹簧的刚度增大；反之，当载荷减小时，弹簧内的气压下降，刚度减小，故它具有比较理想的变刚度特性。

气体弹簧有空气弹簧和油气弹簧两种。空气弹簧用空气作为弹性介质；油气弹簧以气体（一般为惰性气体氮气）作为弹性介质，而用油液作为传力介质。油气弹簧由空气室和相当于液力减振器的液压缸所组成。

油气弹簧的形式有单气室、双气室以及两级压力式等。单气室油气弹簧（见图13-47）又分为油气分隔式、油气不分隔式两种。

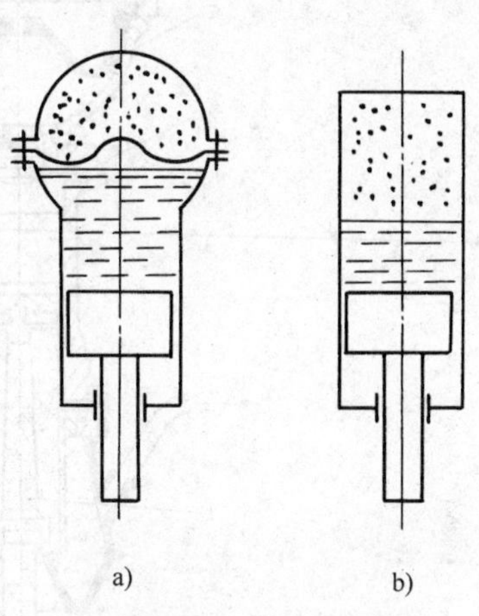

图13-47　单气室油气弹簧
a）油气分隔式　b）油气不分隔式

单气室油气分隔式油气弹簧（见图13-48）在轿车和轻型汽车上应用较多。其上、下半球室构成的球形气室6、8固装在工作缸10上，球形气室的内腔用橡胶油气隔膜5隔开，上半球气室充入高压氮气，下半球气室通过减振器阻尼阀9与工作缸的内腔相通，并充满了工作油液（减振器油）。油气隔膜的作用是把作为弹性介质的高压氮气和工作油液分开，以避免工作油液乳化，同时便于充气和保养。工作缸固定在车身（车架）上，其活塞3与活塞导向缸12连接成一体，悬架活塞杆1的下端与悬架的摆臂（或车桥）相连接。当悬架摆臂（或车桥）与车身（或车架）相对运动时，活塞和活塞导向缸便在工作缸内上下滑动，而工作油液通过减振器阻尼阀9来回运动，起到减振器的作用。

当载荷增加、悬架摆臂（车桥）与车身（车架）之间的距离缩短时，活塞及导向缸上移，使充满工作液的内腔容积减小，迫使工作液经压缩阀18进入球形气室，从而推动油气隔膜向具有一定压力的氮气室移动，使气体容积减小，氮气压力升高。当活塞向上的推力（外界载荷）与氮气压力向下的反作用力相等时，活塞便停止移动，于是，车身（车架）与悬架摆臂（车桥）间的相对位置不再变化。

当载荷减小，即推动活塞上移的作用力减小时，油气隔膜在高压氮气作用下向下移动，迫使工作液经伸张阀14流回工作缸内腔，推动活塞向下移动，车身（车架）与悬架摆臂（车桥）之间的距离变长，直到氮气室内的压力（通过工作液的传递）转化的作用在活塞上的力与外界减小的载荷相等时，活塞才停止移动。

汽车在行驶过程中载荷的变化，使得活塞相应地在工作缸中处于不同的

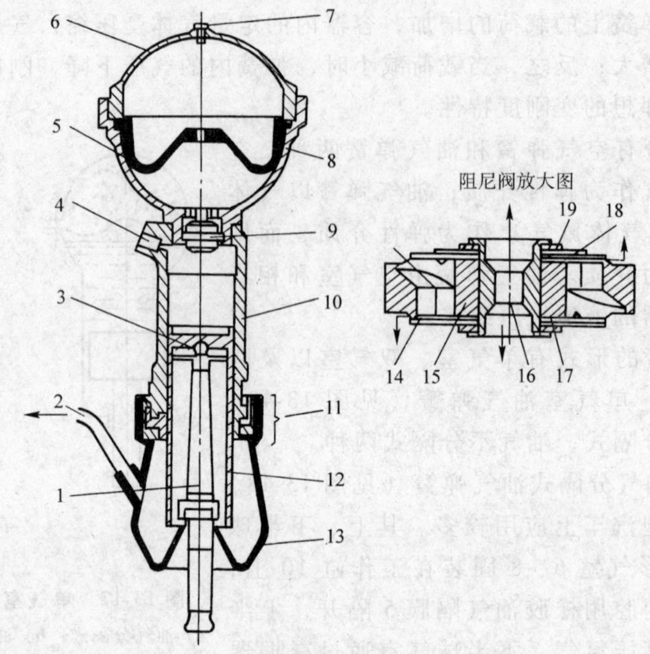

图 13-48　单气室油气分隔式油气弹簧

1—悬架活塞杆　2—油溢流口　3—活塞　4—加油口　5—橡胶油气隔膜　6—上半球气室　7—充气螺塞　8—下半球气室　9—减振器阻尼阀　10—工作缸　11—密封装置　12—活塞导向缸　13—防护罩　14—伸张阀　15—阀体　16—油液节流孔　17—伸张阀限位挡片　18—压缩阀　19—压缩阀限位挡片

位置。由于氮气充满在密闭的球形气室内，作用在油气隔膜上的载荷小时，气体弹簧的刚度较小；随着载荷的增加，气体弹簧的刚度变大。

空气弹簧和油气弹簧都与螺旋弹簧一样只能承受轴向载荷，故空气弹簧悬架中必须设置纵向和横向推力杆等导向机构。空气弹簧悬架中还必须装有减振器。

空气弹簧可以借助专门的控制阀（高度阀）自动调节气囊或气室的原始充气压力和充气量，以使车身离地高度保持一定。

13.3.3　独立悬架

随着汽车速度的不断提高，非独立悬架已不能满足行驶平顺性和操纵稳定性等方面提出的要求。因此，独立悬架获得了很大的发展和广泛地应用，尤其是轿车的转向轮普遍采用了独立悬架。

按车轮运动形式的不同独立悬架可以分成4种类型：

1）横臂式独立悬架（见图 13-49a）：车轮可以在汽车横向平面内摆动的悬架称为横臂式独立悬架。

2）纵臂式独立悬架（见图 13-49b）：车轮可以在汽车纵向平面内摆动

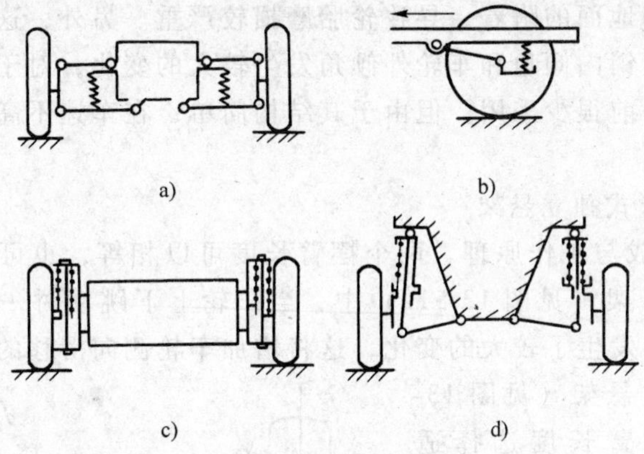

图 13-49　不同形式独立悬架示意图

a）横臂式　b）纵臂式　c）烛式　d）麦弗逊式

的悬架称为纵臂式独立悬架。

3）车轮沿主销移动的悬架：含烛式悬架（见图 13-49c）和麦弗逊式悬架（滑柱连杆式悬架，图 13-49d）。

4）多杆式悬架：车轮可以在由摆臂、推力杆等多杆件共同决定的斜向平面内摆动的悬架。

1. 横臂式独立悬架

横臂式独立悬架分为单横臂式和双横臂式两种。

（1）单横臂式独立悬架　图 13-50 所示为早期的奔驰轿车的单横臂式独立悬架。其后桥半轴套管是断开的，主减速器的右面有一个单铰链 4，半轴可绕其摆动。在主减速器上面安置着可调节车身水平的油气弹性元件 2，它和螺旋弹簧 7 一起承受并传递垂直力。作用在车轮上的纵向力主要由纵向推力杆 6 承受。中间支承 3 不仅可以承受侧向力，还可以承受部分纵向力。当车轮上下跳动时，为避免运动干涉，其纵向推力杆 6 的前端用球铰链与车身连接。

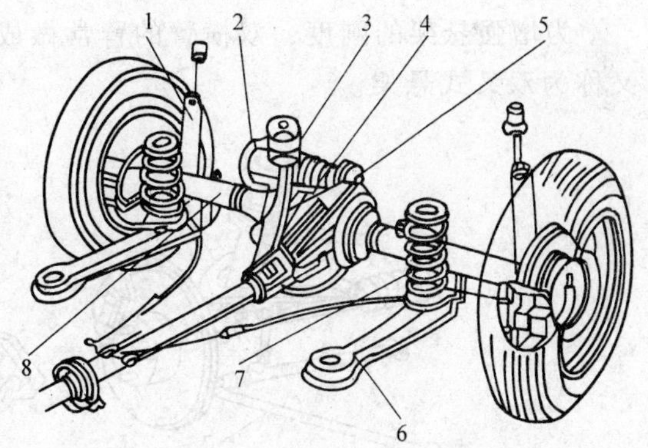

图 13-50　单横臂式独立悬架

1—减振器　2—油气弹簧　3—中间支承　4—单铰链　5—主减速器壳　6—纵向推力杆　7—螺旋弹簧　8—半轴套管

单横臂式独立悬架的车辆在行驶过程中，当悬架变形时，车轮平面将产生倾斜而改变两侧车轮与路面接触点间的距离，致使轮胎相对于地面侧向滑移，破坏轮胎和地面的附着，导致轮胎磨损较严重。另外，这种悬架用于转向轮时，会使主销内倾角和车轮外倾角发生较大的变化，对于转向操纵有一定的影响，故目前很少采用。但由于其结构简单，在车速不高的越野车上仍有采用。

（2）双横臂式独立悬架

1）基本组成与工作原理。两个摆臂长度可以相等，也可以不等。等长双横臂式独立悬架（见图13-51a）中，当车轮上下跳动时，车轮平面没有倾斜，但轮距却发生了较大的变化，这将增加车轮侧向滑移的可能性。不等长双横臂式独立悬架（见图13-51b）中，如两臂长度选择适当，可以使车轮和主销的角度以及轮距的变化都不太大，不大的轮距变化在轮胎较软时可以由轮胎变形来适应。目前，轿车的轮胎可允许轮距的改变在每个车轮上达到4~5mm而不致沿路面滑移，因此，不等长的双横臂式独立悬架在轿车前轮上的应用较为广泛。

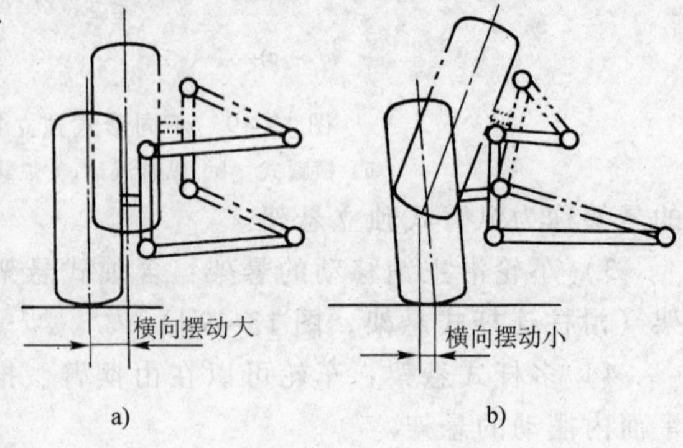

图13-51　双横臂式独立悬架示意图

a）两摆臂等长的悬架　b）两摆臂不等长的悬架

为增强悬架的刚度，双横臂的臂常做成V字形或A字形（见图13-52），又称为双叉式悬架。

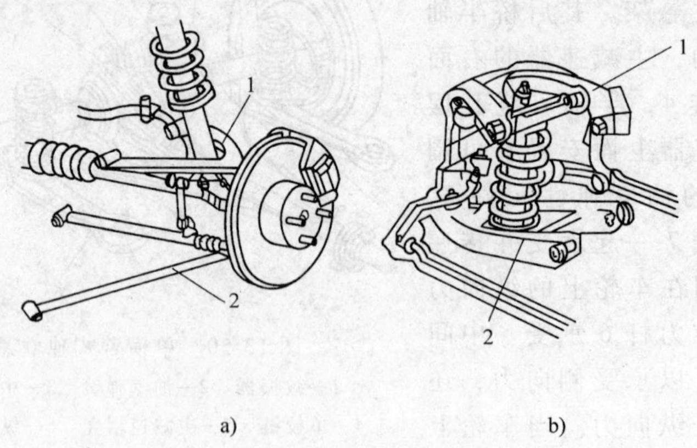

图13-52　双叉式独立悬架

a）V字形　b）A字形

1—上摆臂　2—下摆臂

依维柯轻型货车的前悬架是不等长双横臂式扭杆弹簧独立悬架（见图

13-53）。扭杆弹簧 3 纵向布置在车架纵梁的外侧，其前端借花键与上横臂 6 相联，后端通过花键固定在扭杆弹簧固定支架 1 的花键套中。筒式减振器的上端与焊接在车架上的减振器上支架 5 相连。当车轮上下跳动时，作用在车轮上的垂直载荷经转向节 10 和上横臂 6 传给扭杆弹簧 3，使扭杆产生扭转变形，从而缓和了由不平路面产生的冲击载荷。

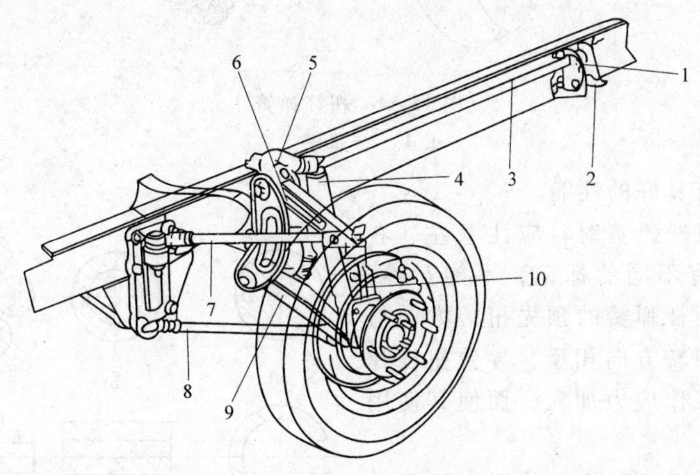

图 13-53　依维柯轻型货车的前悬架

1—扭杆弹簧固定支架　2—调整螺栓　3—扭杆弹簧　4—减振器　5—减振器上支架
6—上横臂　7—上支撑杆　8—下支撑杆　9—下横臂　10—转向节

该悬架车轮所受的纵向力、侧向力及其力矩由上、下横臂和上、下支撑杆承受并传给车架。

2）扭杆弹簧。扭杆弹簧本身是一根由弹簧钢制成的扭杆（见图 13-54）。扭杆断面通常为圆形，也有矩形和管形的。其两端形状可以做成花键、方形、六角形或带平面的圆柱形等（见图 13-55），以便一端固定在车架上，另一端固定在悬架的摆臂上，摆臂则与车轮相连。当车轮跳动时，摆臂便绕着扭杆轴线摆动，使扭杆产生扭转弹性变形，从而保证了车轮与车架的弹性联系。

扭杆弹簧采用铬钒合金弹簧钢制成，其表面经过加工后很光滑。使用中必须对扭杆表面进行很好地保护，以提高扭杆弹簧的使用寿命。

扭杆弹簧单位质量的储能量是钢板弹簧的 3 倍，也比螺旋弹簧高。因此，采用扭杆弹簧的悬架重量较轻、结构较简单、不需润滑，并且通过调整扭杆弹簧固定端的安装角度，易实现车身高度的自动调节。

扭杆弹簧在汽车上的布置比较方便。它可以与汽车纵轴线平行地布置，也可以横向布置。纵向布置可以方便地安装满足设计要求长度的扭杆，以保

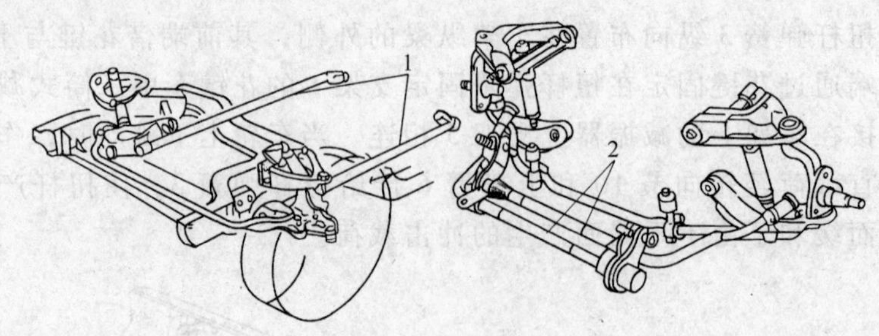

图 13-54　扭杆弹簧

1、2—扭杆

证悬架具有良好的性能。

安装扭杆弹簧时，应注意左、右扭杆上刻有不同的标记，不能互换，否则将使扭杆弹簧的预先扭转方向与工作时的扭转方向相反，导致扭杆弹簧的实际工作应力加大，而使其使用寿命缩短。

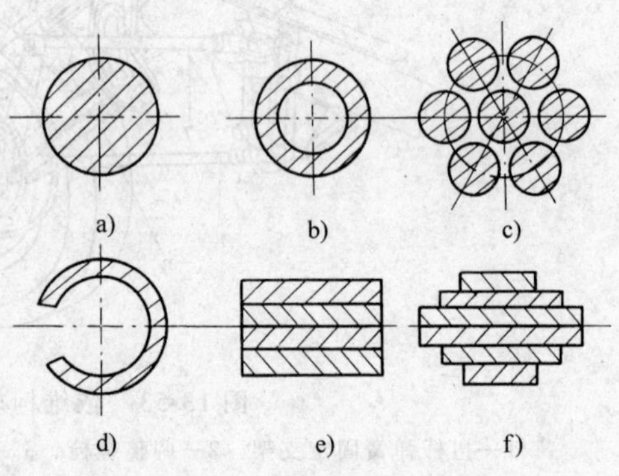

图 13-55　扭杆的截面形状

为消除扭杆弹簧在使用中因塑性变形对车身高度的影响，在安装时需要对扭杆施以预加载荷。预加载荷的大小可用调整螺栓来调整。

2. 纵臂式独立悬架

纵臂式独立悬架有单纵臂式和双纵臂式两种（见图 13-56）。

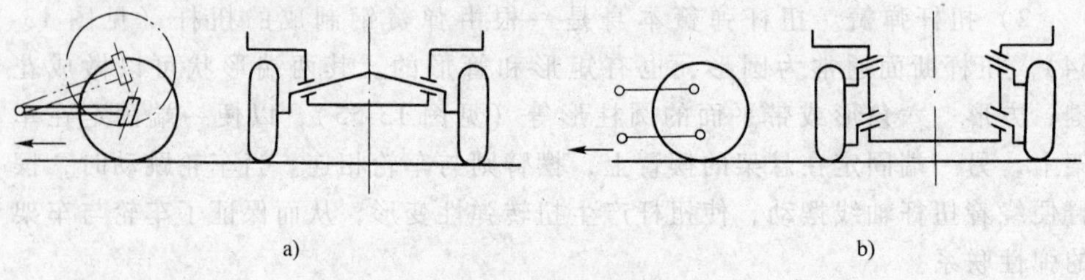

图 13-56　纵臂式独立悬架示意图

a）单纵臂式　b）双纵臂式

（1）单纵臂式独立悬架　该种悬架中的车轮上下跳动会使主销的后倾角产生很大变化，一般不用于转向轮。

国产富康轿车的后悬架为单纵臂独立悬架（见图 13-57）。其弹性元件是扭杆弹簧。两侧车轮不是各自独立地直接与车身弹性连接，而是通过一个后桥总成（包括扭杆弹簧支承架 8，左、右扭杆弹簧 2、6，横向稳定杆套管

4 等)，用前、后自偏转弹性垫块 7、9 与车身作弹性连接。两个单纵臂通过左、右扭杆弹簧与后桥总成弹性连接。当汽车转弯行驶时，在路面对车轮的侧向反力作用下，前、后自偏转弹性垫块产生侧向弹性变形。由于前、后自偏转弹性垫块的变形不同，使两后轮产生与两前轮转向相同的不太大的偏转角，从而减小了后轮的侧偏角，增强了不足转向特性。转弯行驶速度越高，不足转向特性越好，因此高速行驶的操纵稳定性更好些。后轮随前转向轮按同一方向稍作偏转的特性称为后桥的随动转向功能。它是富康轿车最具独创性的特点。

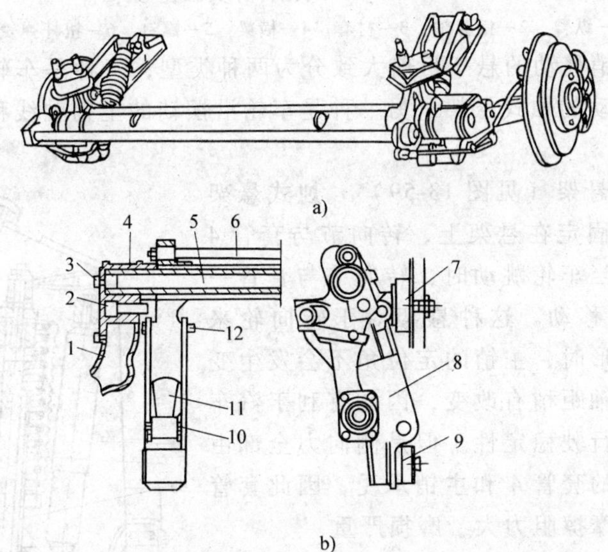

图 13-57　富康轿车后悬架

a) 整体结构示意图　b) 局部结构图

1—单纵臂　2—左扭杆弹簧　3—横向稳定杆端头螺栓　4—横向稳定杆套管　5—横向稳定杆　6—右扭杆弹簧　7—前自偏转弹性垫块　8—扭杆弹簧支承架　9—后自偏转弹性垫块　10、12—减振器螺栓　11—减振器

(2) 双纵臂式独立悬架　这种悬架的两个纵臂长度一般相等，形成平行四连杆机构。这样，在车轮上下跳动时，主销的后倾角保持不变，故这种形式的悬架适用于转向轮。

双纵臂式扭杆弹簧独立悬架（见图 13-58）的转向节和两个等长的纵臂 1 铰链式连接。在车架的两根管式横梁 4 内部都装有若干层矩形断面的薄弹簧钢片叠成的扭杆弹簧 6。两根扭杆弹簧的内端用螺钉 5 固定在横梁 4 的中部，而外端则插入摆臂轴 2 的矩形孔内。摆臂轴用衬套 3 支承在管式横梁内。摆臂轴和纵臂为刚性连接。另一侧车轮的悬架与之完全相同而且对称。

3. 车轮沿主销移动的悬架

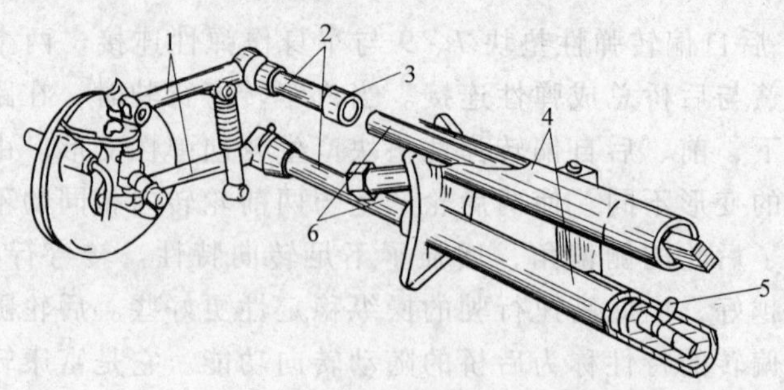

图 13-58 双纵臂式扭杆弹簧独立悬架

1—纵臂 2—摆臂轴 3—衬套 4—横梁 5—螺钉 6—扭杆弹簧

车轮沿主销移动的悬架目前大致分为两种类型，一种是车轮沿固定不动的主销轴线移动的烛式悬架，另一种是车轮沿摆动的主销轴线移动的麦弗逊式悬架。

(1) 烛式悬架（见图 13-59） 烛式悬架的主销刚性地固定在悬架上，转向节与套管 4 连接在一起。当车轮跳动时，转向节与套管一起沿主销轴线移动。这种悬架对于转向轮来说，在悬架变形时，主销的定位角不会发生变化，仅轮距、轴距稍有改变，因此有利于汽车的转向操纵和行驶稳定性。但是侧向力全部由套在主销 1 上的套管 4 和主销承受，因此套管与主销之间的摩擦阻力大，磨损严重。

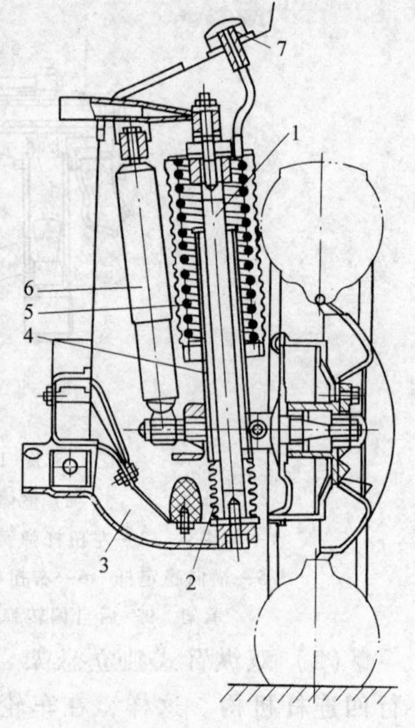

图 13-59 烛式悬架

1—主销 2、5—防尘罩 3—车架 4—套管 6—减振器 7—通风管

(2) 麦弗逊式悬架

1) 结构组成与工作原理。图 13-60 所示为富康轿车的麦弗逊式悬架。筒式减振器 2 的上端用螺栓和橡胶垫圈与车身连接，减振器下端固定在转向节 3 上，而转向节 3 通过球铰链与下摆臂 6 连接。车轮所受的侧向力通过转向节 3 大部分由下摆臂 6 承受，其余部分由减振器承受。因此，这种结构形式较烛式悬架在一定程度上减少了滑动磨损。

螺旋弹簧 1 套在筒式减振器 2 的外面。主销的轴线为上、下铰链中心的连线。当车轮上下跳动时，因减振器的下支点随下摆臂摆动，主销轴线的角度是变化的。这说明车轮是沿着摆动的主销轴线而运动的。因此，这种悬架在变形时，主销的定位角和轮距都有些变化。然而，如果适当调整杆系的位置，可使车轮的这些定位参数变化极小。该悬架突出的优点是增大了两前轮内侧的空间，便于发动机和其他一些部件的布置，因此多用在前置、前驱动的轿车和微型汽车上。

2）横向稳定器。现代轿车的悬架一般都很软，在高速行驶中转向时，车身会产生很大的横向倾斜和横向角振动。为减少这种横向倾斜，往往在悬架中加设横向稳定器（用得最多的是杆式横向稳定器）。

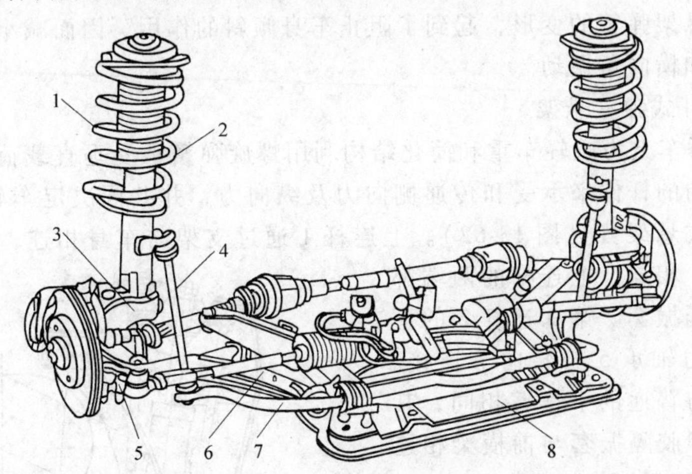

图 13-60　富康轿车的麦弗逊式悬架

1—螺旋弹簧　2—筒式减振器　3—转向节　4—联接杆

5—球头销　6—下摆臂　7—横向稳定杆　8—前托架

在图 13-60 所示悬架中，弹簧钢制成的横向稳定杆 7 呈扁平的 U 形，横向地安装在汽车的前端或后端。稳定杆中部自由地支承在两个固定在桥壳上的橡胶套筒内。横向稳定杆的两侧纵向部分的末端与下臂上的弹簧支座相连。

当车身只作垂直移动而两侧悬架变形相等时（见图 13-61a），横向稳定杆在套筒内自由转动，横向稳定杆不起作用。当两侧悬架变形不等而车身相

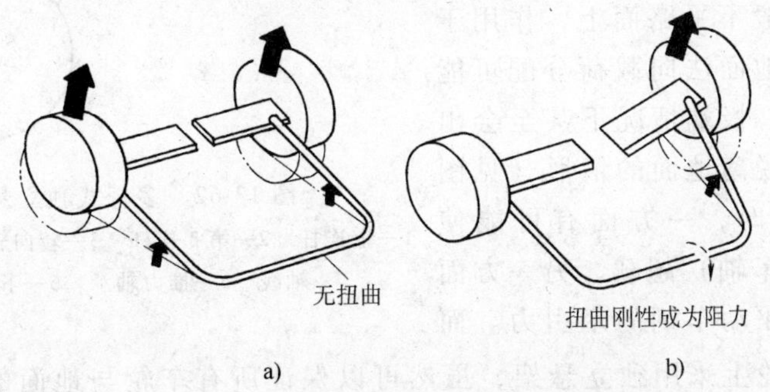

图 13-61　横向稳定杆工作示意图

a）两侧悬架变形相等　b）两侧悬架变形不等

对于路面横向倾斜时（见图13-61b），车架的一侧移近弹簧支座，稳定杆的该侧末端就相对于车架向上移；而车架的另一侧远离弹簧支座，相应的稳定杆的末端则相对于车架向下移。然而，在车身和车架倾斜时，横向稳定杆的中部对于车架并无相对运动。这样在车身倾斜时，稳定杆两边的纵向部分向不同方向偏转，于是稳定杆便被扭转。弹性的稳定杆所产生的扭转的内力矩就妨碍了悬架弹簧的变形，起到了阻止车身倾斜的作用，因而减小了车身的横向倾斜和横向角振动。

4. 多杆式独立悬架

一些轿车上为减轻车重和简化结构利用螺旋弹簧承受垂直载荷，采用多个不同方向的杆件来承受和传递侧向力及纵向力，并共同决定车轮的运动，组成多杆式悬架（见图13-62）。上连杆1通过支架与车身相连，其外端与第3连杆2相连。上连杆的两端都装有橡胶隔振套。第3连杆2的下端通过推力轴承5与转向节连接。下连杆6与普通的下摆臂相同，其内端通过橡胶隔振套与前横梁相连接，外端通过球铰与转向节相连。主销轴线4从下球铰一直延伸到上面的轴承处。多杆悬架系统具有良好的操纵稳定性，可有效地降低轮胎的磨损，延长其使用寿命。

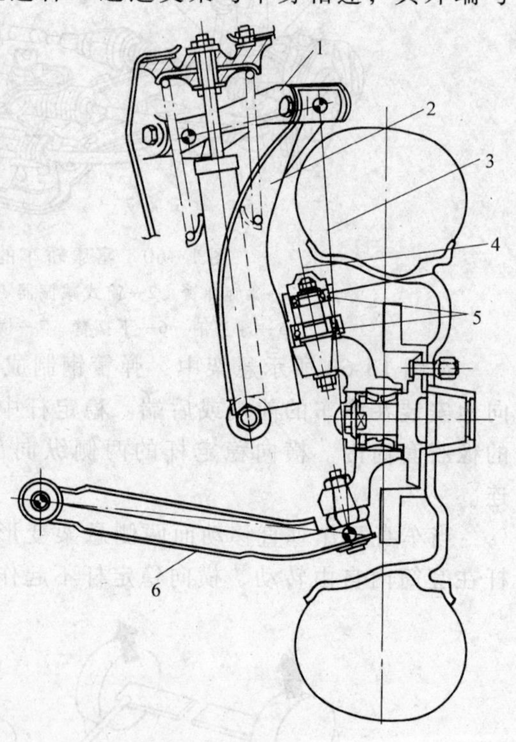

图13-62　多杆式独立悬架

1—上连杆　2—第3连杆　3—转向轴线　4—主销轴线　5—推力轴承　6—下连杆

5. 多轴汽车的平衡悬架

悬架的作用之一是维持车轮与地面之间的良好接触，如果多轴车辆各车轴分别采用非独立悬挂形式，则在一般不平路面上，作用于各车轮上的地面法向载荷分配可能非常不均匀，极端情况下甚至会出现个别车轮脱离地面的情形（见图13-63a），这时，一方面有可能使其他车轮（车轴）超载，另一方面会降低多轴驱动车辆的牵引力。而若在全部车轮上采用独立悬架，虽然可以保证所有车轮与地面的良好接触，但汽车的悬架结构会变得十分复杂。如若在3轴车辆的中、后桥上采用图13-63b所示的平衡杆结构，即在杆的中部以铰链与车架连接，只要让平衡杆两臂等长，便可保证处于平衡杆两端的车轮与地面垂直载荷始终相等，此类悬架被称为平衡悬架。

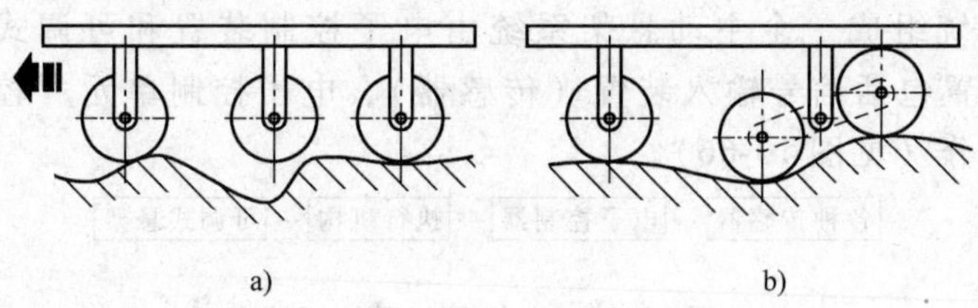

图 13-63　三轴汽车行驶示意图

a) 非独立悬架　b) 平衡悬架

钢板弹簧平衡悬架被广泛运用在 3 轴和 4 轴越野汽车中（见图 13-64）；摆臂式平衡悬架是另一种平衡悬架形式（见图 13-65），多用于 6 × 2 驱动形式的载货汽车或客车。

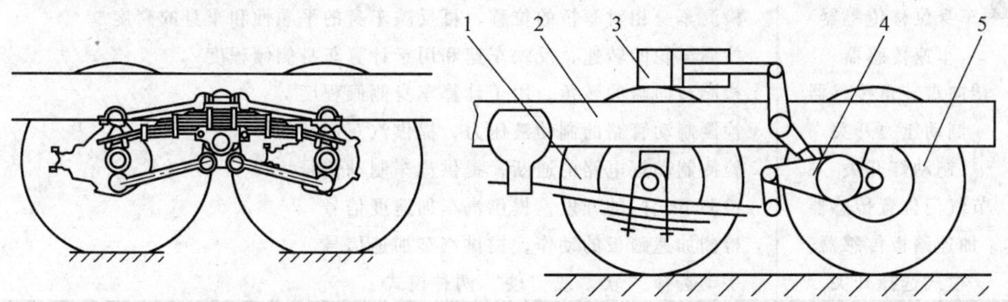

图 13-64　钢板平衡悬架结构图

图 13-65　摆臂式平衡悬架

1—驱动轮　2—车架　3—控制油缸

4—举升臂　5—支承（随动轮）

13.3.4　电子控制悬架系统

悬架中弹性元件的弹性和减振器的阻尼系数直接影响到汽车行驶的平顺性（舒适性）和操纵稳定性。而汽车的平顺性和稳定性对悬架的要求是矛盾的：悬架弹性越大（越硬），操纵稳定性越好，但舒适性越差；若采用较软的悬架以改善舒适性，又会引起在汽车起步、加减速、制动、转向时车身的俯仰、点头和侧倾等现象，影响汽车操纵的稳定性并造成乘员不适。汽车在不同的行驶状况（路面、负载、车速、起步、加减速、制动、转向等）对悬架的要求不同，传统的被动悬架是无法满足的。

电子控制悬架能够根据汽车的行驶状况主动地对悬架的刚度和阻尼系数进行调整，使悬架时时处于最佳的工作状况，这从根本上解决了汽车行驶平顺性和操纵稳定性之间的矛盾，提高了汽车的使用性能。

电控悬架又称为主动悬架，根据悬架系统中是否包含动力源可将其分为全主动悬架（有源主动悬架）和半主动悬架（无源主动悬架）；根据悬架介质的不同，又可分为空气式主动悬架、油气式主动悬架和液压式主动悬架3种。

1. 全主动悬架

(1) 系统组成　全主动悬架系统由电子控制装置和可调式悬架组成。电子控制装置包括信号输入装置（传感器）、电子控制单元（控制器）、执行机构3部分（见图13-66）。

各种传感器 → 电子控制器 → 执行机构 → 可调式悬架

图13-66　电控悬架系统组成

1）传感器。电子控制悬架系统所用的传感器见表13-4。

表13-4　用于电子控制悬架系统的传感器

传感器名称	传感器用途
车身加速度传感器	检测车身的振动，可间接反映汽车行驶的路面情况
车身位移传感器	检测车身相对车桥的位移，可反映车身的平顺性和车身的高度
车速传感器	检测车轮的转速，反映车速和用于计算车身侧倾程度
转向盘转角传感器	检测转向盘的转角，用于计算车身侧倾程度
制动压力开关	检测制动管路的制动液压力，提供汽车制动信号
制动灯开关	检测制动灯电路的通断，提供汽车制动信号
节气门位置传感器	检测节气门的开度，提供汽车加速度信号
加速踏板传感器	检测加速踏板的动作，提供汽车加速信号
模式选择开关	手动选择“软”或“硬”两种模式

①　车身位移传感器：又称为车身高度传感器，用于监测车身的高度和反映车身的振动。图13-67所示的是广泛使用的光电式车身位移传感器的结构简图，其工作原理如图13-68所示。遮光盘上分布着缺口，其两面对称安装着4组发光二极管和光敏晶体管，组成了4对光电耦合器；发光二极管的电源由控制器提供。当车身高度发生变化时，车身与车轮的相对运动使车身高度传感器的连接杆（曲柄）转动，并通过传感器轴带动遮光盘转动。遮光盘的缺口对准耦合器时，发光二极管发出的光线通过缺口，使光敏晶体管受光，输出通（ON）的信号；遮光盘的缺口不对准耦合器时，光线被阻断，输出断（OFF）的信号。遮光盘上的这些缺口以适当的长度和位置分布，使传感器可输出16组信号，每一组信号都代表某一车身的位置。

控制器根据传感器输入的一组ON和OFF信号就得到了车身位移信息。根据车身高度变化的幅度和频率，可判断出车身的振动情况；根据一段时间（一般为10ms）内车身高度在某一区间的频度来判断车身的高度。

②　光电式转向盘转角传感器。其的结构与原理见图13-69和图13-70。

光电式转向盘转角传感器的遮光转盘上均匀地分布着缺口，两面分别有两个发光二极管和两个光敏晶体管，组成两对光电耦合器。当遮光盘随转向

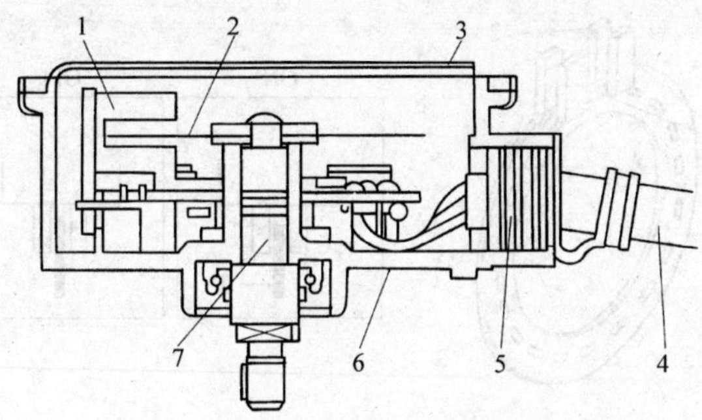

图 13-67　光电式车身位移传感器的结构简图

1—光电耦合器　2—遮光盘　3—传感器盖

4—导线　5—金属油封环　6—传感器壳　7—轴

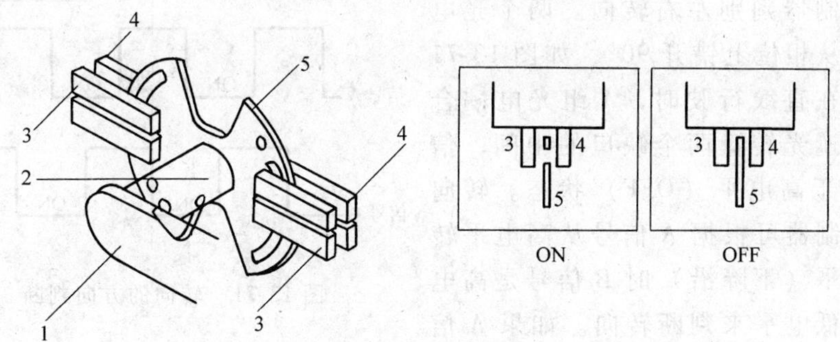

图 13-68　光电式车身位移传感器工作原理

1—连接杆　2—轴　3—发光元件　4—光敏元件　5—遮光盘

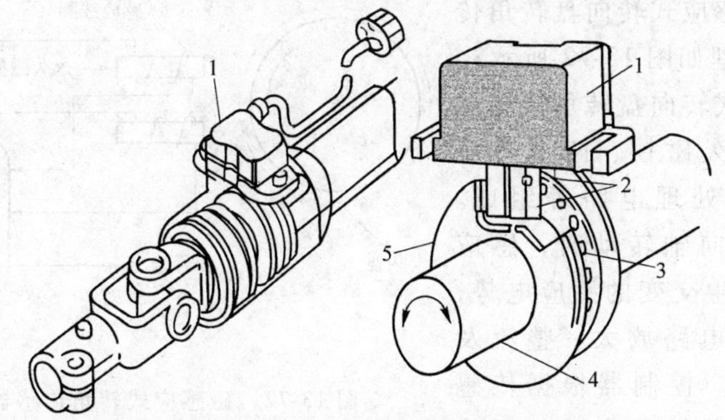

图 13-69　光电式转向盘转角传感器结构

1—转向盘转角传感器　2—光电耦合器

3—遮光盘　4—转向器轴　5—传感器圆盘

轴转动时，光敏晶体管就会有受光和不受光的变化而产生脉冲信号。控制器根据转角传感器输出的脉冲个数就可判断转向盘转过的角度。

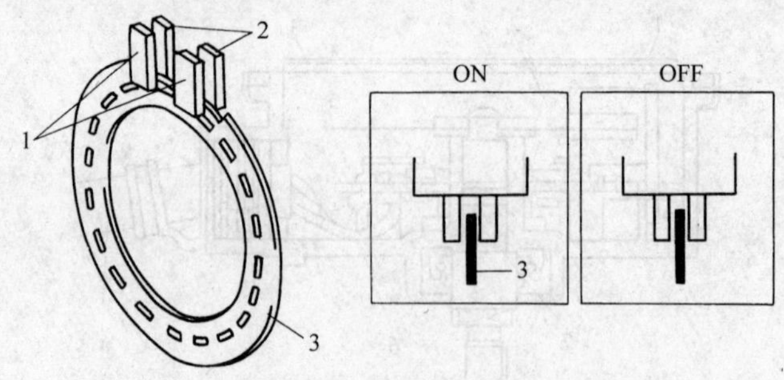

图 13-70　光电式转角传感器原理图
1—发光二极管　2—光敏晶体管　3—遮光盘

设置两个光电耦合器的目的是能够使控制器判别左右转向。两个光电耦合器从相位上错开 90°，如图 13-71 所示。在直线行驶时，A 组光电耦合器位于遮光转盘两个缺口的中间，信号 A 处于高电平（OFF）状态。转向时，控制器可根据 A 信号从高电平转为低电平（下降沿）时 B 信号是高电平还是低电平来判断转向。如果 A 信号在下降沿时，B 信号是高电平（OFF），则为右转向；如果 A 信号在下降沿时，B 信号是低电平（ON），则为左转向。

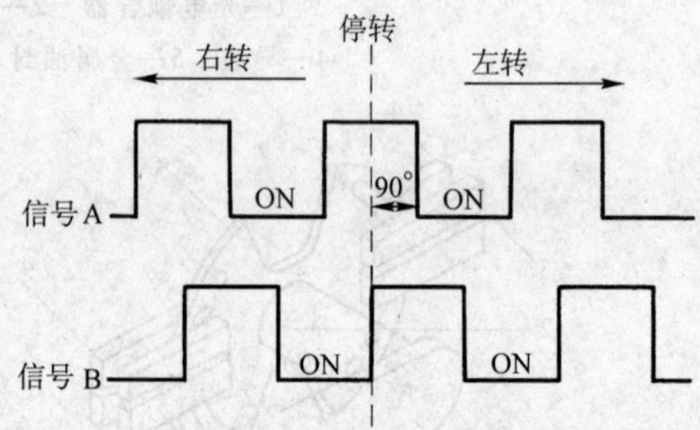

图 13-71　转向的方向判断

③　磁感应式转向盘转角传感器：其原理如图 13-72 所示。

磁感应式转向盘转角传感器由齿盘、永久磁铁、两个感应线圈及信号处理电路等组成。当齿盘随转向轴转动时，感应线圈就会产生交变的感应电势，经信号处理电路放大、整流及整形后输出。控制器根据传感器输入的信号脉冲个数就可确定转向盘的转角。设置两个感应线圈的目的同样是为了控制器判断左右转向的需要。

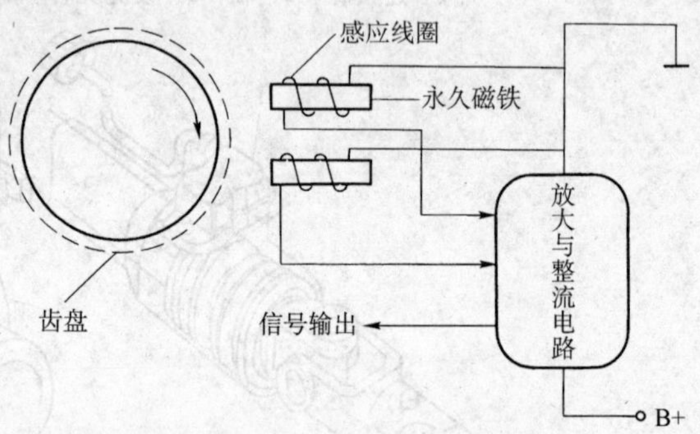

图 13-72　磁感应式转角传感器原理

2）控制器及执行机构。控制器又称悬架微机，由微处理机和传感器电源电路、执行器的驱动电路及监控电路等组成。电子控制悬架系统的控制器将传感器送入的电信号进行综合处理，输出对悬架的刚度、阻尼及车身高度进行调节的控制信号。

电子控制悬架系统的执行机构按照电子控制器的控制信号准确地动作，及时地调节悬架的刚度和阻尼系数及车身的高度。通常所用的执行元件是电磁阀和步进电动机及气泵电动机等。

3）可调式悬架。它可在控制器输出指令的控制下，实现悬架刚度、阻尼及车身高度的调节。

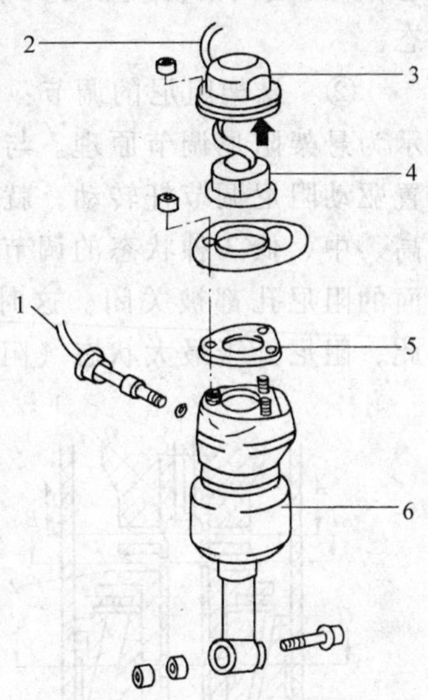

图 13-73　空气式悬架

1—空气管　2—导线　3—执行器盖　4—执行器　5—悬架支座　6—气压缸

可调式悬架有空气式悬架、油气式悬架和液压式主动悬架 3 种。目前，我国进口汽车中使用较多的为空气式悬架。图 13-73 所示为一种空气式悬架。

①　悬架刚度的调节：空气式悬架的结构如图 13-74 所示，它分主、副两个气室。主、副气室之间有一个气阀，气阀可以有完全关闭、大、小开度等 3 种状态，开关气阀的控制杆由步进电动机驱动，可实现高、中、低 3 种状态的刚度调节。

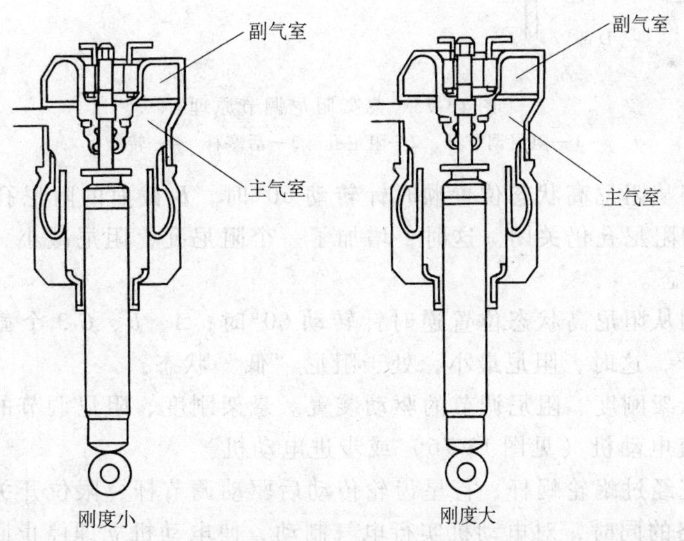

图 13-74　空气式悬架的结构

在气阀完全关闭时，悬架的缓冲由主气室单独承担，这时悬架的刚度较大（处于刚度“高”的状态）。当气阀在大开度时，主、副气室空气流通，增大了悬架承担缓冲的空气容积，悬架的刚度变软（处于刚度“低”的状态）。当气阀的开度较小时，两气室空气的流通较小，刚度处于“中等”状态。

② 悬架阻尼的调节：是通过改变阻尼孔的截面积实现的。图13-75所示为悬架阻尼调节原理。与阻尼调节杆连接的转阀上有3个阻尼孔，驱动装置驱动阻尼调节杆转动，就可使转阀通过转动开、闭3个阻尼孔，实现阻尼高、中、低3种状态的调节。转阀在图13-75所示的位置时，*A*、*B*、*C* 3个截面的阻尼孔都被关闭。这时，只有减振器下端的阻尼孔（*D*部）工作，因此，阻尼处于最大状态（阻尼在“高”状态）。

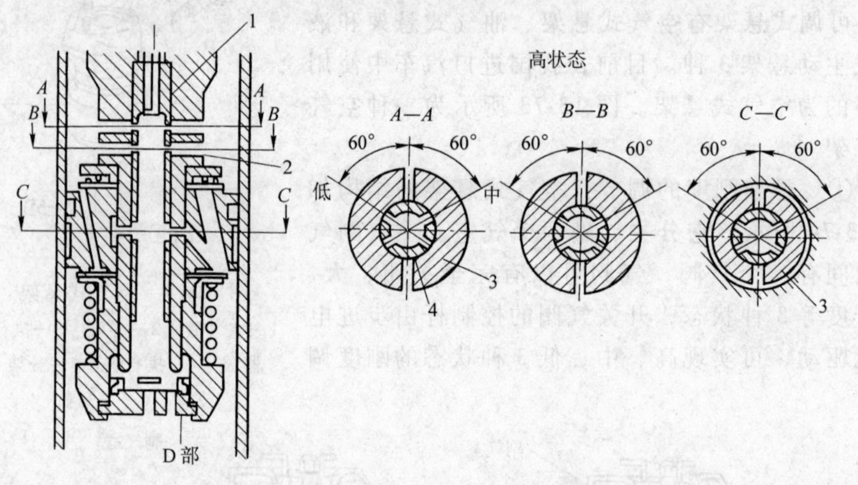

图13-75　悬架阻尼调节原理

1—阻尼调节杆　2—阻尼孔　3—活塞杆　4—转阀

当转阀从阻尼高状态位置顺时针转动60°时，*B*截面的阻尼孔打开，*A*、*C*两截面的阻尼孔仍关闭。这时，增加了一个阻尼孔，阻尼减小，处于阻尼“中”的状态。

当转阀从阻尼高状态位置逆时针转动60°时；*A*、*B*、*C* 3个截面的阻尼孔都被打开，这时，阻尼最小，处于阻尼“低”状态。

③ 悬架刚度、阻尼调节的驱动装置。悬架刚度、阻尼调节的驱动装置多采用直流电动机（见图13-76）或步进电动机。

电动机经过蜗轮蜗杆、行星齿轮传动后驱动调节杆，限位开关可在阻断电动机电路的同时，对电动机实行电气制动，使电动机立即停止回转。

④ 车身高度的调节：空气式悬架是通过对主空气室充气或放气实现对自身高度的调节的（见图13-77）。

车身高度调节装置由空气压缩机、直流电动机、高度控制电磁阀、排气电磁阀、调压阀、空气干燥器等组成（见图13-78）。

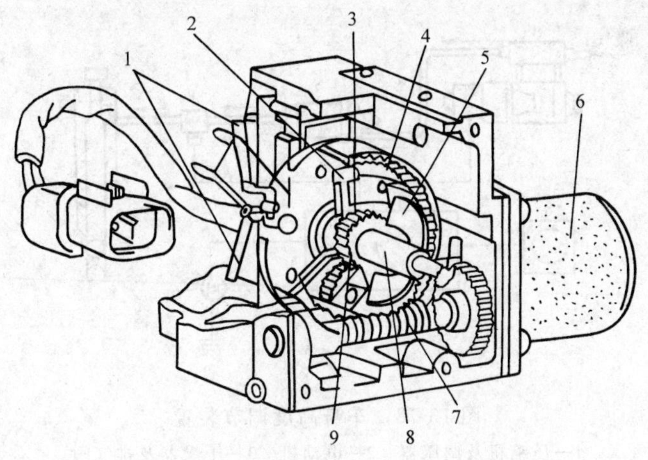

图 13-76　悬架参数调节的驱动装置

1—限位开关　2—托架　3—齿圈　4—行星齿轮　5—蜗轮
6—直流电动机　7—蜗杆　8—齿轮轴　9—太阳轮

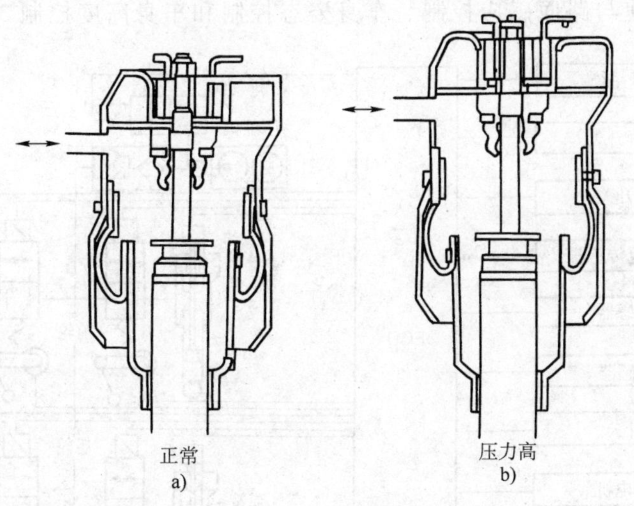

图 13-77　悬架高度的调节

a）未充气时正常高度　b）充气后高度增加

当需要增高车身高度时，直流电动机带动压缩机工作，压缩空气通过空气干燥器后，由高度控制电磁阀进入悬架主空气室，车身高度便增加。达到规定高度时，高度控制电磁阀断电关闭，车身维持一定的高度。

当需要降低车身高度时，高度控制电磁阀和排气阀同时通电打开，悬架主空气室中的空气排出，车身高度下降。调压器的作用是控制悬架主气室的气压。

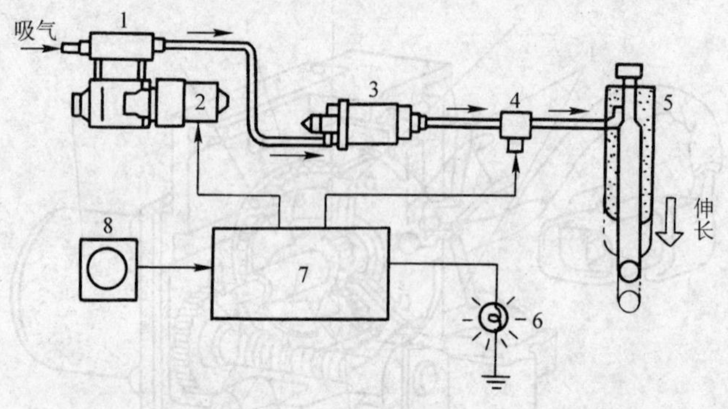

图 13-78　车身高度调节装置

1—压缩机及调压器　2—电动机　3—干燥器及排气阀
4—高度控制电磁阀　5—空气悬架　6—指示灯
7—悬架微机　8—车身高度传感器

（2）丰田轿车空气式主动悬架系统　图 13-79 所示为其结构示意图。该系统具有车速与路面感应控制、车身姿态控制和车身高度控制 3 项功能。

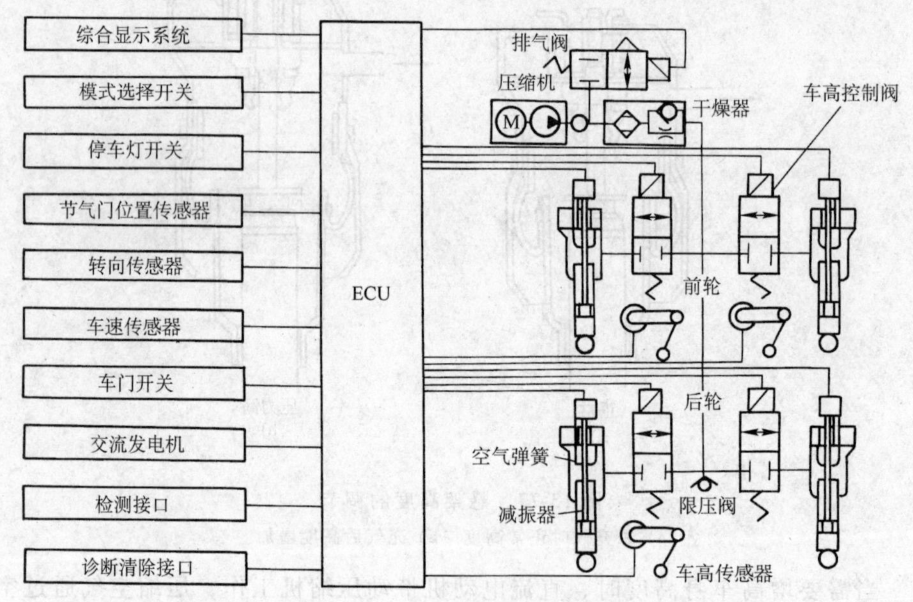

图 13-79　丰田汽车空气式主动悬架系统结构示意图

1）车速与路面感应控制。车速与路面感应控制主要是根据车速与路面的变化来改变悬架的刚度和阻尼，可以有“软”和“硬”两种模式，由电脑控制或由司机通过手动开关选择。该空气主动悬架由司机通过模式选择开关来选择。在这两种模式中，按刚度和阻尼的大小分为低（软）、中（标准）、高（硬）3 种状态。在“软”模式中，悬架常处在“低”状态，而在“硬”模式中，悬架则经常处于“中”状态。在这两种不同的模式下，悬架由控制器控制在 3 种状态，根据车速和路面的变化自动地调节刚度和阻尼系数，使车身的振动达到最佳的控制。

车速路面感应控制可分为高速感应控制、前后车轮相关控制和不良路面控制 3 种控制功能。

① 高速感应控制：在车速很高时，控制器输出控制信号，使悬架的刚度和阻尼相应增大，以提高汽车高速行驶时的操纵稳定性。

当汽车速度超过 110km/h 时，控制器就会根据车速传感器信号，经过计算分析后输出控制信号。如果司机选择的是“软”模式，则悬架的刚度和阻尼就会自动从“低”状态转入“中”状态；如果司机选择的是“硬”模式，则悬架在“中”状态保持不变；当车速降低后，悬架的刚度和阻尼又自动回到选定模式的经常保持状态。

② 前后轮相关控制：当汽车前轮在遇到路面接缝等单个的突起时，控制器输出控制信号，相应地减小后轮悬架的刚度和阻尼，以减小车身的振动和冲击。

前后轮相关控制还与车速有关。当汽车以 30～80km/h 的速度行驶遇到障碍时，安装在汽车前面的车身位移传感器的脉冲信号输入控制器，控制器经过计算分析后输出控制信号。如果司机选定的是“软”模式，后轮悬架保持“低”的状态；如果是“硬”模式，则从“中”状态自动转入“低”的状态；当后轮越过障碍后悬架又自动回到选定模式的经常保持状态。

如果汽车的行驶速度超过 80km/h，在前轮遇到障碍时，后轮悬架若转入“低”的状态会影响车辆的操纵稳定性，因此，无论这时在哪种模式下，悬架的刚度和阻尼都将在“中”的状态。

③ 不良路面感应控制：当汽车进入不良路面行驶时，为抑制车身产生大的振动，控制器输出控制信号，相应增大悬架的刚度和阻尼。当汽车以 40～100km/h 的速度驶入不良路面时，车身位移传感器输出周期小于 0.5s 的车身高度变化信号，电脑经过计算分析后输出控制信号。如果是在“软”模式下，悬架就自动从“低”状态转入“中”状态；如果是在“硬”模式下，则保持“中”的状态不变。

当汽车在高于 100km/h 的速度驶入不良路面时，如果是在“软”模式下，悬架会在“低”或“中”的状态下转入“高”的状态；如果是在“硬”的模式下，则从“中”转入“高”的状态。车速与路面感应控制逻辑关系见表 13-5。

表 13-5 车速与路面感应控制逻辑关系

控制功能	汽车行驶工况	悬架的刚度与阻尼	
		“软”模式	“硬”模式
		低 中 高	低 中 高
高速感应控制	车速≥100km/h	○→○	○
前后轮相关控制	30≤车速≤80km/h，车高在0.03s内急剧变化	○	○←○
不良路面感应控制	40≤车速≤100km/h，车高在0.5s内大幅度变化	○→○	○
	车速≥100km/h，车高在0.5s内多次大幅度变化	○→○ ○ ○→○	○→○

2）车身姿态控制。车身姿态控制是指在汽车车速突然改变及转向等情况下，控制器对悬架的刚度和阻尼实施控制，以抑制车身的过度摆动，从而确保车辆的乘坐舒适性和操纵稳定性。车身姿态控制包括：转向车身侧倾控制、制动车身点头控制和起步车身俯仰控制。

① 转向车身侧倾控制：在汽车急转弯时，应增大悬架的刚度和阻尼，以抑制车身的侧倾。

当司机急打转向盘时，转向传感器将转向盘的转角和转速电信号输入控制器，控制器经过计算分析后向悬架输出控制信号。如果司机选择的是“软”模式，悬架则自动从“中”或“低”状态转入“高”状态；如果是在“硬”模式下，则从“中”转入“高”状态。

② 制动车身点头控制：在汽车紧急制动时，应增大悬架的刚度和阻尼，以抑制车身的点头。

当汽车在高于60km/h速度下紧急制动时，车速传感器的车速信号和制动开关的阶跃信号输入控制器，控制器经过计算分析后输出控制信号，调整悬架的刚度和阻尼。如果这时处在“软”模式下，悬架就从“低”或“中”的状态自动转入“高”状态；如果是在“硬”模式下，则从“中”转入“高”状态。

③ 起步车身俯仰控制：汽车在突然起步或突然加速时，应增加悬架的刚度和阻尼，以抑制车身的俯仰。

在车速低于20km/h的情况下，司机猛踩节气门踏板时，车速传感器的车速信号和节气门开度传感器的阶跃信号输入控制器，控制器经过计算分析后输出控制信号，调整悬架的刚度和阻尼。如果这时处于“软”模式，则悬架自动从“低”或“中”转入“高”状态；如果是处于“硬”模式，则从“中”状态转入“高”状态。车身姿态控制逻辑关系见表13-6。

表13-6　车身姿态控制逻辑关系

控制功能	汽车行驶工况	悬架的刚度与阻尼	
		“软”模式	“硬”模式
		低　中　高	低　中　高
控制侧倾	急打转向盘	○→○ ○　○→○	○→○
控制点头	车速≥60km/h时制动	○→○ ○　○→○	○→○
控制俯仰	车速≤20km/h时急加速	○→○ ○　○→○	○→○

3）车身高度控制。车身高度控制是控制器在汽车行驶车速和路面变化时，控制器对悬架输出控制信号，调整车身的高度，以确保汽车行驶的稳定性和通过性。车身高度控制分“标准”模式和“高”模式两种情况，在每种模式中又分“低”、“中”、“高”3种状态。其控制方式包括高速感应控制和连续不良路面行驶控制。

①　高速感应控制：当车速超过90km/h时，为了提高汽车的行驶稳定性和减少空气阻力，控制器输出控制信号，使排气阀和高度控制阀通电工作，悬架气室向外排气，降低车身的高度。如果悬架是在“标准”模式下，则车身将从“中”状态降低到“低”状态；如果是“高”模式，则从“高”状态转入“中”状态。当车速低于60km/h时，又恢复原有的高度。提高车身高度是通过控制器输出的控制信号，使空气压缩机和高度控制阀通电工作，将压缩空气送入悬架空气室实现的。

②　连续不良路面行驶控制：汽车在不良路面行驶时，应该提高车身，以减弱来自路面的突然抬起感，并提高汽车的通过性能。

当车身位移传感器连续2.5s以上输出大幅度的振动信号，且车速在40～90km/h时，如果悬架处于“标准”模式，则车高从“中”状态转为“高”状态；如果是“高”模式，则维持在“高”状态不变。

当汽车在连续不平路面行驶的速度在90km/h以上时，汽车的行驶稳定性优先考虑，因此，在标准模式下将维持“中”状态不变，在“高”模式下则从“高”转入“中”的状态。车身高度控制逻辑关系见表13-7。

2. 半主动悬架

主动悬架大大改善了汽车的平顺性和操纵稳定性，但结构复杂、成本高；并且含有空气压缩机或液压泵等动力源，消耗汽车动力。半主动悬架结构简单、几乎不消耗能量，所以尽管控制项目较少、性能稍差，但也被许多汽车采用。

表 13-7　车身高度控制逻辑关系

控制功能	汽车行驶工况	悬架的刚度与阻尼	
		“标准”模式	“高”模式
		低　中　高	低　中　高
高速感应控制	车速≥90km/h	○←○	○←○
连续不良路面控制	车速 40～90km/h，车高持续 2.5s 以上大幅度变化	○→○	○
	车速≥90km/h，车高持续 2.5s 以上大幅度变化	○	○←○

（1）半主动悬架系统的控制原理　半主动悬架系统通常以车身振动加速度的均方根值作为控制目标参数，以悬架减振器的阻尼为控制对象。半主动悬架的控制模型（见图 13-80）是在悬架微机中事先设定了一个目标控制参数 σ，它是以汽车行驶平顺性最优控制为目的设计的。汽车行驶时，安装在车身上的加速度传感器产生的车身振动加速度信号经整形放大后输入电脑，电脑立刻计算出当前车身振动加速度的均方根值 σ_i，并与设定的目标参数 σ 比较，根据比较结果输出控制信号。

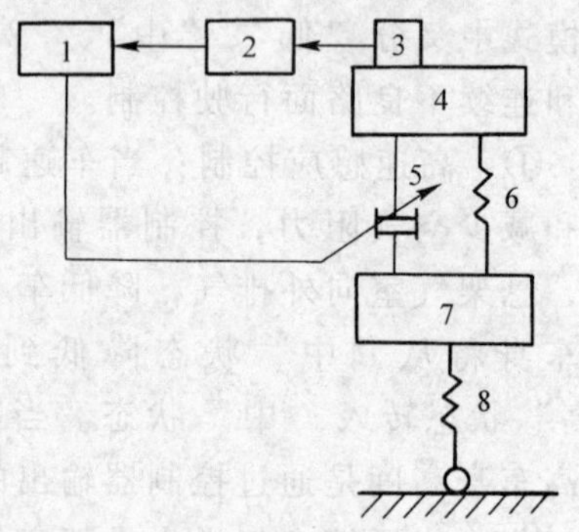

图 13-80　半主动悬架控制模型图
1—控制器　2—整形放大电路　3—加速度传感器　4—悬架簧载质量　5—阻尼可调减振器　6—悬架弹簧　7—非悬架簧载质量　8—轮胎的当量质量

如果是 $\sigma=\sigma_i$，控制器不输出调整悬架阻尼控制信号。

如果是 $\sigma<\sigma_i$，控制器输出增大悬架阻尼控制信号。

如果是 $\sigma>\sigma_i$，控制器输出减小悬架阻尼控制信号。

（2）半主动悬架减振器　半主动悬架减振器分有级调整式和无级调整式两种。

有级调整式半主动悬架系统将悬架的阻尼（刚度）分为 2～3 级，根据载荷、工况选择。

无级调整式半主动悬架可使悬架的阻尼从最小到最大无级连续调整。阻尼的改变一般是通过控制步进电动机驱动可调阻尼减振器中的有关部件，改变阻尼孔的大小实现的（见图 13-81）。当步进电动机带动驱动杆转动时，就改变了驱动杆与空心活塞的相对角度，从而改变了减振器阻尼孔的截面积，使减振器的阻尼发生变化。

(3) 雪铁龙轿车电控油气悬架系统　该系统无动力源，属于半主动悬架系统，系统提供两种弹簧刚度（运动、舒适）和两种悬架阻尼力（软、硬）有级调整。图 13-82 所示为系统组成和布置图。

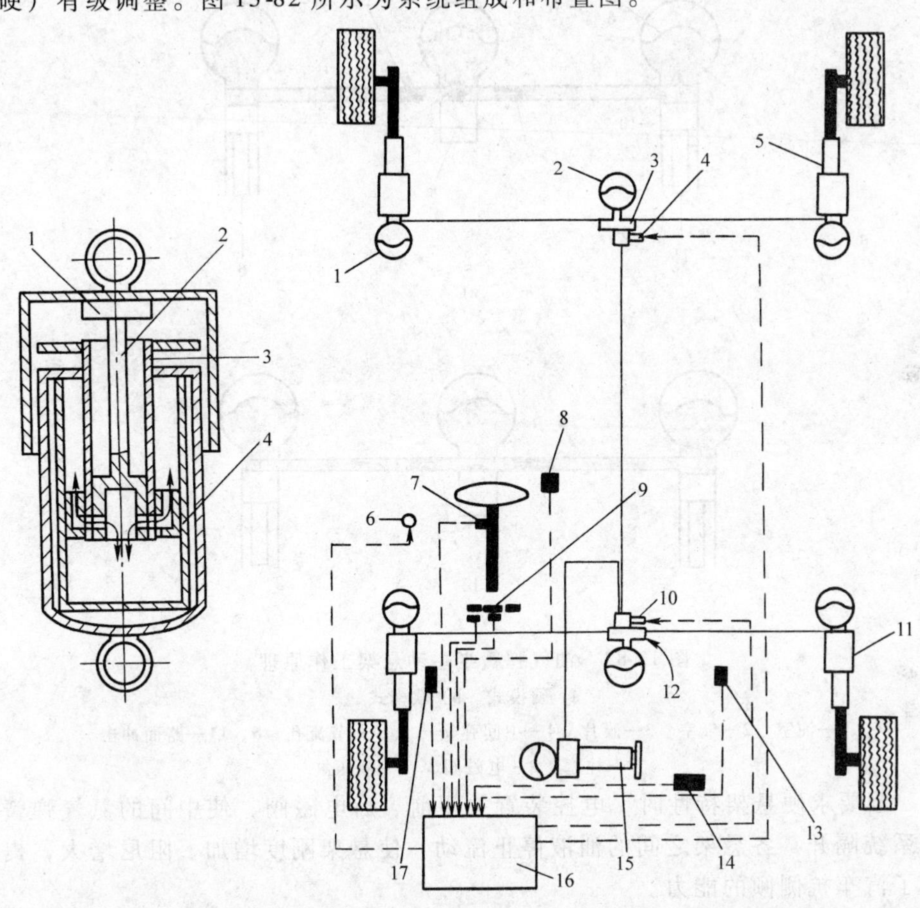

图 13-81　阻尼可调的减振器
1—步进电动机
2—驱动杆
3—活塞杆
4—活塞

图 13-82　雪铁龙轿车电控油气悬架系统组成和布置图
1—油气弹簧　2—中间弹簧　3—后悬架刚度调节器　4—后电磁阀　5—后悬架　6—指示灯　7—方向盘转角传感器　8—控制开关　9—制动和加速踏板传感器　10—前电磁阀　11—前悬架　12—前悬架刚度调节器　13—制动压力传感器　14—车速传感器　15—油泵　16—控制器　17—车身位移传感器

刚度和阻尼的调整是通过油气弹簧实现的。在前、后各轴上的两个氮气弹簧之间各引入第 3 个氮气弹簧——中间氮气弹簧（见图 13-83），汽车在正常行驶时，系统控制装置打开前、后轴的电磁阀，使中间的氮气弹簧发生作用，这样，悬架可压缩气体的体积增加了 50%，降低了悬架刚度，同时由于各电磁阀还打开一个节流孔，使油液在各轴上的3个弹簧之间自由流动，降低了悬架的阻尼，改善了汽车行驶的舒适性。

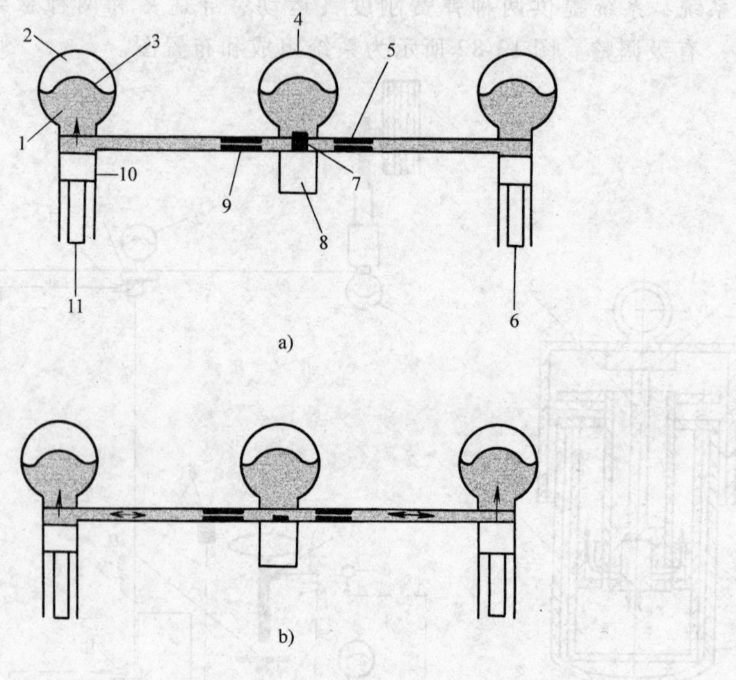

图13-83　油气弹簧半主动悬架工作原理

a）硬模式　b）软模式

1—油室　2—气室　3—膜片　4—中间弹簧　5、9—节流孔　6、11—路面冲击　7—柱塞　8—电磁阀　10—液压缸

当要求硬悬架特性时，电控装置关闭前、后电磁阀，使中间的氮气弹簧与系统隔开，各悬架之间的油液停止流动，使悬架刚度增加、阻尼增大，提高了汽车抗侧倾的能力。

13.4　汽车行驶系统维护及常见故障

行驶系统的维护重点在车轮。

1. 车轮的使用维护

（1）合理选用轮胎

1）汽车修理更换轮胎时，应按规定车型的要求安装。如轿车和轻型载货汽车轮胎规格表示符号相近，仅相差“C”，如奥迪轿车的子午线轮胎规格为185SR14、金杯汽车面包车的子午线轮胎为185SR14C，一字之差，轮胎的负荷、性能却相差很大，因此切不可混用。

2）应根据不同用途的车辆、不同路况、车速选用不同轮胎的花纹。如用于高速公路行驶的载重和大客车前轮宜于选用散热快、侧向稳定性好的条形花纹，而驱动轮宜选用混合花纹和曲折花纹。

3）要求在同一轴上装用厂牌、尺寸、帘线层数、花纹、磨损程度相同的轮胎。

（2）正确使用汽车

1）严禁超载。在汽车超载时，轮胎胎体帘线的应力加大，轮胎材料的疲劳强度下降，会引起胎体脱层、胎面和胎侧脱空。当悬架的弹簧变形时，超载可能导致轮胎与车身相接触，引起轮胎损坏。必须注意，轮胎超载不能用提高胎压的方法予以补偿，因为这会引起胎体帘线的应力显著增大，造成轮胎的早期报废。

2）合理选择车速。随着车速的增加，轮胎变形的频率、胎体的振动以及轮胎的圆周和侧向扭曲变形也随之增加，轮胎的工作温度和气压升高，加速了老化。车速过高，胎体受力增加，轮胎所受动载荷增大，容易产生帘布层破裂和胎面剥落现象，尤其在不平路面更为严重。因此，根据不同路面控制车速是非常必要的，也不允许超速行驶。

3）注意货物装载分布均匀，以免部分轮胎负荷过重而加速磨损或爆胎。

4）避免急加速、急转弯、紧急制动、超速行驶和碰撞障碍物等。

5）注意胎温。轮胎的正常工作温度不得超过95℃，超过时橡胶的抗张强度急剧下降，容易产生龟裂、胎体帘布层脱层。汽车在125℃的临界温度高速行驶时，轮胎会因驻波现象产生脱空爆胎。实验表明，轮胎内部的温度与轮胎的负荷和速度的乘积成正比，与外胎厚度的平方成反比。

在负荷和胎压正常的情况下，轮胎升温的主要原因是散热条件差。如果发现胎温过高，应将汽车停在阴凉地点，待胎温降低后再继续行驶，不得采用泼冷水或放气降压的方法。

（3）认真进行轮胎保养

1）每天下班和出车前，应该认真检查车轮的紧固情况，以防行驶中轮胎脱落造成严重事故。

2）认真检查轮胎气压，应符合使用说明书要求的气压标准；否则，将造成轮胎早期磨损和损坏。实验表明，当轮胎气压低于标准的20%～25%时，就会减少20%的轮胎行驶里程、增加10%的燃料消耗。

3）经常检查轮胎的外部状况，包括是否有鼓包、裂缝、割伤、扎钉和不正常的轮胎磨损。如果两侧轮胎一边磨损得多，一边磨损得少，或者胎肩磨耗快于胎面其余部分，可能是由于轮胎定位不良引起的，要考虑做四轮定位。如果轮胎行驶中过度抖动，则可能是车轮不平衡，应进行动平衡检查。

4）轮胎磨损到磨耗指示标志时，应停止使用。一般在胎面花纹沟所剩1.6mm位置有磨耗指示标志，磨损到这个标志时，就必须更换。

5）检查汽车发动机或底盘有无漏油现象。因为油类滴落到轮胎橡胶上会浸蚀橡胶，造成轮胎早期损坏，应予以检查排除。

6）应定时进行轮胎换位，尽量实行整车换胎。

2. 车轮的常见故障

车轮的常见故障现象及原因见表13-8。

表13-8　车轮的常见故障现象及原因

故障现象 / 故障原因	爆胎	胎面损伤、龟裂	胎面单边磨损	胎边起鼓包	车辆抖动厉害	车辆跑偏
胎压过低	✓	✓		✓		
胎压过高	✓					
气门嘴损坏	✓	✓				
轮胎变形	✓	✓	✓	✓		
轮胎接触油污酸碱	✓	✓				
车轮安装定位不当	✓	✓		✓	✓	
车轮动平衡不当	✓	✓			✓	
轮辋变形	✓		✓	✓		
车桥、半轴、悬架等不良	✓	✓			✓	✓
路面不良	✓	✓				
车速过高、车载过大	✓					
气温过高	✓	✓				

本章小结

1）车轮是介于轮胎和车桥之间承受负荷的旋转组件，通常由轮辋和轮辐组成。

2）轮胎的结构、形状、材料、气压等直接影响到汽车的附着性能和滚动阻力。按其组件的不同可分为有内胎轮胎和无内胎轮胎；按胎体结构的不同可分为斜交轮胎和子午线轮胎。子午线轮胎由胎面、胎圈、带束层和帘布层组成，性能优越、应用广泛。

3）汽车轮胎压力监视系统TPMS是一种汽车轮胎气压实时自动检测系统，可对低胎压和高胎压进行预警，确保行车安全。零气压轮胎是指即使轮胎气压为零时，汽车仍可以继续行驶的轮胎。

4）应注意正确选择、使用和维护汽车轮胎。

5）车桥是传递车架（或承载式车身）与车轮之间各方向的作用力及其

力矩的部件。车桥有支持桥、转向桥、驱动桥、转向驱动桥。

6）车轮定位包括前轮定位（主销后倾角、主销内倾角、前轮外倾角和前轮前束）和后轮定位（后轮外倾角、后轮前束）。合理的车轮定位参数可增强汽车行驶的安全性和操纵稳定性以及减少轮胎磨损。

7）车架一般分为边梁式、中梁式、综合式和承载车身。轿车和一些特殊用途的汽车较多的使用承载车身和综合式车架。

8）汽车悬架是车架与车桥间的传力连接装置，其作用是把路面作用于车轮上的垂直反力、纵向牵引力和制动力、侧向反力以及这些反力所造成的力矩传递到车架上，以保证汽车的正常行驶。它一般由弹性元件、减振器和导向机构（纵、横向推力杆）3 部分组成。

9）汽车悬架分非独立悬架和独立悬架两种。独立悬架能较好地满足汽车行驶平顺性和操作稳定性，它多采用螺旋弹簧和扭杆弹簧作为弹性元件。

10）电子控制悬架能够根据汽车的行驶状况主动地对悬架的刚度和阻尼系数进行调整，从根本上解决了平顺性和操纵稳定性之间的矛盾。根据悬架系统中是否包含动力源可将其分为全主动悬架和半主动悬架。根据悬架介质的不同，又将其可分为空气式主动悬架、油气式主动悬架和液压式主动悬架 3 种。

【复习思考题】

1. 名词解释：轮辐式车轮、辐条式车轮、单式车轮、双式车轮、斜交轮胎、子午线轮胎、轮胎的扁平率、TPMS、零气压轮胎、车轿、整体式车轿、断开式车轿、转向轿、转向驱动轿、主销后倾角、主销内倾角、前轮外倾角、前轮前束、后轮外倾角、后轮前束、边梁式车架、中梁式车架、综合式车架、悬架、独立悬架、非独立悬架、主动悬架、被动悬架、减振器、横臂式独立悬架、纵臂式独立悬架、烛式独立悬架、麦弗逊式独立悬架、多杆式独立悬架、全主动悬架、半主动悬架。
2. 轮胎由哪些部分组成？有哪些类型？
3. 子午线轮胎与斜交轮胎相比有哪些优点？
4. 轮胎规格标记有哪些？各标记的含义是什么？
5. 汽车轮胎气压对汽车会产生哪些影响？
6. 带电池的 TPMS 基本结构与工作原理是怎样的？
7. 零气压轮胎的基本结构和工作原理是怎样的？
8. 汽车轮胎日常保养应检查哪些项目？
9. 车轿分为哪几类？各有哪些主要部件组成？
10. 车轮定位的主要参数有哪些？各起什么作用？
11. 如何进行车轮前束的检查和调整？

12. 车架的基本形式有哪几种?
13. 汽车悬架一般由哪几部分组成?简述各部分的作用。
14. 独立悬架与非独立悬架相比,在结构上有何区别?有哪些优点?
15. 常用的汽车悬架弹性元件有哪几种?试比较它们的优缺点。
16. 减振器有哪几种?简述各种减振器的结构和工作原理。
17. 扭杆弹簧安装时要注意什么问题?为什么?
18. 电子控制悬架由哪些基本部件组成?这些部件各有什么作用?

第 14 章　汽车转向系统

教学目标与要求

- 掌握机械转向系统的构造及工作原理
- 掌握机械转向器（齿轮齿条式、循环球式、蜗杆曲柄指销式）的结构与工作原理
- 掌握动力转向系统的构造与工作原理
- 掌握整体式液压动力转向器的结构与工作原理
- 掌握电控转向系统的构造与工作原理
- 理解四轮转向系统的构造与工作原理

教学重点

※机械转向器（齿轮齿条式、循环球式、蜗杆曲柄指销式）的结构与工作原理

※整体式液压动力转向器的结构及工作原理

※电控转向系统的构造与工作原理

教学难点

▲整体式液压动力转向器的结构与工作原理

▲四轮转向系统的构造与工作原理

汽车转向系统的功用是保证汽车能够按驾驶员的意志改变或恢复行驶方向。

汽车转向时，只有当4个车轮的轴线交于一点时（见图14-1），才能保证各车轮只滚动不滑动。

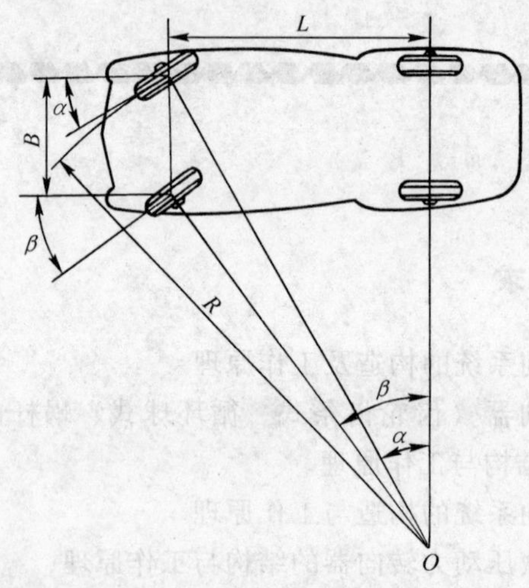

图14-1 四轮汽车转向分析

汽车转向系统按能源的不同可分为机械转向系统和动力转向系统两类。

14.1 机械转向系统

汽车机械转向系统由转向操纵机构、机械转向器和转向传动机构3部分组成（见图14-2）。

14.1.1 转向操纵机构

汽车转向操纵机构包括转向盘、转向轴、转向管柱等。它的作用是将驾驶员的操纵力传给转向器。

为了方便不同体形驾驶员的操纵及保护驾驶员的安全，现代汽车转向操纵机构还带有各种调整机构及安全保护装置。

1. 转向盘

转向盘在驾驶室内的位置与各国交通法规规定车辆靠道路的左侧还是右侧行驶有关。包括我国在内的大多数国家规定车辆右侧通行，相应地将转向盘安置在驾驶室左侧。

转向盘主要由轮圈1、轮辐2和轮毂3组成（见图14-3）。轮辐有2、3或4根辐条。轮毂孔具有细牙内花键，以此与转向轴相联。转向盘内部由成形的金属骨架构成，骨架外面一般包有柔软的合成橡胶、树脂或皮革，这样可有良好的手感，并可防止手心出汗时握转向盘打滑。

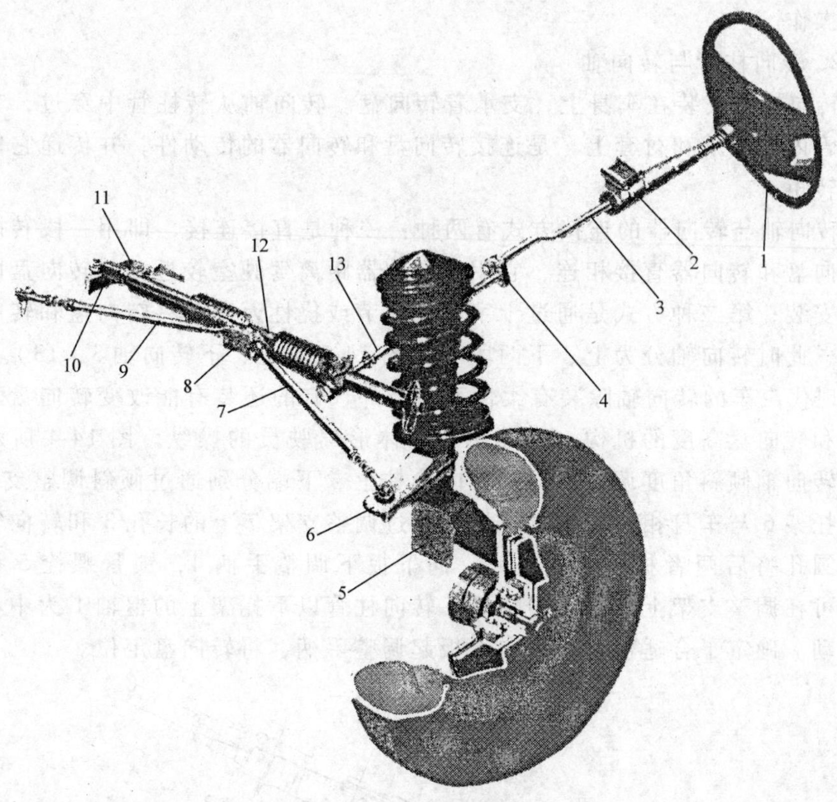

图 14-2　机械转向系统

1—转向盘　2—转向柱管　3—上转向轴　4—柔性万向节　5—左转向节　6—左转向节臂　7—左横拉杆　8—托架　9—右横拉杆　10—转向减振器　11—支架　12—转向器　13—下转向轴

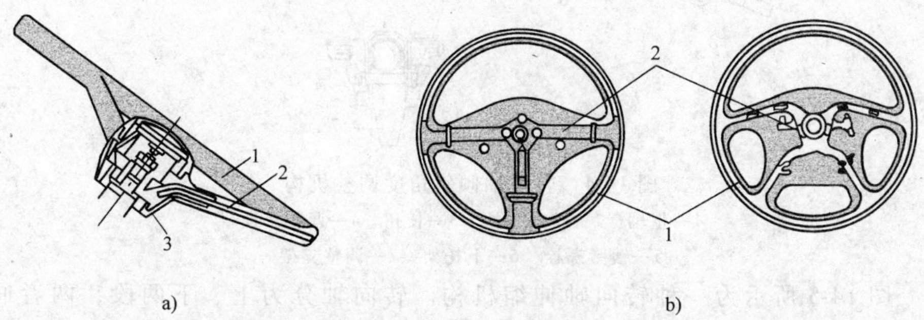

图 14-3　汽车转向盘的结构

a）侧视图　b）正视图

1—轮圈　2—轮辐　3—轮毂

转向盘上还安装有汽车电喇叭开关按钮及控制转向灯等开关，以方便驾驶员操作。

2. 转向柱管与转向轴

转向柱管安装在车身上，支承着转向盘。转向轴从转柱管中穿过，支承在柱管内的轴承和衬套上，是连接转向盘和转向器的传动件，并传递它们之间的转矩。

转向轴与转向器的连接方式有两种：一种是直接连接，即用一段转向轴将转向盘和转向器直接相连，它用于转向器距离驾驶室较近并与转向盘同轴线的安装；第二种方式是通过十字轴万向节或挠性万向节将转向盘和转向器相连，此时转向轴分为上、下两段（如图 14-2 的上、下转向轴 3、13）。

现代汽车的转向轴除装有柔性万向节外，有的还装有能改变转向盘工作角度和转向盘高度的机构，以方便不同体形驾驶员的操纵。图 14-4 所示为一种转向轴倾斜角度调整机构。转向管柱上、下端分别通过倾斜调整支架 7 和下托架 6 与车身相连。锁紧螺栓 5 穿过调整支架 7 上的长孔 3 和转向管柱上的圆孔将后两者相联。调整时，向下扳下调整手柄 4，锁紧螺栓 5 被缓松，可在调整支架上的长孔中移动，转向柱管以下托架上的枢轴 1 为中心上下移动。确定了合适位置后，向上板起调整手柄，将转向盘定位。

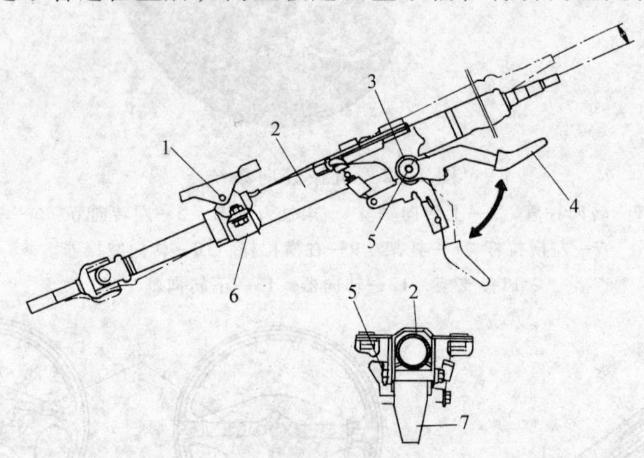

图 14-4 转向轴倾斜角度调整机构

1—枢轴 2—转向管柱 3—长孔 4—调整手柄

5—锁紧螺栓 6—下托架 7—调整支架

图 14-5 所示为一种转向轴伸缩机构。转向轴分为上、下两段，两者通过花键联接，可沿轴向一定范围内移动而仍保持连接关系。上转向轴 2 由调节螺栓 4 通过楔状限位块 5 夹紧。调整时，推下调节手柄 3，调节螺栓转动，使限位块松开，再轴向移动转向盘，调到合适位置后，向上拉起调节手柄固定。

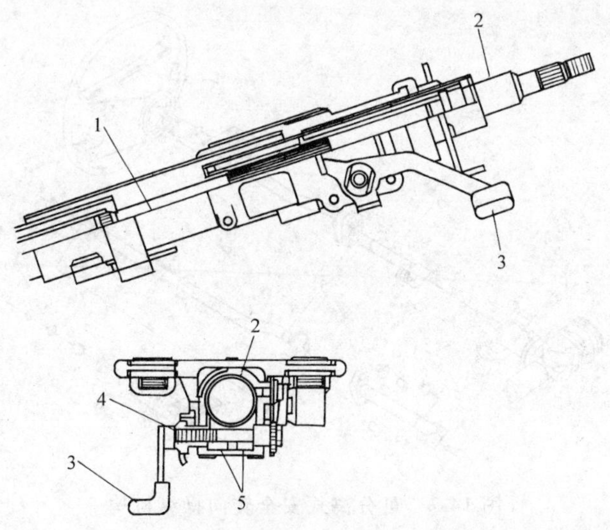

图 14-5　转向轴伸缩机构

1—下转向轴　2—上转向轴　3—调节手柄　4—调节螺栓　5—楔状限位块

3. 撞车安全保护装置

汽车撞车时，首先是车身被撞坏，转向操纵装置被向后推，从而挤压驾驶员（第一次冲击）使其受到伤害。接着，随着汽车速度的降低，驾驶员在惯性力的作用下向前冲，再次与转向操纵机构接触（第二次冲击）而受到伤害。为保护驾驶员的安全，汽车转向操纵机构中常采用以下几种安全保护措施。

（1）吸能式转向盘　在撞车时，转向盘骨架产生变形（见图 14-6），以吸收能量，减轻驾驶员受伤的程度。另外，转向盘柔软的外表面也有缓冲保护作用。

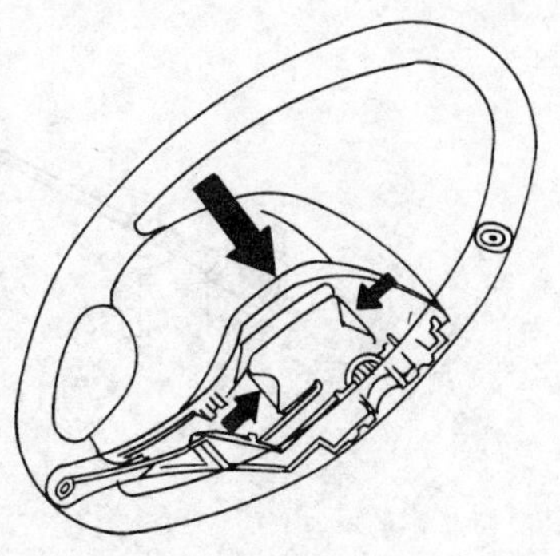

图 14-6　吸能式转向盘骨架变形示意图

（2）可分离式安全转向操纵机构　该机构的转向轴分为上、下两段，当发生撞车时，上、下两段互相分离或互相滑动，从而避免在第一次冲击时转向盘随车身后移对驾驶员造成伤害。如图 14-7 所示，上、下转向轴通过销钉 5 配合联接，当发生撞车时，在不大的力的作用下，销钉连接被破坏，上、下转向轴分开。

（3）缓冲吸能式转向操纵机构　这种操纵机构从结构上能使转向轴和转向管柱在受到冲击后轴向收缩，并吸收冲击能量，从而有效地缓和转向盘对驾驶员的冲击，减轻驾驶员所受到的伤害。

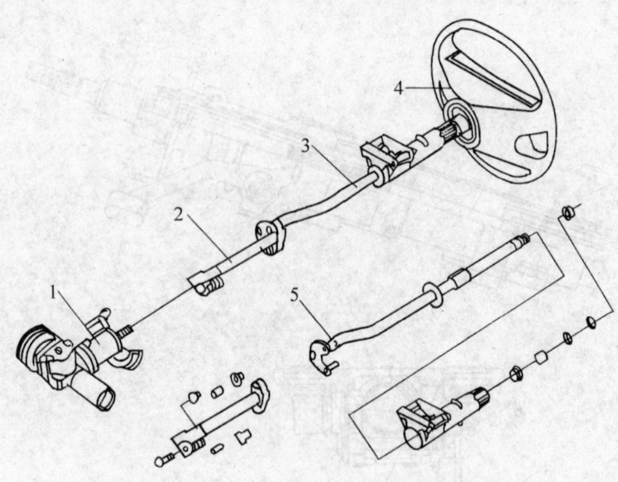

图 14-7 可分离式安全转向操纵机构

1—转向器 2—下转向轴 3—上转向轴 4—转向盘 5—销钉

1）网格状转向管柱（见图 14-8）：转向管柱的部分管壁制成网格状，当撞车而受到压缩时很容易轴向变形，吸收能量。

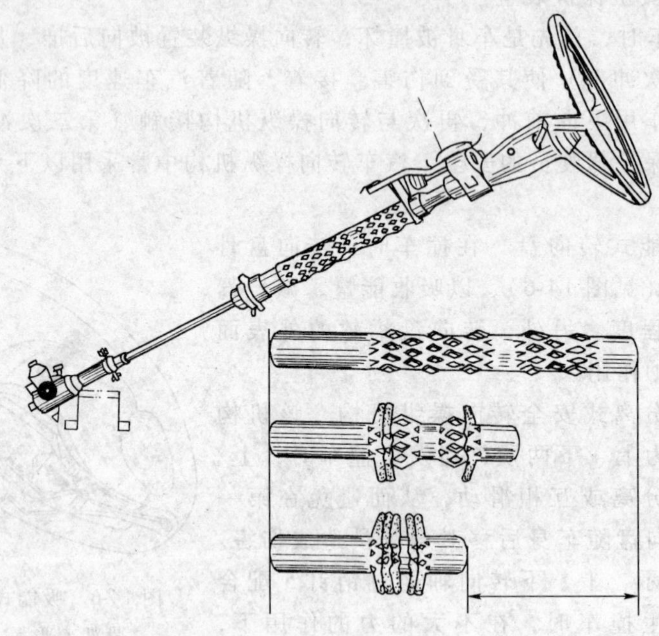

图 14-8 网格状转向柱管吸能装置示意图

2）波纹管变形吸能装置（见图 14-9）：其转向管柱和转向轴都分为上、下两段，在转向轴上套有波纹管。当发生撞车时，上、下转向管柱和转向轴错开缩短，压缩波纹管吸收冲击能量。

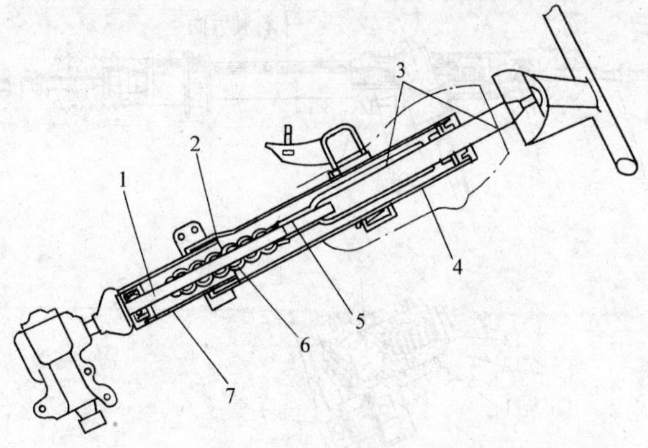

图 14-9　波纹管变形吸能式转向操纵机构

1—下转向轴　2—限位块　3—上转向轴　4—上转向管柱

5—细齿花键　6—波纹管　7—下转向管柱

3）钢球滚压变形吸能装置（见图 14-10）　其转向轴管柱和转向轴都分上、下两段。上、下两段转向轴 4、1 用安全销 7 相联。上、下转向管柱之间压入带有塑料隔套 6 的钢球 5。当发生撞车时，安全销 7 被破坏，上、下转向轴轴向收缩，上、下转向管柱也开始轴向收缩，其内的钢球边转动边在上、下转向管柱的壁上挤压出沟槽，使之变形并消耗冲击能量。

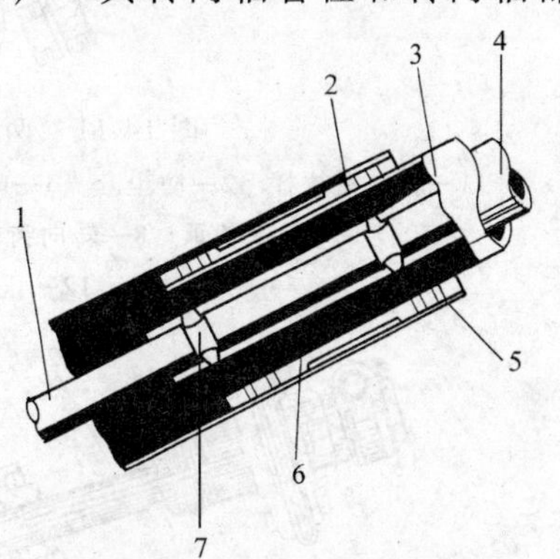

图 14-10　钢球滚压变形吸能装置

1—下转向轴　2—下转向管柱

3—上转向管柱　4—上转向轴

5—钢球　6—塑料隔套　7—安全销

14.1.2　机械转向器

转向器是转向系统中的减速增矩装置，并改变转向力矩的传动方向。目前广泛应用的机械转向器有齿轮齿条式转向器、循环球式转向器和蜗杆曲柄指销式转向器等几种。

1. 齿轮齿条式转向器

图 14-11 所示为两端输出的齿轮齿条式转向器。其工作过程为：转向轴旋转→万向节 9 旋转→转向齿轮轴 8 旋转→转向齿条 4 直线运动→转向横拉杆带动转向节转动。

转向齿轮轴 8 通过轴承 6、7 安装在转向器壳体 5 内，上端和转向轴通过万向节连接。转向齿条 4 与转向器壳体 5 是配合件，转向壳体固装在前桥上。压紧弹簧 12 通过压块 10 将齿条压靠在齿轮轴的齿轮上，通过调整螺母 13 可调整弹簧的预紧力。

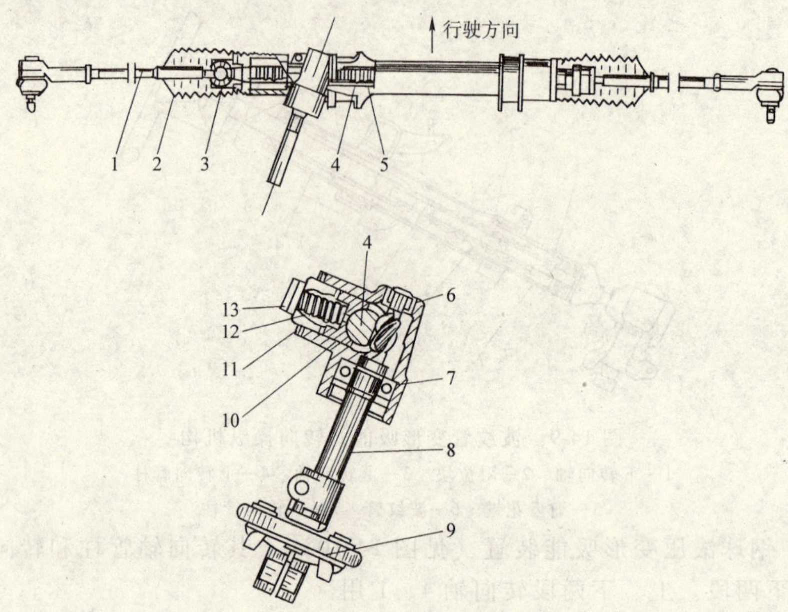

图14-11　两端输出的齿轮齿条式转向器

1—转向横拉杆　2—防尘套　3—球座　4—转向齿条　5—转向器壳体　6—滚针轴承　7—向心球轴承　8—转向齿轮轴　9—万向节　10—压块　11—锁紧螺母　12—压紧弹簧　13—调整螺母

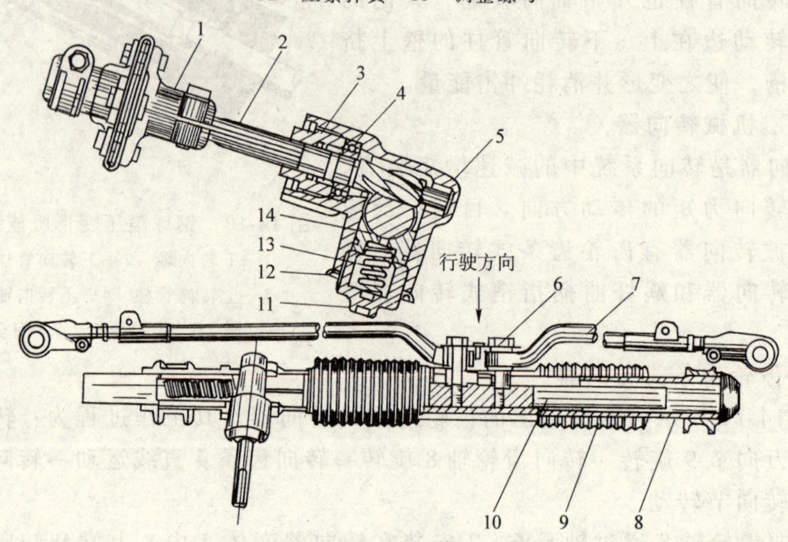

图14-12　中间输出的齿轮齿条式转向器

1—万向节叉　2—转向齿轮轴　3—调整螺母　4—向心球轴承　5—滚针轴承　6—固定螺栓　7—转向横拉杆　8—转向器壳体　9—防尘套　10—转向齿条　11—调整螺塞　12—紧锁螺母　13—压紧弹簧　14—压块

齿轮齿条转向器也有中间输出和一端输出的结构。图 14-12 所示为中间输出的齿轮齿条式转向器。

采用齿轮齿条式转向器则不需要转向摇臂和转向直拉杆等，可使转向机构简化。目前，齿轮齿条式转向器广泛应用在小排量轿车上。

2. 循环球式转向器

它是目前国内、外汽车上较为流行的一种结构形式，一般有两级传动副，第一级是螺杆螺母传动副，第二级是齿条齿扇传动副。

图 14-13 所示为一种循环球式转向器。其第一传动副为转向螺杆 3 和转向螺母 4。转向螺母 4 外侧的下平面上加工有齿条，与齿扇轴 15 上的齿扇啮合，组成第二传动副：齿条-齿扇传动。转向螺母既是螺杆螺母传动副的从动件，又是齿条齿扇传动副的主动件。通过转向盘和转向轴转动转向螺杆时，转向螺母不能转动只能轴向移动，并驱动齿扇轴转动。

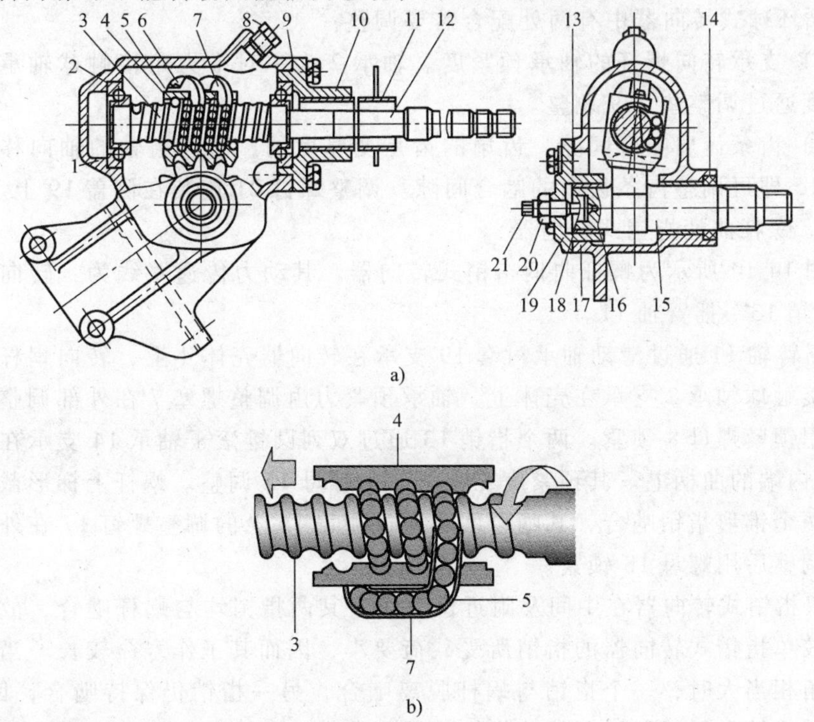

图 14-13　循环球式转向器

a）结构图　b）球流示意图

1—转向器壳体　2—推力角接触球轴承　3—转向螺杆　4—转向螺母　5—钢球　6—钢球导向卡　7—钢球导管　8—六角头锥形螺塞　9—调整垫片　10—上盖　11—转向柱管　12—转向轴　13—转向器侧盖衬垫　14—油封　15—齿扇轴　16—摇臂轴衬套　17—垫片　18—孔用弹性挡圈　19—侧盖　20—螺母　21—调整螺钉

为了减少转向螺杆和转向螺母之间的摩擦，两者之间的螺纹用沿螺旋槽滚动的钢球代替，以实现滑动摩擦变为滚动摩擦。转向螺杆和螺母上都加工出断面轮廓为两段或3段不同心圆弧组成的近似半圆的螺槽，两者能配成近似圆形断面的螺旋管状通道。螺母侧有两对通孔，可将钢球从此孔塞入螺旋形通道内。两根U形钢球导管7的两端插入螺母侧面的两对通孔中，导管内也装满了钢球，这样，两根导管和螺母内的螺旋管状通道组合成两条各自独立的封闭的钢球“流道”。

转向螺杆转动时，通过钢球将力传给转向螺母，螺母即沿轴向移动。同时，在螺杆与螺母两者和钢球间的摩擦力偶矩的作用下，所有钢球在螺旋管状通道内滚动，形成“球流”。钢球在管状通道内绕行后流出螺母而进入导管的一端，再由导管的另一端流回螺旋通道。因此，在转向器工作时，钢球只在封闭通道内循环，而不致脱落。

循环球式转向器中有两处配合需要调整：

1）支承转向螺杆的轴承预紧度。轴承2为一对推力角接触球轴承，其预紧度通过调整垫片9调整。

2）齿条齿扇啮合间隙。齿扇的齿是变厚度的，沿齿扇轴的轴向移动齿扇轴15即可调整齿条齿扇的啮合间隙。调整螺钉21旋装在侧盖19上。

3. 螺杆曲柄指销式转向器

图14-14所示为螺杆曲柄指销式转向器。其动力传递路线为：转向蜗杆3→指销13→摇臂轴11。

摇臂轴11通过滑动轴承衬套19支承在转向器壳体4上，转向蜗杆3通过角接触球轴承2支承在壳体上。轴承预紧力由调整螺塞7在外部调整，调整后用锁紧螺母8锁紧。两个指销13通过双列圆锥滚子轴承14支承在摇臂轴11内端的曲柄上。其预紧度在装配时由螺母15调整。蜗杆上梯形截面螺纹与两个锥形指销啮合，其啮合间隙通过侧盖16上的调整螺钉17在外部调整，调整后用螺母18锁紧。

双指销式转向器在中间及附近位置时，其两指销均与蜗杆啮合，故每个指销较单指销式转向器的指销所受载荷要小，因而其工作寿命较长。当摇臂轴转角相当大时，一个指销与蜗杆脱离啮合，另一指销仍保持啮合，因此，双指销式转向器摇臂转角较单指销式转向器大。

14.1.3 转向传动机构

转向传动机构的功用是将转向器输出的力和运动传给转向桥两侧的转向节，使两侧转向轮偏转，并使两转向轮偏转角按一定关系变化，以保证汽车转向时车轮与地面的相对滑动尽可能小。

1. 转向传动机构的组成与布置方式

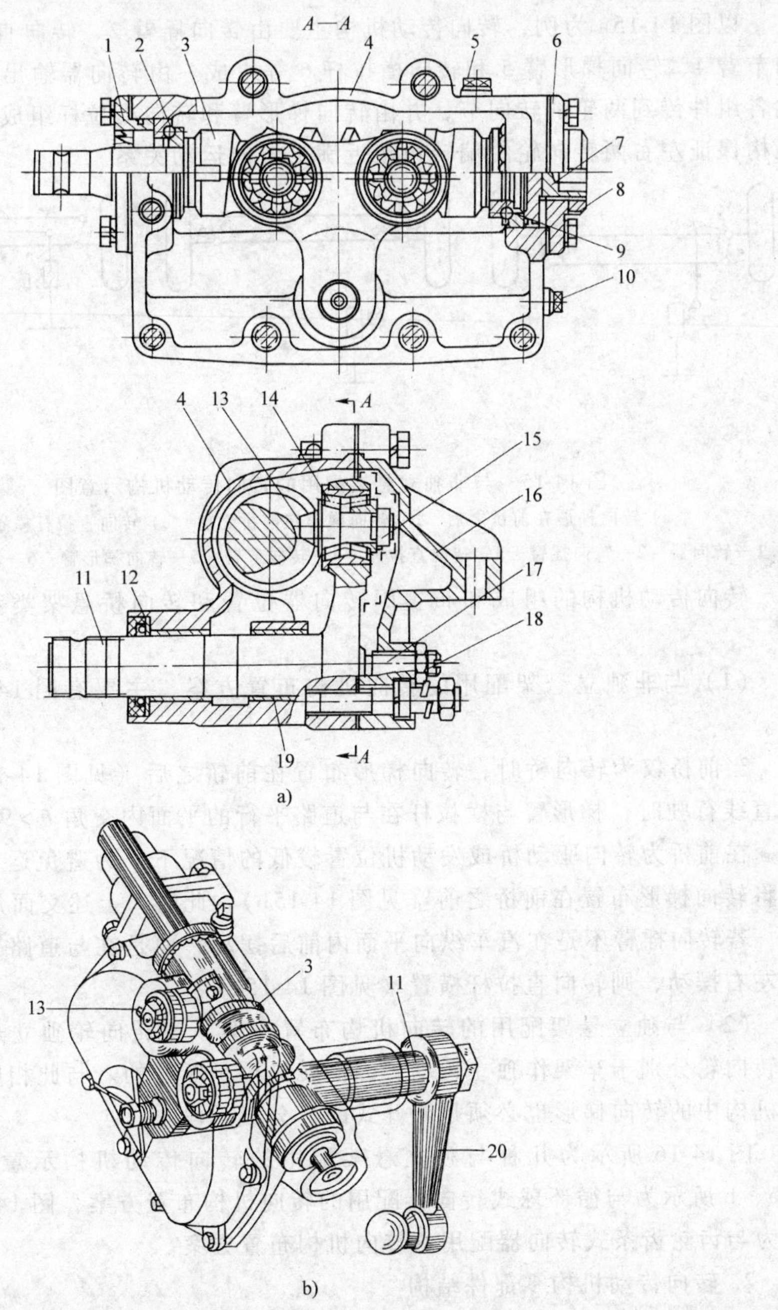

图 14-14　蜗杆曲柄指销式转向器

a) 结构图　b) 立体图

1—上盖　2、9—角接触球轴承　3—转向蜗杆　4—转向器壳体　5—加油螺塞　6—下盖　7—调整螺塞　8、15、18—螺母　10—放油螺塞　11—摇臂轴　12—油封　13—指销　14—双列圆锥滚子轴承　16—侧盖　17—调整螺钉　19—衬套　20—摇臂

以图14-15a为例，转向传动机构主要由转向摇臂2、转向直拉杆3、转向节臂4、转向梯形臂5和转向横拉杆6等组成。由转向器输出的力矩经上述各组件传到两轮的转向节，并由转向梯形臂和转向横拉杆组成的转向梯形机构保证左右两转向轮的偏转角接近满足转向运动关系。

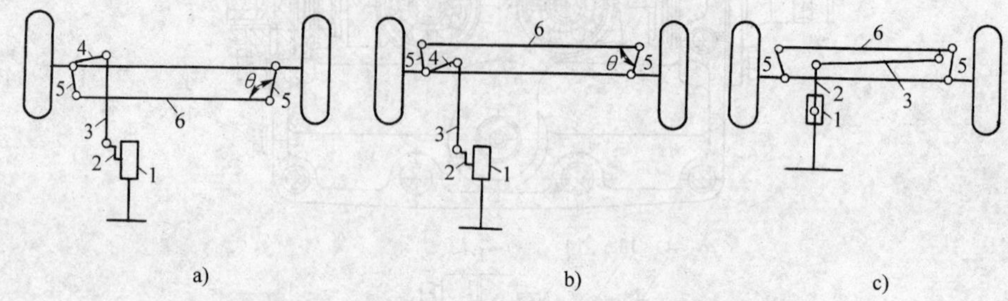

图14-15 与非独立悬架配用的转向传动机构示意图

a）转向梯形在前桥之后 b）转向梯形在前桥之前 c）转向直拉杆横置

1—转向器 2—转向摇臂 3—转向直拉杆 4—转向节臂 5—转向梯形臂 6—转向横拉杆

转向传动机构的组成和布置因转向器位置和转向桥悬架类型的不同而异。

（1）与非独立悬架配用的转向机构布置方案 主要有图14-15所示几种。

当前桥仅为转向桥时，转向梯形布置在前轿之后（见图14-15a）。当汽车直线行驶时，梯形臂与横拉杆在与道路平行的平面内交角 $\theta>90°$。

在前桥为转向驱动桥或发动机位置较低的情况下，为避免运动干涉，往往将转向梯形布置在前桥之前（见图14-15b），此时，上述交面角 $\theta<90°$。

若转向摇臂不是在汽车纵向平面内前后摆动，而是在与道路平行的平面内左右摆动，则转向直拉杆横置（见图14-15c）。

（2）与独立悬架配用的转向机构布置方案 当转向轮独立悬挂时，每个转向轮分别于车架作独立运动，因而转向桥是断开的。与此相应，转向传动机构中的转向梯形也必须是断开式的，分成几段。

图14-16所示为几种与独立悬架配用的转向传动机构示意图。图14-16a、b所示为与循环球式转向器配用的转向机构布置方案，图14-16c、d所示为与齿轮齿条式转向器配用的转向机构布置方案。

2. 转向传动机构零部件结构

转向传动机构的构件多为杆件，各杆件之间一般为球形铰链连接。

（1）转向摇臂 其作用是把转向器输出的力和运动传给直拉杆。

转向摇臂和摇臂轴的结构如图14-17所示。转向摇臂2上端有带细齿花键的锥孔，与转向器的输出端转向摇臂轴4利用花键1联接。摇臂轴外端面

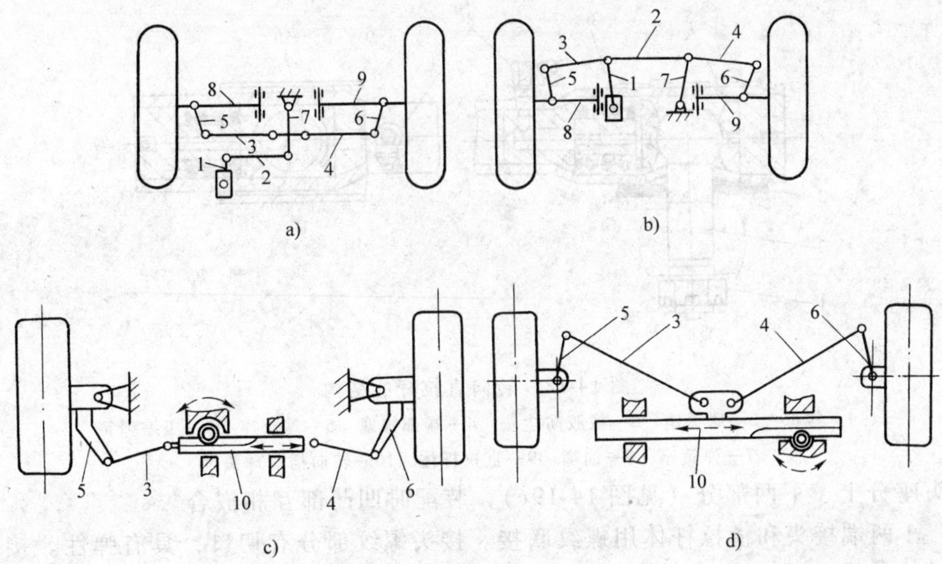

图 14-16 几种与独立悬架配用的转向传动机构示意图

1—转向摇臂 2—转向直拉杆 3—左转向横拉杆 4—右转向横拉杆 5—左梯形臂 6—右梯形臂 7—摇杆 8—悬架左摆臂 9—悬架右摆臂 10—齿轮-齿条式转向器

和转向摇臂上端孔的外端面刻有短线等装配标志，以保证正确装配，当转向摇臂轴在中间位置时，汽车处于直线行驶状态。转向摇臂下端通过球头销 3 与直拉杆联接。球头销球面一般经过强化和硬化处理。

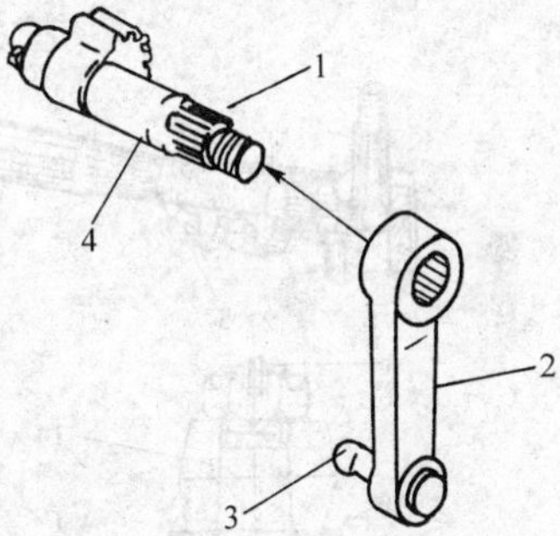

(2) 转向直拉杆　其作用是将转向摇臂传来的力和运动传给转向梯形臂或转向节臂。其结构如图 14-18 所示。

图 14-17 转向摇臂和摇臂轴的结构

1—带锥度的细齿花键 2—转向摇臂 3—球头销 4—摇臂轴

直拉杆体 9 是一段两端扩大的钢管。直拉杆前端是球头销，后端是球头销座，分别与转向节臂（或梯形臂）、转向摇臂球形铰相连，以保证三者在相对的空间运动中不发生干涉。前、后球形铰链结构中都有压缩弹簧，以补偿机械磨损，并具有缓和经车轮和转向节传来的路面冲击。弹簧预紧力可用端部螺塞 4 调节。

(3) 转向横拉杆　它是联系左、右梯形臂并使其协调工作的连接杆。图 14-19 所示为一种转向横拉杆结构图。

转向横拉杆由横拉杆体 2 和两端的横拉杆接头 1 组成。两端接头为球头座——球头销结构，其上有压紧弹簧 12 和调节螺塞 11（见图 14-19b）。球

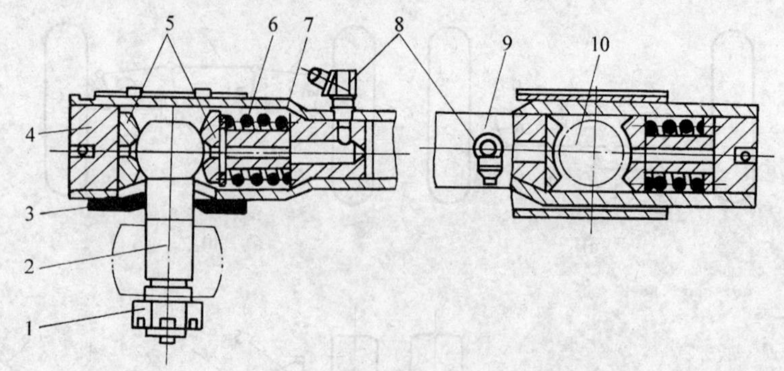

图 14-18 转向直拉杆的结构

1—螺母 2—球头销 3—橡胶防尘垫 4—端部螺塞 5—球头座 6—压缩弹簧 7—弹簧座 8—油嘴 9—直拉杆体 10—转向摇臂球头销

头座分上、下两部分（见图 14-19c），装配时凹凸部互相嵌合。

两端接头和横拉杆体用螺纹联接。接头螺纹部分有切口，具有弹性。接头旋装到横拉杆体后，用夹紧螺栓 3 夹紧。横拉杆体两端的螺纹旋向相反，

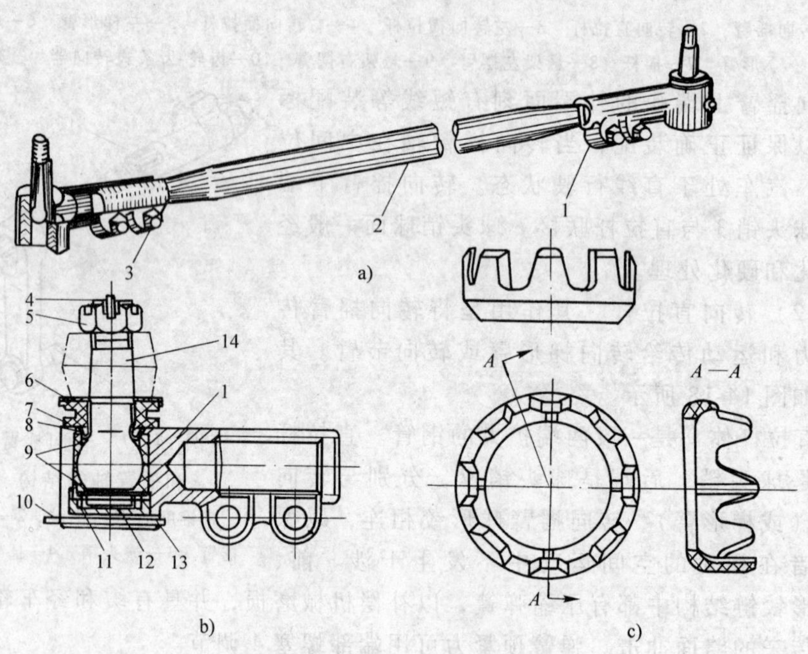

图 14-19 汽车转向横拉杆

a）转向横拉杆 b）接头 c）球头座

1—横拉杆接头 2—横拉杆体 3—夹紧螺栓 4—开口销 5—槽形螺母 6—防尘垫座 7—防尘垫 8—防尘罩 9—球头座 10—限位销 11—调节螺塞 12—压紧弹簧 13—弹簧座 14—球头销

一为右旋、一为左旋。放松夹紧螺栓 3，转动横拉杆体，即可改变转向横拉杆的总长度，从而可调整转向轮前束。

(4) 转向减振器　随着汽车车速的不断提高，现代汽车的转向轮有时会产生摆振，即转向轮绕主销轴线往复摆动，进而引起整车身的振动，大大影响了汽车行驶的稳定性和舒适性，加剧了前轮轮胎的磨损。为此，越来越多的高速汽车转向传动机构中安装了转向减振器。

转向减振器一端与车身或前桥铰接，另一端与转向直拉杆或转向器铰连。转动减振器的结构和工作原理与悬架减振器类似，但两者特性不同。转向减振器在压缩和伸张时的特性是相同的，即对称的。

14.2　动力转向系统

动力转向系统是将发动机或电动机作为主要转向能源的转向系统。

按传能介质的不同，动力转向系统有液压式和气压式两种。气压式系统因其工作压力较低（一般不高于 0.7MPa）、尺寸庞大，所以气压动力转向系统一般用于前轴最大轴载质量为 3 ~ 7t 的部分货车和客车。而液压系统工作压力高达 10MPa 以上、无噪声、工作滞后时间短，而且能吸收来自不平路面的冲击，所以液压动力转向系统在各类汽车上获得广泛应用。

14.2.1　液压动力转向系统概述

1. 液压动力转向系统的组成与工作原理

(1) 液压动力转向系统的组成　图 14-20 所示为上海桑塔纳 2000 轿车的动力转向系统。与机械转向系相比，只是多了一套液压转向加力装置，它由动力装置、执行机构、控制元件以及辅助元件等组成（见图 14-21）。

1) 动力装置：转向液压泵 2，由发动机或电动机驱动，输出液压能。

2) 执行机构：转向动力缸 10，由液压泵提供的高压液压油推动活塞杆左、右运动。

3) 控制元件：包括转向控制阀 8、流量控制阀 3、安全阀 4、单向阀 5 等，转向阀根据转向盘转动方向控制流向转向动力缸的液压油流向，实现转向控制。

4) 辅助元件：包括转向油罐 1、油管等。

液压动力转向系统中，根据机械转向器、转向控制阀和转向动力缸三者的结构和联接关系不同，分为图 14-21 所示 4 种布置方案示意图。

机械转向器、转向控制阀和转向动力缸三者组合成一体，称整体式动力转向器。图 14-21a 中，机械转向器的壳体同时作为动力缸，动力缸活塞和机械转向器的螺母合为一体，将动力腔分为左、右两腔。

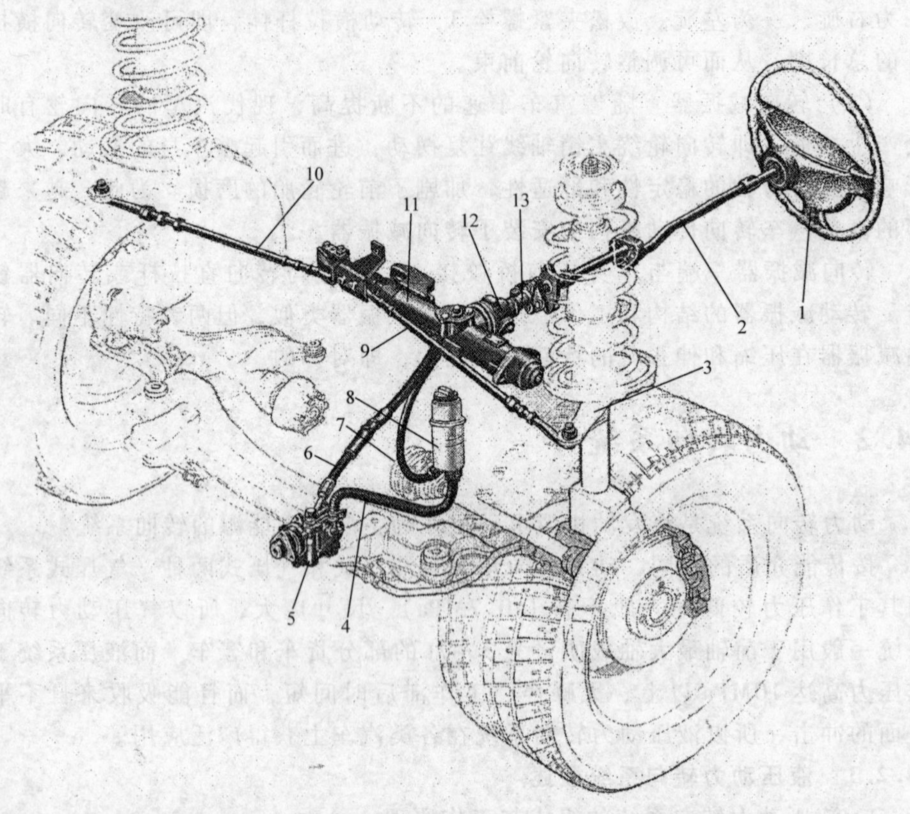

图 14-20　上海桑塔纳 2000 轿车的动力转向系统

1—转向盘　2—转向轴　3—转向节臂　4—吸油管　5—液压转向泵　6—高压油管　7—回油管　8—储液罐　9—左横拉杆　10—右横拉杆　11—动力转向缸　12—动力转向器　13—转向器输入轴

机械转向器与转向控制阀两者组合成一体称半整体式动力转向器（见图 14-21b）。转向动力缸和转向控制阀二者组合成一体称转向加力器（见图 14-21c）。分离式液压动力转向系的机械转向器、辅助控制阀、转向动力缸三者各自独立（见图 14-21d）。

（2）液压动力转向系统工作原理　以图 14-21a 为例，说明如下：

汽车直线行驶时，转向阀在转向控制下将低压回油油路 O、高压动力油路 P、通动力缸左腔 L 的油路 A、通动力缸右腔 R 的油路 B 四路油道接通，转向油泵处于卸荷状态，动力缸 R、L 腔无压力，动力转向器无助力。

驾驶员顺时针转动转向盘 6，带动转向阀，控制动力油由 P 经 A 到达动力缸 L 腔，R 腔制动油由 B 回流到 O，动力缸两腔压力不同，推动活塞运动，通过传动机构使左、右转向轮向右偏转，从而实现右转向助力。向左转向时情况相反。

当动力转向装置出现故障时，在驾驶员的作用下，实现机械转向。此时，单向阀 5 打开，R、L 两腔液压油可与主油路自由流通。

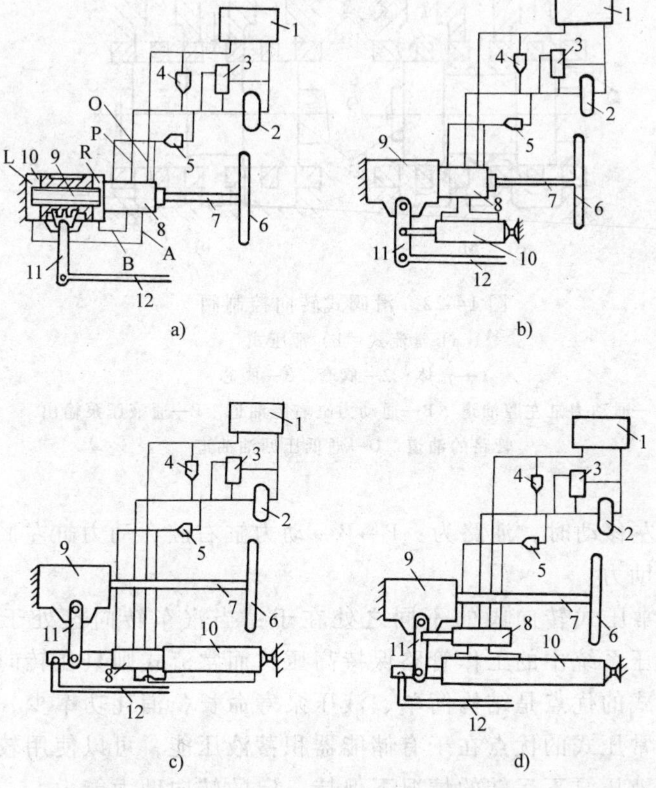

图 14-21　液压转向加力装置结构布置方案示意图

a）带整体式动力转向器　b）带半整体式动力转向器　c）带转向加力器　d）分离式
1—转向油罐　2—转向液压泵　3—流量控制阀　4—安全阀　5—单向阀　6—转向盘　7—转向轴
8—转向控制阀　9—机械转向器　10—转向动力缸　11—转向摇臂　12—转向直拉杆
A—通动力缸左腔油道　B—通动力缸右腔油道　P—通液压泵输出管路的油道
O—通低压回油油道　L—动力缸左腔　R—动力缸右腔

2. 转向阀构造与工作原理

转向控制阀有滑阀式和转阀式两种。

（1）滑阀式转向控制阀　阀芯沿轴向移动来控制油液流量和流向的转向控制阀，称滑阀式转向控制阀（见图 14-22），其中图 14-22a 为常流式滑阀，图 14-22b 为常压式滑阀。

当阀芯 3 处于中间位置（图示位置）时，对于常流式转向阀，P、O、A、B 四油路相通，无助力作用。对于常压式转向阀，P、O、A、B 4 油路互不相通，也无助力。

当阀芯向右移动时，油路为：P→A→动力缸左腔，动力缸右腔→B→O，

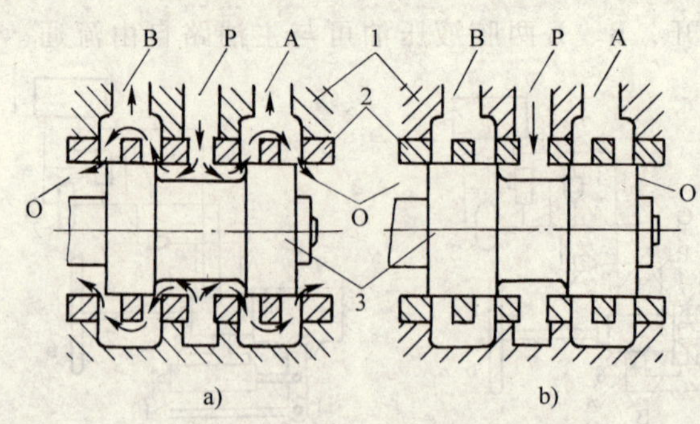

图 14-22 滑阀式转向控制阀

a）常流式 b）常压式

1—壳体 2—阀套 3—阀芯

A—通动力缸左腔油道 B—通动力缸右腔油道 P—通液压泵输出管路的油道 O—通低压回油油道

产生助力。

当阀芯向左移动时，油路为：P→B→动力缸右腔，动力缸左腔→A→O，产生相反方向助力。

常流式与常压式转向阀的不同之处在于：当汽车转向盘处于中立位置时，常压式液压系统中的工作管路保持高压；而常流式则只在转向时管路提供高压。常流式的优点是结构简单、液压泵寿命长，消耗功率少，广泛应用于各种汽车。常压式的优点在于有储能器积蓄液压能，可以使用较小的液压泵，并可以在液压泵不运转的情况下保持一定的转向助力能力，一些重型汽车上采用这种结构。

滑阀式转向阀应用于图 14-21 所示的 c、d 两种情况。

（2）转阀式转向控制阀 阀芯绕其圆心转动来控制油液流量和流向的转向控制阀，称为转阀式转向控制阀。转阀的转动可方便地由转向盘的转动带动，所以应用于图 14-21 所示的 a、b 两种情况。

图 14-23 所示为转阀式转向控制阀的工作原理图，阀套 2 上有 4 个互相连通的进油口 P，与油泵 6 动力油路来接通；4 个互相连通的出油孔 A，与动力缸 1 左腔 L 相通；4 个互相连通的出油口 B，与动力缸 1 的右腔 R 相通。阀芯 3 的内腔与低压回油油路 O 相通。阀芯与阀套的相对位置不同，油路的流通情况不同。

汽车直线行驶转向盘处于中立位置时，阀芯和阀套的相对位置如图 14-23a 所示：P、O、A、B 4 油路相通，此时转向泵卸荷，动力缸 R、L 两腔无压力。无助力作用。

当阀芯向右转动很小位置时，P→A→动力缸左腔 L，动力缸右腔 R→B

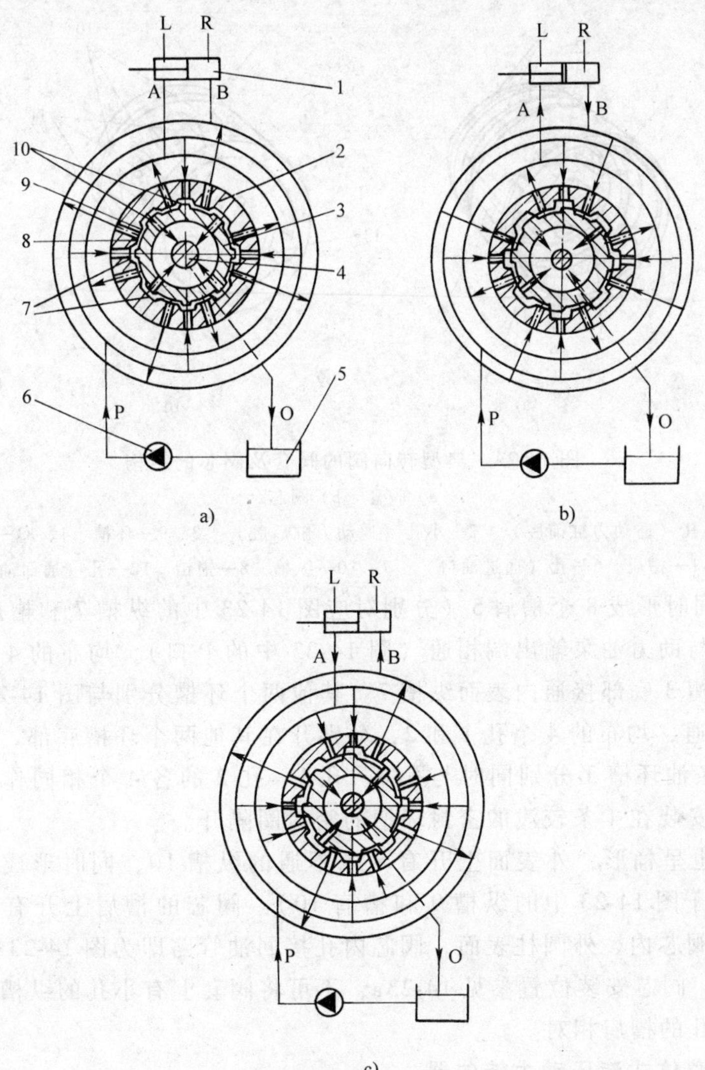

图 14-23 转阀式转向控制阀的工作原理图

a) 汽车直线行驶 b) 汽车右转弯 c) 汽车左转弯

1—动力缸 2—阀套 3—阀芯 4—扭杆 5—储油罐 6—油泵 7、9—纵槽 8、10—槽肩

→O，产生助力（见图 14-23b）；当阀芯逆时针移动很小位置时，P→B→动力缸右腔 R，动力缸左腔 L→A→O，产生相反方向助力（见图 14-23c）。

图 14-24 所示为典型转向阀的阀套及阀芯的结构，对照图 14-23，阀套、阀芯构造说明如下：

阀套是圆桶形，外圆表面上，制有 3 道较宽且深的油环槽 3（对应图 14-23 中的 3 个圆形油路）和 4 道较窄的密封环槽。内表面开有不通的 8 道

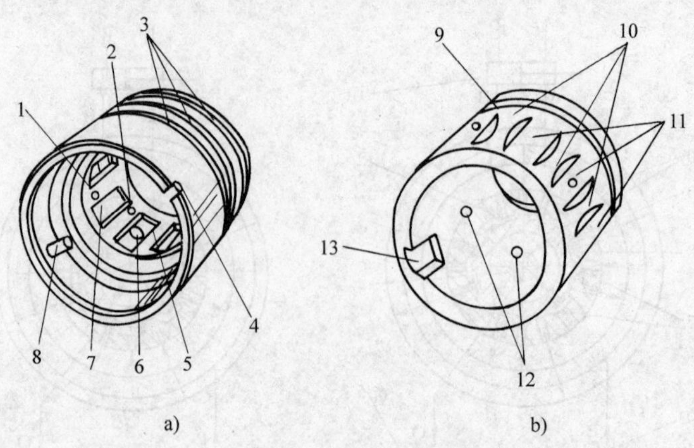

图14-24 典型转向阀的阀套及阀芯的结构

a）阀套 b）阀芯

1—小孔（通动力缸前腔） 2—小孔（通动力缸后腔） 3、9—环槽 4、13—缺口 5、11—槽肩 6—孔（通进油口） 7、10—纵槽 8—锁销 12—孔（通回油口）

纵槽7，同时形成8个槽肩5（分别对应图14-23中的纵槽7和槽肩8）。中间环槽3与助力油泵输出端相通（图14-23中的P口），均布的4个孔6开在中间环槽3底部接通内表面纵槽7。其他两个环槽分别与图14-23中A口和B口相通，均布的4个孔1和2，分别开在其他两个环槽底部，通内表面横肩。3条油环槽3分别同时与孔6、孔1、孔2的各4个相同作用的孔连通，又被安装在4条较浅的密封环槽的密封圈隔开。

阀芯也呈桶形，外表面上开有8条不通的纵槽10，同时形成8道槽肩11（对应于图14-23中的纵槽9和槽肩10）。阀芯的槽肩上开有4个通孔12，接通阀芯内、外圆柱表面，阀芯内孔接回油管路即为图14-23的O口。

阀套、阀芯安装位置参见14-23a，不可将阀套上有小孔的纵槽直接与阀芯上有小孔的槽肩相对。

14.2.2 整体式液压动力转向器

1. 齿轮齿条式整体动力转向器（见图14-25）

转向动力缸活塞12与转向齿条10制成一体。转向动力缸活塞12将转向动力缸13分成左右两腔。由转向油罐7、转向液压泵8、流量控制阀9组成的供能装置输出的油液流入转阀进油口P进入阀腔，由转向阀控制油液流向。转向阀阀套1与转向齿轮11制成一体，转向动力传递路线如下：

转向盘→转向轴3→阀芯2→销18→扭杆4→销15→阀套1（即转向齿轮11）。

阀芯2与扭杆4前端固联，阀套1与转向齿轮11制成一体和扭杆的后端固联。扭杆在扭力作用下，比较容易发生扭转变形，当扭杆发生扭转变形

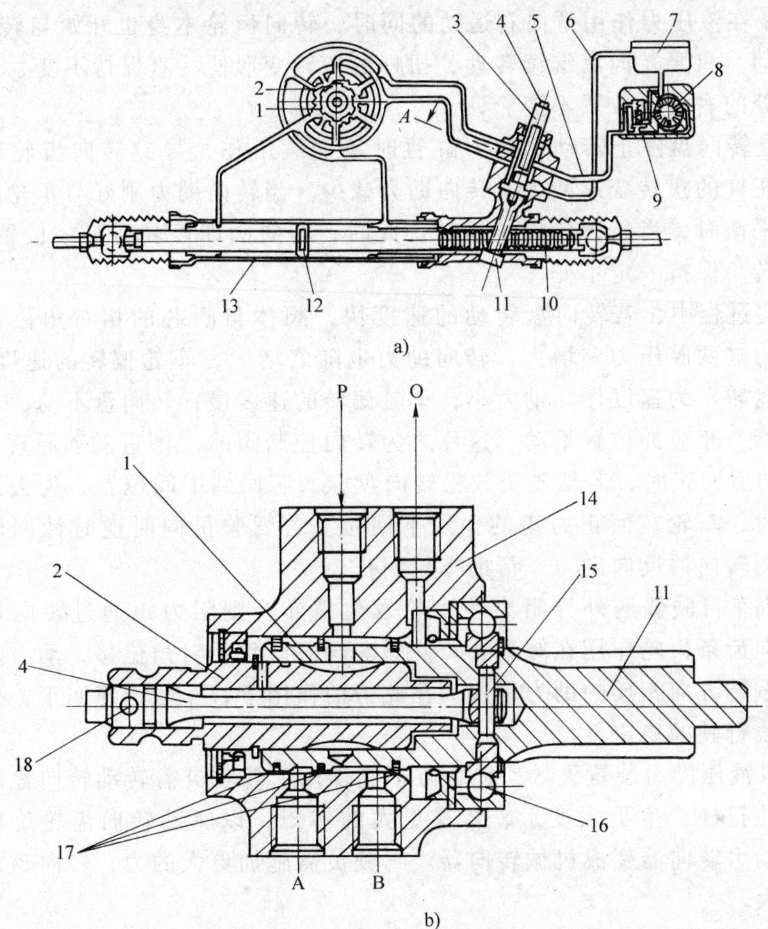

图 14-25　齿条轮式液压动力转向器

a）结构图　b）转阀构造

1—阀套　2—阀芯　3—转向轴　4—扭杆　5—进油管路　6—回油管路　7—转向油罐　8—转向液压泵（叶片泵）　9—流量控制阀（带安全阀）　10—转向齿条　11—转向齿轮　12—转向动力缸活塞　13—转向动力缸　14—阀体　15、18—销　16—轴承　17—密封圈

A—通动力缸左腔油道　B—通动力缸右腔油道　P—通液压泵输出管路的油道　O—通低压回油油道

时，阀芯和阀套相对转动一个角度（即扭杆前、后端变形角度）。工作过程及原理分析如下（以右转向为例）：

开始转向时，转向盘带动阀芯顺时针转动。受到转向节臂传来的路面转向阻力作用，动力缸活塞 12 和转向齿条 10 暂时不能运动，所以转向齿轮 11 暂时也不能随转轴向转动。这样扭杆受到扭矩作用，前、后端产生扭转变形，阀芯和阀套之间转过一个角度。转向动力缸 13 左腔进入高下油，右腔泄压，动力缸产生向右转向助力。

齿条在液压力作用下向右运动的同时，转向齿轮本身也开始与转向轴3同向转动。只要转向盘继续转动，扭杆的扭转变形便一直保持不变，转向控制阀所处的右转向位置不变。

一旦转向盘停止转动，动力缸暂时还继续工作，导致转向齿轮继续转动，使扭杆的扭转变形减少，转向助力减少。当转向助力刚好与车轮的回正力矩相平衡时，齿条齿轮停止运动。此时，转向阀即停驻在某一位置不动，转向轮转角保持一定不变。

转向过程中，若转向盘转动的速度快，阀体与阀芯的相对角位移量也大，动力缸两腔压力差增大，转向助力也随之增大，车轮偏转的速度也快；若转向盘转动为速度慢，助力小，车轮偏转的速度慢；转向盘不动，转向轮也转到某一相应的位置不动，这称之为转向控制阀的“渐进随动原理”。

转向后回正时，若驾驶员放松转向盘，阀芯回到中间位置，失去助力作用，此时，车轮在回正力矩的作用下回位。若驾驶员同时逆时针回转转向盘，动力转向器反向助力，帮助车轮回正。

若汽车行驶偶遇外界阻力使车轮发生偏转，则阻力矩通过转向传动机构、转向齿条齿轮作用在阀套上，使阀套阀芯产生相对角位移，动力缸产生与车轮偏转方向相反的助力作用。在此力的作用下，车轮迅速回正，保证了汽车直线行驶的稳定性。

一旦液压助力装置失效，助力缸不起作用，驾驶员需转动转向盘较大的角度，使扭杆产生更大变形，传递更大的转矩，以驱动转向齿轮旋转。此时，该动力转向器变成机械转向器。驾驶员需施加更大的力，转向盘的自由行程更大。

2. 循环球式整体液压动力转向器（见图14-26）

转向螺母33同时也是动力活塞。转向动力传递路线为：

转向盘→转向轴→短轴17→

- 锁销10→阀芯26
- 锁销16→扭杆18→下端轴盖28→定位销9→阀套27→锁销30→转向螺杆31→转向螺母33→转向摇臂轴32
- （液压助力失效时）较大间隙的扇形凸缘合→转向螺杆31→转向螺母33→转向摇臂轴32

14.2.3　转向液压泵

转向油泵是助力转向的动力源，其作用是将输出的机械能转化为液压能，经转向控制阀向转向动力缸提供一定压力和流量的工作油液。若将转向油罐直接安装在转向泵之上，称潜没式转向泵。非潜没式转向泵的储液罐与转向泵分开安装，用转向油管相连接。

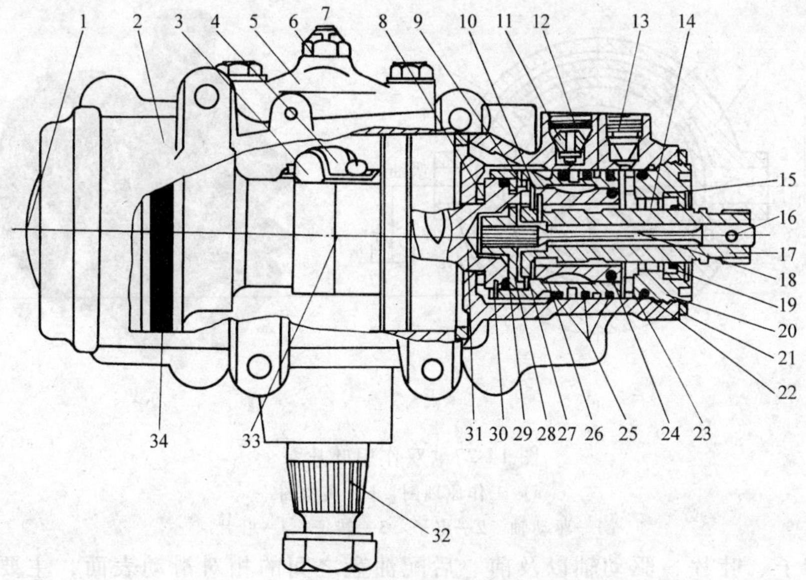

图 14-26 循环球式液压整体动力转向器

1—转向器端盖 2—壳体 3—循环球导管 4—导管压紧板 5—侧盖 6—销紧螺母 7—调整螺钉 8—止推滚针轴承 9—定位销 10、16、30—锁销 11—止回阀 12—进油口 13—出油口 14—滚针轴承 15—卡环 17—短轴 18—扭杆 19—骨架油封 20—调整螺塞 21—锁紧螺母 22、24、25、29、34—O 形密封圈 23—推力滚针轴承 26—阀芯 27—阀套 28—下端轴盖 31—转向螺杆 32—转向摇臂轴 33—转向螺母（齿条—活塞）

转向液压泵的结构形式有齿轮式、叶片式、转子式、柱塞式等。其中，叶片式液压泵在现代汽车上的应用越来越广。

1. 叶片式转向泵的基本结构和工作原理

图 14-27 所示为双作用叶片泵。叶片泵为容积式液压泵，主要由定子环、转子、叶片、泵体、配油盘等组成。

转子 3 上开有均布槽，叶片 4 安装在转子槽内，并可在槽内滑动。定子 2 内表面由两段大半径 R 的圆弧、两段小半径的圆弧和过渡圆弧组成腰形结构。转子和定子同圆心。转子在传动轴的带动下旋转，叶片在离心力和动压作用下紧贴定子表面，并在槽内作往复运动。相邻的叶片之间形成密封腔，其容积随转子的旋转由小到大、由大到小周期变化，当容积由小变大时形成一定真空度吸油；当容积由大变小时，压缩油液，由压油口向外供油。转子每旋转一周，每个工作腔各自吸压油两次，称双作用。双作用式叶片泵两个吸油区、两个排油区对称布置，所以作用在转子上的油压作用力互相平衡。

图 14-28 所示为潜没式双作用叶片泵，其动力输入路线为：

发动机→驱动带→传动带轮→驱动轴 1→转子 16→叶片 4

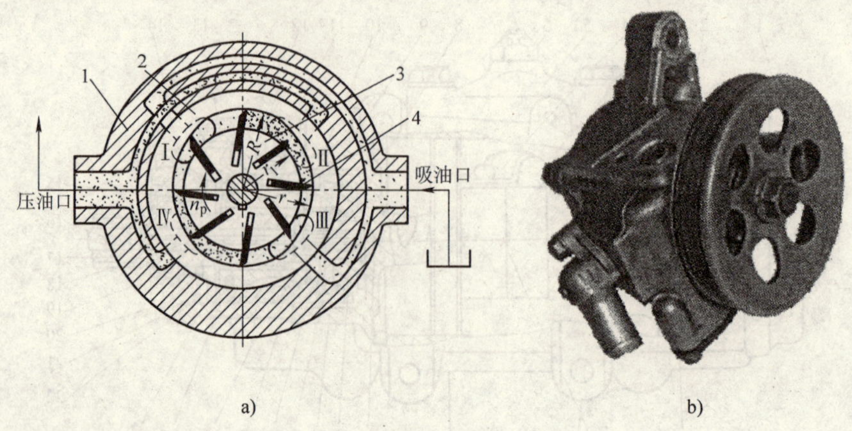

图 14-27 双作用叶片泵

a）工作原理图 b）实物图

1—驱动轴 2—定子 3—转子 4—叶片

转子、叶片、驱动轴以及前、后配油盘之间的相对滑动表面，主要靠配合间隙泄漏的油液进行润滑，但如果泄漏量过多会使油泵容积效率降低。为了控制配油盘轴向间间隙油液的泄漏量，该油泵采用了浮动式配油盘结构。在壳体后盖 8 与后配油盘 7 之间的压油腔内装有一压紧弹簧 9。

油泵空载时，两配油盘仅靠压紧弹簧的张力被压紧在定子和转子的端面上。泵有负荷后，除弹簧张力外，还有后配油盘油腔的压力油作用。油压泵负荷越大，油压越高，配油盘压紧力越大，油液的泄漏量就越少，油泵的容积效率越高。反之，油泵负荷减小，压紧力减小，转子端面与配油盘之间的磨损也随之减少。

2. 流量－安全组合阀

转向液压泵的流量与转子的转速成正比，即与发动机转速成正比。转向泵一般设计满足发动机最低转速即怠速时的转向需要，以保证怠速转向所需动力缸活塞的最大移动速度。这样，当发动机转速升高时，液压泵流量将过大，导致液压泵消耗功率过多和油温过高。为此，转向加力装置必须设置流量控制阀，以限制转向液压泵最大流量。

转向液压泵的输出压力取决于液压系统的负荷（即动力缸活塞所受的运动阻力）。在转向阻力矩过大时，动力缸和液压泵均将超载而导致零件损坏。因此，液压系统中还必须装设用以限制系统最高压力的安全阀。

为了限制动力转向系的最高工作压力和最大流量，在转向油泵内装有流量安全组合阀。图 14-28 所示的叶片泵中，由柱塞 11 和弹簧 15 组成流量阀；钢球 14、阀杆 13 和弹簧 12 组成安全阀，安装在流量阀体内腔中。流量－安全控制油路为：

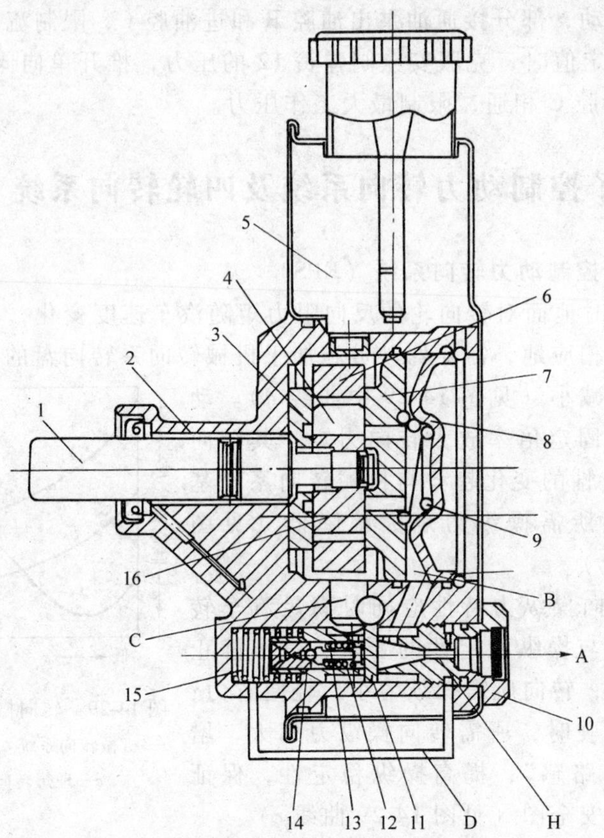

图 14-28　潜没式双作用叶片泵

1—驱动轴　2—壳体　3—前配油盘　4—叶片　5—储油罐　6—定子　7—后配油盘　8—后盖　9—压紧弹簧　10—管接头　11—柱塞　12、15—弹簧　13—阀杆　14—钢球　16—转子　A—出油口　B—出油腔　C—进油腔　D—油道　H—主量孔

储油罐 5→壳体进油道→

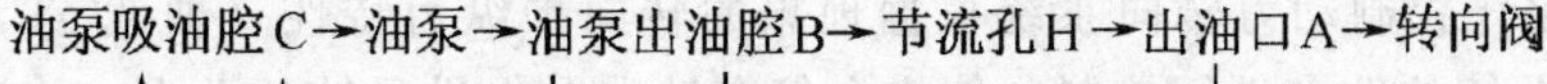

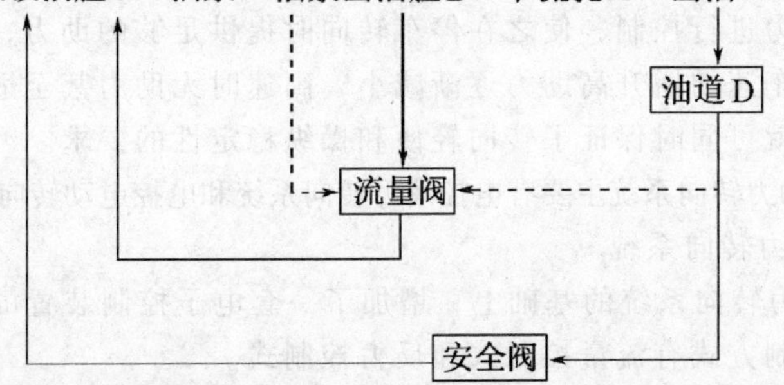

由于节流孔 H 的作用，出油口 A 压力小于出油腔 B。且流量越大，节流作用越大，压差越大。流量阀柱塞两端分别承受油泵出油腔 B 和出油口 A 之间的压力。当流量达到一定值时，AB 之间的压差足以克服弹簧压力，推

开柱塞向左运动，部分接通油泵出油腔B和进油腔C，限制流量。当出油口A压力达到一定值时，克服安全阀弹簧12的压力，推开单向阀钢球14使出油口A与吸油腔C相通，限制最大工作压力。

14.3　电子控制动力转向系统及四轮转向系统

14.3.1　电子控制动力转向系统（EPS）

汽车转向时地面对转向轮的反向阻力矩随汽车速度变化，车速越高转向阻力矩越小。相应地，需要驾驶员施加于机械转向系转向盘的操纵力矩也随车速的升高而减小（见图14-29中曲线a）。动力转向系统以固定倍率放大转向力矩，其转向操纵力-车速特性的变化趋势与机械转向系统基本相同，只是所需操纵力矩大幅降低（见图14-29中曲线b）。

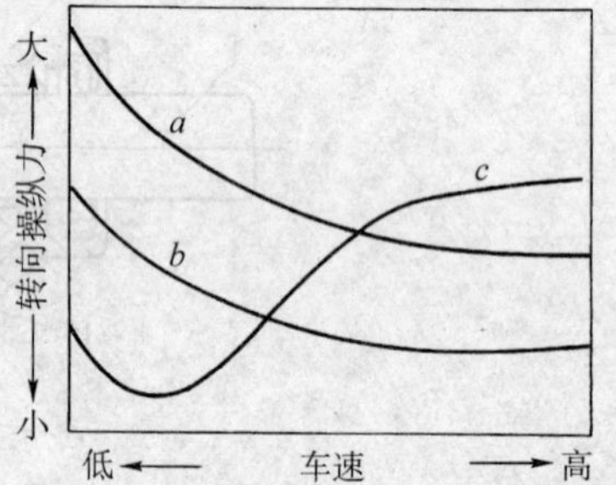

图14-29　转向操纵力-车速特性

a—机械转向系统　b—动力转向系统　c—理想转向操纵特性

理想的转向操纵力特性应同时满足汽车转向的轻便灵活与操纵稳定性的要求：汽车静止或低速行驶时，转向所需操纵力小，轻便省力；汽车中高速行驶时，所需转向操纵力稍大，增加驾驶员的“路感”，提高操纵稳定性，保证高速行车时的安全图（见图14-29曲线c）。

对比图14-29a、b、c3条曲线，可以看出，一般动力转向系统一定程度上解决了汽车低速转向轻便的问题，但无法保证高速时的操纵稳定性，甚至使高速转向时路感变差；同时，为了兼顾高速转向的稳定性，动力转向系统又无法在汽车低速转向时提供足够的助力。

电子控制动力转向系统根据理想的转向操纵力特性（曲线c），对动力转向系统的助力进行控制，使之在停车转向时提供足够的助力，使汽车原地转向容易，随车速的增升高助力逐渐减小，高速时无助力甚至适当增加转向阻力。这样，就可同时保证了转向轻便和操纵稳定性的要求。

电子控制动力转向系统主要有电控液力转向系统和电控电动转向系统两大类。

1. 电控液力转向系统

它是在液力转向系统的基础上，增加了一套电子控制装置的动力转向系统。常见的控制方式有流量控制式和反力控制式。

（1）流量控制式电控液力转向系统　其组成及工作原理示意图如图14-30所示。与液力转向系统相比，多出一套电子控制装置，包括：信号输入装置（车速传感器7、转向角传感器4、选择开关9等）、执行机构（旁通流量控制阀 2、电磁阀 3）和控制单元（控制器 8）3 部分。

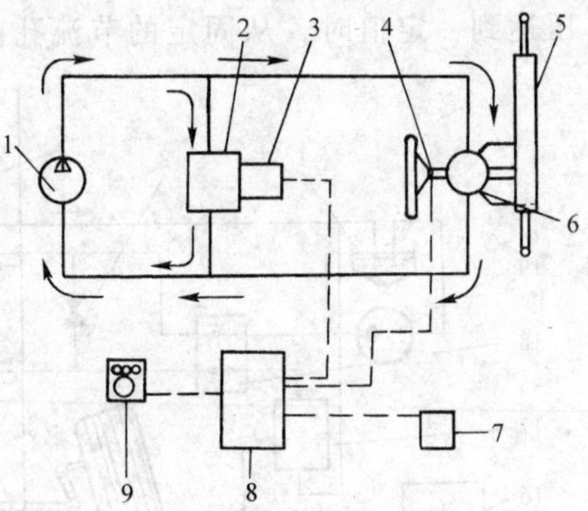

图 14-30　流量控制式电控液力转向系统

1—液压泵　2—旁通流量控制阀　3—电磁阀　4—转向角传感器　5—转向器　6—控制阀　7—车速传感器　8—控制器　9—选择开关

其控制原理为：在泵与转向器之间设有旁流通道，由旁通流量控制阀 2 控制其流量的大小，间接控制流向动力转向器 5 的压力油流量，也即控制转向助力的大小。控制器 8 接收传感器 4、7 输入的车速、转角等信号，通过分析计算，控制分流电磁阀 3 通电电流的大小，进而控制旁通阀的旁通流量，最终控制转向助力的大小。其控制程序决定了操纵特性，保证低速时转向轻便，中高速时，所需转向操纵力适当加大。当控制系统出现故障时，旁通阀完全关闭，电控液力转向系统变为非电控动力转向系统。

旁流通道与控制阀一般直接设在动力转向器壳体上。旁通阀流量受电磁阀控制（见图 14-31）。随着电磁线圈 2 的电流的变化，主滑阀 3 直线移动，控制旁流通路的节流孔面积。稳压滑阀 1 起到稳定节流口前后压力差的作用，进而使旁通流量由主滑阀准确控制。

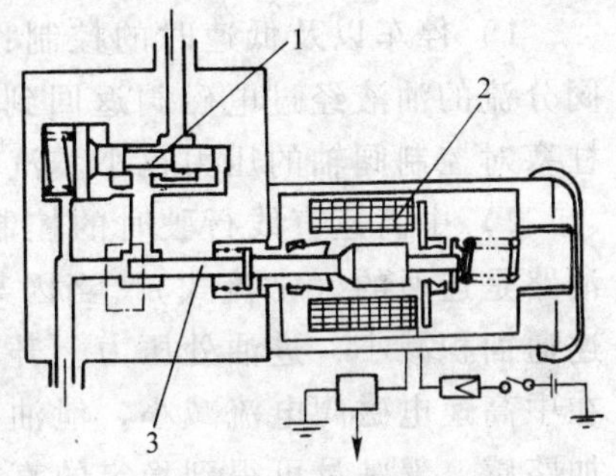

图 14-31　旁通流量控制阀结构示意图

1—稳压滑阀　2—电磁线圈　3—主滑阀

流量控制式电控液力转向系统结构简单，在液压动力转向系统的基础上进行简单改造即可实现，但对操纵力的控制范围受到限制。

（2）反力控制式电控液力转向系统（见图 14-32）　其控制系统包括：油压反力装置、油压反力控制装置和电子控制装置 3 部分。

油压反力室内有来自分流阀的动力高压油，柱塞 13 在油压作用下对转向控制阀轴 4 施加一个压力，由这个压力产生的摩擦力矩阻碍控制阀轴的转动。油压反力室 14 的油压不同，柱塞对控制阀轴的作用力大小不同，表现为转向所需操纵力不同。

油泵反力室的油压受到分流阀 18、电磁阀 17 和节流孔 2 的调节控制。流经电磁阀的电流不同，电磁阀开度不同，排回贮油罐的流量不同。分流阀是将从油泵输出的油液向转向控制阀和电磁阀分流，若转向控制阀侧油压升高，则流向电磁阀（亦即油压反力室）的油量增多。当转向控制阀侧的油压达到一定值时，从固定的节流孔向油压反力室进油。

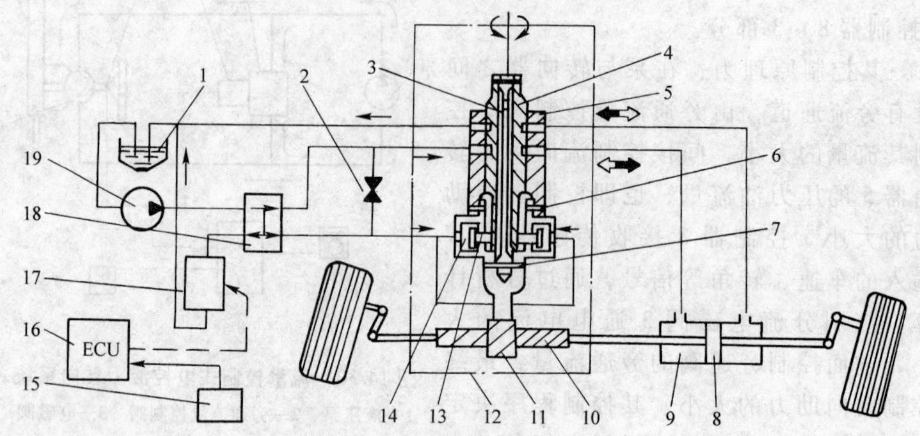

图14-32　反力控制式电控液力转向系

1—储油罐　2—节流孔　3—扭杆　4—转向控制阀轴　5—回转阀　6、7—销钉　8—动力油缸活塞　9—动力油缸　10—齿条　11—小齿轮　12—转向齿轮箱　13—柱塞　14—油压反力室　15—车速传感器　16—控制单元　17—电磁阀　18—分流阀　19—转向动力泵

反力控制式电控液力转向系有3种控制状态：

1）停车以及低速时的控制：此时，通过电磁阀线圈的电流较大，分流阀分流的油液经过电磁阀返回到储油罐的油量较大，油压反力室压力较小，柱塞对控制阀轴的压力也小。汽车在液压助力作用下实现轻便转向。

2）中高速直线行驶时的控制：汽车直线行驶时，转向控制阀中的进回油路是连通的（常流式）。当因某种原因汽车偏离直线行驶时，进、回油路连通面积减小，进油处压力上升，通过分流阀进入电磁阀侧的油量增多。而在中高速电磁阀电流减小，泄油量减少，所以柱塞背压升高，阻力增大，增加路感。驾驶员可得到稳定的直行感。

3）中高速转向时的控制：从较大油压反力的中高速直线行驶进行转向操纵时，转向控制阀的进回油路连通面积进一步减小，由分流阀进入油压反力室的油量进一步增多，同时从固定的小节流孔向油压反力室进油。这样柱塞的背压更大。随着转向操纵角的增大，转向操纵力也直线上升，所以能够获得高速的稳定的转向操纵感。

2. 电控电动转向系统

电动转向就是利用电动机作为转向辅助动力源的动力转向系统。电动转向易于实现微机控制，可以通过编程提供不同需求的理想的动力转向特性，也有助于四轮转向的实现。另一方面，电动转向系统轻便、紧凑、可靠。近年来电动转向在桥车上得到了广泛的应用。

（1）电控电动转向系统的组成与工作原理（见图14-33）　电控动力转向系统由机械转向系统、电动机驱动机构和电子控制装置组成。

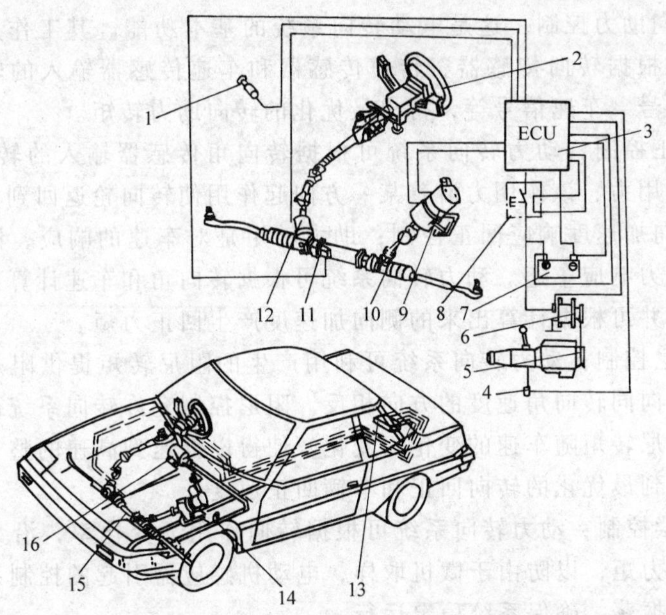

图 14-33　电子控制电动式转向系统

1—点火开关　2—转向盘　3—控制单元　4—车速传感器　5—电动机　6—发电机　7—蓄电池　8—继电器　9—电动机　10—离合器减速器　11—转向角传感器　12—转矩传感器　13—信号线　14—电动机继电器　15—转向器　16—功率控制装置

电动机驱动机构包括电动机 9、离合器减速器 10 和助力齿轮等。电动机输出的转矩由减速齿轮减速放大后通过万向节带动转向器中的助力齿轮，驱动齿条运动为车轮转向提供助力。

电子控制装置是以微机为中心的包括车速传感器、转向转矩传感器、转角传感器和驱动电路的电子控制系统。电控电动转向系统控制框图如图 14-34 所示。其完成的功能如下：

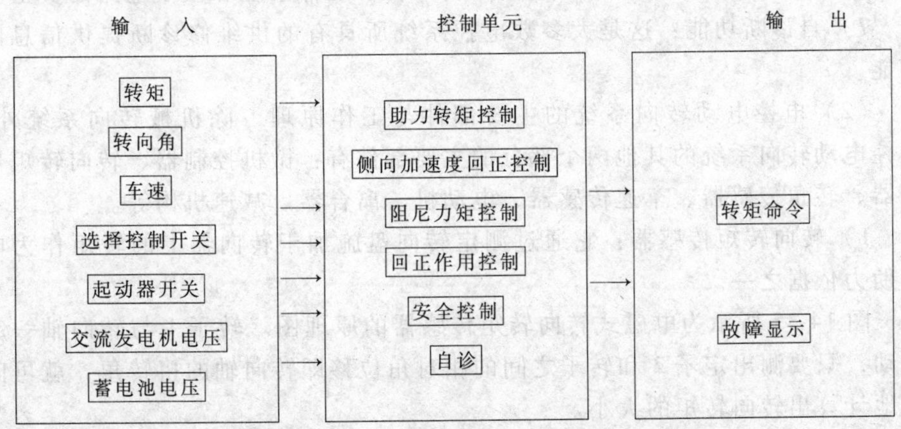

图 14-34　电控电动转向系统控制框图

1）转向助力控制：这是电动转向系统的基本功能。其工作原理是：微机控制单元根据转向传感器、转角传感器和车速传感器输入的转向转矩信号、转角信号、车速信号等，得出最优化的转向助力转矩。

2）回正控制：动力转向系统可根据转向角传感器输入的转向角信号，产生回正作用力，该作用力沿着某一方向起作用使转向轮返回到中间位置。

3）侧向加速度响应回正控制：助力转矩是对车速的响应，同样也可以使回正作用力响应车速。动力转向系统可根据转向角和车速计算出汽车的侧向加速度，并可根据计算出来的侧向加速度产生回正力矩。

4）阻尼控制：动力转向系统可利用产生的阻尼转矩提供阻尼控制，阻尼转矩的方向同转向角速度的方向相反。阻尼控制允许转向系统调整回正速度，控制阻尼转矩随车速的变化而变化，使得以低速到高速的整个变化范围内都可以得到最优化的转向回正和车辆回正速度。

5）补偿控制：动力转向系统可根据转向作用力变化率，沿力矩变化方向产生补偿力矩，以防由于微机取样，电动机感应器引起的控制系统的延迟所成的自激振荡，确保系统稳定运行。

6）安全控制：电控动力转向系统中设有故障安全控制功能，其作用是确保在任何条件下转向系统也能连续安全实现转向功能。安全控制包括停止助力转矩控制和限制助力转矩控制。

当转向系统的基本部件如转向转矩传感器、电流传感器、助力电动装置及连接导线等出现故障，导致系统无法正常工作时，使电磁离合器断开，电源继电器释放，从而停止助力转矩控制。

限制助力转矩控制是为了避免可能出现的故障。一旦出现可能导致故障的蓄电池电压降低、动力装置过热、电流连续几秒钟过大时，系统就会降低向助力电动机的输出电流，限制助力转矩，以确保系统和汽车电路的安全。

7）自诊断功能：这是大多数电控系统所具有的供维修诊断提供信息的功能。

（2）电控电动转向系统的主要部件与工作原理　除机械转向系统外，电控电动转向系统的其他两个部分的主要部件有：微机控制器、转向转矩传感器、转角传感器、车速传感器、电动机、离合器、减速机构等。

1）转向转矩传感器：它通过测定转向盘施加于转向器上的转矩作为电动助力依据之一。

图 14-35 所示为电磁式转向转矩传感器的原理图。转子 1 与转向轴一起转动，只要测出定子 2 和转子之间的相对角位移即转向轴的扭转角，就可间接地计算出转向转矩的大小。

图 14-36 所示为装在转向器内转向扭杆上的电位计式转向传感器。当扭

杆 2 扭转变形时，引起电位计 5 内的触点位置发生变化，进而引起电阻值发生改变，由输出端 3 输出的电位发生变化。根据输出端的电位值可计算出转向角和转向转矩。

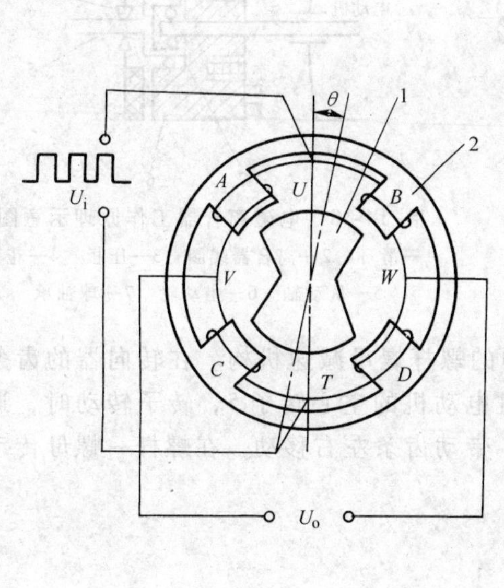

图 14-35 电磁式转向转矩传感器的原理图

1—转子 2—定子

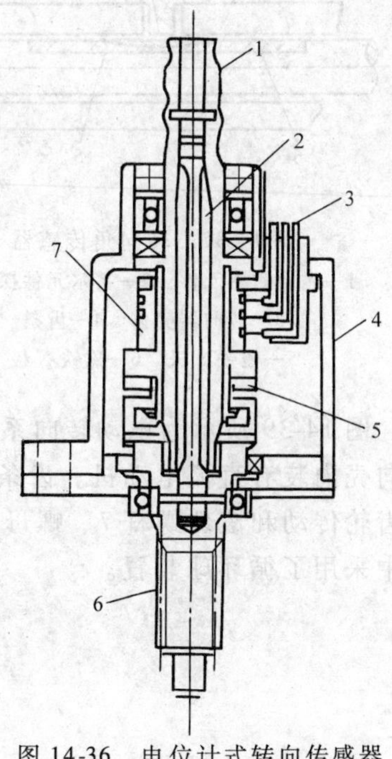

图 14-36 电位计式转向传感器

1—轴 2—扭杆 3—输出端

4—外壳 5—电位计

6—转向器主动齿轮 7—滑环

2）转向角传感器：图 14-37 所示为安装在转向器内的转向角传感器，它由啮合在齿条 4 上的磁铁和固定在转向器上的霍尔元件探测器 2 组成，当齿条移动时，引起磁通密度和极性的变化，由霍尔元件转化为电压信号输出。根据输出电压可计算出齿条移动量和转移方向，进而可以计算出转向角。

3）电磁离合器：电动转向系统一般采用单片式电磁离合器，其工作原理如图 14-38 所示。当电流通过滑环 1 进入离合器线圈 2 时，在主动轮 6 上产生电磁吸引力，带花键的压板 3 被吸引与主动轮压紧，电动机的动力经过电动机输出轴、主动轮、压板、花键、从动轴传给减速机构。离合器在微机控制下结合或者分离。

4）电动机减速机构：助力电动机转速高、转矩小，必须经由减速机构减速增转矩后驱动转向器。常用的减速机构有蜗杆蜗轮传动、螺杆螺母传动、行星齿轮减速机构等多种形式。

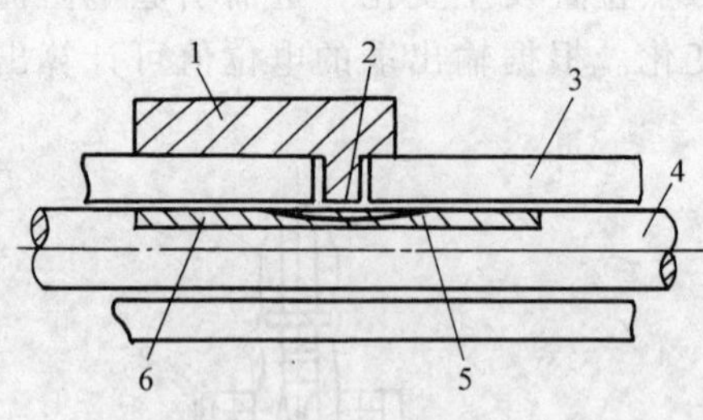

图 14-37 转向角传感器

1—磁性敏感元件 2—霍尔元件探测器 3—转向器壳体 4—齿条 5—磁铁 S 极 6—磁铁 N 极

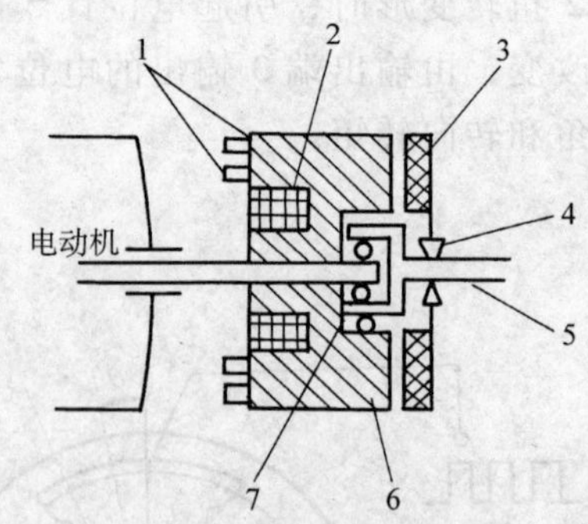

图 14-38 电磁离合器工作原理示意图

1—滑环 2—离合器线圈 3—压板 4—花键 5—从动轴 6—主动轮 7—球轴承

图 14-39 所示为电动转向系统中的螺杆螺母减速机构。在转向器的齿条导向壳内装有直流电动机。齿条穿过电动机的空心转子 5，转子转动时，通过齿轮传动和滚珠螺杆 7、螺母 10、带动齿条左右移动。在螺杆－螺母传动副中采用了循环球装置。

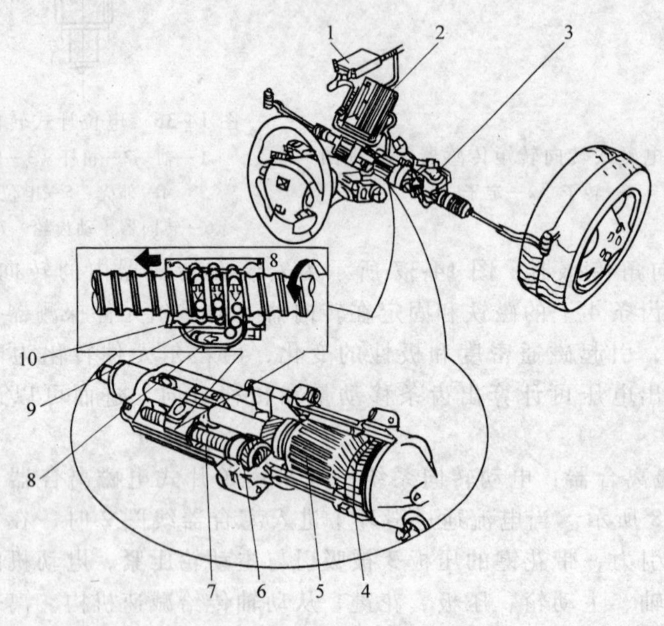

图 14-39 螺杆螺母减速机构

1—控制装置 2—动力装置 3—转向机 4—电刷 5—空心转子 6—传动齿轮 7—滚珠螺杆 8—导管 9—循环钢球 10—螺母

14.3.2 四轮转向

1. 四轮转向概述

(1) 四轮转向　汽车通常是通过操纵转向盘使前轮偏转以实现转向功能，而四轮转向则是对后轮也进行转向操纵以配合前轮转向。前、后转向轮的转向控制有同相和逆相两种情况（见图 14-40）。

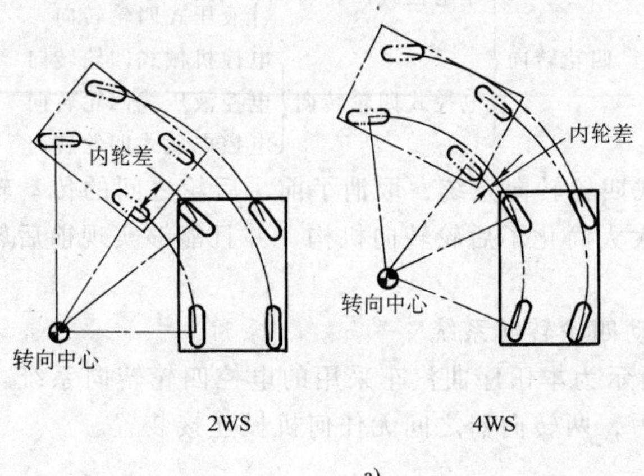

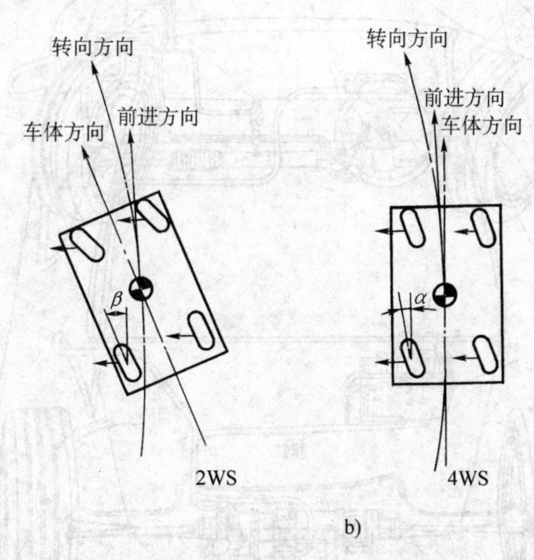

图 14-40　四轮转向与两轮转向比较

a）逆相控制模式　b）同相控制模式

四轮转向系统中若后轮的转向与前轮的转向方向相反，则称逆相控制模式（见图 14-40a）。其转弯半径比两轮转向的转弯半径小，这就提高了汽车停车或在狭小空间转向的机动性，适于汽车低速行驶。

若后轮的转向与前轮的转向方向相同，则称同相控制模式（见图

14-40b)。其转弯半径比两轮转向的转弯半径大，但汽车在转向时车身与行驶方向的偏转角小，这样，减小了汽车调整行驶转向时的旋转和侧滑，提高了操纵稳定性，适于汽车的高速行驶。

(2) 四轮转向的种类　其种类很多，如下所示：

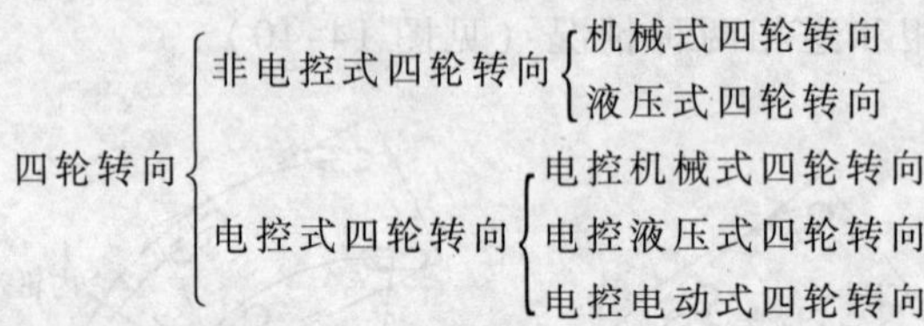

电控电动式四轮转向系统，取消了前、后轮之间的传动轴、绳索、液压管道等部件，大大简化了后轮转向机构，并且能够实现前后轮转向角关系的精确控制。

2. 电控电动四轮转向系统

图 14-41 所示为本田序曲汽车采用的电控四轮转向系统。前、后轮转向器均为电动助力，两转向器之间无任何机械连接装置。

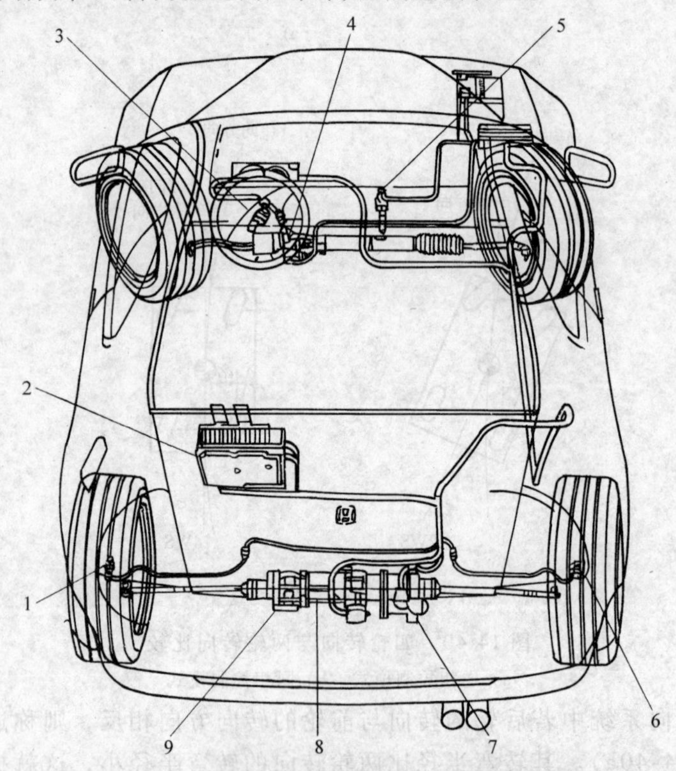

图 14-41　本田序曲汽车采用的电控四轮转向系统

1、6—后轮转速传感器　2—四轮转向控制单元　3—主前轮转角传感器　4—副前轮转角传感器　5—车辆速度传感器（VSS）　7—副后转角传感器　8—后轮转向执行器　9—主后转角传感器

(1) 系统组成　它包括微机控制单元、前后轮转向执行器、主副前轮转向传感器，主、副后轮转向传感器、后轮转速传感器、车速传感器等。

后轮转向执行器包括一个通过循环球螺杆机械驱动转向齿条的电动机(见图 14-42)。执行器内的复位弹簧在点火开关关闭时或四轮转向系统失效时将后轮推到直线行驶位置。一个主后轮转角传感器和一个副后轮转角传感器安装在后轮转向执行器的顶端。

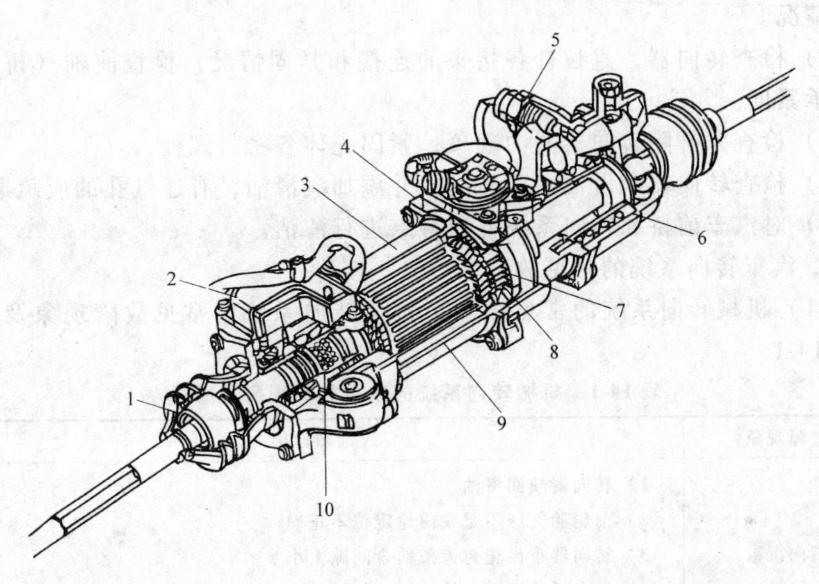

图 14-42　后轮转向执行器

1—转向轴螺杆　2—主后转角传感器　3—定子　4—执行器壳体　5—副后转角传感器　6—复位弹簧　7—换向器　8—电刷　9—转子　10—循环球螺杆

(2) 四轮转向系统的工作原理　发动机工作时，四轮转向控制单元不断地从所有的传感器收集信息。如果转向盘转动，四轮转向控制单元就会对车辆速度传感器、主前轮转角传感器、副前轮角传感器、主后轮转角传感器、副主后轮转角传感器以及后轮转速传感器传来的信息进行分析，并计算出适当的后轮转向角，然后将蓄电池电压输入到前、后轮转向执行电动机使前、后轮转向。

蓄电池电压通过两只大功率晶体管输送到后轮转向执行器电动机处。其中一只晶体管在右转弯时导通，而另一只在左转弯时导通。主、副后轮转角传感器将反馈信号送到四轮转向驱动控制单元以显示后轮转角已被执行。

14.4 汽车转向系统的维护及故障

1. 汽车转向系统的维护

汽车转向系统的维护主要是清洁、检查、紧固、调整和润滑。其日常维护如下：

1）检查转向器支架螺栓的坚固情况，检查转向臂轴与转向臂的连接与紧固情况。

2）检查转向器、直拉杆各接头的连接和紧固情况，检查前轴（桥）轮毂轴承紧度。

3）检查并排除转向器漏油现象，紧固壳体各密封螺栓。

4）检查转向器润滑油平面高度，并添加润滑油，有通气孔的应疏通。

5）对汽车前桥和转向系统各润滑点进行清洁。

2. 汽车转向系统的常见故障

（1）机械转向系统的常见故障　机械转向系统的常见故障现象及原因见表14-1。

表14-1　机械转向系统的常见故障现象及原因

故障现象	故障原因
转向沉重	1）转向器缺润滑油 2）前轮胎气压不足或前轮定位不正确 3）转向器小齿轮与齿条啮合间隙太小 4）转向器或转向管柱的轴承损坏 5）转向横拉杆球头销缺油或损坏
转向盘自由行程过大	1）转向器的小齿轮与齿条间隙过大 2）转向器的轴承、横拉杆球头或转向万向节磨损 3）转向柱、传动轴和转向器之间的连接螺栓松动 4）转向盘与转向柱连接松动

（2）动力转向系统的常见故障　动力转向系统的常见故障现象及原因见表14-2。

表14-2　动力转向系统的常见故障现象及原因

故障现象	故障原因
转向沉重或助力不足	1）转向油泵传动带松动 2）润滑油面低 3）轮胎气压不足 4）流量控制阀卡滞 5）液压泵内泄漏过大，输出压力不足

（续）

故障现象	故障原因
转向沉重或助力不足	6）转向器内泄漏过大 7）安全阀或泄压阀损坏 8）动力缸活塞磨损
转向盘发飘或跑偏	1）转向控制阀回位弹簧损坏或太软 2）油液脏污使滑阀运动受到阻滞 3）滑阀与阀体台阶位置偏移使滑阀不在中间位置
转向时有噪声	1）液压管路中有空气 2）转向油泵传动带松动，液压泵磨损严重或损坏，各管路接头松动或油管堵塞、破裂

本章小结

1）汽车转向时 4 个车轮都做纯滚动的条件是 4 个轮子轴线交于一点。

2）汽车转向系统分为机械转向系统和动力转向系统两大类。机械转向系统以驾驶员的体力作为转向能源，传力件都是机械的。动力转向系统以发动机或电动机的动力作为主要转向能源。

3）汽车机械转向系统由转向操纵机构、机械转向器和转向传动机构 3 部分组成。

4）动力转向系统有液压式和气压式两种。液压动力转向系统的转向加力装置由液压泵、转向动力缸、转向阀、转向油罐等组成。

5）电子控制动力转向系统根据理想的转向操纵力特性对动力转向系统的助力进行控制，可同时满足转向轻便和操纵稳定性的要求。

6）汽车四轮转向是对后轮也进行转向操纵的系统。前、后转向轮的转向控制有同相和逆相两种情况。逆相式的转弯半径比两轮转向的转弯半径小，提高了汽车转向的机动性，适于汽车低速行驶；同相式在转向时车身与行驶方向的偏转角小，提高了操纵稳定性，适于汽车的高速行驶。

【复习思考题】

1. 名词解释：机械转向系统、动力转向系统、转向盘的自动行程、滑阀式转向控制阀、转阀式转向控制阀、电子控制动力转向、转向操纵力特性、电控液力转向系统、电控电动转向系统、四轮转向。
2. 汽车转向系统的功用是什么？汽车转向时，若使 4 个车轮都作纯滚动，应满足什么条件？
3. 汽车转向系统分为哪几类？各由哪几部分组成？

4. 转向操纵机构主要有哪些部件?
5. 简述齿轮齿条转向器的基本结构和工作原理。
6. 简述循环球转向器的基本结构和工作原理。
7. 简述螺杆曲柄指销式转向器的基本结构和工作原理。
8. 转向传动机构主要有哪些部件?
9. 简述转向控制阀的工作原理。
10. 简述齿轮齿条式整体动力转向器的工作原理。
11. 简述循环球式整体动力转向器的工作原理。
12. 简述叶片式转向液压泵的工作原理。
13. 液压动力转向系统为何要设流量-安全组合阀?简述其工作原理。
14. 电子控制动力转向系统的控制目的是什么?
15. 简述流量控制式电控转向系统的工作原理。
16. 简述反力控制式电控转向系统的工作原理。
17. 简述电控电动转向系统的工作原理。
18. 四轮转向有哪些优越性?简述电控四轮转向的工作原理。

第 15 章　汽车制动系统

教学目标与要求

- 掌握汽车制动系统的分类、结构及工作原理
- 掌握制动器（鼓式、盘式）的结构及工作原理
- 掌握制动传动装置（机械、液压、气压）的组成及工作原理
- 掌握制动防抱死系统（ABS）的作用、基本组成及分类
- 掌握 ABS 电子控制部分的组成及工作原理
- 理解各类制动压力调节方式及调节过程
- 理解驱动防滑系统（ASR）的基本作用与结构原理
- 理解电子稳定程序（ESP）的基本作用与结构原理

教学重点

※制动器（鼓式、盘式）的结构及工作原理
※制动间隙的调整
※ABS 的作用、组成及工作原理
※各类制动压力调节装置的调节方式及调节过程
※驱动防滑系统（ASR）的组成及工作原理
※电子稳定程序（ESP）的组成及工作原理

教学难点

▲制动间隙的调整

▲各类制动压力调节器的结构与工作原理

▲ABS、ASR、ESP 的结构原理

15.1 汽车制动系统概述

实现让行驶中的汽车减速甚至停车，或使已经停下来的汽车保持不动，都称为汽车制动。实现汽车制动功能的一系列专门装置称为汽车制动系统。

汽车行驶的安全性，在很大程度上取决于汽车制动装置工作的可靠性。

15.1.1 汽车制动系统的分类

汽车制动系统的分类见表15-1。

表15-1 汽车制动系统的分类

分类方法	类 型	特 点
按功能分	行车制动系统	使行驶中的汽车减速或停车
	驻车制动系统	使汽车停在各种路面驻留原地不动
	应急制动系统	在行车制动系统失效后使用的制动系统
	辅助制动系统	增设的制动装置，以适应山区行驶及特殊用途汽车需要
按制动能源分	人力制动系统	以人力为惟一能源
	动力制动系统	以发动机动力转化为液压或气压制动
	伺服制动系统	兼用人力和发动机动力制动
按制动能量传输方式分	机械系统	以机械传输制动能量
	液压系统	以液压传输制动能量
	气压系统	以气压传输制动能量
	电磁系统	以电磁力传输制动能量
	组合系统	多种传输制动能量综合
按制动回路分	单回路	全车制动用一条制动回路
	双回路	全车制动用两条制动回路

15.1.2 汽车制动系统的基本组成与工作原理

各种类型的制动系统的结构原理有所不同，以液压制动系统为例（见图15-1）。它主要由车轮制动器和液压传动机构组成。车轮制动器由制动鼓8、制动蹄10、制动底板11等组成。制动鼓固定在车轮轮毂上，随车轮一同旋转，它的工作面是内圆柱面。固定不动的制动底板有两个支承销12，支承着两个弧形制动蹄的下端。制动蹄的外圆面上装有摩擦片9，上端用制动蹄回位弹簧13拉紧压靠在轮缸活塞7上。

液压传动机构主要由制动踏板1、推杆2、制动主缸4、制动轮缸6和油管5等组成。制动轮缸也安装在制动底板上，并用油管与车架上的制动主缸相连通。主缸活塞3可由驾驶员通过制动踏板来操纵。

制动系统不工作时，制动鼓的内圆面与制动蹄摩擦片的外圆面之间保留有一定的间隙，使制动鼓可以随车轮自由旋转。

制动时，驾驶员踩下制动踏板，推杆2便推动主缸活塞3，使制动主缸4中的油液以一定压力流入制动轮缸6，通过轮缸活塞7使两制动蹄10的上端向外张开，从而使摩擦片压紧在制动鼓的内圆面上。这样，不旋转的制动蹄就对旋转着的制动鼓产生一个摩擦力矩 M_{μ}，方向与车轮旋转方向相反，迫使车轮停止转动。而汽车因惯性继续向前运动，由于车轮与路面间的附着作用，车轮即对路面作用一个向前的周缘力 $\boldsymbol{F}_{\mu}$。与此同时，路面给车轮作用一个向后的反作用力 $\boldsymbol{F}_{B}$，即制动力。制动力 $\boldsymbol{F}_{B}$ 由车轮经车桥和悬架传递给车架和车身，迫使整个汽车产生一定的减速度。制动力越大，减速度也越大。

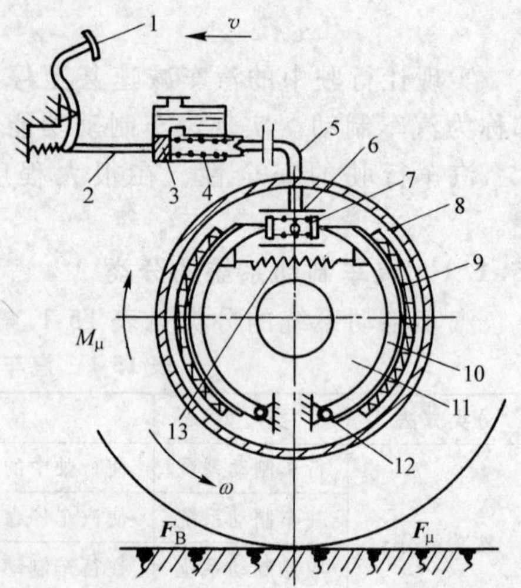

图15-1 制动系工作原理示意图
1—制动踏板 2—推杆 3—主缸活塞 4—制动主缸 5—油管 6—制动轮缸 7—轮缸活塞 8—制动鼓 9—摩擦片 10—制动蹄 11—制动底板 12—支承销 13—制动蹄回位弹簧

当松开制动踏板时，制动蹄回位弹簧13将制动蹄10拉回原位，摩擦力矩 M_{μ} 和制动力 $\boldsymbol{F}_{B}$ 消失，制动作用即行解除。

15.2 制动器

目前，各类汽车上均采用摩擦式制动器，它是利用固定元件与旋转元件工作表面的摩擦作用产生制动力矩的制动器。

15.2.1 鼓式制动器

鼓式制动器是利用制动蹄片挤压制动鼓来获得制动力的，分为内张式和外束式两种。内张鼓式制动器是以制动鼓的内圆柱面为工作表面。现代汽车上广泛使用内张双蹄鼓式制动器。

按驱动制动蹄张开装置（也称促动装置）形式的不同，鼓式制动器可分为轮缸式制动器和凸轮式制动器。前者以液压轮缸作为制动蹄促动装置，后者以凸轮作为促动装置。

鼓式制动器按制动蹄受力情况的不同，可分为领从蹄式（轮缸促动、凸轮促动)、双领蹄式（双向作用、单向作用)、自动增力式 3 种（见图 15-2)。

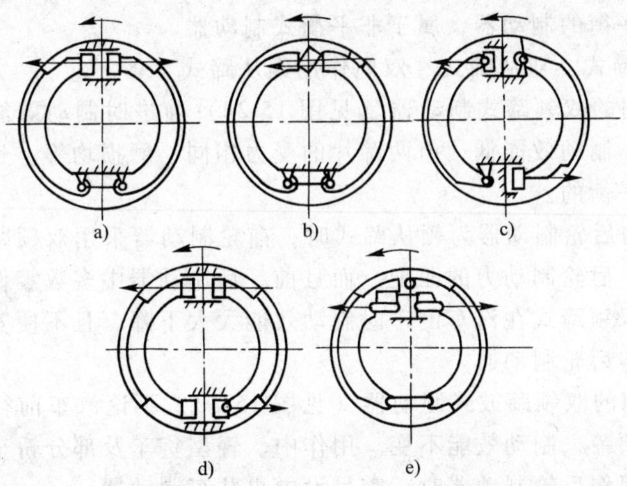

图 15-2　各种鼓式制动器的示意图

a) 领从蹄式（轮缸促动）　b) 领从蹄式（凸轮促动）　c) 单向作用双领蹄式　d) 双向作用双领蹄式　e) 双向增力式

1. 领从蹄式

分轮缸促动和凸轮促动两种（见图 15-2a 及 b)，由于车轮的旋转，鼓作用于蹄的摩擦力，对两制动蹄分别起加大与减小蹄与鼓间压力的作用，前者称领蹄，后者称从蹄。这种制动器制动效能比较稳定，结构简单可靠，便于安装，广泛用作货车的前、后轮制动器和轿车的后轮制动器。

领从蹄制动器制动时，两制动蹄 1、4（见图 15-3）在相等张力 $\boldsymbol{F}_s$ 的作用下，分别绕各自的支承点向外偏转紧压在制动鼓上，同时旋转的制动鼓对两蹄分别作用法向反力 $\boldsymbol{F}_{N1}$ 和 $\boldsymbol{F}_{N2}$，以及相应的切向反力 $\boldsymbol{F}_{T1}$ 和 $\boldsymbol{F}_{T2}$，$\boldsymbol{F}_{T1}$ 和 $\boldsymbol{F}_s$ 绕支承销对领蹄 1 作用的力矩是同向的，因此前制动蹄对制动鼓的压紧力由于 $\boldsymbol{F}_{T1}$ 的作用而增大，即 $\boldsymbol{F}_{N1}$ 变得更大。这种情况称为“增势”作用，相应的前制动蹄称

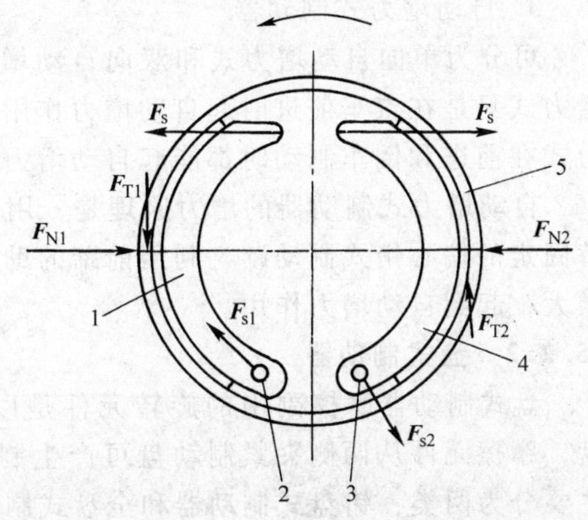

图 15-3　领从蹄制动器制动蹄的受力示意图

1—领蹄　2、3—支承销　4—从蹄　5—制动鼓

为助势蹄。与此相反，$\boldsymbol{F}_{T2}$则使后制动蹄有放松制动鼓，使$\boldsymbol{F}_{N2}$减小的趋势，故后制动蹄具有“减势”作用，被称为减势蹄。制动鼓所受来自两蹄的法向力不互相平衡的制动器，属于非平衡式制动器。

2. 双领蹄式、双从蹄式、双向作用领从蹄式

单向作用的双领蹄式制动器（见图 15-2c）前进时制动效能好，倒车时为双从蹄式，制动效能低，但两蹄片的受力相同、磨损均等，且蹄片作用于鼓的力量是平衡的。

当轿车的后轮制动器为领从蹄式时，前轮制动器采用双领蹄式，易于达到合理的前、后轮制动力的匹配，而且前、后制动器中多数零件具有同样的尺寸。由于双领蹄式在汽车倒车时制动效能大大下降，且不便安装驻车制动器，故不用作后轮制动器。

双向作用的双领蹄鼓式制动器（见图 15-2d）不论汽车前行或倒退，两制动蹄总是领蹄，制动效能不变。用作中、轻型货车及部分轿车的前、后轮制动器。但用作后轮制动器时，需另设中央驻车制动器。

若将图 15-2c 所示的左、右两侧车轮的双领蹄式制动器对调安装，便都成为在制动鼓正向旋转时两蹄均为从蹄的“双从蹄式”制动器。显然，双从蹄式制动器的前进制动效能低于双领蹄式和领从蹄式制动器。但其效能对摩擦因数变化的敏感程度较小，即具有良好的制动效能稳定性。

双领蹄、双向双领蹄、双从蹄式制动器的固定元件布置都是中心对称的。如果间隙调整正确，则其制动鼓所受两蹄施加的两个法向合力能互相平衡，不会对轮毂轴承造成附加径向载荷。因此，这 3 种制动器都属于平衡式制动器。

3. 自动增力式制动器

可分为单向自动增力式和双向自动增力式（图 15-2e）两种。单向自动增力式只是在汽车前进时起自动增力作用，使用单活塞式轮缸；双向自动增力式在前进和倒车制动时都能起自动增力作用，使用双活塞式轮缸。

自动增力式制动器的增力原理是，用可调顶杆体浮动铰接的制动蹄来代替固定的偏心销式制动蹄，利用前蹄的助势推动后蹄，使总的摩擦力矩得以增大，起到自动增力作用。

15.2.2　盘式制动器

盘式制动器摩擦副中的旋转元件是以端面工作的金属圆盘，称为制动盘，摩擦元件从两侧夹紧制动盘可产生制动。固定元件则有多种结构形式，主要分为两类：钳盘式制动器和全盘式制动器，钳盘式制动器又可分为定钳盘式和浮钳盘式两种。

钳盘式制动器由工作面积不大的摩擦块与其金属背板组成制动块，每个

制动器中有 2 ~ 4 块，这些制动块及其促动装置都装在横跨制动盘两侧的夹钳形支架中，称为制动钳。钳盘式制动器散热能力强、热稳定性好，故大多数轿车和轻型货车广泛采用这种制动器。

全盘式制动器制动盘的全部工作面可同时与摩擦片接触。全盘式制动器主要用于重型汽车。

1. 定钳盘式制动器

其结构如图 15-4 所示。制动盘 1 固定在轮毂 7 上，与车轮一起旋转。制动钳 5 固定在车桥上，既不能旋转也不能沿制动盘轴线方向移动。制动钳内装有两个制动轮缸活塞 2，分别压住制动盘两侧的制动块 3。当驾驶员踩下制动踏板使汽车制动时，制动轮缸的液压上升，活塞被微量顶出，制动块夹紧制动盘产生制动。

2. 浮钳盘式制动器

浮钳盘式制动器的结构如图 15-5 所示。制动钳 1 可以相对于制动盘 4 轴向移动；在制动盘的内侧设有液压缸 9，外侧的固定制动块 5 附着在钳体上。制动时，在液压力 $\boldsymbol{F}_{P1}$ 作用下，推动活塞及活动制动块 6 向左移动，并压到制动盘上，于是制动盘给活塞一个向右的反作用力 $\boldsymbol{F}_{P2}$，使活塞连同制动钳体整体沿导向销 2 向右移动，直到制动盘左侧的固定制动块 5 也压到制动盘上。这时，两侧制动块都压在制动盘上，夹住制动盘产生制动作用。

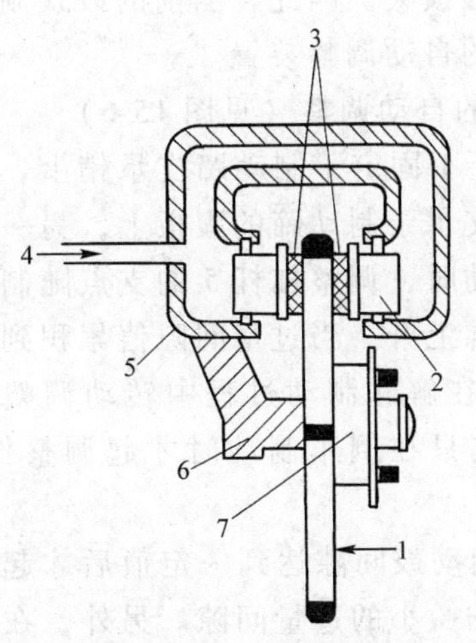

图 15-4　定钳盘式制动器的结构

1—制动盘　2—活塞　3—制动块
4—进油口　5—制动钳　6—车桥
7—轮毂

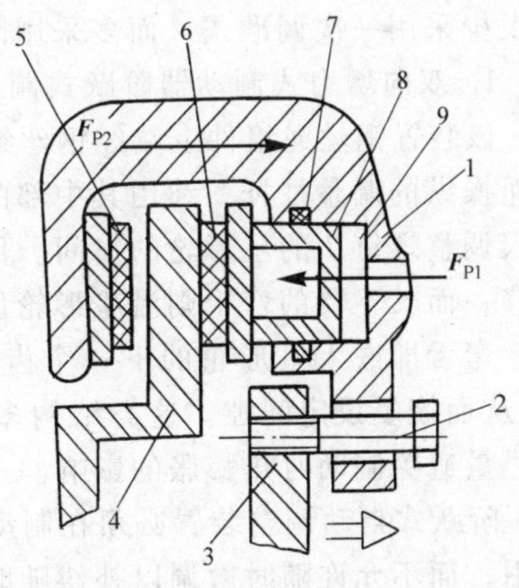

图 15-5　浮钳盘式制动器的结构

1—制动钳　2—导向销　3—制动钳支架
4—制动盘　5—固定制动块　6—活动制动块
7—活塞密封圈　8—活塞　9—液压缸

目前，盘式制动器已广泛应用于轿车，除一些高性能轿车外，大都只用作前轮制动器，与后轮的鼓式制动器配合，可使汽车在较高车速下保持制动时的方向稳定性。在货车上，盘式制动器目前也采用得不少。

15.2.3 制动器间隙自动调整装置

制动器在不工作时，其摩擦片与制动鼓或制动盘之间应保持合适的间隙，称制动间隙，其值由汽车制造厂规定，如鼓式制动器一般在0.25～0.5mm之间。制动间隙如果过小，就不易保证彻底解除制动，造成摩擦副的拖磨；过大又将使制动踏板行程太长，以致驾驶员操作不便，同时也会推迟制动器开始起作用的时刻。但是在制动器工作过程中，摩擦片的不断磨损必将导致制动器间隙逐渐增大。此情况严重时，即使将制动踏板踩到极限位置，也产生不了足够的制动力矩。因此，制动器都有检查、调整制动间隙的装置。

制动间隙的调整有手动调整和自动调整两种。按工作过程的不同，自动调整可分为一次调准式和阶跃式两种。一次调准式自动调整装置不需要精细地调整，只需一次完全制动即可自动地调整到设计间隙，且在行车过程中可随时补偿过量间隙。正是由于可随时进行补偿，往往也会导致“调整过量”而使冷却状态下的间隙过小。因鼓式制动器的热变形导致的过量间隙远比盘式制动器大许多，故在采用一次调准式的自调装置时只得加大设定间隙量以留出足够的热膨胀量，这就加大了踏板行程损失。因此，当前的鼓式制动器已很少采用一次调准式，而多采用阶跃式的自动调整装置。

1. 双向增力式制动器阶跃式制动间隙的自动调整（见图15-6）

该装置钢丝绳组件上端经钢丝绳连接环1固定于制动蹄支承销上，由钢丝绳操纵的调整杠杆5和用其中部的弯舌支承于制动蹄的腹板上，另一弯舌嵌入调整螺钉7的星形轮的齿间。倒车制动时，调整杠杆5的支点随制动蹄下移，而其下臂的弯舌则沿星形轮齿的齿廓上升。当过量间隙值累积到一定时，弯舌即嵌入星形轮的下一个齿间，并在解除制动过程中转动调整螺钉7，从而恢复设定间隙。这类结构多设计成只在倒车制动时才起调整作用，以尽量避免制动时热膨胀的影响。

阶跃式自动调整装置必须在制动蹄与制动鼓间隙达到一定值后才起调整作用，而不允许随时微调以补偿随时产生的微小的过量间隙。另外，在制动器装车后必须经过多次制动方可自动调整到设定间隙。为此，上述调整螺钉头部的星形轮可用于事先进行粗略的人工调整。

2. 钳盘式制动器一次调准式制动间隙自动调整

目前，钳盘式制动器的间隙都是自动调节的，而且其自调方式都属于一次调准式。最常见的钳盘式制动器的间隙自调装置就是图15-7所示的活塞

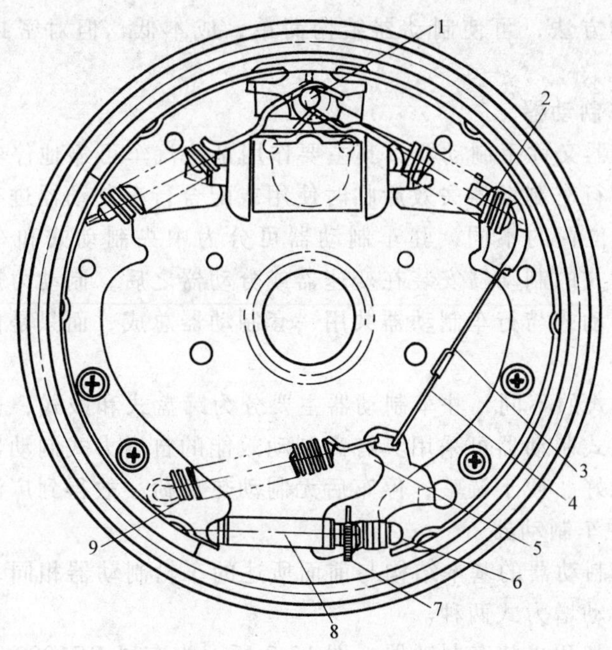

图 15-6　双向增力式制动器阶跃式制动间隙的自动调整

1—钢丝绳连接环　2—钢丝绳导向板　3—钢丝绳　4—钢丝绳钩　5—调整杠杆
6—调整顶杆帽　7—调整螺钉　8—调整顶杆体　9—调整杠杆回位弹簧

密封圈，它能兼起活塞回位弹簧和一次调准式间隙自调装置的作用。制动钳体中的活塞 1 上都装有橡胶密封圈 3。在活塞移动过程中，橡胶密封圈的刃边在摩擦力的作用下随活塞移动，使密封圈产生弹性变形。相应地，其极限变形量 Δ 应等于制动器间隙为设定值时的完全制动所需的活塞行程（见图 15-7a）。解除制动时，活塞在密封圈的弹力作用下返回，直到密封圈变形完全消失为止（见图 15-7b）。若制动器存在过量间隙，则制动时活塞密封圈变形量达到极限值后，活塞仍可能在液压力作用下，克服密封圈的摩擦力而继续移动，直到实现完全制动为止。但解除制动后，活塞密封圈将活塞拉回的距离仍然是 Δ，因此制动器间隙又恢复到设定值。这种利用密封圈的弹性和定量变形使活塞回位和自

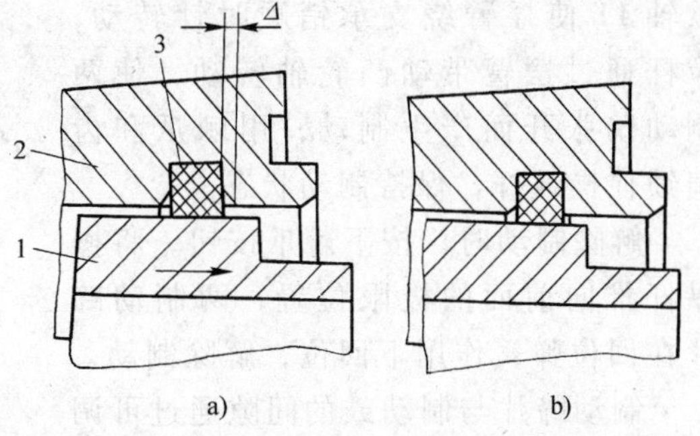

图 15-7　活塞密封圈的工作情况

a）制动状态　b）不制动状态

1—活塞　2—制动钳体　3—密封圈

动调整间隙的方法，可使制动器结构简单，成本低，但对密封圈的要求较高。

15.2.4　驻车制动器

驻车制动器又称手制动器，其主要作用是使汽车可靠地停驻，便于在坡道上起步，在行车制动器失效后临时使用或配合行车制动器进行紧急制动。

按照安装位置的不同，驻车制动器可分为中央制动式和车轮制动式两种。中央制动式的制动器安装在变速器或分动器之后，制动力矩作用在传动轴上。车轮制动式与行车制动器共用一套制动器总成，而只是传动机构相互独立。

按结构形式的不同，驻车制动器主要分为蹄盘式和鼓式，也有些汽车采用带鼓式。鼓式制动器可采用具有高制动效能的自增力式制动器，外廓尺寸小、防沙性能好、便于调整，停车后无制动热负荷，故得到广泛应用。

1. 鼓式驻车制动器

鼓式驻车制动器的基本结构与前面所述的车轮制动器相同，常用的有凸轮张开式和自动增力式两种。

(1) 凸轮张开式驻车制动器　图15-8所示为东风EQ1092型汽车凸轮张开式驻车制动器的结构示意图。制动鼓通过螺栓与变速器第二轴的凸缘盘紧固在一起，制动底板固定在变速器后端壳体上。

制动时，拉动操纵杆2，通过拉丝软轴11使摇臂绕支承销顺时针转动，拉杆通过摆臂带动凸轮轴转动，使两制动蹄张开而产生制动，用棘爪和齿扇锁住操纵杆，保持制动状态。

解除制动时，按下棘爪按钮，将操纵杆推向前面的极限位置，两制动蹄片在回位弹簧作用下回位，解除制动。

制动蹄片与制动鼓的间隙通过可调拉杆上的调整螺母进行调整。但若间隙过大，需调整摆臂与凸轮的相对位置。

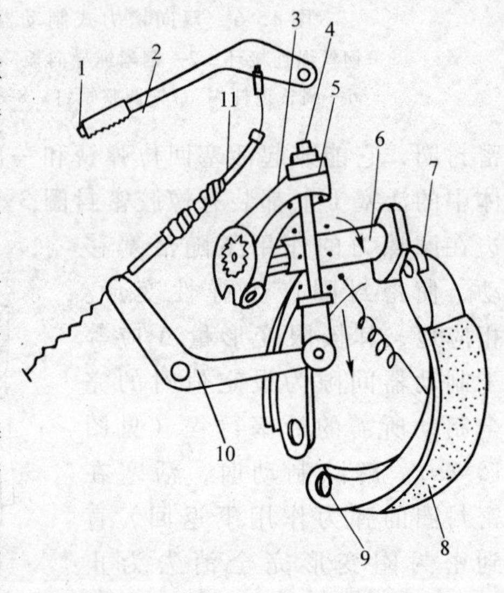

图15-8　东风EQ1092型汽车凸轮张开式驻车制动器的结构示意图
1—按钮　2—操纵杆　3—摆臂　4—拉杆
5—调整螺母　6—凸轮轴　7—滚轮
8—制动蹄　9—偏心支承销
10—摇臂　11—拉丝软轴

(2) 自动增力式驻车制动器　图15-9a所示为一种自增力式中央制动器，图15-9b所示为其机械式传动机构。

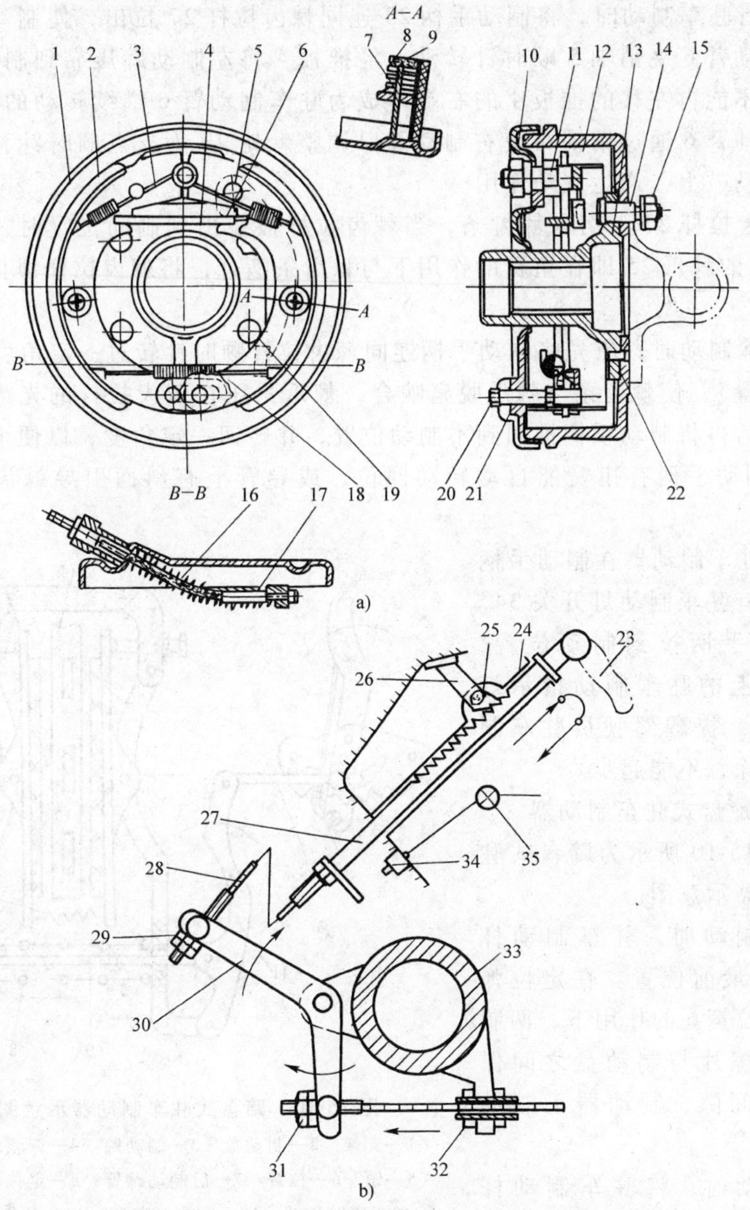

图 15-9　自增力式中央制动器及其传动机构

a）制动器　b）传动机构

1—制动底板　2—驻车制动蹄　3—拉簧　4—推板　5—销轴　6—驻车制动臂　7—压簧　8—压簧座　9—压簧拉杆　10—螺母　11—驻车制动蹄支承销　12—驻车制动鼓　13—变速器第二轴凸缘盘　14—螺杆　15—螺母　16—钢丝绳　17—回位弹簧　18—拉簧　19—螺杆　20—调整棘轮　21—防尘套　22—埋头螺钉　23—制动手柄　24—导管　25—棘爪　26—支座　27—棘齿拉杆　28—钢丝绳　29—调整螺母　30—摇臂　31—调整螺母　32—导管　33—前桥　34—驻车制动灯开关　35—驻车制动指示灯

进行驻车制动时，将制动手柄23连同棘齿拉杆27拉出，使制动器内的驻车制动臂6绕销轴5顺时针转动，经推板4将左制动蹄压靠到制动鼓上；此时，不能再左移的推板4的右端即成为驻车制动臂6继续转动的新支点，驻车制动臂6通过销轴5使右制动蹄以调整棘轮20为支点顺时针移动，压靠到制动鼓上，产生制动作用。

棘齿拉杆27上切有棘齿条，当棘齿拉杆被拉出到制动位置时，装在导管24上的棘爪25即在扭簧的作用下与棘齿条啮合，将棘齿拉杆锁止在制动位置。

解除制动时，应先将制动手柄连同棘齿拉杆顺时针转过一定角度（图中虚线位置），使棘齿条与棘爪脱离啮合，棘爪只压在棘齿拉杆的光滑圆柱面上，然后再将制动手柄推回到不制动位置，并转回一定角度，以便下次制动（有的制动手柄有扭簧能自动转动回位，或导管上有斜面引导棘齿拉杆转回）。

该驻车制动器在制动手柄下方装有驻车制动灯开关34。只要将手柄拉到制动位置，仪表板上的驻车制动指示灯35即亮，提醒驾驶员驻车制动未解除，不能起步。

2. 蹄盘式驻车制动器

图15-10所示为蹄盘式驻车制动器示意图。

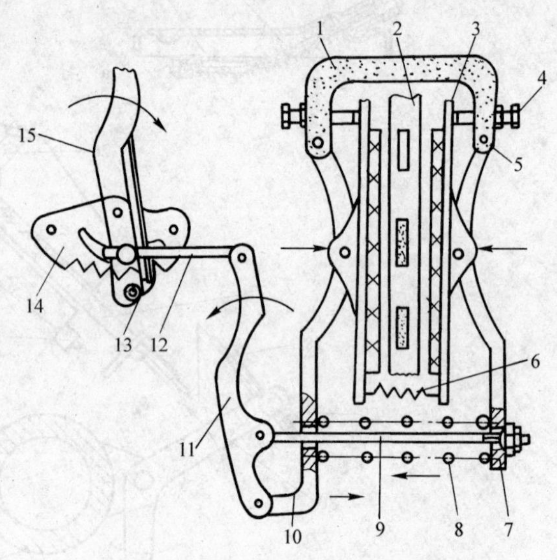

图15-10 蹄盘式驻车制动器示意图
1—支架 2—制动盘 3—制动蹄 4—调整螺钉 5—销 6—拉簧 7—后制动蹄臂 8—定位弹簧 9—蹄臂拉杆 10—前制动蹄臂 11—拉杆臂 12—传动拉杆 13—棘爪 14—齿扇 15—驻车制动杆

不制动时，驻车制动杆15处于最前位置。在定位弹簧8及拉簧6的作用下，两制动蹄摩擦片与制动盘之间保持一定间隙，制动器无制动作用。

制动时，将驻车制动杆15上端向后扳动，传动拉杆12前移，使拉杆臂11逆时针方向摆动，推动前制动蹄臂10后移压向制动盘。同时通过蹄臂拉杆9拉动后制动蹄臂7压缩定位弹簧8，使后制动蹄前移，两制动蹄即夹紧制动盘，产生制动作用，并由棘爪13将手制动杆锁止在制动位置。

解除制动时，按下制动杆上端的拉杆按钮，使下端棘爪脱出，然后将制动杆扳向最前端位置，前、后两蹄在定位弹簧作用下回位到不制动位置。

蹄盘式驻车制动器有散热性好、摩擦片更换方便、安全可靠、使用寿命长等优点。

15.3　制动传动装置

汽车制动传动装置将驾驶员或其他动力源的作用力传到制动器，并控制制动器工作，从而获得所需要的制动力矩。按传力介质的不同，制动传动装置可分为液压式、气压式和气液综合式；按制动管路套数的不同，有单管路和双管路制动传动装置。现代汽车的行车制动系统都必须采用双管路制动传动装置。

15.3.1　机械传动装置

机械制动系统主要用于驻车制动，其传动装置主要由操纵杆、调节齿板、拉索、平衡杠杆等机械零件组成。其基本结构原理参见图 15-9、图 15-10，这里不再重复。

15.3.2　液压制动传动装置

液压制动传动装置是利用液压油，将制动踏板力转换为液压力，通过管路传至车轮制动器，再将液压力转变为制动蹄张开的机械推力。双回路液压传动装置是利用相互独立的双腔制动主缸，通过两套独立管路，分别控制两桥或三桥的车轮制动器。其特点是若其中一套管路发生故障而失效时，另一套管路仍能继续起制动作用，从而提高了汽车制动的可靠性和行车安全性。

1. 双回路液压制动传动装置的布置形式

双回路液压制动传动装置由制动踏板、双腔式制动主缸、前后车轮制动器以及油管等组成。制动主缸的前后腔分别与前后轮制动轮缸之间通过油管连接，并充满液压油。

双回路液压制动传动装置在各型汽车上的布置方案各不相同，可归纳为如下几种：一轴对一轴（Ⅱ）型、交叉（X）型、一轴半对半轴（HI）型、半轴一轮对半轴一轮（LL）型、双半轴对双半轴（HH）型（见图 15-11）。

（1）一轴对一轴（Ⅱ）型（见图 15-11a）　其特点是：前轴制动器与后轴制动器各有一套管路。这种布置形式最为简单，可与单轮缸鼓式制动器配合使用，是发动机前置、后轮驱动式汽车如南京依维柯汽车、广州标致轿车等广泛采用的一种布置形式。其缺点是，当一套管路失效时，前、后桥制动力分配的比值被破坏。

（2）交叉（X）型（见图 15-11b）　其特点是：一轴的一侧车轮制动器

与另一轴对侧车轮制动器同属一个管路。在任一管路失效时，剩余总制动力都能保持正常值的50%，且前后桥制动力分配比值保持不变，有利于提高制动稳定性。这种布置形式多用于发动机前置，前轮驱动的轿车上（如上海桑塔纳、一汽奥迪100、二汽富康—雪铁龙、天津夏利轿车等）。

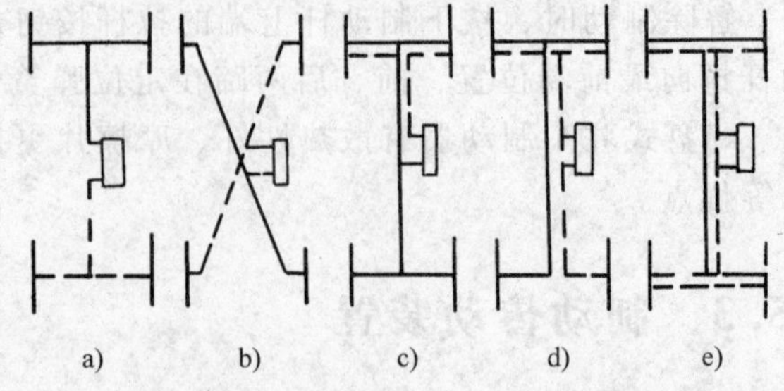

图15-11 双管路液压制动传动装置布置形式
a）一轴对一轴（Ⅱ）型 b）交叉（X）型
c）一轴半对半轴（HI）型 d）半轴-轮对半轴-轮（LL）型
e）双半轴对双半轴（HH）型

（3）一轴半对半轴（HI）型（见图15-11c） 其特点是：每侧前轮制动器的半数轮缸和全部后轮制动器轮缸属于一套管路，其余的前轮轮缸属于另一套管路。

（4）半轴—轮对半轴—轮（LL）型（见图15-11d） 其特点是：两套管路分别对两侧前轮制动器的半数轮缸和一个后轮制动器起作用。

（5）双半轴对双半轴（HH）型（见图15-11e） 其特点是：每套管路均只对每个前、后轮制动器的半数轮缸起作用。

以上各种布置形式中，HI、LL、HH型较为复杂，故应用较少。

2. 双回路液压制动传动装置的构造

（1）总体构造 以上海桑塔纳轿车采用的交叉式双回路液压制动传动装置（见图15-12）为例，主要由制动踏板5、串联式双腔制动主缸2、轮缸（未标出）和油管等组成。制动踏板和制动主缸装在车架上，轮缸装在制动底板上，主缸与轮缸内均装有活塞，并用油管连通。连接油管多用钢管，部分有相对运动的区段则用高强度的橡胶软管连接。制动前整个系统充满了制动油液。

串联式双腔制动主缸2利用一个缸体，装入两个活塞，形成两个彼此独立的工作腔，分别与各自的管路连接：左前轮和右后轮，右前轮和左后轮。管路中还有各种管接头和制动灯开关等。

制动时，驾驶员踩下制动踏板5，先使串联式双腔制动主缸2的后腔活塞工作，再使前腔活塞工作，将油液从主缸中压出并经油管同时分别注入前后各车轮轮缸内，使轮缸活塞向外移动，从而将制动蹄压靠到制动鼓（盘）上，使汽车产生制动。

放开制动踏板时，制动蹄和轮缸活塞在回位弹簧的作用下回位，将制动油液压回制动主缸，制动作用即行解除。

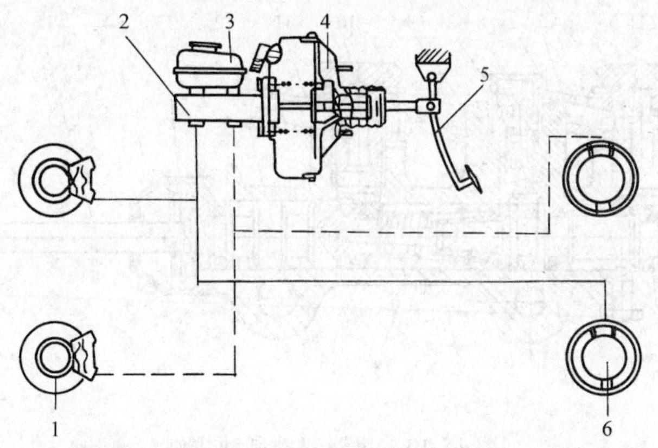

图 15-12　上海桑塔纳轿车液压制动系统示意图
1—盘式制动器（前轮）　2—串联式双腔制动主缸　3—储液室　4—真空助力器
5—制动踏板　6—鼓式制动器（后轮，兼作驻车制动器）

管路液压和制动器产生的制动力矩与踏板力成线性关系，若轮胎与路面间的附着力足够，汽车所受到的制动力也与踏板力成线性关系。这种特性称为制动踏板感，俗称“路感”。由此驾驶员可直接感觉到汽车的制动强度，以便及时进行必要的调节和控制。

这种制动系的特性是：如其中一回路失效，剩余的总制动力仍能保持正常的50%，即使正常工作回路中的制动器抱死侧滑，失效回路中未被制动的车轮仍能传递侧向力，前、后轮制动力分配达到 3.36∶1。当汽车在高速状态下制动时，均能确保后轮不抱死，或者前轮比后轮先抱死，以避免后轮失去侧向附着力，进而导致汽车失去控制。

(2) 制动主缸　其作用是将由踏板输入的机械能转换成液压能。

在双管路液压制动装置中，一般采用串联双腔式制动主缸，相当于两个单腔制动主缸串联在一起而构成。原 JL1010B 型汽车的制动主缸如图 15-13 所示。主缸的壳体装有前缸（第二）活塞 7、后缸（第一）活塞 12 及前缸弹簧 21、后缸弹簧 18；前缸活塞用前缸密封圈 19 密封；后缸活塞用后缸密封圈 16 密封，并用挡圈 13 定位。两个储液筒分别与前腔 B、后腔 A 相通，通过各自的出油阀 3 与前后制动轮缸相通，前缸活塞靠后缸活塞的液力推动，而后缸活塞直接由推杆 15 推动。

主缸不工作时，前、后腔内的活塞头部与皮碗正好位于各自的旁通孔 11 和补偿孔 10 之间。前缸活塞回位弹簧的弹力大于后缸活塞回位弹簧的弹力，以保证两个活塞不工作时都处于正确的位置。

踩下制动踏板制动时，踏板力通过传动机构传到推杆 15，并推动后缸

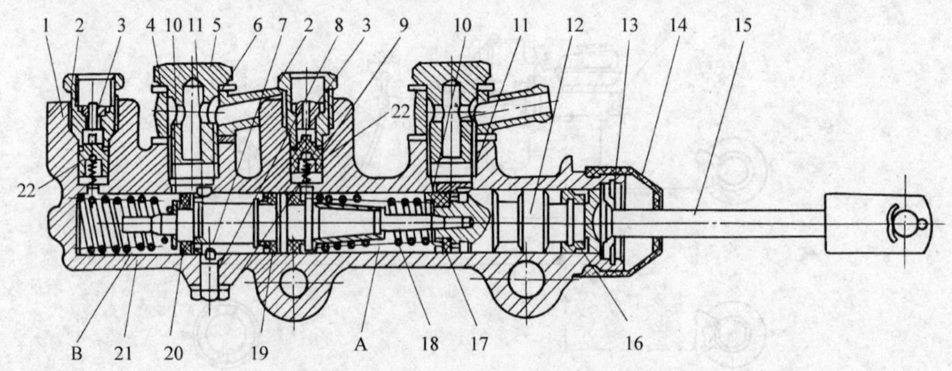

图 15-13 串联双腔制动主缸

1—主缸缸体 2—出油阀座 3—出油阀 4—进油管接头 5—空心螺栓 6—密封垫 7—前缸（第二）活塞 8—定位螺钉 9—密封垫 10—补偿孔 11—旁通孔 12—后缸（第一）活塞 13—挡圈 14—护罩 15—推杆 16—后缸密封圈 17—后活塞皮碗 18—后缸弹簧 19—前缸密封圈 20—前活塞皮碗 21—前缸弹簧 22—回油阀 A—后腔 B—前腔

(第一) 活塞 12 向前移动，皮碗盖住补偿孔后，后腔压力升高。在后腔液压和后缸弹簧力的作用下，推动前缸（第二）活塞 7 向前移动，前腔压力也随之提高。当继续下踩制动踏板时，前、后腔的液压继续提高，使前、后制动器产生制动。

放松制动踏板，在前、后活塞弹簧的作用下，主缸中的活塞和推杆回到初始位置，管路中的油液推开回油阀 22 流回到主缸，从而解除制动。

为了保证制动主缸活塞在解除制动后能退回到适当位置，在不工作时，推杆的头部与活塞背面之间应留有一定的间隙。为了消除这一间隙所需的踏板行程称为制动自由行程。该行程过大将使制动失灵，过小则使制动解除不彻底。

(3) 制动轮缸 其作用是将主缸传来的液压力转变为机械推力，以使制动蹄张开。对不同结构车轮制动器，轮缸的数目和结构形式也不同，通常分为双活塞式和单活塞式两类。

1) 单活塞式制动轮缸。图 15-14 所示为北京 BJ2020N 型汽车双领蹄式前制动器配用的单活塞式制动轮缸，它借活塞端面凸台来保持进油间隙。为缩小轴向尺寸，液腔密封采用装在活塞导向面上的皮圈。目前，这种制动轮缸趋于淘汰。

2) 双活塞式制动轮缸。上海桑塔纳轿车采用的双活塞式制动轮缸的结构如图 15-15 所示。缸体 1 用螺栓固定在制动底板上，缸内有两个活塞 2、两个皮碗 3。两个皮碗分别压靠在两活塞上，以保持两皮碗之间的进油孔畅通。活塞外端的凸台孔内压有顶块5，与制动蹄的上端抵紧。防护罩6用以防止尘土和水分进入，以免活塞与缸体锈蚀而卡死。缸体上方装有放气阀用以排放轮缸中的空气。

从液压制动传动装置的结构和工作原理可以看出，该装置制动柔和灵敏，结构简单，使用方便，不消耗发动机功率。但操纵较费力，制动力不是很大，液压油低温流动性差，高温时易产生气阻，如有空气侵入或漏油会降低制动效能甚至失效。通常在液压制动传动机构中增设制动增压或助力装置，使制动系操纵轻便并增大制动力，构成真空液压制动传动装置。

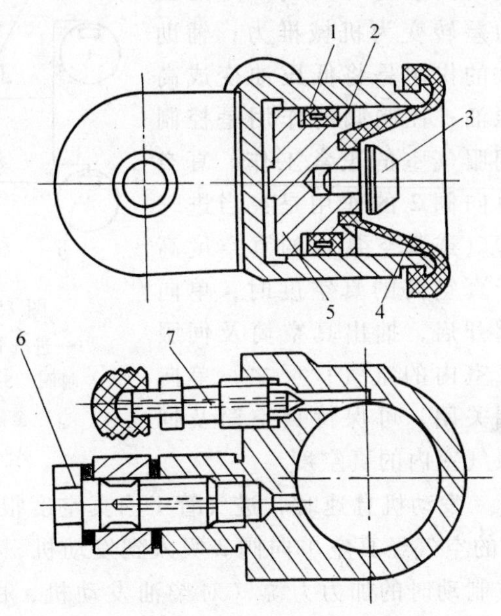

图 15-14 单活塞式制动轮缸

1—密封圈 2—缸体 3—顶块 4—防护罩 5—活塞 6—进油管接头 7—放气阀

15.3.3 真空液压制动传动装置

真空液压制动传动装置是以发动机工作时在进气管中产生的真空度（或利用真空泵）为力源的动力制动传动装置。在人力液压制动传动机构的基础上，加装一套真空加力装置便构成真空液压制动传动装置，有真空增压式和真空助力式两种。真空增压式装在制动主缸之后，利用真空度对制动主缸输出的油液进行增压；真空助力式装在踏板与制动主缸之间，利用真空度对制动踏板进行助力。

1. 真空增压式液压制动传动装置

（1）真空增压式液压制动传动装置的组成和工作原理 图15-16所示为真空增压式液压制动传动装置。它是在人力液压制动系统的基础上，加装一套由发动机进气管（真空源）、真空单向阀、真空筒、控制阀、伺服气室及辅助缸等组成的真空增压系统构成的。

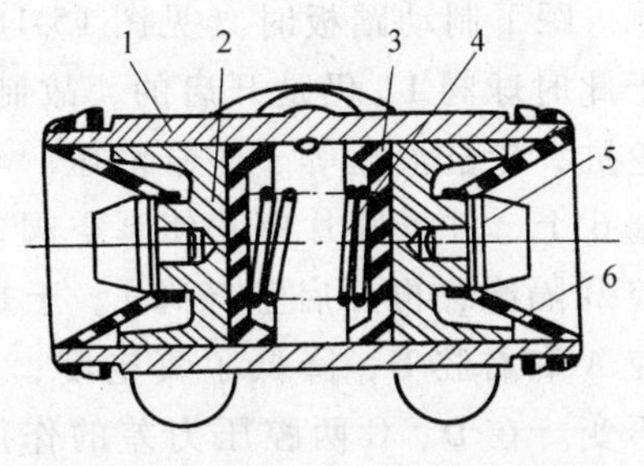

图 15-15 双活塞式制动轮缸的结构

1—缸体 2—活塞 3—皮碗 4—弹簧 5—顶块 6—防护罩

由发动机进气管1（真空源）、真空单向阀2、真空筒3构成供能装置，控制阀4是控制装置，伺服气室5和辅助缸6构成传动装置。伺服气室的作用是把进气管（或真空泵）产生的真空度与大气压力的压力差转变为机械推力；辅助缸的作用是将低压油变成高压油；控制阀的作用是控制伺服气室的正常工作。真空单向阀2的作用是：当进气管（或真空泵）的真空度高于真空筒的真空度时，单向阀开启，抽出真空筒及伺服气室内的空气；反之，单向阀关闭，可保持真空筒及伺服气室内的真空度。

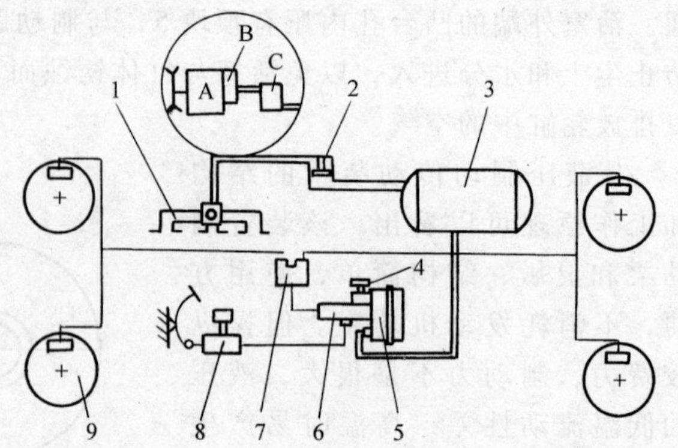

图 15-16 真空增压式制动传动装置
1—进气管 2—真空单向阀 3—真空筒 4—控制阀 5—伺服气室 6—辅助缸 7—双活塞安全缸 8—制动主缸 9—车轮制动器
A—发动机 B—真空泵 C—单向阀

发动机怠速时，进气管1内真空度很高，在此真空度的作用下，真空筒3的空气经真空单向阀2吸入到发动机，因而筒中也形成一定的真空度，构成制动时的加力力源（对柴油发动机，由于进气管的真空度不高，需另装真空泵作为动力源）。在工作过程中最高真空度可达0.07MPa。

当踩下制动踏板时，从制动主缸8中压出的制动油液先进入辅助缸6，液压力由此一面传入前、后制动轮缸，一面又作用于控制阀4，使真空伺服气室5起作用，而对辅助缸进行增压，使由此输送至制动轮缸的液压远远高于制动主缸。这时，真空增压系统起增压作用。

(2) 真空增压器的结构和工作原理　国产66-Ⅳ型真空增压器的构造如图15-17所示，由辅助缸、控制阀和加力装置等组成。

踩下制动踏板时（见图15-18a），制动液便从制动主缸流入辅助缸，由于此时球阀11仍是开启的，故制动液经过辅助缸活塞7上的孔进入各制动轮缸，轮缸液压等于主缸液压。与此同时，辅助缸的液压还作用在控制阀活塞6上，并推膜片座4使真空阀3的开度逐渐减小直至关闭，使上腔A和下腔B隔绝；再开启空气阀1。于是，外界空气便经进气滤清器流入控制阀上腔A和右腔D，降低了真空度；而此时下腔B和左腔C中的真空度仍保持不变。在D、C两腔压力差的作用下，伺服气室膜片19带动推杆14左移，球阀11关闭，这样，制动主缸与辅助缸左腔隔绝。此时，辅助缸活塞7上有两个作用力：一是主缸的液压力，二是推杆的推力，辅助缸左腔和各轮缸的压力高于主缸压力，起到增压作用。

在A、D两腔真空度降低（压力升高）过程中，控制阀膜片5和阀门组

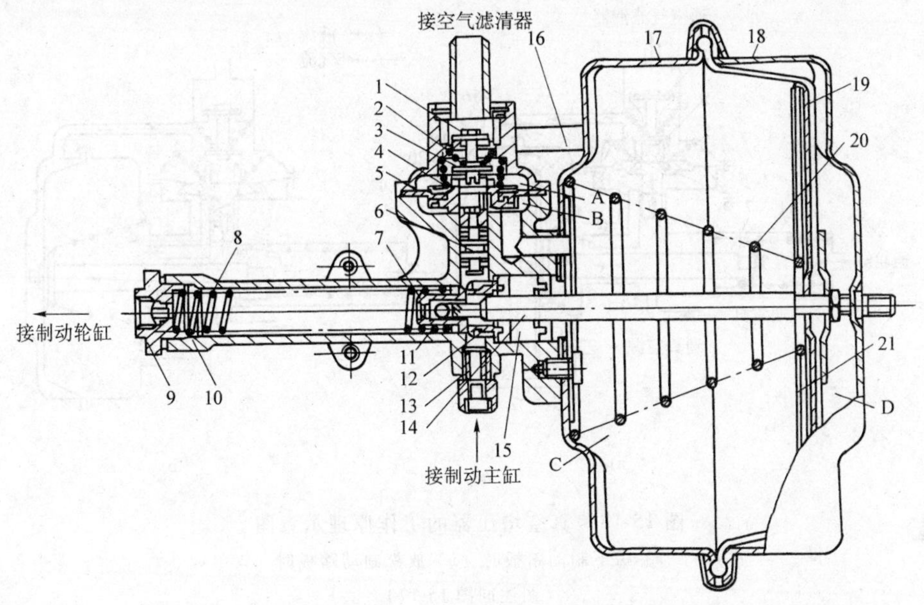

图 15-17 国产 66-Ⅳ型真空增压器的构造

1—空气阀 2—阀门弹簧 3—真空阀 4—膜片座 5—控制阀膜片 6—控制阀活塞 7—辅助缸活塞 8—辅助缸活塞回位弹簧 9—辅助缸出油接头 10—辅助缸体 11—球阀 12—活塞限位座 13—辅助缸进油接头 14—推杆 15—密封圈座 16—通气管 17—伺服气室前壳体 18—伺服气室后壳体 19—伺服气室膜片 20—伺服气室膜片回位弹簧 21—膜片托盘

渐渐下移。当 A、D 两腔的真空度下降到一定数值时，空气阀 1 关闭而使真空度保持恒定。这一稳定值的大小取决于制动主缸压力，而制动主缸压力又取决于踏板力和踏板行程。

当松开制动踏板时，制动主缸液压力下降，控制阀平衡状态被破坏。控制阀活塞 6 及膜片座 4 下移，真空阀开启，A、D 两腔压力降低，D、C 两腔压差减小，增压作用降低，制动强度减弱。当制动踏板完全放松时，所有运动件在各自回位弹簧作用下复位（见图 15-18b），A、B、C、D 腔又都具有一定真空度，以备下次制动之用。

2. 真空助力式液压制动传动装置

（1）真空助力式液压制动传动装置的基本构造　图 15-19 所示为一汽红旗 CA7220 型轿车的真空助力式液压制动传动装置示意图。它采用的是交叉型（X）布置的双回路液压制动系统，即左前轮缸与右后轮缸为一液压回路，右前轮缸与左后轮缸为另一液压回路。

串联双腔制动主缸 4 装在伺服气室 3 前端，前腔通往左前轮制动器的轮

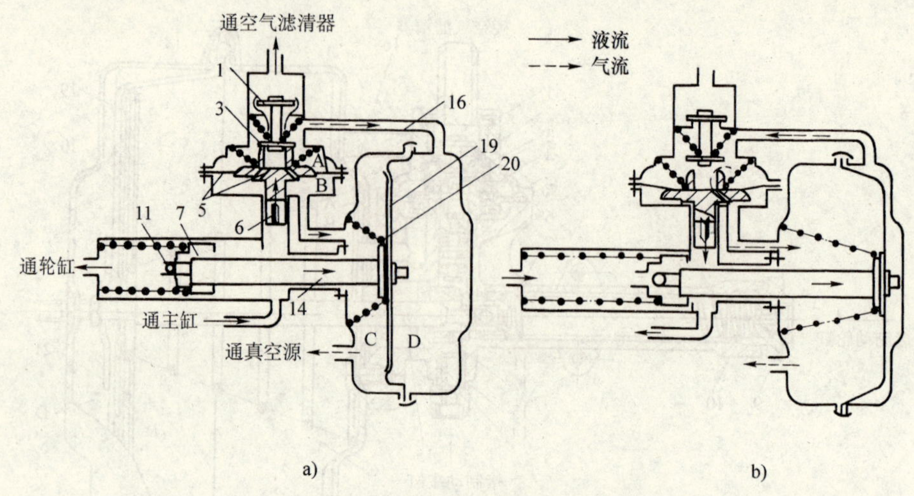

图 15-18　真空增压器的工作原理示意图

a）踩下制动踏板时　b）放松制动踏板时

（图注同图 15-17）

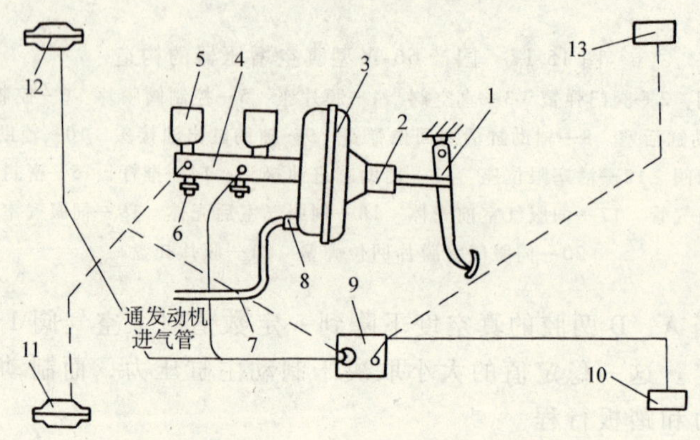

图 15-19　真空助力式液压制动传动装置示意图

1—制动踏板机构　2—控制阀　3—伺服气室　4—制动主缸　5—储液罐　6—制动信号灯液压开关　7—真空供能管路　8—真空单向阀　9—感载比例阀　10—左后轮制动器的轮缸　11—左前轮制动器的轮缸　12—右前轮制动器的轮缸　13—右后轮制动器的轮缸

缸 11，并经感载比例阀 9 通向右后轮制动器的轮缸 13；后腔通往右前轮制动器的轮缸 12，并经感载比例阀 9 通向左后轮制动器的轮缸 10。真空单向阀 8 直接装在伺服气室上。伺服气室工作时产生的推力，同踏板力一样，也直接作用在制动主缸 4 的活塞推杆上。伺服气室和控制阀 2 组合成一个整体部件，称为真空助力器。

（2）真空助力器的结构和工作原理　真空助力器主要由真空伺服气室和控制阀组成，其结构如图 15-20 所示，控制阀部分放大后如图 15-20b 和 c 所示。

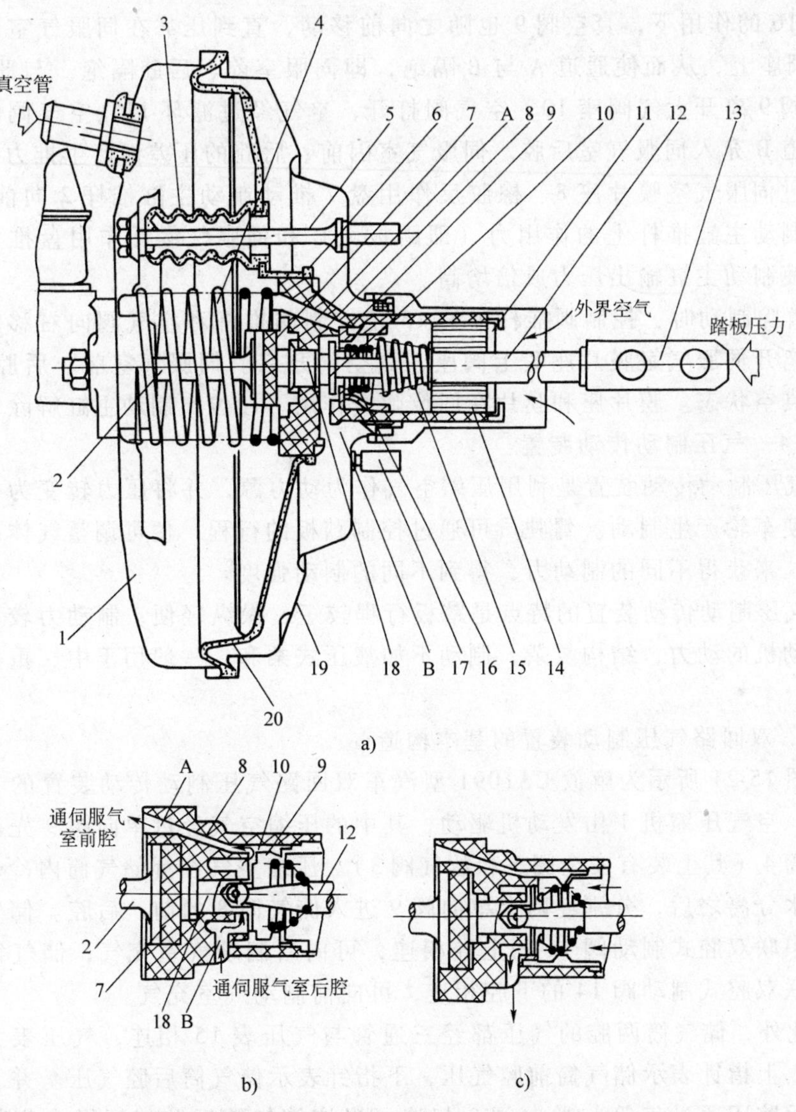

图 15-20　真空助力器的结构

1—伺服气室前壳体　2—制动主缸推杆　3—导向螺栓密封套　4—膜片回位弹簧
5—导向螺栓　6—控制阀　7—橡胶反作用盘　8—伺服气室膜片座　9—真空阀
10—大气阀座　11—过滤环　12—控制阀推杆　13—调整叉　14—毛毡过滤环
15—控制阀推杆弹簧　16—阀门弹簧　17—螺栓　18—控制阀柱塞
19—伺服气室后壳体　20—伺服气室膜片

制动时，踩下制动踏板，踏板力推动控制阀推杆12和控制阀柱塞18向前移动，在消除柱塞与橡胶反作用盘7之间的间隙后，再继续推动制动主缸推杆2，主缸内的制动液压油以一定压力流入制动轮缸。与此同时，在阀门弹簧16的作用下，真空阀9也随之向前移动，直到压靠在伺服气室膜片座8的阀座上，从而使通道A与B隔绝，即伺服室前、后腔隔绝。与此同时，真空阀9离开大气阀座10，空气阀打开，空气经过滤环11、空气阀的开口和通道B充入伺服气室后腔。伺服气室因前、后腔的压差而产生推力，此推力通过伺服气室膜片座8、橡胶反作用盘7推动制动主缸推杆2向前移动，此时制动主缸推杆上的作用力（即踏板力）和伺服气室反作用盘推力的总和，使制动主缸输出压力成倍增高。

解除制动时，控制阀推杆弹簧15使控制阀推杆和空气阀向右移动，真空阀离开伺服气室膜片座8上阀座，真空阀开启。伺服气室前、后腔相通，均为真空状态。膜片座和膜片在回位弹簧作用下回位，制动主缸解除制动。

15.3.4 气压制动传动装置

气压制动传动装置是利用压缩空气作为动力源，并将压力转变为机械推力，使车轮产生制动。驾驶员可通过控制踏板的行程，便可调整气体压力的大小，来获得不同的制动力，得到不同的制动强度。

气压制动传动装置的特点是踏板行程较短，操纵轻便，制动力较大，消耗发动机的动力，结构复杂，制动不如液压式柔和，一般用于中、重型汽车上。

1. 双回路气压制动装置的基本构造

图15-21所示为解放CA1091型汽车双回路气压制动传动装置的布置示意图。空气压缩机1由发动机驱动，其中的压缩空气经过单向阀9先流入湿储气筒4（其上装有安全阀5和放气阀3）。压缩空气在湿储气筒内冷却，且在油水分离之后，分别经两个单向阀9进入储气筒8的前、后腔。储气筒前腔与串联双腔式制动阀14的上腔相连，可向后制动气室充气；储气筒后腔与串联双腔式制动阀14的下腔相连，可向前制动气室充气。

此外，储气筒两腔的气压都经三通管与气压表15相连，气压表为双指针式，上指针表示储气筒前腔气压，下指针表示储气筒后腔气压。并且，储气筒后腔还通过气管与单向阀9相连，当该储气筒后腔气压增大到规定值时，单向阀便使空气压缩机空转而停止向储气筒供气。储气筒最高气压为0.8MPa。

当踏下制动踏板，通过拉杆机构拉动控制阀使之工作，储气筒前、后腔的压缩空气便通过制动控制阀的右腔和左腔进入前、后轮制动气室，使前、后轮制动。与此同时，通过前、后制动回路之间并联的双通单向阀接挂车制

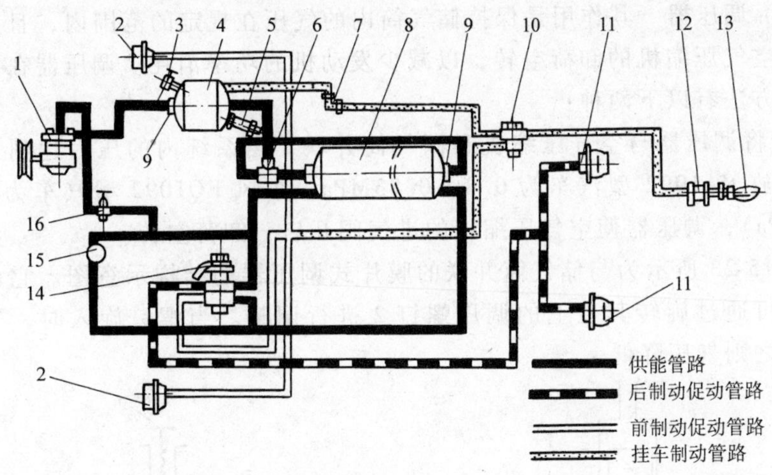

图 15-21 解放 CA1091 型汽车双回路气压制动传动装置的布置示意图

1—空气压缩机 2—前制动气室 3—放气阀 4—湿储气筒 5—安全阀 6—三通管 7—管接头 8—储气筒 9—单向阀 10—挂车制动阀 11—后制动气室 12—分离开关 13—连接头 14—串联双腔式制动阀 15—气压表 16—气压调节器

动控制阀，将湿储气筒与通向挂车的通路切断，使挂车进行放气制动。

2. 气压式制动传动装置主要部件的构造和工作原理

(1) 空气压缩机 它是整个制动系统的动力源。最常见的结构是空气冷却往复活塞式空气压缩机，它与往复活塞式发动机结构相似。空气压缩机按其气缸数量的不同可分为单缸式和双缸式两种。

1) 风冷单缸式空气压缩机。空气压缩机固定于发动机一侧的支架上，由曲轴带轮通过齿轮或 V 形带驱动（见图 15-22）。进气口 A 经气管通向空气滤清器，出气口 B 经气管通向湿储气筒。

发动机运转时，空气压缩机随之运转。当活塞下行时，进气阀 6 开启，外界空气经空气滤清器、进气阀被吸入气缸。活塞上行时，进气阀在弹簧作用下关闭，气缸内空气被压缩并顶开出气阀 2，压缩空气经出气口和气管送到湿储气筒。即高压柱塞上部按调压器，承受储气筒内的气压。当储气筒内的气压达到 0.7～0.81MPa 时，卸荷柱塞 3 顶开进气阀，使空气压缩机气缸与大气相通，不再压缩空气，卸掉活塞上的载荷，减少了发动机的功率损失。

2) 风冷双缸式空气压缩机。其结构与单缸式空气压缩机基本相同，不同之处主要是双气缸交替不断的向储气筒充气，供气压力稳定且泵气效率较高。气缸盖上的卸荷阀可以控制两个气缸的气压。

(2) 调压器　其作用是保持储气筒内的气压在规定的范围内，且在过载时实现空气压缩机的卸荷空转，以减少发动机的功率消耗。调压器在回路中的连接方法有以下两种：

1) 将调压器与空气压缩机和储气筒并联，当系统内的压力达到规定值时（解放CA1092型汽车为0.8～0.83MPa，东风EQ1092型汽车为0.7～0.74MPa），调压器使空气压缩机的进气阀开启，卸荷空转。

图15-23所示为与储气筒并联的膜片式调压器的结构示意图。它的气压调节值可通过旋转其盖上的调压螺钉2进行调整。当螺钉旋入时，气压升高，反之则气压降低。

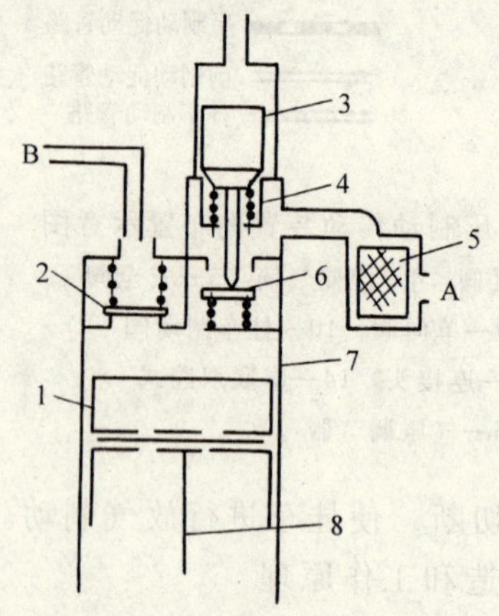

图15-22　风冷单缸式空气压缩机的结构示意图

1—活塞　2—出气阀　3—卸荷柱塞　4—柱塞弹簧　5—空气滤清器　6—进气阀　7—缸体　8—连杆　A—进气口　B—出气口

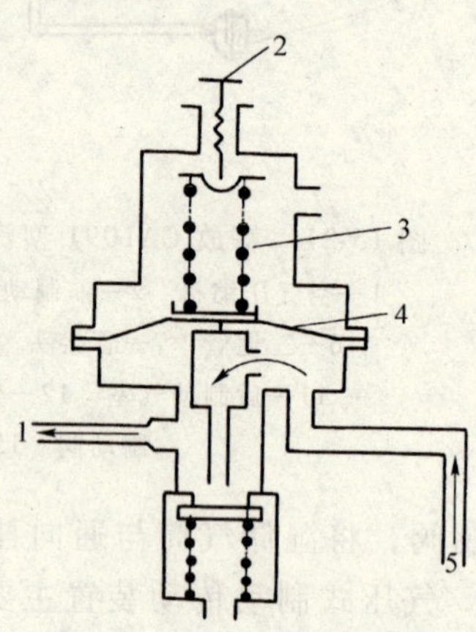

图15-23　膜片式调压器的结构示意图

1—接空压机接头　2—调压螺钉　3—调压弹簧　4—膜片　5—接储气筒接头

2) 将调压器串联在空气压缩机和储气筒之间，当系统内的空气压力达到规定值时，调压器将多余的压缩空气直接排入大气，使空气压缩机卸荷空转。

(3) 制动控制阀　其作用是控制储气筒进入各个车轮制动气室和挂车制动控制阀的压缩空气量。它具有的随动作用可以保证足够强的“踏板感”，即在输入压力一定的情况下，使其输出压力与踏板行程成一定的递增关系，且保证输出压力渐进地变化。东风EQ1092型汽车采用并列双腔膜片式制动控制阀，解放CA1092型汽车采用串联双腔膜片式制动控制阀。

图15-24所示为东风EQ1092型汽车并列双腔膜片式制动控制阀。它主要由拉臂、上体、下体、平衡弹簧总成、滞后机构总成等组成。

拉臂1用拉臂轴28支承在上体的支架上，并可绕拉臂轴摆动。支架上

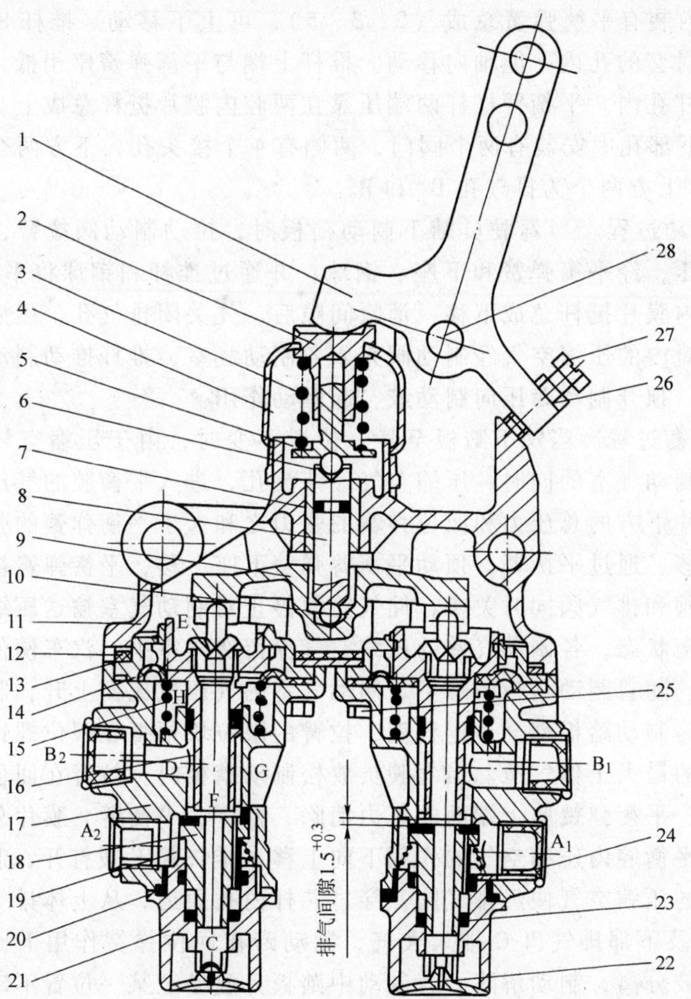

图 15-24　东风 EQ1092 型汽车并列双腔膜片式制动控制阀

1—拉臂　2—平衡弹簧上座　3—平衡弹簧　4—防尘罩　5—平衡弹簧下座　6、10—钢球　7、12、23、24—密封圈　8—推杆　9—平衡臂　11—上体　13—钢垫　14—膜片　15—膜片回位弹簧　16—芯管　17—下体　18—阀　19—阀门回位弹簧　20—密封垫　21—阀门导向座　22—防尘堵片　25—防尘堵塞（运输及储存时用）　26—锁紧螺母　27—调整螺钉　28—拉臂轴　A_1—进气口（通前制动储气筒）　A_2—进气口（通后制动储气筒）　B_1—出气口（通前制动气室及挂车空气管）　B_2—出气口（通后制动气室）　C—下部排气口　D—节流孔　E—上部排气口　F—排气阀座　G—进气阀座

装有限位螺钉，用以调整最大工作气压。拉臂上还装有锁紧螺母 26 和调整螺钉 27，用以调整踏板自由行程。

上体内装有平衡弹簧总成（2、3、5），可上下移动。推杆 8 装入壳体中央压装衬套的孔内，能轴向移动。推杆上端与平衡弹簧座相抵，下端伸入平衡臂杠杆孔内。平衡臂杠杆两端压靠在两腔内膜片挺杆总成上。

下体下部孔中安装有两个阀门，两侧有 4 个接头孔，下方两个为进气孔 A_1 和 A_2，上方两个为排气孔 B_1 和 B_2。

1）制动过程。当驾驶员踏下制动踏板时，拉动制动阀拉臂，将平衡弹簧上座下压，经平衡弹簧和下座、钢球，并通过推杆和钢球将平衡臂压下，推动两腔内膜片挺杆总成下移，消除间隙后，先关闭排气孔，然后打开进气孔，储气筒内的压缩空气经制动阀充入各制动气室，推杆推动制动调整臂使凸轮转动，顶开制动蹄压向制动鼓，起制动作用。

2）平衡过程。当踩下踏板至某一位置不变时，由于压缩空气不断输送到前、后制动气室的同时，压缩空气经节流孔，进入平衡腔的气压也随之增大。当膜片下方的总压力和回位弹簧的张力之和大于平衡弹簧的张力时，膜片总成上移，通过平衡臂，顶动平衡臂弹簧下座上移，平衡弹簧被压缩，阀门将进气阀和排气阀同时关闭，储气筒便停止对制动气室输送压缩空气，处于一种平衡状态，各制动气室的压缩空气保留在气室中，汽车便保持一定的制动强度。随着制动踏板的踏下，制动气室的气压成比例上升，制动效能又得到加强。制动踏板踏至一定程度，拉臂的限位块便抵在限位螺钉上，限制了制动阀的最大工作气压。当驾驶员放松制动踏板时，拉臂在回位弹簧的作用下回位，平衡弹簧座上端面的压力消除，推杆、平衡臂、膜片总成均在回位弹簧及平衡腔内压缩空气的作用下向上移，排气阀 F 被打开，制动气室及制动管路的压缩空气便经排气阀，穿过芯杆内孔通道，从上体排气口 E 和阀 18 内孔道及下部排气口 C 排入大气，制动蹄在回位弹簧作用下回位，摩擦片与制动鼓分离，制动解除。若制动中踏板只放松至某一位置不动，膜片总成下方的总气压降至小于平衡弹簧张力时，膜片总成便向下移，及至两阀门都处于关闭的平衡状态，制动强度相应下降至某一位置，但仍保持一定的制动作用。当制动踏板完全放松时，制动才彻底解除。

（4）快放阀　快其作用是迅速排放制动气室中的压缩空气，以便迅速解除制动。

快放阀的结构示意图如图 15-25 所示。它主要由上壳体 1、膜片 2、下壳体 3 及密封垫等零件组成。快放阀的工作情况如图 15-26 所示。

当制动时（见图 15-26a），从双腔并列膜片或制动阀前腔室输往后桥车轮制动气室的压缩空气进入 A 口后推动膜片，将排气口 D 堵住，同时吹开膜片四周，使膜片边缘下弯，压缩空气沿下壳体的径向沟槽，经 B、C 口分别通往左、右制动气室。

当放松制动时（见图 15-26b），制动气室的压缩空气回流，从快放阀 B、C 口进入，将膜片向上吹起关闭了进气口 A，同时从排气口 D 排入大气。

（5）制动气室　其作用是将输入的空气压力转变为转动制动凸轮的机械推力，使车轮制动器产生制动力矩。

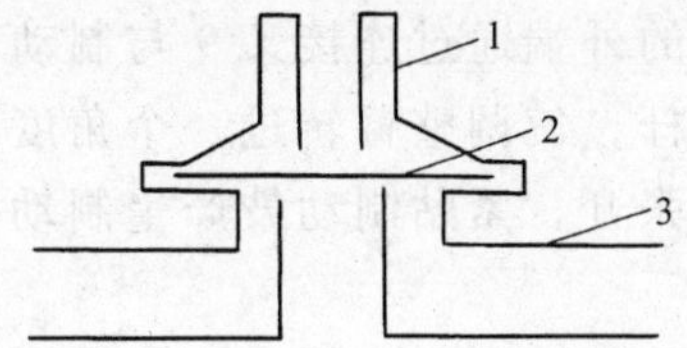

图 15-25　快放阀的结构示意图

1—上壳体　2—膜片　3—下壳体

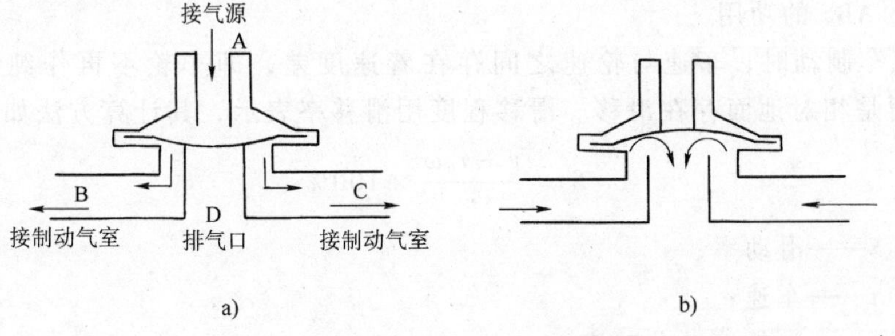

图 15-26　快放阀的工作情况

a）制动时　b）放松制动时

东风 EQ1092 型汽车和解放 CA1092 型汽车都采用膜片式制动气室（见图 15-27）。它主要由盖 2、橡胶膜片 3、外壳 6、推杆 8 以及回位弹簧 5 等组成。夹布层橡胶膜片的周缘用卡箍 10 夹紧在壳体和盖的凸缘之间。盖与膜片之间为工作腔。用橡胶软管与由制动阀接出的钢管连通，膜片右方则通大气。弹簧通过焊接在推杆上的支承盘 4 推动膜片紧靠在盖的极限位置。推

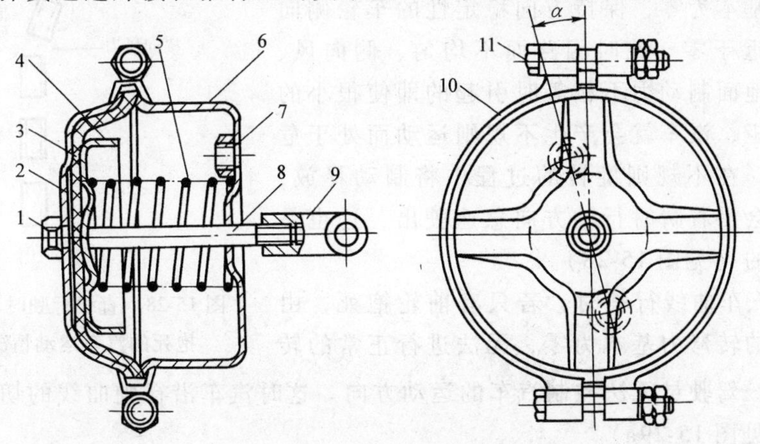

图 15-27　膜片式制动气室

1—进气口　2—盖　3—橡胶膜片　4—支承盘　5—回位弹簧　6—壳体

7—固定螺钉孔　8—推杆　9—连接叉　10—卡箍　11—螺栓

杆的外端通过连接叉9与制动器的制动调整臂相连。制动时，膜片右移推动推杆，使调整臂转过一个角度。由于调整臂和凸轮轴相连，故凸轮转动使蹄片张开，紧贴制动鼓产生制动作用。

15.4　防抱死制动系统（ABS）

15.4.1　ABS概述

1. ABS的功用

汽车制动时，车速与轮速之间存在着速度差，即车轮不再作纯滚动运动，而是相对地面存在滑移。滑移程度用滑移率表示，其计算方法如下：

$$S = \frac{v - r_0\omega}{v} \times 100\%$$

式中　S——滑动率；

v——车速；

ω——车轮滚动角速度；

r_0——车轮运动半径。

传统制动系统制动时，有时会将制动车轮完全抱死，此时车轮滑移率为100%。

制动时，若车轮抱死对汽车的稳定性能影响很大，分析说明如下：

当汽车直线行驶时，车轮抱死后，侧向附着系数基本为零，保持方向稳定性的车轮侧向力也接近于零。此时因路面不均匀、侧向风、左右轮地面制动力不相等时引起的即使很小的偏转力矩，汽车就会产生不规则运动而处于危险状态。在不规则旋转的过程中将制动释放，汽车又会沿着瞬时行驶方向急速驶出，这也是很危险的（见图15-28）。

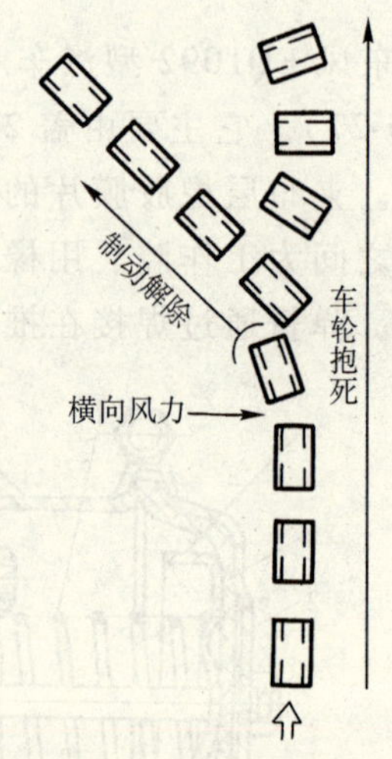

图15-28　直线行驶时车轮抱死的汽车运动情况

当汽车曲线行驶时，若只有前轮抱死，由于前轮的转弯力基本为零，无法进行正常的转向操作，驾驶员无法控制汽车的运动方向。这时汽车沿行驶曲线的切线方向滑行（见图15-29a）。

当只有后轮抱死时，后轮的侧向力接近于零，由于离心力和前轮转向力的作用，汽车不能保持原来的行驶方向，汽车将一面旋转一面沿曲线行驶即发生甩尾现象（见图15-29b）。

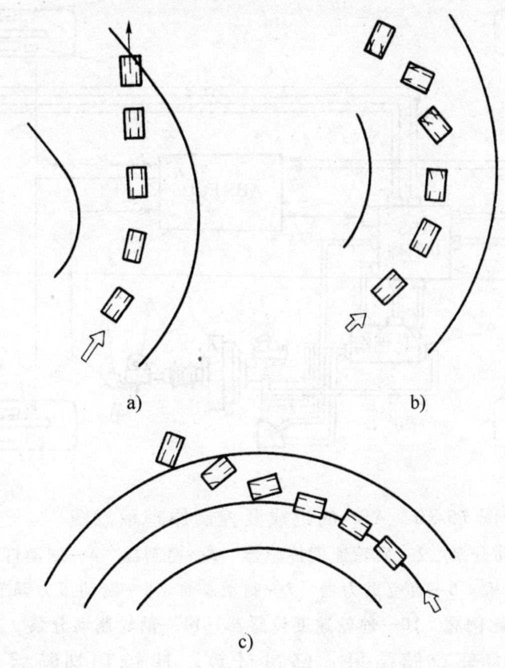

图15-29　曲线行驶时车轮抱死的汽车运动情况
a）前轮抱死　b）后轮抱死　c）所有车轮抱死

所有的车轮全部抱死时，转弯力、侧向力均接近于零。汽车完全失去操纵性和方向稳定性，兼有前、后轮单独抱死时的两种运动（图15-29c），即一面作与驾驶无关的不规则运动，一面沿曲线的切线方向滑行。

防抱死制动系统（简称ABS，Anti - lock Braking System）的功用是防止汽车制动时车轮抱死，并把车轮的滑移率保持在最佳滑动率范围内，以保证车轮与地面有良好的纵向、横向附着力，有效防止制动时汽车侧滑、甩尾、失去转向等现象发生，提高了制动稳定性；同时，将制动力保持在最佳的范围内，缩短了制动距离。这样也减弱了轮胎与地面的剧烈摩擦，减少了对轮胎的磨损。

2. ABS的组成及控制原理

ABS包括普通制动系统和电子控制系统两大部分（见图15-30）。其普通制动系统由制动总泵7、前后制动分泵1、11和制动管路等构成，用来实现汽车的常规制动。其电子控制系统由传感器、电子控制器和制动压力调节器组成。

在制动压力调节系统中，传感器承担感受系统控制所需的汽车行驶状态参数，并将运动物理量转换成为电信号的任务。控制器即电子控制装置（ECU）

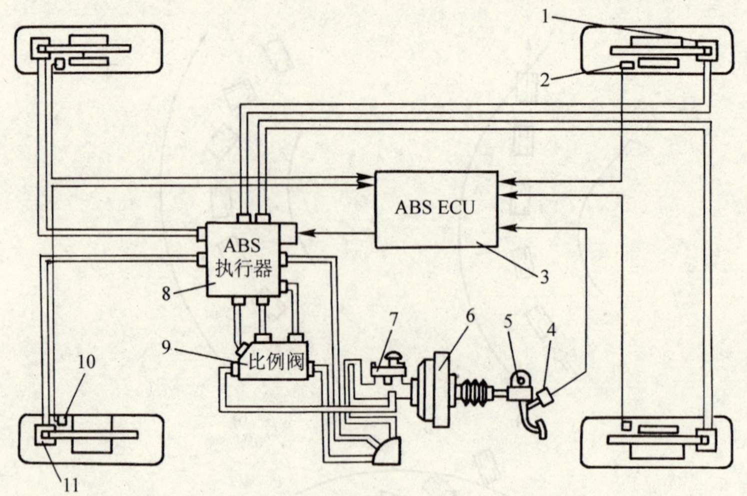

图 15-30 ABS的组成及控制原理示意图

1—后轮制动分泵 2—后轮速度传感器 3—控制器 4—制动灯开关
5—制动踏板 6—真空助力器 7—制动总泵 8—制动压力调节器
9—比例阀 10—前轮速度传感器 11—前轮制动分泵

根据传感器信号及其内部存储信号，经过计算、比较和判断后，向执行器发出控制指令，同时监控系统的工作状况。而执行器（制动压力调节器）则根据ECU的指令，依靠由电磁阀及相应的液压控制阀组成的液压调节系统对制动系统实施增压、保压或减压的操作，让车轮始终处于理想的运动状态。

在制动过程中，ABS只在车速超过一定值时才起作用。ABS具有自诊断功能，并能确保系统出现故障时，常规制动系统仍能正常工作。

3. ABS的类型

ABS的种类繁多，其大致分类见表15-2。

表 15-2 ABS的分类

分类方法	分 类	说 明	性能与应用
按系统构造	整体式	制动压力调节器与制动主缸一体	结构紧凑、成本高，一般用于高级轿车
	分离式	制动压力调节器与制动主缸分离	结构简单
按压力调节介质	机械式	以机械惯性力控制	现应用较少
	真空式	以真空产生作用力控制	真空液压制动汽车
	空气式	以高压空气控制	气压或气顶液压制动汽车
	液压式	以液压油控制	应用广泛
按被控制车轮	后轮	只控制后轮	成本低，用于货车、早期应用
	四轮	同时控制4个轮	应用广泛

（续）

分类方法	分　　类	说　　明	性能与应用
按控制方法	轴控式	同一个车轴上的两个车轮一起控制	结构简单、效果差
	轮控式	每个车轮单独控制	成本高、效果好
	混合式	前轮采用轮控式，后轮采用轴控式	介于以上两者之间
按控制通道	单通道	后轮轴控式	早期应用
	双通道	前、后轮轴控式	早期应用
	三通道	前轮轮控式，后轮轴控式	应用广泛
	四通道	各轮均采用轮控式	充分发挥各轮制动力，应用广泛
按控制参数	车轮滑移率	直接控制滑移率	价格昂贵、暂未使用
	车轮角加、减速度	控制车轮角加、减速度在一定范围内	结构简单、控制精度低
	车轮角减速度及滑移率	以车轮加、减速度为主，间接滑移率为辅	应用广泛、效果较好

简单作如下几点说明：

1）采用轴控式时，有低选和高选两种。所谓低选，就是以容易抱死的车轮为控制对象。这样当 ABS 发生作用时，不容易抱死的车轮制动效能未能充分发挥。所谓高选，就是以不容易抱死的车轮为控制对象，当 ABS 发生作用时，另一车轮已经抱死。

对于后轮轴控式一般采用低选方式以防后轮抱死甩尾。对于前轮轴控式一般采用高选方式以充分发挥制动效能。

2）三通道 ABS 之所以后车轮采用轴控式，是因为制动时，汽车重心前移，后轮载重量很小，制动附着力也很小，采用低选轴控式所造成的制动力损失很小，而简化了机构，降低成本。

3）采用车轮滑移率为控制参数的 ABS，需要准确测量出车身相对地面的速度和车轮转速。取得车身速度较难，目前可用多普勒雷达实现，但成本昂贵，所以很少使用。

目前应用广泛的方案是车轮滑移率及角减速度，以车轮减速度为主要控制对象，滑移率为辅助参考。这时对滑移率的准确度要求不高，可通过各个车轮的不同速度推算出来。而控制精度也较高。

4）目前的防抱死制动系统绝大部分为液压式，本书重点讲述这种系统。

15.4.2 ABS电子控制部分主要组成

1. 传感器

(1) 车轮速度传感器　它是感受汽车车轮转速的元件，在汽车上常见的安装位置如图15-31所示。

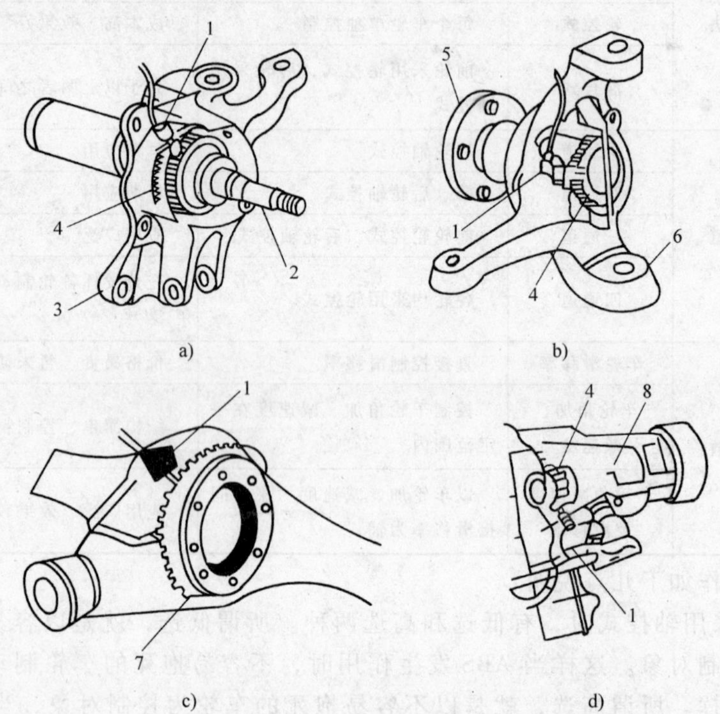

图15-31　ABS车轮速度传感器的安装位置

a) 驱动轮上　b) 非驱动轮上　c) 主减速器上　d) 变速器上

1—传感器头　2—半轴　3—悬架支座　4—齿圈　5—轮毂

6—转向节　7—主减速器从动齿轮　8—变速器

(2) 车身减速度传感器　车身减速度传感器也称为G传感器，用于监测汽车制动时的减速度以判断路面情况。

1) 水银式减速度传感器。其作用是产生开关信号，用于指示汽车制动的减速度界限。

水银式减速度传感器的工作原理如图15-32所示，在传感器内通有两导线极柱的玻璃管中装有水银体，由于水银的导电作用，传感器的电路处于导通状态。当汽车制动时，水银在惯性力的作用下向前移动。在低附着系数路面上制动时，由于汽车的减速度较小，玻璃管内的水银移动量小，玻璃管内的电路开关仍处于导通状态；当在高附着系数路面制动时，汽车的减速度大，玻璃管向的水银在惯性力的作用下移动，使电路开关断开。控制器根据电路的通断判断路面的情况，选用不同的控制程序。

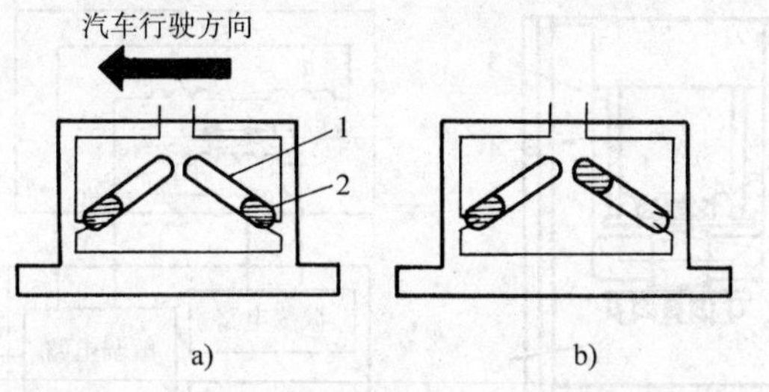

图 15-32 水银式减速度传感器的工作原理

a）低附着系数路面制动 b）高附着系数路面制动

1—玻璃管 2—水银

2）光电式减速度传感器。利用发光二极管和光敏晶体管构成的光电耦合器所具有的光电转换效应，以沿径向开有若干条透光窄槽的偏心圆盘作为遮光板，制成了能够随减速度大小而改变电量的传感器（图 15-33）。遮光板 2 设置在发光二极管 3 和光敏晶体管 4 之间，由发光二极管发出的光束可以通过板上的投光窄槽 1 到达光敏晶体管，光敏晶体管上便会出现感应电流。当汽车制动时，质量偏心的透光板在减速惯性力的作用下绕其转动轴 7 偏转，偏转量与制动强度成正比。在光电式传感器中设置两对光电耦合器 5、6，根据两个晶体管上出现电量的不同组合就可区分出表 15-3 中所示的 4 种减速度界限，因此，它具有感应多级减速度的能力。

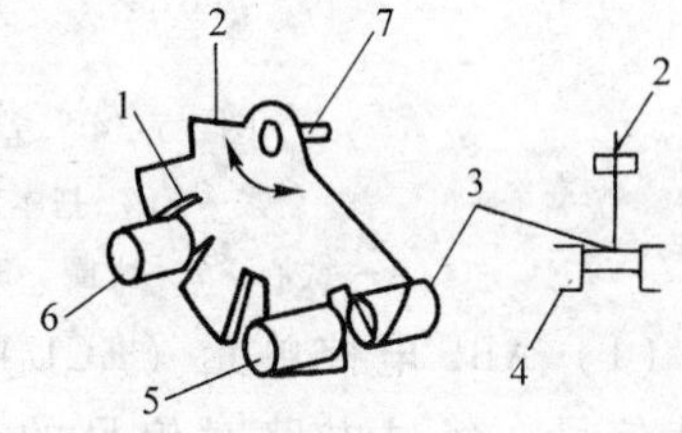

图 15-33 光电式减速度传感器

1—投光窄槽 2—遮光板 3—发光二极管 4—光敏晶体管 5—2 号光敏晶体管 6—1 号光敏晶体管 7—转动轴

表 15-3 光电减速度传感器减速度大小的确定

制动减速度	小	较小	中	大
1 号光敏晶体管	开	关	关	开
2 号光敏晶体管	开	开	关	关

3）差动式减速度传感器。其结构如图 15-34 所示。汽车在正常行驶时，差动变压器铁心 1 处于中间位置，变压器次级绕组产生相位相反的电压 u_1、u_2，其大小相同，变压器输出电压 u_0 为 0。当汽车制动时，在惯性力的作用下，差动变压器铁心移动，使变压器次级绕组产生的 u_1、u_2，一个增大，一个减小，变压器就会有输出与汽车的减速度成正比的电压 u_0，经信号处理电路处理后向 ABS 的 ECU 输出。

2. ABS 电控单元（ECU）与辅助电路

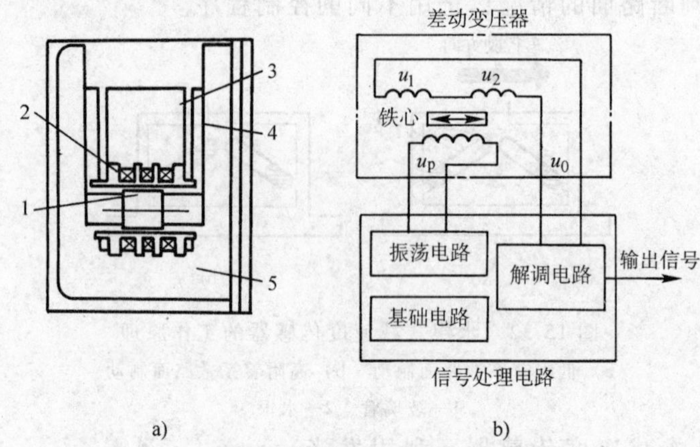

图15-34 差动式减速度传感器工作原理

a）基本结构 b）电路原理示意图

1—铁心 2—线圈 3—印制电路板 4—弹簧 5—变速器油

（1）ABS电控单元（ECU） 它接受由设于各车轮上的传感器传来的转速信号，经过电路对信号的整形、放大和计算机的比较、分析、判别处理，向ABS执行器发出控制指令。一般说来，ABS电控单元还具有初始检测、故障排除、速度传感器检测和系统失效保护等功能。

电控单元由硬件和软件两部分组成。硬件由设置在印刷电路板上的一系列电子元器件（微处理器）和线路构成，封装在金属壳体中，利用多针接口通过线束与传感器和执行器相连；为保证ECU的可靠工作，一般它被安置在尘土和潮气不易侵入、电磁波干扰较小的乘客舱、行李箱或发动机罩内的隔离室中。软件则是固存在只读存储器（ROM）中的一系列计算机程序。

ABS电控单元的内部结构如图15-35所示。为确保系统工作的安全可靠性，在许多ABS的ECU中采用了两套完全相同的微处理器，一套用于系统控制，另一套则起监测作用。它们以相同的程序执行运算，一旦监测用ECU发现其计算结果与控制用ECU所算结果不相符，则ECU立即让制动系统退出ABS控制，只维持常规制动。这种“冗余”的方法可保证系统更加安全。当系统出现故障时，控制继动电动机和继动阀门，使ABS停止工作，转入常规制动状态，点亮ABS报警灯，将故障以故障码的形式存储在ECU内存中。

（2）辅助电路

1）继电器与微机保护二极管。在ABS中，一般有两个继电器，一个是灰色主电源继电器，通过点火开关供给ABS微机电源；另一个是棕色电动泵继电器，由ABS微机输出信号控制其是否闭合，进而控制电动泵工作。

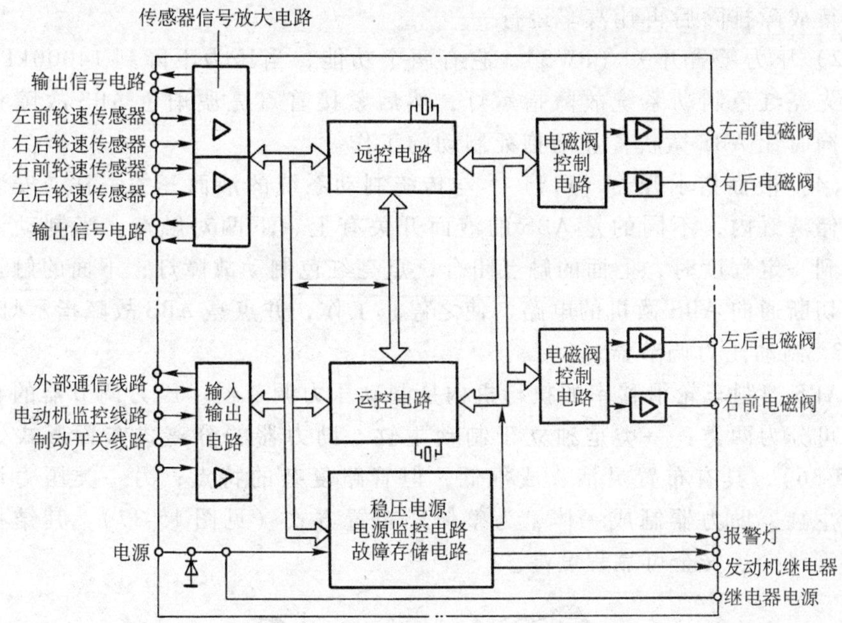

图15-35 ABS电控单元的内部结构

ABS微机保护二极管位于主电源继电器和ABS故障指示灯之间，防止电流由蓄电池的正极通过继电器直接流向微机而引起微机损坏，起到保护微机的作用。

2）故障指示灯。ABS带有两个故障指示灯，一个是红色制动指示灯，另一个是琥珀色（黄色）ABS故障指示灯。

红色制动故障指示灯常亮，说明制动液不足或蓄压器中的压力下降低于14000kPa，此时普通制动系统与ABS均不能正常工作，要检查故障原因及时排除。琥珀色ABS故障指示灯常亮，说明微机发现ABS中有问题。

需要说明的是，当点火开关打开和发动机起动时，两个故障指示灯亮一下，驻车制动时制动灯亮，这是正常的，否则说明故障灯或线路有问题。

（3）压力控制开关和压力警告开关　在ABS电动泵旁装有压力控制和压力警告触点开关。

1）压力控制开关（PCS）。它由一组触点组成，独立于ABS微机而工作。压力开关一般位于制动压力调节器的蓄压器下面，监视着蓄压器下腔的液压压力。当液压压力下降到一定的数值（一般是14000kPa）时，压力开关闭合，使电动泵断电器下面电路构成回路（电动泵断电器通电，触点闭合），电源通过此电路让电动泵运转。

如果压力控制开关发生故障，尽管这时蓄压器仍能提供较大的压力，最终会导致ABS液压系统中的压力下降，因此，必须对压力控制开关进行检查，待故障排除后再让汽车运行。

2）压力警告开关（PWS）。它有两个功能，当压力下降到 14000kPa 以下时先亮红色制动系统故障指示灯，然后紧接着点亮琥珀色 ABS 故障指示灯，同时让 ABS 微机停止防抱死制动的工作。

（4）液面指示开关（FLI） 与传统制动系统的液面开关一样，安装在制动储液罐内，不同的是 ABS 的液面开关有上、下两对触点。当制动液面下降到一定程度时，上面的触点闭合，点亮红色制动故障灯；下面的触点断开，切断通向 ABS 微机的电路，使之停止工作，并点亮 ABS 故障指示灯。

3. 制动压力调节器

ABS 控制车轮滑移率的执行机构是制动压力调节器。压力调节器的布置方式可分为两类：一类是独立于制动主缸、助力器的分离式布置形式（见图 15-36），具有布置灵活、成本低，但管路复杂的特点；另一类压力调节器与主缸、助力器制成一体，为整体式布置方式（见图 15-37），其结构紧凑、管路少、安全可靠程度高。

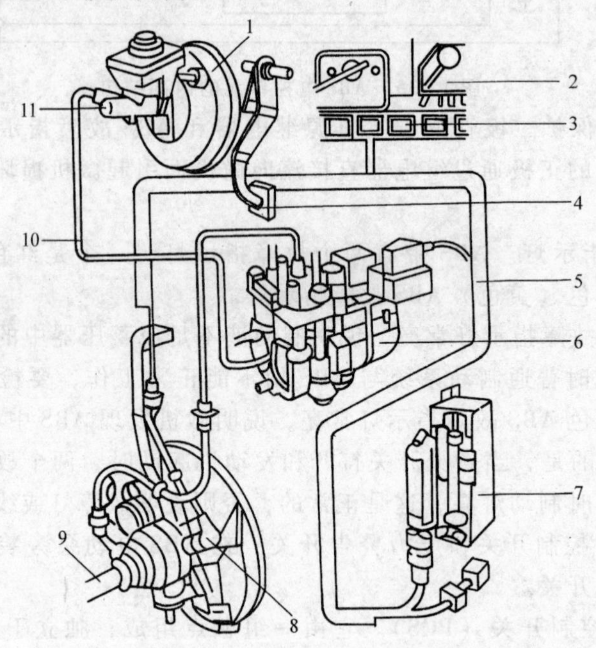

图 15-36 分离式制动压力调节器

1—真空助力器 2—仪表板 3—ABS 指示灯 4—制动踏板 5—ABS 线路 6—压力调节器 7—电子控制器 8—车速传感器 9—车轴 10—制动油管 11—制动主缸

不同厂家的制动压力调节器的结构不同，但主要都由供能装置（液压泵、储能器等）、电磁阀和调压缸等组成。

（1）液压泵 ABS 中所采用的液压油泵一般为柱塞泵（见图 15-38），

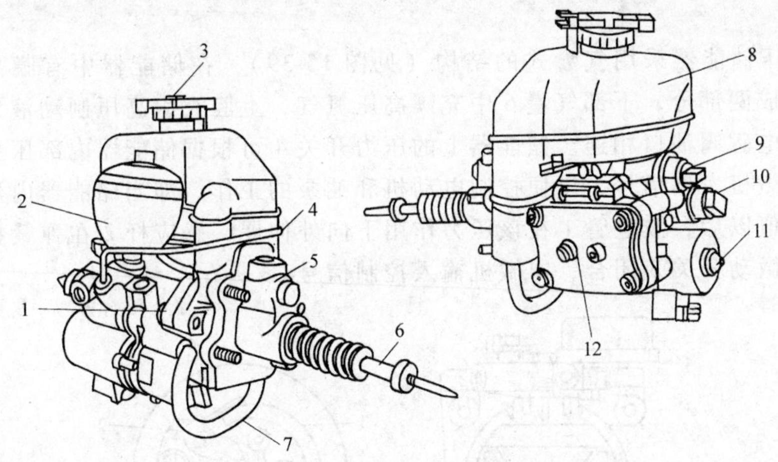

图 15-37　整体式制动压力调节器

1—油泵总成　2—储能器　3—液位指示开关　4—高压管路　5—助力器总成　6—推杆　7—低压油管　8—储液罐　9—主电控阀　10—压力开关　11—电子泵　12—电磁阀阀体

通过电动机带动偏心轮 1 来驱动，泵内设有两个单向阀，下阀为进油阀，上阀为出油阀。柱塞 2 上行时，轮缸及储能器的压力油推开下进油阀，进入泵体内。而当柱塞下行时，泵体内的压力油首先封闭进油阀，随后推开出油阀，将制动液压回制动主缸。

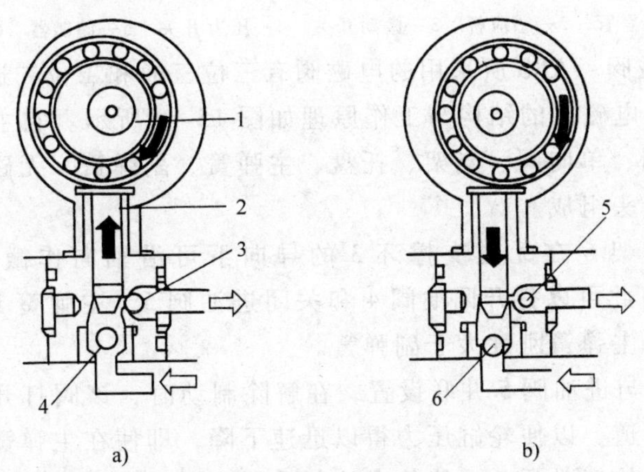

图 15-38　ABS 液压油泵

a) 吸油　b) 泵油

1—偏心轮　2—柱塞　3、6—球阀（关闭）　4、5—球阀（打开）

（2）储能器　因工作方式不同，ABS 的储能器不同，有低压储能器和高压储能器两种。

低压储能器一般是一个内部置有活塞和弹簧的油缸。当轮缸的压力油进入储能器，并作用在活塞上时，压缩弹簧，使油道容积增大，以暂时储存制动液。

高压储能器采用气囊式的结构（见图15-39），在储能器中有膜片将容器分隔成两部分，下部气囊6中充满高压氮气，上腔充满高压制动液，并与油泵和电磁阀油口相连。储能器上的压力开关4可根据储能器内部压力的高低，向微机发出信号，以便控制电动机和油泵的工作，即当储能器内油压达到一定值以后，波登管1在该压力作用下向外伸展，感应杆2在弹簧拉力作用下将微动开关3闭合，向微机输入控制信号。

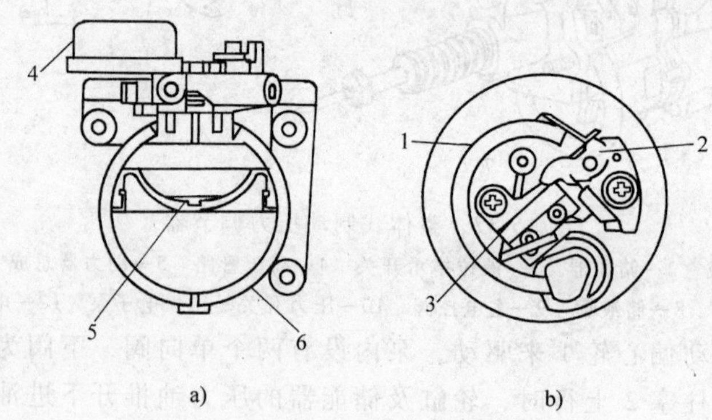

图15-39　气囊式高压储能器

a）储能器　b）压力开关

1—波登管　2—感应杆　3—微动开关　4—压力开关　5—储能器　6—气囊

（3）电磁阀　ABS所采用的电磁阀有三位三通和二位二通两种。

三位三通电磁阀的结构与工作原理如图15-40所示。它主要由阀体、进油阀、回油阀、单向阀、支架、托盘、主弹簧、副弹簧、无磁支撑环、电磁线圈和油管接头组成。

衔铁移动架6在无磁支撑环3的导向下可沿轴向作微小的运动（约0.25mm），由此可以打开回油阀4和关闭进油阀5。主弹簧12与副弹簧14相对设置，且主弹簧刚度大于副弹簧。

单向阀9与进油阀5并联设置，在解除制动时，该阀打开，增大轮缸至主缸的回油通道，以便轮缸压力得以迅速下降，即使在主弹簧断裂或衔铁移动架6被卡死的情况下，也能使车轮制动器的制动得以解除。

当电磁线圈无电流通过时，由于主弹簧力大于副弹簧，进油阀5被打开，回油阀4关闭，制动主缸与轮缸的油路接通，此状态既可以是常规制动，也可以是ABS增压。

当ECU向电磁阀线圈半通电时，电磁力使衔铁移动架6向下运动一定距离，将进油阀5关闭。由于此时的电磁力尚不足以克服两个弹簧的弹力，衔铁移动架6被保持在中间位置，回油阀4仍处于关闭状态，即3个阀孔相互封闭，ABS 处于保压状态。

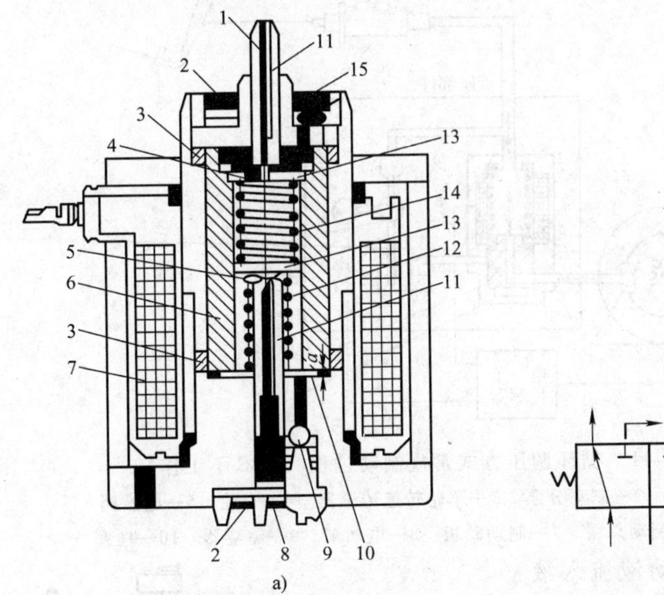

a)

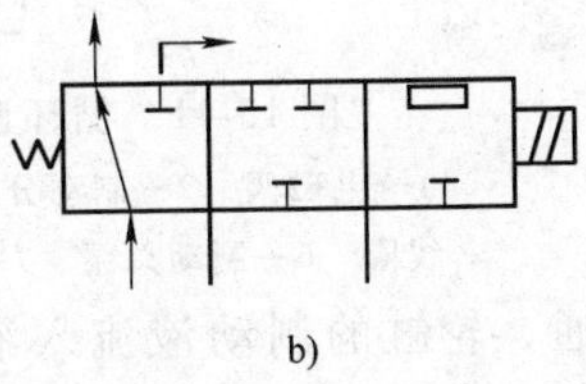
b)

图 15-40　波许（BOSCH）三位三通电磁阀结构及原理

a）结构图　b）图形符号

1—回油管路接口　2—滤网　3—支撑环　4—回油阀　5—进油阀　6—衔铁移动架　7—电磁线圈　8—进液口　9—单向阀　10—凹槽　11—阀座　12—主弹簧　13—压板　14—副弹簧　15—出液口

当 ECU 向电磁线圈 7 输入大工作电流时，所产生的大电磁力足以克服主、副两弹簧的弹力，使衔铁移动架 6 继续向下运动，将回油阀 4 打开，从而轮缸通过卸载阀与回油管相通，ABS 处于减压状态。

15.4.3　典型制动压力调节方式

ABS 典型的制动压力调节方式有循环调压方式和变容积式调压方式两大类。

1. 循环调压方式

这种调压方式的制动压力调节器串联在制动主缸与轮缸之间，通过电磁阀直接或间接地调节轮缸的制动压力。图 15-41 ~ 图 15-43 所示为循环式调节器工作过程。

（1）常规制动过程　常规制动时电磁阀不通电，柱塞处于图 15-41 所示的位置，主缸和轮缸是相通时，主缸可随时控制制动压力的增减，这时，车轮没有抱死，ABS 不介入工作，液压泵也不需要工作。

（2）减压过程　当 ECU 根据转速传感器等信号，判断制动中的车轮的滑动率达到特定数值，车轮趋于抱死时，ECU 输出减压指令，控制电磁阀通入较大的电流，柱塞移至上端，主缸和轮缸的通路被截断，轮缸和液压油

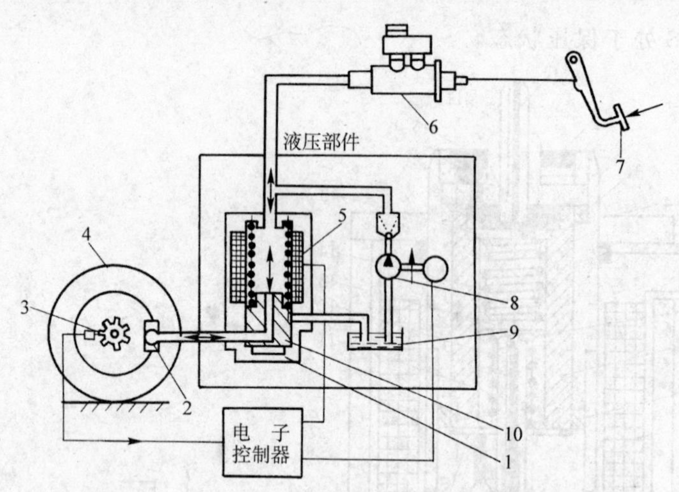

图15-41　循环调压方式常规制动过程（ABS不工作）

1—电磁阀　2—制动分泵　3—车轮转速传感器　4—车轮　5—电磁阀线圈　6—制动总泵　7—制动踏板　8—电动泵　9—储液器　10—柱塞

箱接通，轮缸的制动液流入液压油箱，制动压力降低，避免车轮抱死。与此同时，驱动电动机起动，带动液压泵工作，把流回液压油箱的制动液加压后输送到主缸，为下一个制动周期作好准备（见图15-42）。

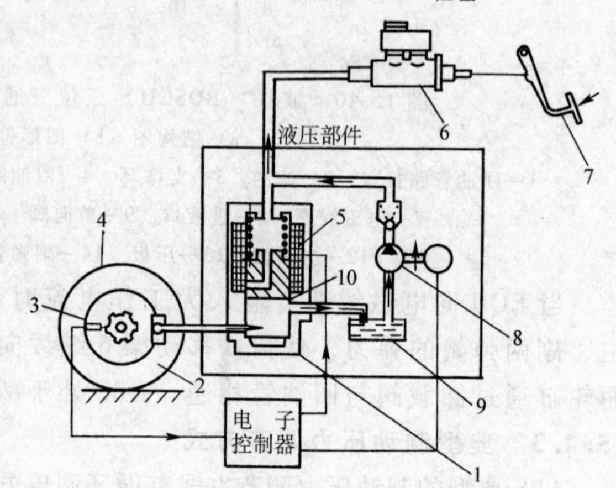

图15-42　循环调压方式减压过程

（图注同图15-41）

这种液压泵叫再循环泵。它的作用是把减压过程中的轮缸流回的制动液送回高压缸，这样可以防止ABS工作时制动踏板行程发生变化。因此，在ABS工作过程中液压泵必须常开。

（3）保压过程　当车轮滑动率在理想范围时，ECU控制进入保压过程，给电磁阀通较小的电流时，柱塞移至图15-43所示的位置，所有的通道都被截断，所以，能保持制动压力。

（4）增压过程　当ECU判断滑动率过小、制动力不足时，会进入增压过程。电磁阀断电，柱塞又回到所示的初始位置（见图15-41）。主缸和轮缸再次相通，主缸端的高压制动液（包括液压泵输出的制动液）再次进入轮缸，增加了制动压力。增压和减压速度可以直接通过电磁阀的进出油口来

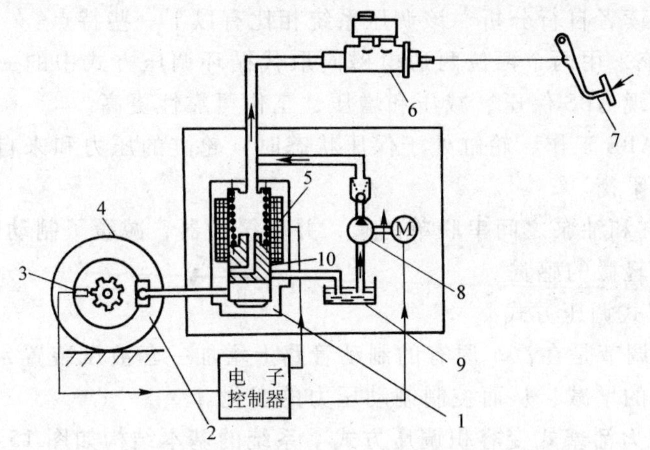

图 15-43　循环调压方式保压过程

（图注同图 15-41）

控制。

这种控制式液压装置结构简单、灵敏性好。对于这种方式，液压泵工作时的高压制动液返回主缸时或增压过程制动液从主缸流回瞬间，制动踏板行程均会发生变化（叫踏板反应）。这种反应能让驾驶员知道 ABS 开始工作，这是一个优点。但是，也有不少驾驶员对踏板反应有不舒适感。

在图 15-44 所示的循环式调压系统工作原理与图 15-41 基本相似，其 4

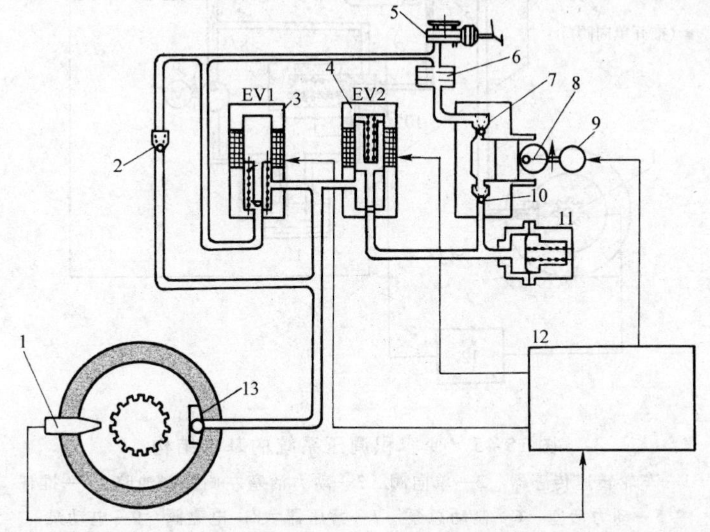

图 15-44　使用二位二通电磁阀的循环调压方式

1—车轮转速传感器　2—解除制动单向阀　3—常开电磁阀　4—常闭电磁阀

5—制动总泵　6—缓冲器　7、10—单向阀　8—液压泵

9—电动机　11—储液器　12—控制器（ECU）　13—制动分泵

个工作过程读者自行分析。该调压系统相比有以下一些特点：

1）系统采用两个两位两通电磁阀取代循环调压方式中的一个三位三通电磁阀，实现ABS保压、减压和增压，工作可靠性更高。

2）当ABS工作，轮缸处于保压状态时，轮缸的压力和来自主缸的压力在单向阀处平衡。

3）主缸和油泵之间串联单向阀，并联缓冲器，减缓了制动踏板的抖动，但仍保留了轻微的感觉。

2. 容积式调压方式

容积式调节是在汽车原有的制动管路上增加一套液压装置，用它控制制动管路容积的增减，从而控制制动压力的变化。

(1) 动力活塞式变容积调压方式　系统的基本结构如图15-45所示，主要由电磁阀、控制活塞、液压泵、高压储能器等组成。

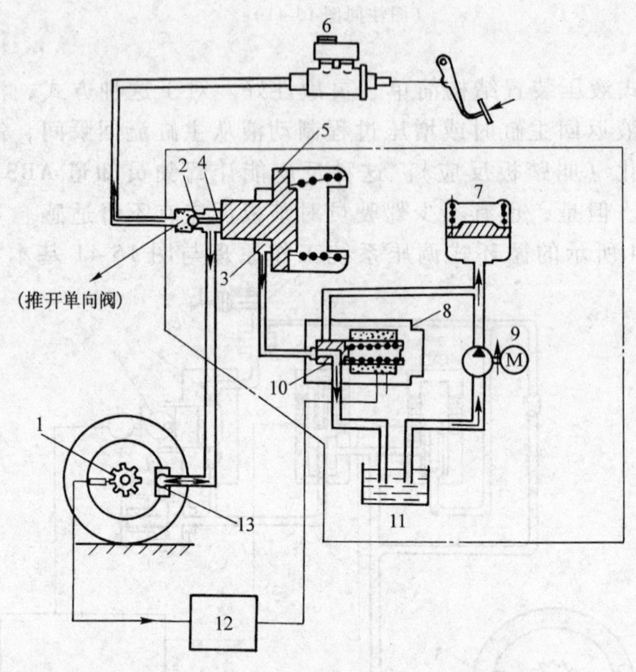

图15-45　变容积调压系统的基本结构

1—车轮转速传感器　2—单向阀　3—动力活塞左侧控制油腔　4—推杆　5—动力活塞　6—制动总泵　7—蓄压器　8—电磁阀　9—电动泵　10—柱塞　11—储液器　12—控制器（ECU）　13—制动分泵

1）常规制动过程。此时ABS不参加工作，电磁阀8不通电，在回位弹簧的作用下处于图15-45所示位置，动力活塞左侧控制油腔3与储液器11直接相通，泄压。动力活塞被一较大的弹簧力推至左端，活塞左端有一推杆推开单向阀，使主缸和轮缸之间的管路接通，主缸直接控制制动压力的增减。

2）减压过程。当 ABS ECU 判断制动车轮将要抱死时，进入减压控制过程，如图 15-46 所示。ECU 控制电磁阀通入较大的电流，电磁阀内的柱塞移到右边，将动力活塞控制油腔与储液器隔断，而与储能器相通，储能器中储存的高压液体通过管路作用在动力活塞的左侧，产生一个与弹簧力方向相反的作用力。动力活塞右移，单向阀关闭，主缸和轮缸之间的通路被切断。同时，因动力活塞右移而使轮缸侧容积增加。制动压力减少的幅度决定于轮缸侧管路容积的增加量。

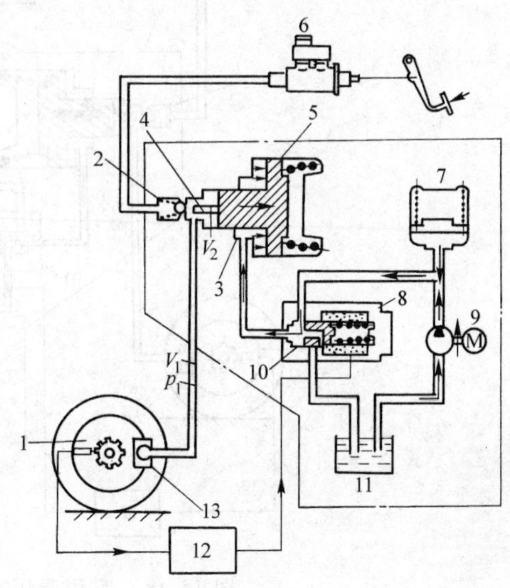

图 15-46　容积调压方式减压过程

（图注同图 15-45）

3）保压过程。如图 15-47 所示，给电磁阀通入较小的电流，电磁阀柱塞柱移到中间位置，动力活塞控制油腔被封闭，作用在活塞左侧的油压保持不变，动力活塞两端承受的作用力相等。因此，动力活塞静止不动，管路容积也不发生变化，能够保持制动压力。

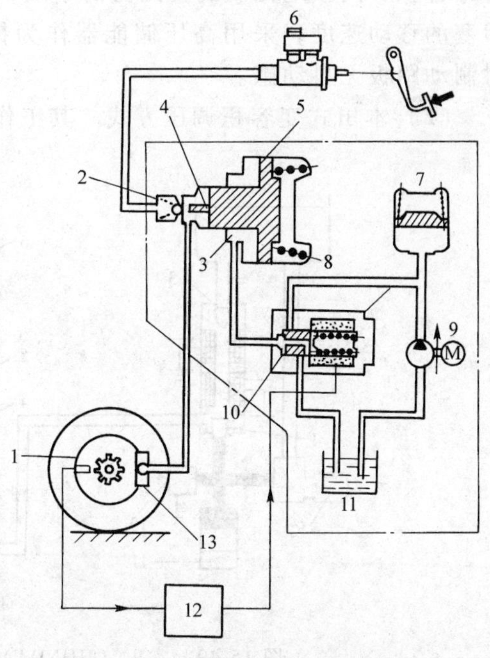

图 15-47　容积调压方式保压过程

（图注同图 15-45）

4）增压过程。如图 15-48 所示，电磁阀断电，柱塞回到左端始位置，作用在动力活塞左侧的制动液泄入液压油箱，左侧高压被解除，动力活塞受力失去平衡，动力活塞准备左移，轮缸侧容积增量在此期间减小，制动压力增加。

该方式的特点是改变轮缸侧

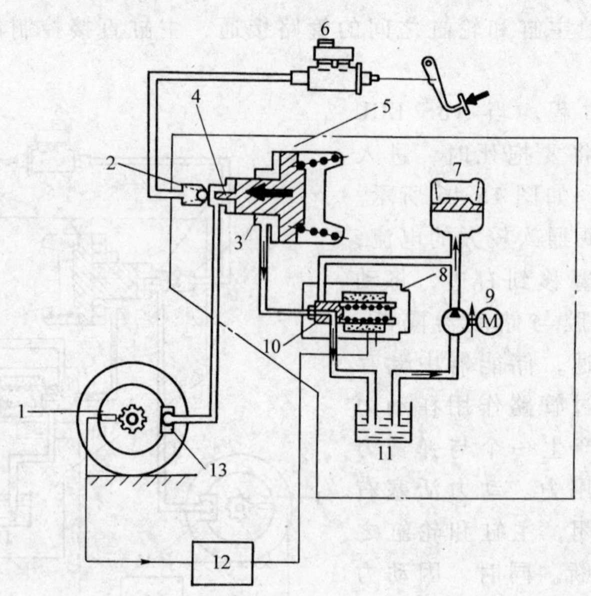

图 15-48 容积调压方式增压过程
（图注同图 15-45）

管路容积，间接地控制制动压力的增减，其制动压力的增减速度取决于动力活塞的移动速度，采用高压储能器作为推动调压活塞的动力，当 ABS 作用时制动踏板无抖动感。

（2）本田式变容积调压方式 其工作原理如图 15-49 所示。

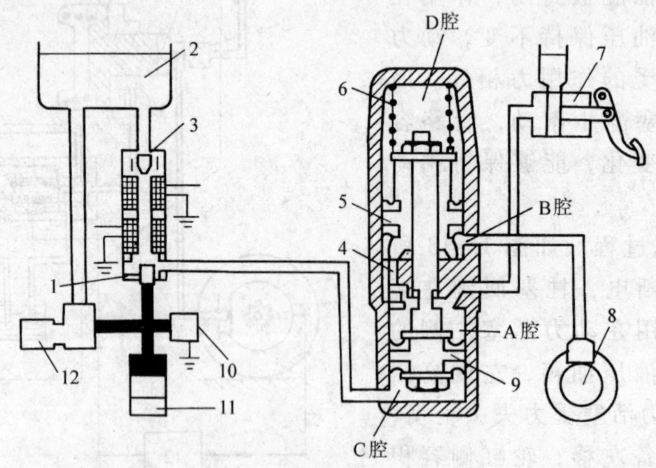

图 15-49 本田（HONDA）变容积 ABS 调节器

1—输入阀 2—油箱 3—输出阀 4—开关阀 5—滑动活塞 6—弹簧 7—制动主缸 8—制动器 9—控制活塞 10—压力开关 11—储能器 12—油泵

常规制动时，输入、输出阀的电磁线圈断电，将输出阀3打开、输入阀1关闭。此时，调节器下端C腔与储油箱导通，滑动活塞5在其上端主弹簧弹力的作用下向下移动，直至顶开开关阀4，将B腔与A腔接通，制动主缸7经过A腔、B腔与轮缸导通，轮缸压力受主缸压力的控制而变化。

当开关阀未被顶开之前，可以通过对输出阀和输入阀线圈的通断电控制，调节C腔的压力，靠改变滑动活塞的位置来改变B腔容积的大小，实现对轮缸压力的调节。如ABS减压时，ECU同时向输出阀和输入阀线圈通电，将输出阀关闭，输入阀打开，由油泵12和储能器11提供的控制压力油进入C腔，推动控制活塞9和滑动活塞上移，B腔容积增大，轮缸压力下降；ABS保压时，ECU将输入阀电磁线圈的电流切断，让输出阀电磁线圈仍然通电，即同时关闭输入阀和输出阀，由于C腔油压保持恒定，滑动活塞不动，B腔容积不变，轮缸油压维持不变；ABS增压时，ECU同时将输出阀和输入阀线圈断电，将输出阀打开，输入阀关闭，C腔压力下降，使控制活塞和滑动活塞下移，B腔容积减小，轮缸压力增高。

在ABS增压和减压过程中，由于控制活塞的缘故，A腔的容积也在发生变化，即制动主缸内的油压有波动，所以，制动踏板上会出现抖动。

(3) 德尔科（DELCO）变容积调压方式　德尔科（DELCO）变容积ABS调节器（见图15-50）是借助螺杆滚动带动调压柱塞5往复运动的，它由可以正、反和停转的驱动电动机10带动齿轮螺杆8，并推动调压柱塞5实现变容积调压为特色。该液压调节器位于制动总泵和分泵之间，与总泵联为一体。液压调节器上装有电磁阀7，分别控制两前轮和后轮，在微机控制下关闭或开启通往制动分泵的油路。单向阀6受柱塞上下运动控制开启，而柱塞则靠电动机驱动电动机齿轮9由螺杆带动。

常规制动时，电磁阀无电流通过，由它控制的油路处于开启状态。同时，柱塞位于最上方，其顶端的小顶杆将单向球阀顶开，制动主缸的制动液可通过电磁阀控制通道和单向球阀所控制的通道流向制动轮缸，制动轮缸压力随着制动主缸的压力变化而变化。此时电磁制动器不通电，处于制动状态，电动机不转动，柱塞保持在上方位置不动。

当ABS工作时，电磁阀通电工作，它所控制的油路被切断。同时，电磁制动器通电，柱塞在电动机和螺杆的驱动下，向下移动，单向球阀关闭，此时制动主缸与轮缸之间的通道完全隔断。调压柱塞在ECU的控制下作上下运动，当柱塞上移时，轮缸油路的空间变小，油压升高，制动力增加，实现ABS增压；若调压柱塞维持不动，轮缸油路油压保持不变，车轮制动力恒定，实现ABS保压；而当调压柱塞向下移动时，轮缸油路空间变大，车轮制动力减小，实现ABS减压。

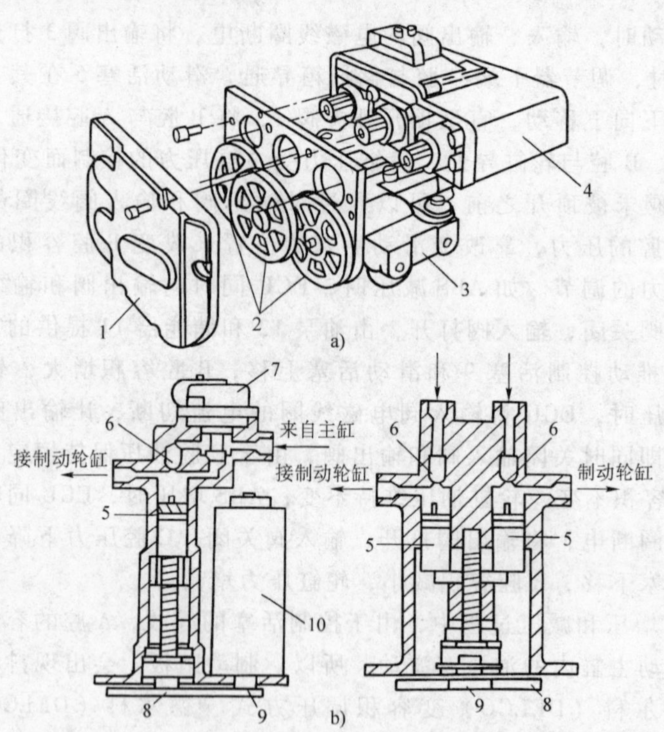

图 15-50 德尔科（DELCO）变容积 ABS 调节器

a）立体图 b）剖视图

1—齿轮盖板 2—齿轮螺杆总成 3—调压缸总成 4—电动机总成 5—调压柱塞 6—单向阀 7—电磁阀 8—齿轮螺杆 9—电动机齿轮 10—电动机

15.5 驱动防滑系统（ASR）

15.5.1 驱动防滑系统概述

1. 汽车防滑概念

当汽车的驱动力大于地面附着力时，驱动轮发生滑转。此时，车轮的横向附着力很小，几乎为零。这同制动抱死时车轮的滑移情况类似，将发生侧滑等现象。对于后驱动车，驱动轮滑转将使汽车发生不规则的旋转；对前驱动车，会使方向失去控制。这极大影响了汽车操纵的稳定性、安全性，并加速轮胎异常磨损。

汽车防滑转系统（Anti Slip Regulation，ASR）又称为牵引力控制系统（Traction Control，简称 TRC、TRAC 等）。其作用是防止汽车在起步、加速和低附着系数路面行驶时驱动轮的滑转，以提高汽车的牵引性和操纵稳定性。

2. 车轮防滑转控制方式

为了防止车轮滑转，必须适当降低驱动力，大幅度提高侧向力，增大抵抗侧滑的能力。目前，常采用以下两种方法防止驱动轮的滑转。

(1) 发动机输出转矩调整方式　通常通过控制节气门开度和点火提前角的方式调节发动机的输出转矩，使驱动车轮的转矩迅速降低，从而对两侧驱动车轮的驱动力矩进行调节。由于发动机已经实现了电子控制，因此，这种控制方法容易实现。

(2) 驱动轮制动控制方式　当驱动轮发生滑转时，对滑转的车轮施加一定的制动力，使车轮的滑转率控制在合适的范围内。制动控制方式比发动机控制方式反应速度快，能有效地防止汽车起步时或从高附着路面突然进入低附着路面时的车轮空转。该控制方式还能对每个驱动轮独立控制，与差速器锁止装置具有同样的功能。

为了防止制动器过热，驱动轮制动控制的方法只限于低速行驶时使用。

ASR 系统一般综合应用上述两种方法，以取得理想的控制效果。

另外，有些汽车采用防滑差速器锁止控制（Limited-Slip-Differetial，LSD；或 Electronic Differetial System，EDS），使行驶在不同附着系数路面的左、右驱动车轮产生不同的驱动力。

3. ASR 与 ABS 比较

ASR 是继防抱死制动系统（ABS）之后应用于汽车车轮防滑的电子控制系统，ASR 是 ABS 的完善和补充。

在 ASR 中，为了确定驱动车轮是否滑转，可以利用 ABS 中的车轮转速传感器获得车轮转速的信号。ASR 电子控制装置既可是独立的，也可与 ABS 共用。ASR 的制动压力调节装置也有与 ABS 的制动压力调节装置一体和独立两种形式。

ABS 和 ASR 比较如下：

1）ABS 和 ASR 都是用来控制车轮相对地面的滑动，以使车轮与地面的附着力不下降。但 ABS 控制的是汽车制动时车轮的“拖滑”，主要是用来提高制动效果和确保制动安全；而 ASR 是控制车轮的“滑转”，用于提高汽车起步、加速及低附着路面行驶的牵引力和确保行驶稳定性。

2）ASR 只对驱动轮实施制动控制，ABS 对 4 个制动轮实施控制。

3）ASR 在汽车起步及一般行驶过程中工作，当车轮出现滑转时即可起作用，ABS 则是汽车在制动时工作。当车速很高（80～120km/h）时 ASR 不起作用，而当车速很低（<8km/h）时 ABS 不起作用。

4）ASR 在处于防滑转控制过程中，如果汽车制动，ASR 就立即中止防滑转控制，以使制动过程不受 ASR 的影响。

15.5.2 驱动防滑系统的组成与工作原理

图15-51所示为典型ASR的组成示意图。该防滑系统由与ABS共用ABS/ASR电子控制器8和车速传感器1、5、6、12，与发动机控制系统共用的节气门、发动机转速等传感器，独立的ASR制动压力调节器4以及辅助节气门等部分组成。

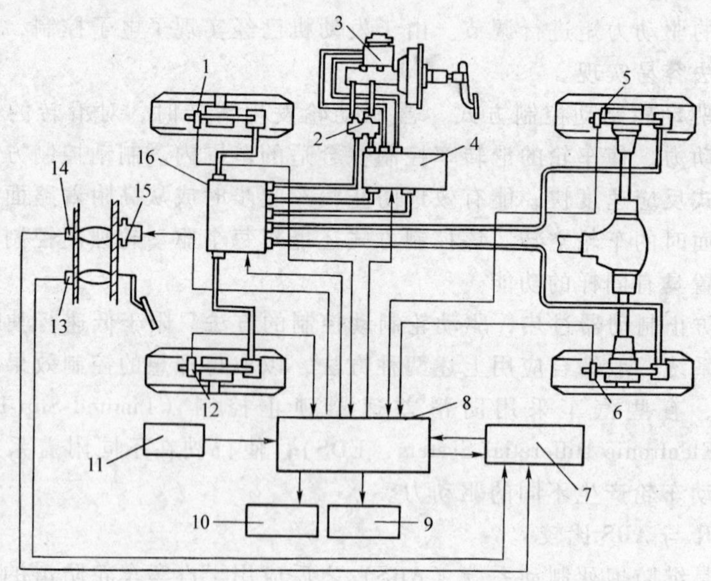

图15-51 典型ASR系统的组成示意图

1—右前车轮转速传感器 2—比例阀 3—制动总泵 4—ASR制动压力调节器 5—右后车轮转速传感器 6—左后车轮转速传感器 7—发动机电子控制器 8—ABS/ASR电子控制器 9—ASR关闭指示灯 10—ASR工作指示灯 11—ASR选择开关 12—左前车轮转速传感器 13—主节气门开度传感器 14—副节气门开度传感器 15—副节气门驱动步进电动机 16—ABS制动压力调节器

控制器根据车速传感器的信号计算驱动车轮的滑转率，综合发动机工作情况判断是否需要进行防滑控制、如何控制。

1. 辅助节气门

在发动机节气门体的主节门前方，设置了辅助节气门（见图15-52）。辅助节气门一般由步进电动机驱动。在ASR不起作用时，辅助节气门处于全开的位置；当两驱动车轮滑转率超出限定值时，ASR的ECU输出控制信号，控制辅助节气门驱动步进电动机工作，使辅助节气门的开度适当减小，以控制发动机的功率，抑制驱动车轮的滑转（见图15-53）。

2. ASR制动压力调节器

它执行ASR控制器的指令对滑转车轮施加制动力和控制制动力的大小，以使滑转车轮的滑转率在目标范围之内。有的ASR制动压力调节器与ABS制动压力调节器组合成一体，也有的ASR制动压力调节器是独立的。

(1) 独立 ASR 制动压力调节器　这种 ASR 制动压力调节器和 ABS 制动压力调节器在结构上各自分开，通过液压管路互相连接（见图 15-54）。其工作原理如下：

在 ASR 不起作用、三位三通电磁阀 4 不通电时，阀在左位，调压缸有右腔与储液器相通而压力低，调压缸活塞 8 被回位弹簧推至右边极限位置。这时，调压缸活塞左端中央的通液孔将 ABS 制动压力调节器与车轮制动分泵沟通，因此 ASR 不起作用时，对 ABS 无任何影响。

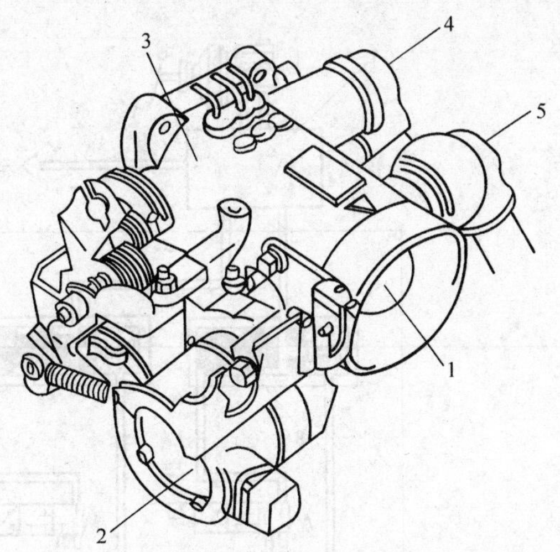

图 15-52　带辅助节气门的节气门体
1—辅助节气门　2—步进电动机　3—节气门体　4—主节气门位置传感器　5—辅助节气门位置传感

当驱动车轮出现滑转而需要

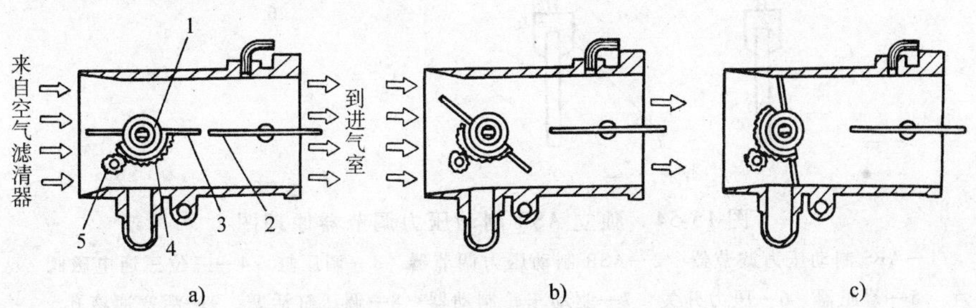

图 15-53　辅助节气门工作原理
a) 全开位置　b) 半开位置　c) 全关位置
1—回位弹簧　2—主节气门　3—辅助节气门　4—扇形从动齿轮　5—主动齿轮

对驱动车轮实施制动时，ASR 控制器输出控制信号，使电磁阀通电而移至右位。这时，调压缸左腔与储液器隔断而与蓄压器接通，蓄压器具有一定压力的制动液推动调压缸的活塞左移，ABS 制动压力调节器与车轮分泵的通道被封闭，调压缸左腔的压力随活塞的左移而增大，驱动车轮制动分泵的制动压力上升。当需要保持车轮的制动压力时，控制器使电磁阀半通电，阀处于中位，使调压缸与储液器和蓄压器都隔断，于是，调压缸活塞保持原位不动，使驱动车轮制动分泵的制动压力不变。当需要减小驱动车轮的制动压力时，控制器使电磁阀断电，阀在其回位弹簧力的作用下回到左位，使调压缸右腔与蓄压器隔断而与储液器接通。于是，调压缸右腔压力下降，其活塞右移，

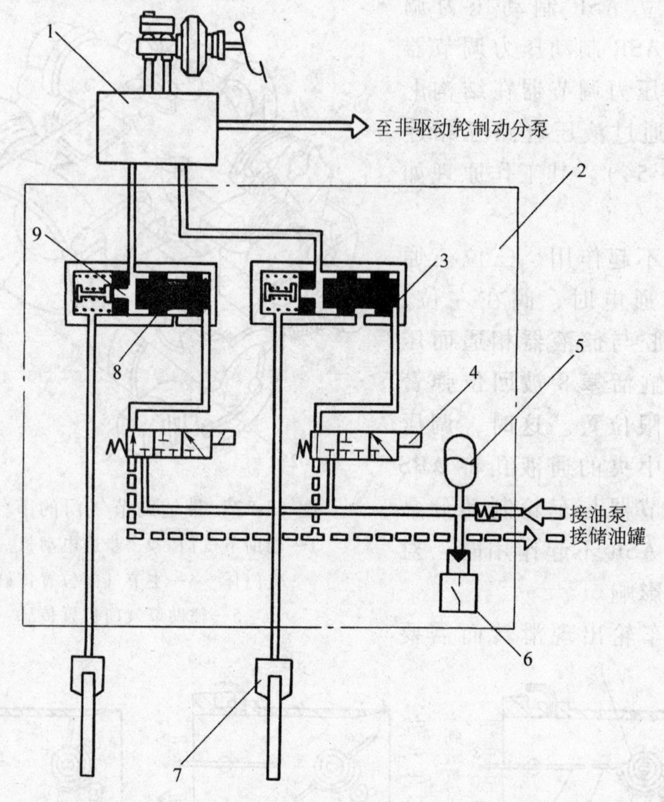

图 15-54 独立 ASR 制动压力调节器原理图

1—ABS 制动压力调节器 2—ASR 制动压力调节器 3—调压缸 4—三位三通电磁阀 5—蓄压器 6—压力开关 7—驱动车轮制动器 8—调压缸活塞 9—活塞通液孔

使驱动车轮制动分泵的制动压力下降。

（2）整体式 ABS/ASR 制动压力调节器 图 15-55 所示为采用三位三通电磁阀、循环流动式 ASR/ABS 制动压力调节器。

在 ASR 不起作用时，电磁阀不通电。汽车在制动过程中如果车轮出现抱死，ABS 起作用，通过控制电磁阀Ⅱ和电磁阀Ⅲ来调节制动压力。

当驱动车轮出现滑转时，ASR ECU 使电磁阀Ⅰ通电，阀移至于右位，电磁阀Ⅱ和电磁阀Ⅲ不通电，阀仍在左位，于是蓄压器的压力油通入驱动车轮制动泵，制动压力增大。当需要保持驱动车轮的制动压力时，ASR ECU 使电磁阀Ⅰ通电，阀移至中位，隔断了蓄压器及制动总泵的通路，驱动车轮制动分泵的制动压力即被保持不变。当需要减小驱动车轮的制动压力时，ASR ECU 使电磁阀Ⅱ和电磁阀Ⅲ通电，电磁阀Ⅱ和电磁阀Ⅲ移至右位，将驱动车轮制动分泵与储液器接通，于是制动压力下降。

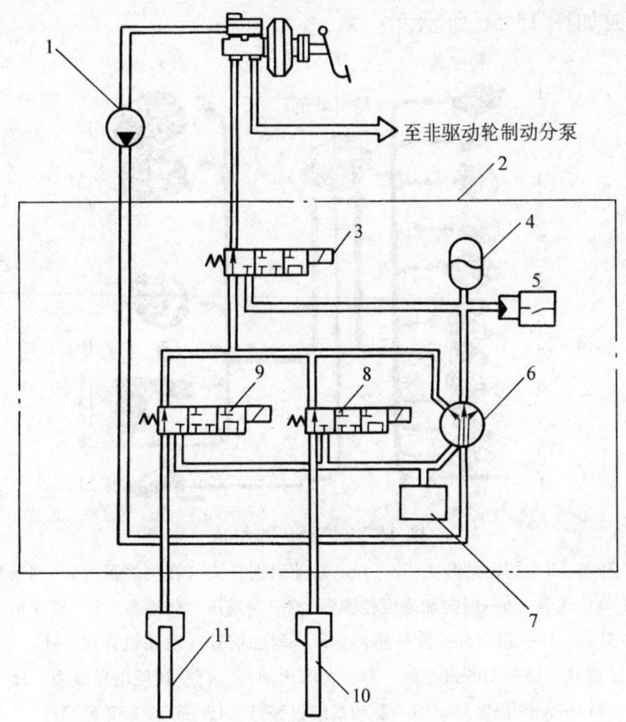

图 15-55　整体式 ABS/ASR 制动压力调节器

1—输液泵　2—ABS/ASR 制动压力调节器　3—电磁阀Ⅰ　4—蓄压器　5—压力开关　6—循环泵　7—储液器　8—电磁阀Ⅱ　9—电磁阀Ⅲ　10、11—驱动车轮制动器

如果需要对左、右驱动车轮的制动压力实施不同的控制，则 ASR ECU 分别对电磁阀Ⅱ和电磁阀Ⅲ实行不同的控制。

15.6　电子稳定程序（ESP）

15.6.1　电子稳定程序概述

大众、奔驰汽车的电子稳定程序（Electronic Stability Programe，ESP）是一个主动安全系统。它是建立在 ABS、ASR 等其他牵引控制系统之上的一个非独立的系统。它的功用是在汽车左、右转向时减少车辆横向滑移，防止出现转向不足和转向过度。

在其他公司车型上，相同或相近功用的系统采用了不同的名字。如：丰田汽车的车辆稳定系统（Vehicle Stability Control，VSC）、宝马汽车的 Dynamic Stability Control（简称 DSC）、本田汽车的 Vehicle Stability Assist（简称 VSA）。

15.6.2　电子稳定程序的组成

1. ESP 的总体组成

ESP 的组成如图 15-56 所示。

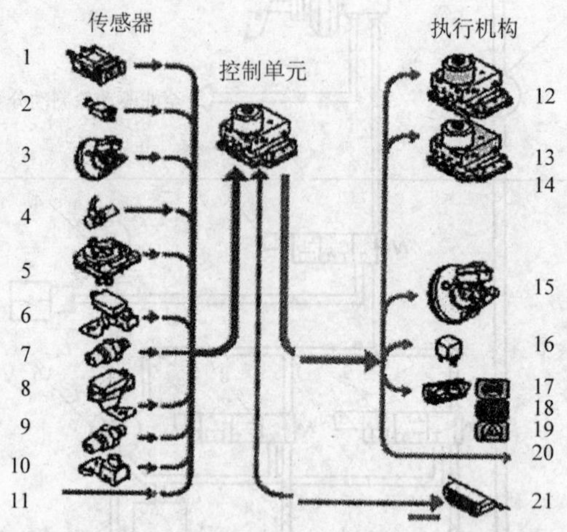

图 15-56 ESP 的组成

1—TCS/ESP 开关 2—制动灯开关 3—ESP 制动识别开关（在伺服器内） 4—转速传感器 5—转向盘转角传感器 6—侧向加速度传感器 7—制动压力传感器 8—横摆角速度传感器 9—副制动压力传感器 10—纵向加速度传感器 11—附加信号（发动机管理系统、变速箱管理系统） 12—ABS 回油泵 13—ABS 进油阀 14—ABS 出油阀 15—预压电磁线圈 16—继电器 17—ABS 报警灯 18—制动系统报警灯 19—TCS/ESP 报警灯 20—附加信号（发动机管理系统、速箱管理系统、巡航系统） 21—自诊断接口

2. ESP 元件构造与工作原理

ESP 的一些元件如 ECU、液压调节器、轮速传感器等都是与 ABS、ASR 共用或构造原理相似，在此不再赘述。此处仅对 ESP 专用的一些传感器进行阐述。

（1）转向盘转角传感器　转向盘转角传感器安装在转向柱上，位于转向开关与转向盘之间，与安全气囊时钟弹簧集成为一体，如图 15-57 所示。其功用是检测转向盘的偏转角度和速度，并把该信号传递给 ABS/EDL/TCS/ESP 控制单元。

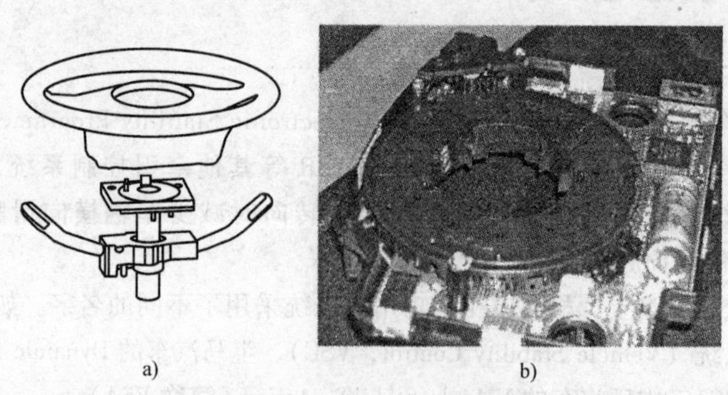

图 15-57 转向盘转角传感器

a）安装位置 b）实物图

转向盘转角传感器利用光栅原理测量角度。转向盘转角传感器由一个信号编码盘、光源、光敏二极管和整圈计数器组成，如图 15-58 所示。

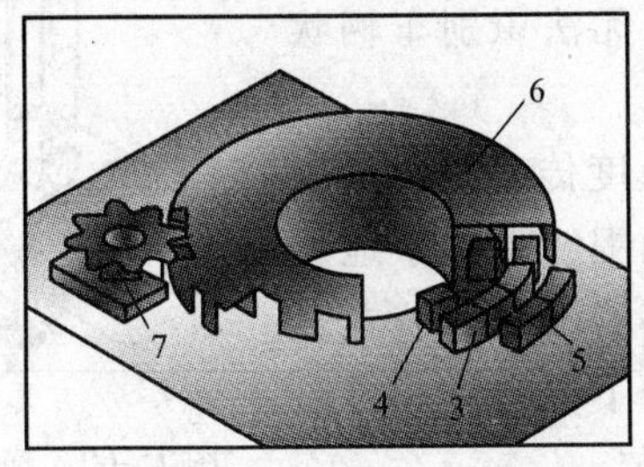

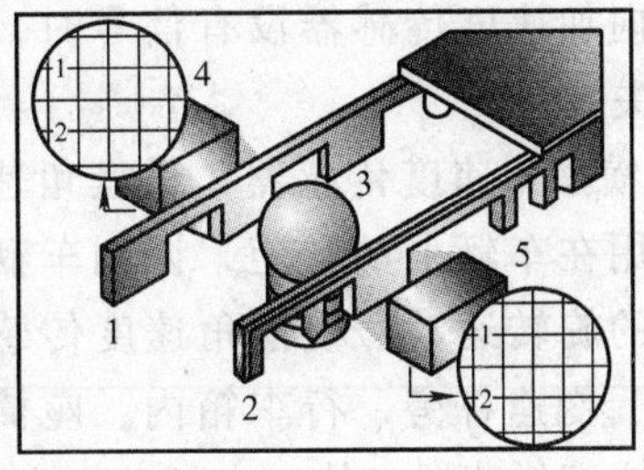

图 15-58　转向盘转角传感器的工作原理

a）内部结构　b）工作原理

1、2—模板　3—光源　4、5—光敏二极管　6—编码盘　7—整圈计数器

编码盘带有模板 1 和模板 2，光源 3 在两板之间，光学传感器在两板之外。光束通过孔隙照到光敏二极管 4、5 上，产生电压信号。如果光线被挡住，电压消失。

编码盘固定在转向盘主轴上，随转向盘转动，模板也随之移动，光线不断被挡住或透过，在两个模板上产生不同的电压序列。其中，模板 1 因孔隙间隔一致，产生的电压信号也是规则信号，模板 2 因不规则间隙生成不规则信号。比较两个信号，系统可以计算出模板移动的距离，进而计算出转向盘转过的角度和转动速度。运动的起始点由不规则模板确定。

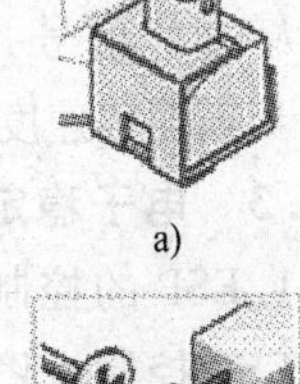

a)

光学传感器计数范围不大于 360°，当转向盘转动角度大于 360°时，由整圈计数器 7 记下圈数。

当转向盘转角传感器失效时，系统将不能识别车辆的预期行驶方向（驾驶员意愿），导致 ESP 不起作用。

（2）侧向加速度传感器（见图 15-59）　侧向加速度传感器用于检测汽车是否受到使其发生滑移的侧向力，以及侧向力的大小。有些车型的侧向加速度传感器与横摆角速度传感器安装成一体，有的则独立安装；一般安装在转向柱下方偏右侧、变速杆旁或杂物箱下等位置。

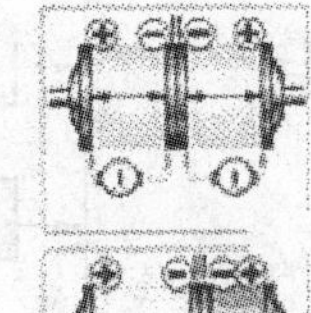

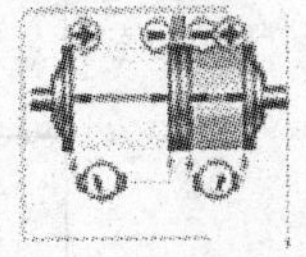

b)

图 15-59　侧向加速度传感器

a）外形　b）工作原理

侧向加速度传感器由两个串联电容组成，中间极片通过一个软片与车身沿纵向相联，可在作用力下左右摆动。

当汽车直线行驶时，没有侧向力作用在中间极片上，则两电容间隙保持恒定，电容相等。

当汽车在行驶中进行转向时，则产生侧向加速度和惯性力，中间电极在侧向惯性力作用下发生变形，致使一个电容间隙增加、另一个减小，串联电容值也随之改变。检测电容的改变量即可计算出侧向力的大小和方向。

当侧向加速度传感器没有信号时，无法识别车辆状态，ESP 失效。

（3）横摆角速度传感器　横摆角速度传感器的作用是感知作用在车辆上的转矩，识别车辆围绕垂直于地面轴线方向的旋转运动。横摆角速度传感器一般安装在转向柱下方、变速杆旁、行李箱内、座椅下等位置，可以与侧向加速度传感器一体，也可独立安装。

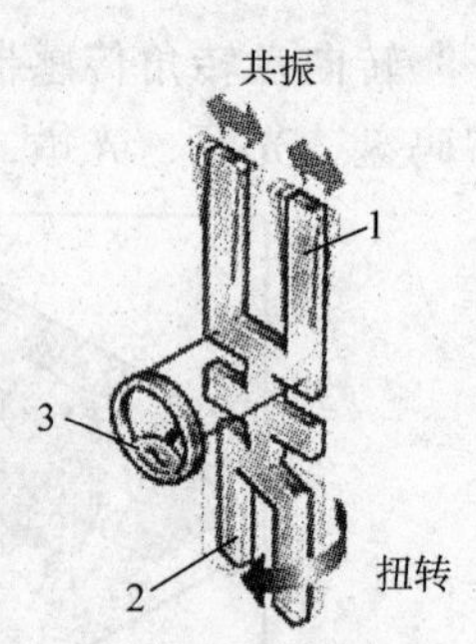

图 15-60　横摆角速度传感器

1—激励叉　2—测量叉　3—11kHz 的交变电压

横摆角速度传感器的工作原理如图 15-60 所示。

其基本结构可简化成双调节叉结构，一个激励叉，一个测量叉。双叉经过匹配，使得激励叉在 11kHz 时共振，而测量叉在 11.33kHz 时产生共振，向双叉施加 11kHz 的交变电压，在激励叉上发生共振，而测量叉上不出现。

发生共振的调节叉对于外力的反应，要比没有发生共振的调节叉运动响应慢。这意味着，车辆的角加速度使得测量叉与车辆同步运动，而共振叉滞后于车辆的运动。结果，双叉发生扭曲。摇摆的结果是改变了叉上的电荷分配，传感器感知此信号并将其传递给控制单元。

当横摆角速度传感器失效时，控制单元不能识别车辆是否发生转向，ESP 失效。

15.6.3　电子稳定程序的工作原理

1. ESP 的控制原理

ESP 控制框图如图 15-61 所示。

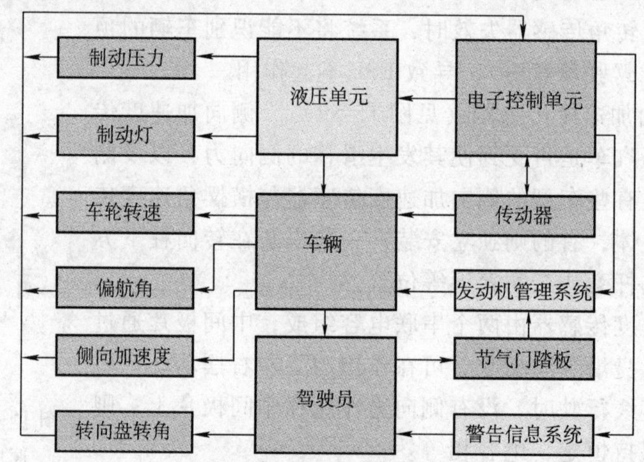

图 15-61　ESP 控制框图

（1）转向不足与转向过度的判断　ESP 系统中装有横摆率传感器、侧向加速度传感器、转向盘转角传感器以及轮速传感器，ESP ECU 根据这些信号判断汽车的转向情况，进而进行侧滑控制。

ESP 首先通过转向盘转角传感器及各车轮转速传感器识别驾驶员的转弯方向（驾驶员意愿），设为 a；再通过横摆角速度传感器识别车辆绕垂直于地面轴线方向的旋转角度及侧向加速度传感器识别车辆实际运动方向，设为 b。

若汽车实际旋转角度 b 等于目标偏转角度 a，则汽车的实际行驶方向与驾驶员的意愿一致，ESP 不介入工作，如图 15-62 所示。

若汽车实际旋转角度 b 小于目标偏转角度 a，则为转向不足。

若汽车实际旋转角度 b 大于目标偏转角度 a，则为转向过度。

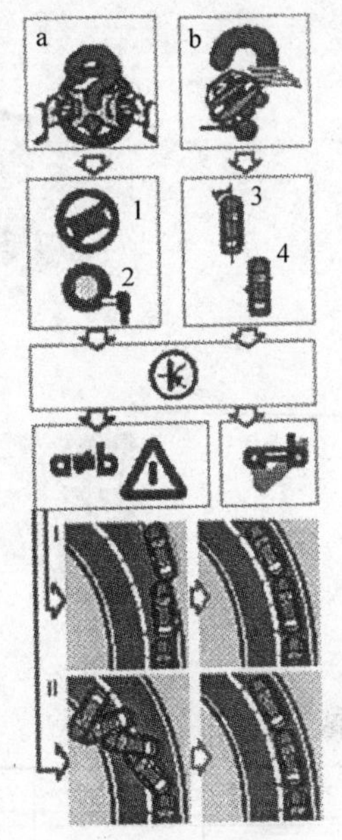

图 15-62　ESP 工作过程分解图

1—转向盘转角
2—转向盘转角传感器
3—车体绕轴线转角
4—横摆角速度传感器
Ⅰ—转向不足　Ⅱ—转向过度

（2）ESP 在各种情况下的应对策略

1）当汽车在正常转向时：

① 若 ESP 判定为出现转向不足，将制动内侧后轮，使车辆进一步沿驾驶员转弯方向偏转，从而稳定车辆。

② 若 ESP 判定为出现转向过度，ESP 将制动外侧前轮，防止出现甩尾，并减弱过度转向趋势，稳定车辆。

如果单独制动某个车轮不足以稳定车辆，ESP 将通过降低发动机转矩输出的方式或制动其他车轮来满足需求。

在不操纵制动踏板时，制动预压力来源于 ABS 泵。

2）当汽车闪避前方障碍物时：

① 当直行汽车发现前方有障碍物时，旋转转向盘，若实际汽车因转向不足可能撞到障碍物时（见图 15-63），ESP 系统对左后轮施加一定的制动力，增加汽车转向角度，使汽车能够正常绕过障碍物。当脱离障碍物后，又对左前轮施加一定的制动力，使汽车恢复直线行驶。

② 当汽车前方突然出现障碍物时，驾驶员紧急躲避，先向左急打转向盘紧接着又向右转向。这种操作可能会使汽车出现甩尾现象，或者沿垂直轴线转动，失去控制，如图 15-64 所示。ESP 系统感知到紧急转向时，根据图示的可能情况按表 15-4 的步骤进行调整。

图 15-63　汽车躲避避前方障碍物

图 15-64　汽车紧急闪避前方障碍物

表 15-4　ESP 系统车轮制动调整对照表

工作过程	车辆转向	行驶状态	受制动车轮	目　的
第一阶段	制动/向左	转向不足	左后轮	前轮保留侧向力，有效保证车辆的转向
第二阶段	向右	转向不足	右前轮	保证后轴的最佳侧向力，后轴车辆自动转动
第三阶段	向左	转向过度	左前轮	为阻止车辆出现甩尾，为限制前轴侧向力的建立，在特殊危险情形下这个车轮将强烈制动
第四阶段	中间	稳定	无	在所在不稳定行驶状态被校正后，ESP 结束高速工作

2. ESP 的液压控制

ESP 液压控制系统由控制阀、高压阀、进油阀、出油阀、制动轮缸、回油泵、动态液压泵等组成，如图 15-65 所示。其工作包括建压、保压和卸压 3 个过程。

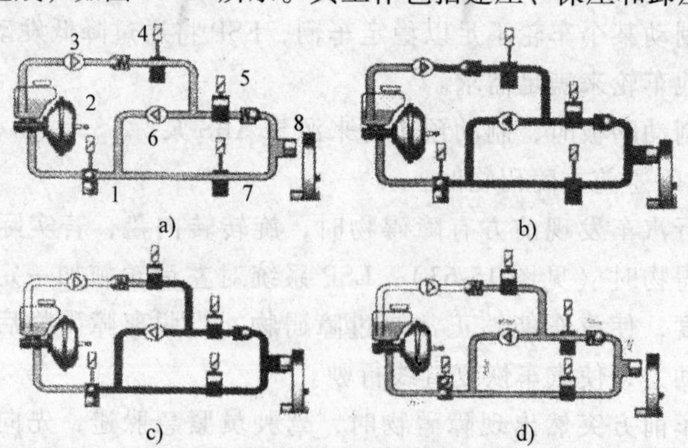

图 15-65　ESP 液压控制过程

a）液压系统的组成　b）建压　c）保压　d）卸压

1—控制阀　2—制动助力器　3—动态液压泵　4—高压阀　5—出油阀　6—回油泵　7—进油阀　8—制动轮缸

(1) 建压 ESP进行控制调整，动态液压泵开始从制动液储液罐中向制动管路输送制动液，在制动轮缸和回油泵内很快建立制动压力，回油泵开始输送制动液使制动压力进一步提高。ESP油压建立如图15-65b所示。

(2) 保压 ESP保持压力如图15-65c所示。进油阀关闭，出油阀也保持关闭，制动压力不能卸压，回油泵停止工作，高压阀关闭。

(3) 卸压 如图15-65d所示，控制阀反向打开；在出油阀打开时，进油阀保持关闭；制动液通过制动主缸返回储液罐。

3. ESP与其他动力控制系统的关系

ESP本身不是一个单独的系统，是建立在ABS等系统基础上的，必然要与这些系统协同工作。ESP与其他动力控制系统的关系（优先原则）如下：

1）TCS逻辑覆盖ESP逻辑（只发生在驱动轮）。即选择较低的制动压力施加在车轮上。与TCS直接介入有所不同的是，此时动力源来自ESP压力调节器，否则将破坏液压系统。

2）ESP逻辑覆盖ABS逻辑。这是由于ESP系统将产生接近50%的滑移率来稳定车辆（超出ABS的20%逻辑控制范围）。

3）如果ESP和TCS都想降低发动机转矩，将优先采用最大调节量。

4）当ESP工作时，EBC需要介入，则此时EBC起作用，提高发动机转速。

15.7 电动机制动系统简介

电动机制动系统不同于传统的制动系统，其制动传递的是电，而不是液压油或压缩空气，可以省略许多管路和传感器。缩短制动反应时间，是未来制动控制系统发展的方向。

1. 电动机制动系统的基本组成

电动机制动系统的基本组成如图15-66所示。

(1) 电制动器 电制动器的结构和液压制动器基本类似，有盘式和鼓式两种，其动作器是电动机。

(2) ECU 用于接收制动踏板发出的信号，控制制动器制动；接收驻车制动信号，控制驻车制动；接收车轮传感器信号，识别车轮是否抱死、打滑等；控制车轮制动力，实现防抱死和驱动防滑。

(3) 轮速传感器 用于准确、可靠、及时地获得车轮的速度。

(4) 电源 为整个电制动系统提供能源，与其他系统共用。

2. 电动机制动系统的优点

与传统制动系统相比，主要优点如下：

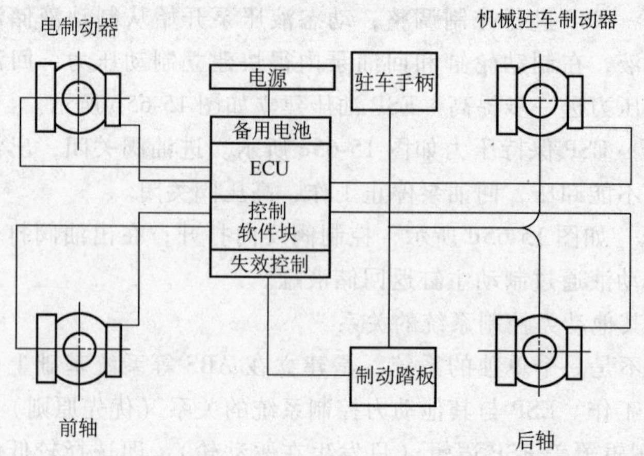

图15-66　电动机制动系统的基本组成

1）整个制动系统结构简单，省去了传统制动系统中的储油罐、制动主缸、助力装置、液压阀、复杂的管路系统等部件。

2）制动响应时间短、制动性能高。

3）无制动液，维护简单。

4）系统总成制造、装配、测试简单快捷，分总成为模块化结构。

5）易于改进，稍加改进就可以增加各种电控制动功能。

15.8　制动系统的维护及常见故障

15.8.1　制动系统的维护

1）汽车使用中，应密切注意制动距离是否过长、制动是否跑偏，并及时处理存在的问题。

2）制动系统中若有空气，应及时排除。

3）按使用说明书的要求，正确地选用和更换制动液。

4）ABS在汽车低速行驶时是不工作的。车速达到一定值制动时，踏制动踏板要一脚踏到底，出现抖动属于正常的现象。

5）经常保持ABS车轮速度传感器头及齿圈清洁，有异物时应及时清除。

6）保持ABS蓄电池充足电状态，电压过低时ABS将不能工作。

7）当ABS警告灯发亮时，应首先关闭点火开关，再检查系统各导线插接器是否插牢，不可盲目地乱拆乱卸。

15.8.2　制动系统的常见故障

1. 传统制动系统的常见故障现象及原因

传统制动系统的常见故障现象及原因见表15-5。

表 15-5　传统制动系统的常见故障现象及原因

故障现象	故障原因
制动失灵	1）制动液不足或制动管路、前后轮缸泄漏 2）制动液中有空气 3）制动主缸活塞与缸体的间隙过大，密封圈失效，产生泄漏 4）制动主缸的进油孔，补偿孔堵塞 5）制动鼓、制动蹄或制动盘、制动器衬片磨损 6）制动器踏板自由行程过大
制动拖滞（不制动时车轮阻力过大）	1）制动踏板无自由行程 2）制动主缸复位弹簧折断或失效 3）制动器密封圈损坏，造成活塞不能正常复位（盘式制动器） 4）制动主缸或轮缸密封圈发胀或发粘与缸体卡死 5）制动蹄复位弹簧折断或失效（鼓式制动器）
制动踏板变硬	1）制动助力真空管松动或泄漏 2）真空助力器损坏 3）制动钳、制动轮缸、制动主缸活塞发卡不能运动 4）制动管路堵塞
制动时车轮跑偏	1）两侧轮胎压力不一致 2）一侧制动管路泄漏或制动轮缸不工作 3）一侧制动蹄或制动钳摩擦片沾有油污 4）制动蹄或制动盘及其摩擦片磨损不一致 5）两侧车轮制动器制动间隙不一致
制动踏板海绵现象	1）液压制动系统有空气 2）制动蹄弯曲、变形或裂纹 3）制动支管或软管有少量泄漏

2. ABS 的常见故障现象及原因

ABS 的常见故障现象及原因见表 15-6。

表 15-6　ABS 的常见故障现象及原因

故障现象	故障原因
ABS 指示灯任何时刻都不亮	1）指示灯损坏，或指示灯线路或接头接触不良 2）ABS 电脑故障
ABS 灯常亮不熄	1）ABS 指示灯回路短路 2）制动液低于规定最低刻度 3）传感器、电磁控制阀、ECU、驻车制动器开关、制动液量开关等零部件或其线路故障

（续）

故障现象	故障原因
制动不良 或ABS控制操作反常	1）车轮胎压不正常 2）蓄电池电压过低 3）车速传感器、制动警告灯开关或开关线路故障 4）制动管路或接头有泄漏

本章小结

1）制动系统用来使汽车减速或停车。按功用的不同，制动系统可分为行车制动系统、驻车制动系统、应急制动系统和辅助制动系统等；按照制动能量传输方式的不同，制动系统可分为机械式、液压式、气压式、电磁式等。

2）目前，各类汽车上均采用摩擦式制动器。它是利用固定元件与旋转元件工作表面的摩擦作用产生制动力矩的制动器。根据制动器中旋转元件的不同，车轮制动器又可分为鼓式和盘式两大类。

3）制动器在不工作时，其摩擦片与制动鼓或制动钳之间的间隙称制动间隙。它对汽车的制动性能影响重大，应定期检查调整。

4）防抱死制动系统（ABS）可以防止汽车制动时车轮抱死，以保证车轮与地面有良好的纵向、横向附着力，有效防止制动时汽车侧滑、甩尾、失去转向等现象的发生，提高了制动稳定性。同时，缩短了制动距离，减少了轮胎的磨损。

5）ABS由普通制动系统和电子控制系统两大部分组成。电子控制系统主要由传感器（车轮转速和减速度传感器）、执行机构（压力调节器）等组成。

6）驱动防滑系统（ASR、TRC）的作用是防止汽车在起步、加速和低附着系数路面行驶时驱动轮的滑转，以提高汽车的牵引性和操纵稳定性。目前，常采用发动机输出转矩调整方式、驱动轮制动控制方式两种方法防止驱动轮的滑转。

7）电子稳定程序（ESP）可在汽车左右转向时减少车辆横向滑移，防止出现转向不足和转向过度。

【复习思考题】

1. 名词解释：汽车制动系统、行车制动、驻车制动、车轮制动器、中央制动器、鼓式制动器、盘式制动器、轮缸式制动器、凸轮式制动器、领蹄、从蹄、双领蹄式制动器、双从蹄式制动器、双向双领蹄制动器、钳盘式制动器、定钳盘式制动器、浮钳盘式制动器、双回路液压制动装置、制动间隙、制动踏板自由行程、汽车滑移率、侧滑、失去转向、甩尾、ABS、ASR、ESP。

2. 简述鼓式制动器的基本结构与工作原理。
3. 简述盘式制动器的基本结构与工作原理。
4. 简述液压制动传动装置的组成与工作原理。
5. 简述气压制动传动装置的组成与工作原理。
6. 汽车制动时车轮抱死会产生什么后果?
7. 简述 ABS 的基本结构与工作原理。
8. 简述 ASR 的基本结构与工作原理。
9. 简述 ESP 的基本结构与工作原理。

第3篇　汽车车身与电器

第16章　汽车车身及附属装置

教学目标与要求

- 掌握车身的分类、总体组成与作用
- 理解电控式中央门锁的基本组成与工作原理
- 掌握棘轮式车门锁、电动式玻璃升降器、电动刮水器、风窗洗涤器的基本结构与工作原理
- 掌握三点式安全带安全气囊的基本结构与工作原理
- 理解汽车巡航和GPS导航的基本作用、组成和工作原理
- 理解汽车栏板式货箱的基本组成
- 学会汽车座椅和三点式安全带的正确使用

教学重点

※车身的分类、特点与总体组成
※三点式安全带与安全气囊的基本结构、工作原理与正确使用

教学难点

▲电控式中央门锁的基本组成与工作原理
▲安全气囊的基本组成与工作原理

汽车车身是供驾驶员操作，以及容纳乘客和货物的场所。其主要作用是为乘员提供安全、舒适的乘坐环境，隔绝振动和噪声，不受外界恶劣气候的影响。同时车身也是一件精致的艺术品，给人以美感享受，反映现代的风貌、民族的传统以及独特的企业形象。

汽车车身按照车身壳体承载情况可分为非承载式、半承载式和承载式 3 种，其结构特点见表 16-1。

表 16-1　汽车车身类型

类型	定义	结构特点	性能特点	应用
非承载式	悬置于车架上的车身结构形式	车身与车架之间通过弹簧或橡胶垫作柔性连接，不承担车架载荷	平顺性、舒适性、安全性、互换性好，但制造成本高，燃油消耗大，汽车质心高，操纵稳定性下降	货车、敞篷车及少数高级轿车采用
半承载式	车身与车架刚性联接，车身部分承载的结构形式	车身用螺栓联接、铆接或焊接等方式与车架作刚性联接，分担车架的部分载荷	简化了车架结构，但防振隔声效果不如非承载式	部分轿车和客车采用
承载式	无独立车架的整体车身结构形式	取消车架，车身兼作车架的作用，作为安装汽车各总成和承受各种载荷的基体	整车质量小，车厢内空间利用率高，但振动、隔声效果差，维修困难	大多数轿车和部分客车采用

16.1　车身本体与门窗

16.1.1　车身本体

它是车身结构件与覆盖件焊接或铆接后不可拆卸的总成。传统车身采用钢铁材料制造。大量研究表明，燃油消耗的 50% 是由于汽车的质量引起的，车身的轻量化技术已成为现代汽车技术发展的一大主流。目前，铝合金材料、玻璃增强材料和结构发泡材料等新型材料已经日渐增多地应用于汽车车身。

1. 车身结构件

它是车身的骨架，是支撑覆盖件并保证车身强度和刚度的零部件。它主要由各种立柱和梁组成（见图 16-1）。

垂直承力构件有：前立柱（*A* 柱）4、中立柱（*B* 柱）7、后立柱（*C* 柱）8 等。

纵向承力构件有：前纵梁 33、地板通道 31、后纵梁 28、上边梁 24 及门窗框 23 的上、下边梁。

横向承力构件有：前横梁 35、地板横梁 29、前风窗框下横梁 32、前风窗上横梁（图中未标）、行李箱隔板 27、前围挡板 34 和后围板 26 等。

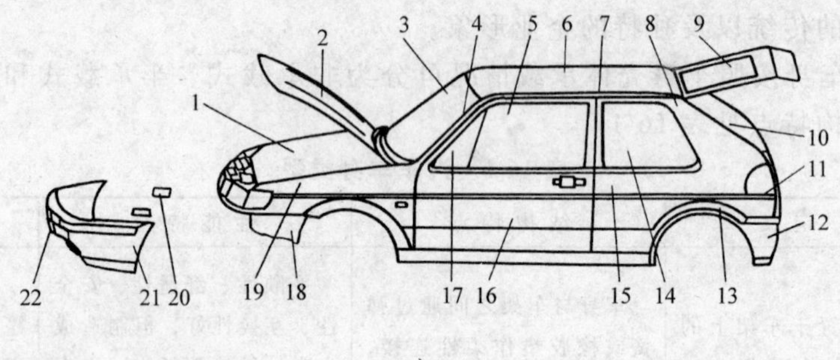

a)

b)

图 16-1　车身结构

a) 外观图　b) 分解图

1—发动机舱　2—发动机罩　3—风窗玻璃　4—前立柱（*A* 柱）　5—侧窗　6—顶盖　7—中立柱（*B* 柱）　8—后立柱（*C* 柱）　9—背门　10—行李舱　11—装饰条　12—后翼板　13—后轮罩　14—后侧窗　15—侧围板　16—车门　17—角窗　18—前挡泥板　19—前翼板　20—保险杆支架　21—保险杆　22—保险杆缓冲块　23—门窗框　24—上边梁　25—顶盖横梁　26—后围板　27—行李箱隔板　28—后纵梁　29—地板横梁　30—地板　31—地板通道　32—前风窗框下横梁　33—前纵梁　34—前围挡板　35—前横梁　36—门框下边梁

客车车身大都为箱式，其骨架由许多钢件焊接成一个整体（见图 16-2）。

为了减少传入乘客舱内的振动和噪声、改善车身的刚度和强度，以提高乘座的舒适性和安全性，有的汽车还采用副车架。图 16-3 所示为广州本田

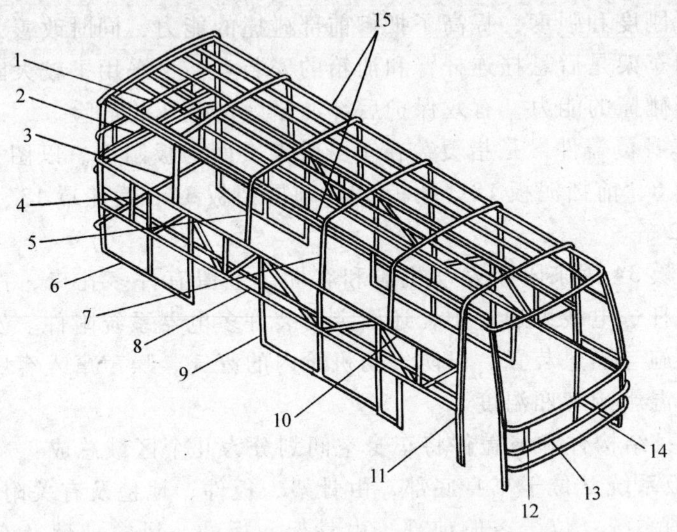

图 16-2　客车车身骨架

1—后围骨架　2—后围横梁　3—后围裙边横梁　4—侧围纵梁
5—侧围立柱　6—侧围裙边梁　7—侧围立柱　8—侧围搁梁
9—裙立柱　10—斜撑　11—门柱　12—前围骨架
13—前围横梁　14—前围裙边梁　15—顶盖纵梁

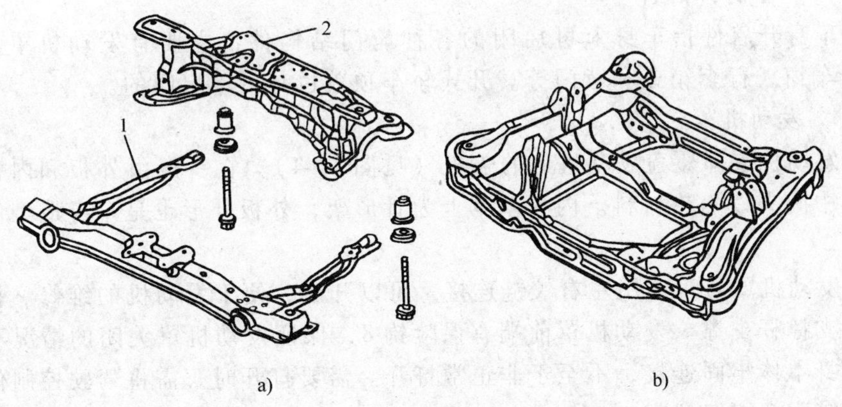

图 16-3　广州本田雅阁汽车的副车架

a) 前副车架　b) 后副车架
1—前横梁分总成　2—后横梁分总成

雅阁轿车的副车架，分前、后两个副车架。前副车架是前悬挂纵向摆臂和下摆臂的安装点和发动机的主要支撑点，由前横梁分总成 1 和后横梁分总成 2 构成，用螺钉联接，形成一个刚性框架。前副车架采用较大的封闭断面，有效地增加了刚度和强度，提高了抵御前部碰撞的能力，同时改善了操纵的稳定性。后副车架是后悬挂连杆臂和油箱的安装点，也采用了较大断面，提高了抵御后部碰撞的能力，有效保护后部油箱勉遭破坏的危险。

（2）车身覆盖件　是指覆盖在车身骨架表面的板制件。以图16-1所示，主要有顶盖6、前挡泥板18、地板30、前围挡板34、后轮罩13、前翼板19和后翼板12等。

前围挡板34用来隔断发动机舱和客厢，上留有许多孔口，作为操纵用的拉线、拉杆、电线束通过用，还固定安装许多电器系统附件。发动机挡板上有密封措施与隔热装置，以防发动机舱内的废气、噪声窜入客厢及防止发动机舱的高温影响客厢温度。

上述车身结构件和覆盖件将车身空间划分为几个区域总成：

1）地板系统：位于车身底部，由骨架、板件、地毯及有关附件组成。

2）前围系统：位于客舱前部，由骨架、板件、风窗玻璃及有关附件组成。

3）后围系统：位于客舱后部，由骨架、板件、后窗玻璃及有关附件组成。

4）顶盖系统：位于客舱顶部，由骨架、板件、内饰及有关附件组成。

5）车门系统：车身上的门，由板件、内饰、玻璃及车门附件组成。

16.1.2 车身开启件

车身开启件指车身上可启闭的各种舱门结构件，主要有发动机罩、车门、车窗、行李箱盖和背门等。开式轿车顶盖也是可以启闭的。

1. 发动机罩

发动机罩即覆盖发动机舱的盖板（见图16-4）。它一般由外板和内板构成，中间夹以隔热材料。内板基本上为骨形架，外板外形也是车身造型的一部分。

发动机罩与车体用左右铰链连接，可以开启，便于发动机的维修。打开后用支撑杆支撑。发动机罩前端有保险钩8，保证发动机罩关闭的情况下能与车身本体牢固连接，不至于非正常打开。需要打开时，需将驾驶控制保险钩的缆索7按钮拉起。

2. 行李箱盖

行李箱盖用以保护行李箱内小件行李物品。前置发动机车型的行李箱置于车后部；后置发动机车型则相反。

3. 开式轿车顶盖

开式轿车顶盖也称电动天窗，其启闭一般采用电控装置。它主要由开关、电子控制系统和执行机构等组成（见图16-5）。

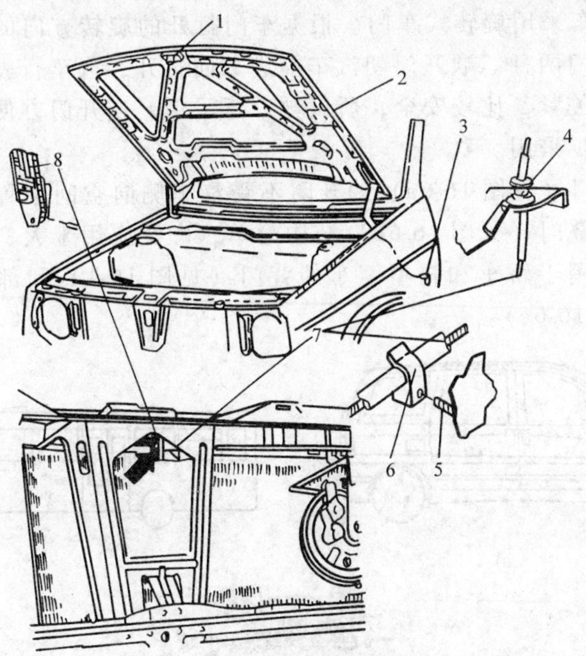

图 16-4　发动机罩

1—上锁钩　2—发动机罩　3—内开手柄　4—橡胶保护套
5—螺钉　6—吊钩　7—缆索　8—保险钩

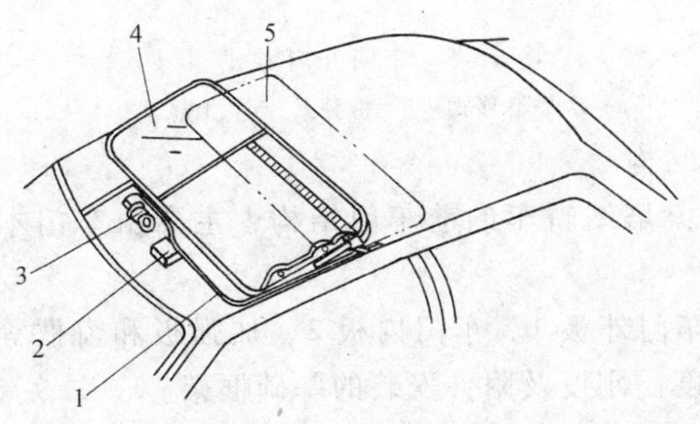

图 16-5　电动天窗结构

1—滑动螺杆　2—ECU　3—电动机及驱动齿轮
4—天窗玻璃　5—遮阳板

16.1.3　车门

1. 车门的类型

按车门开启方式的不同，可将其分为旋转式、折叠式、水平滑移式和上掀式等几种。

大多数汽车采用旋转式车门。根据车门打开的旋转方向的不同，又分为顺开门和逆开门两种。顺开门朝汽车前进方向打开，汽车行驶时，可以借气流的压力把门关紧，比较安全，所以被广泛采用。逆开门方便上下车，但安全性较差，较少采用。

水平滑移门（见图16-6a）的开闭不受汽车侧向空间位置限制，多用于轻型客车。折叠门（见图16-6b）结构简单，广泛应用于大、中型客车。上掀式门广泛应用于轿车和轻型客车的背门（见图16-1）和部分轿车、赛车的侧门（见图16-6c）。

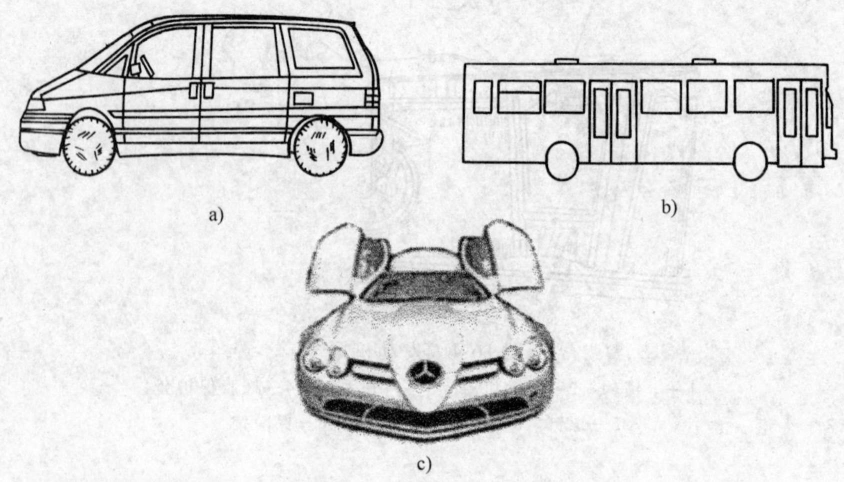

图16-6　车门开启方式

a）水平滑移式　b）折叠式　c）上掀式

2. 车门的基本结构

图16-7所示为桑塔纳轿车的前车门结构，主要由车门本体、车门附件两部分组成。

车门本体包括车门外板1、车门内板2、加强板和窗框等，是实现车门整体造型效果、强度、刚度及附件安装的基础框架。

车门附件是为满足车门的各项功能要求而装配的零件及总成，其中包括车门锁、铰链、限位器、玻璃、拉手、操纵钮、出风口、密封件及内外装饰件等。另外，还有一些其他的在车门上装备的附件，如烟灰盒、扬声器、放物袋、限位块和行程开关等。

3. 车门铰链

它是连接车门和车身的部件。现代轿车大多采用稳藏式铰链，有臂式和合页式两种（见图16-8）。与臂式相比，合页式铰链质量轻、刚度大、结构紧凑、装配简单，被广泛采用。

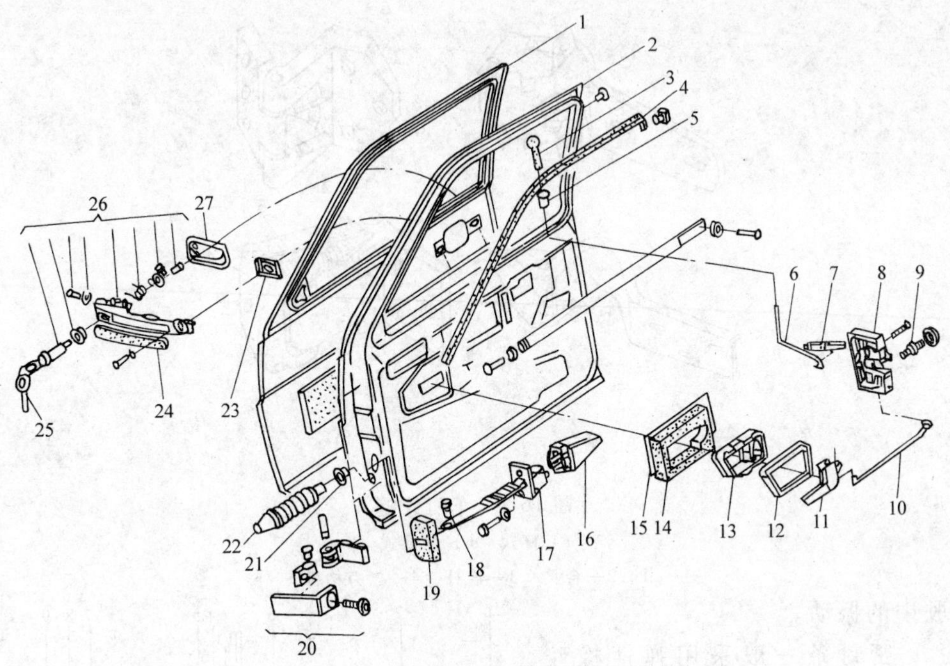

图 16-7　车门结构

1—车门外板　2—车门内板　3—车门锁锁杆按钮　4—前门头道密封条　5—车门锁锁杆按钮饰圈　6—右前门安全杆　7—锁拉杆　8—右前门锁总成　9—车门锁挺杆　10—前门拉杆　11—右门锁内手柄　12—右内手柄饰框　13—右门锁内手柄框　14—内手柄框框架密封垫　15—门锁内手柄后塑料薄膜　16—车门限位器盖　17—前门限位器总成　18—车门限位器铆钉　19—软垫　20—门铰链总成　21—橡胶套　22—穿线护套　23—前垫板　24—车门外手柄饰条　25—主钥匙坯　26—右前门外手柄总成　27—后垫板

4. 车门限位器

车门限位器用于限制车门的最大开度，以避免车门与车身相互碰撞，同时在车门最大开度时防止车门自动关闭。

图 16-9 所示为广州本田雅阁轿车的车门限位器，安装在车门的前端，上、下铰链的中间，是一个独立总成。限位器支架 1 用螺栓固定在门柱上，壳体 5 和盖板用螺栓固定在车门内板总成上。其限位作用靠止动块 7 及两滑块 4 卡住限位臂上的凹槽来实现的。车门的最大开度是根据上下车的方便、上车关门的方便性及车门与车身不干涉等条件决定的，如本田雅阁轿车前门为 60°，后门为 65°。

5. 车门密封件

车门密封分静态密封和动态密封两种。静态密封采用密封胶对各固定连接部分进行密封，以防止锈蚀，减小振动和噪声。动态密封采用密封条对门、窗、孔、盖等活动部位之间的配合间隙进行密封，以防止风、雨、灰尘入侵室内，提高隔声和隔热性能，同时缓和车门关闭时的冲击力和车身在行

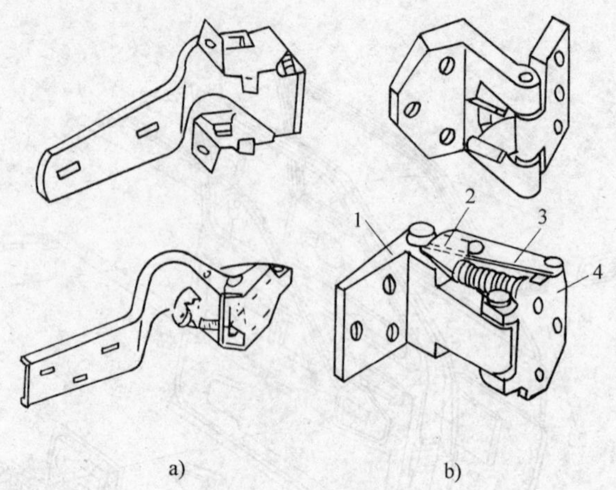

图 16-8 车门铰链

a）臂式 b）合页式

1、2—合页 3—连杆 4—二力构件

驶中的振动。

密封条一般采用弹性橡胶、海绵橡胶等材料制造，并且根据需要制成各种形状和断面。图 16-10 所示为桑塔纳轿车车身密封条。

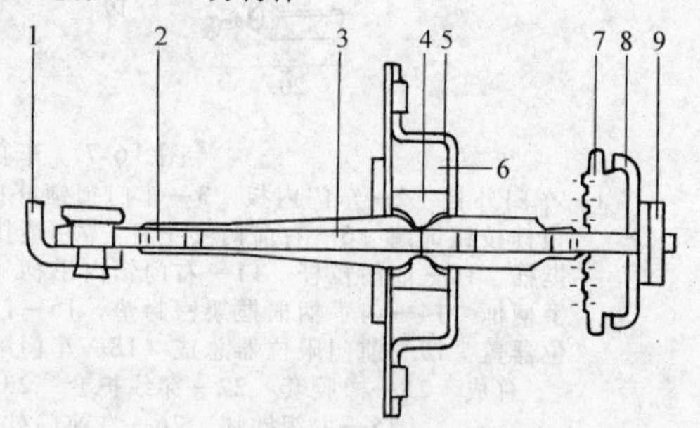

图 16-9 广州本田雅阁轿车的车门限位器

1—支架 2—插入板 3—限位板 4—滑块 5—壳体 6—弹性垫 7—止动块 8—止动板 9—销钉

6. 车门门锁

汽车门锁有机械式和电控式两大类。

（1）机械式车门锁 按其结构的不同可分为舌式、棘轮式和凸轮式几种。

目前常用的棘轮式车门锁结构一般由锁闩-锁柱机构、锁止机构和操纵机构 3 部分组成。

1）锁闩-锁柱机构：它处于车门外部和车身之间。常见的锁闩-锁柱机构有转子式和卡板式两种。

转子式车门门锁如图 16-11 所示。关闭车门时，车门上的转子（齿轮）4 的齿卡在车身立柱上的定位器挡块 1 的齿条里，车门不能打开。转子 4 只有在车门把手的控制下才可顺时针转动打开车门。

卡板式门锁的结构简图如图 16-12 所示，它是以 U 形卡板 3 与车身立柱上的环形锁扣 2 结合实现车门的闭合的。若不操纵车门把手，卡板 3 不能顺

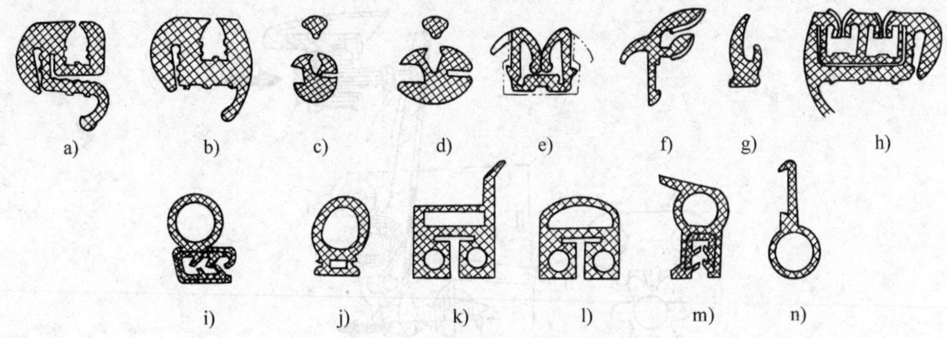

图 16-10　桑塔纳轿车车身密封条

a）前内窗框用密封条（带装饰条）　b）、c）、d）窗框用密封条　e）升降玻璃导槽用密封条　f）升降玻璃窗台用密封条　g）开启式前风窗用密封条　h）轻型客车滑移式侧窗用密封条　i）门框用密封条　j）车门用密封条　k）折叠式客门边缝用密封条　l）折叠式客门中缝用密封条　m）行李箱周边用密封条　n）罩盖等用密封条

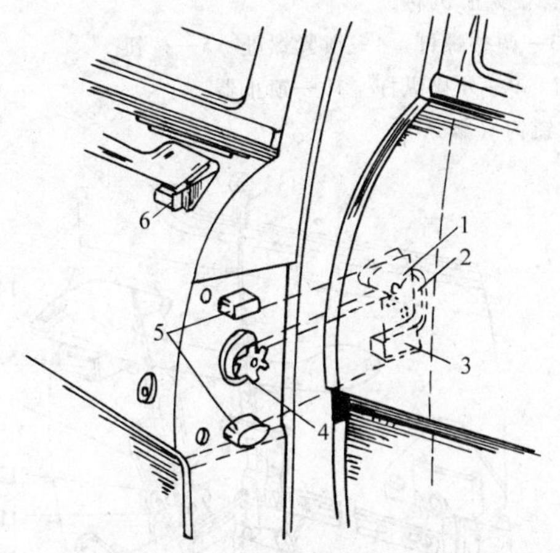

图 16-11　转子式车门门锁

1—定位器挡块　2—定位器　3—定位器滑块　4—转子　5—导向楔　6—按钮

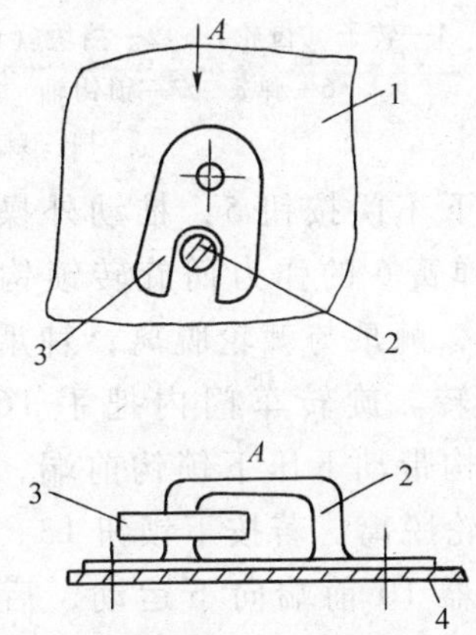

图 16-12　卡板式车门门锁的结构简图

1—门侧板　2—锁扣　3—卡板　4—门柱

时针转动，锁扣就被卡死在卡板的缺口中，保证车门闭合。

2）锁止机构：它处于车门内部。常见的锁止机构有棘轮式和凸轮式两种。图 16-13 所示为棘轮式锁止机构，棘轮 11、锁钩（棘爪）12、弹簧 6 等组成了锁止机构。在弹簧 6 的弹力作用下，锁钩下端的棘爪卡在棘轮的齿槽内，棘轮只能沿一个方向旋转。而棘轮 11 和转子（齿轮）1 是同轴安装的，棘轮的运动就决定了转子的运动。

3）操纵机构：它用于操纵车门的开闭，由车门内、外把手和车锁组成（参见图 16-13、图 16-14）。

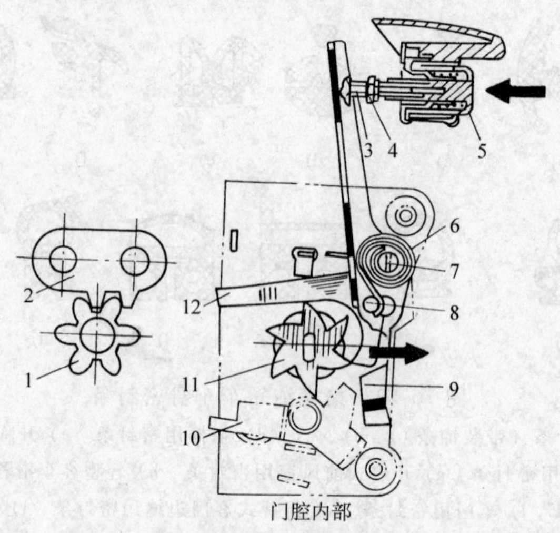

图 16-13　棘轮式锁止机构

1—转子（齿轮）　2—挡块（齿条）　3—调整螺钉　4—锁紧螺母　5—按钮　6—弹簧　7—锁钩轴　8—弹簧趾　9—外操纵杆　10—锁止器　11—棘轮　12—锁钩（棘爪）

按下车门按钮5，推动外操纵杆9克服弹簧6的弹力而旋转锁钩（棘爪）12，棘爪与棘轮脱离，棘爪可以自由旋转。旋转车门内把手16，在连杆机构带动下压下锁钩前端，使棘爪—棘轮脱离。若按下锁钮13，则触动锁止器10前端向下运动，后端逆时针运动，将棘轮卡死。此时，操纵车门内、外把手也无法打开车门。车门锁死以后，在车内可以由锁钮13打开（提起即可），在车门外可用车锁钥匙打开。

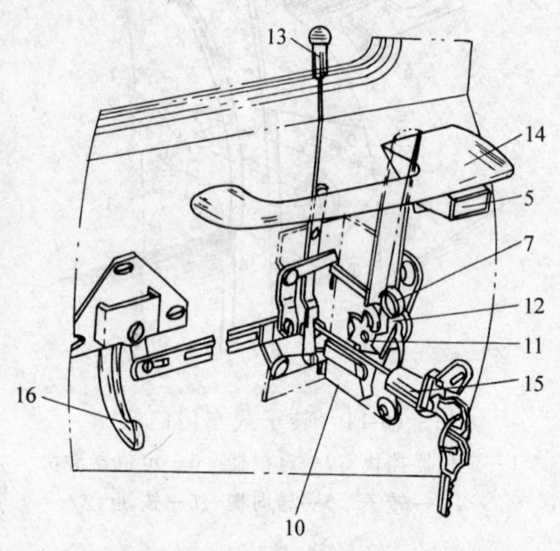

图 16-14　车门操纵机构

（相同标注见图16-13）

13—锁钮　14—车门外把手　15—锁芯　16—车门内把手

(2) 电控式车门锁　现代轿车普遍采用电控式中央门锁，可以车内、外集中控制所有车门。它在车门钥匙上配置无线电发射装置，在车内配置无线电接收装置，构成无线电摇控中央门锁。有的电控式中央门锁还具有服务、报警、防盗等多种功能。

1）电控式中央门锁的基本结构。它主要由电子控制单元（ECU）、门控开关以及门锁开关等传感器、报警装置及起动中断继电器等执行元件组成

（见图16-15）。

2）工作原理。如图16-15所示，微机控制单元的A端子和N端子为微机控制单元提供工作电压；G端子和M端子分别连接到门锁电动机开关S_1的“锁定”和“开锁”接线柱，控制门锁的状态和解除报警状态；F端子连接到报警继电器K_3，以控制音响和灯光报警信号；E端子连接到起动中断继电器K_2，以控制点火信号。门锁开关S_3连接于微机控制单元的H端子，用于解除防盗报警状态；行李箱开关S_2连接于微机控制单元的C端子，当锁筒拉出时接通，C端子和H端子为微机控制单元提供报警信号；K端子连接到收音机等附件，以解除报警信号。防盗报警指示灯H连接在电源和微机控制单元D端子间，反映防盗系统工作状态。触发继电器由门控开关控制，当左、右门控开关接通（门打开）时，触发继电器线圈通电吸合，使微机控制单元的J端子搭铁，控制亮灯报警系统工作。

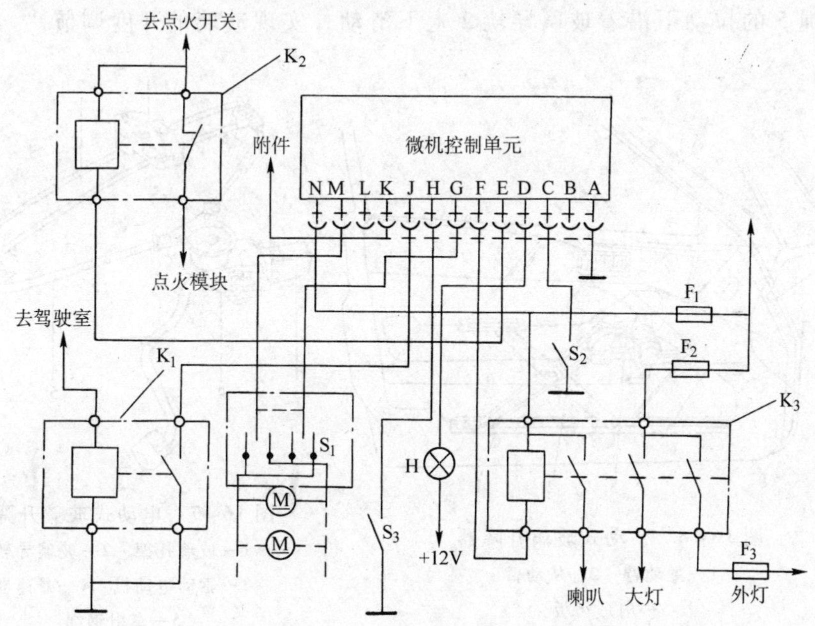

图16-15　电子控制防盗报警系统

K_1—触发继电器　K_2—起动中断继电器　K_3—报警继电器

F_1 ~ F_3—熔断器　H—指示灯　S_1—门锁电动机开关

S_2—行李箱开关（当锁筒拉出时闭合）　S_3—门锁开关

当系统进入防盗准备状态后，如有人擅自打开车门（使门控开关接通）或由行李箱拉出锁筒（使行李箱开关接通），防盗报警电路就会工作：触发继电器K_1和报警继电器K_3工作，使喇叭发出声响，前照灯、尾灯、顶灯、侧灯等发光，同时接通起动中断继电器K_2电路，切断点火电路，使发动机不能起动。

7. 玻璃升降器

玻璃升降器是调整汽车门窗玻璃开度大小的专用部件。汽车玻璃升降器按操纵方式的不同分，有手动式和电动式两种。

手动式玻璃升降器如图16-16所示。摇动玻璃升降手柄，通过同轴齿轮带动扇形齿板3。交叉双臂中的主动臂1的上段与扇形齿板3相联，随齿板运动，下端固定在玻璃托架上。从动臂2上端与玻璃固定，下端可在玻璃托架的轨道上滑动。手柄的转动通过扇形齿板和交叉臂变为玻璃的上下移动，升降玻璃。

电动式玻璃升降器采用驱动电动机使玻璃升降。图16-17所示为广州本田雅阁轿车前车门电动式玻璃升降器。它主要由玻璃托架、玻璃导轨、驱动电动机、减速器和牵引钢绳组成。通过起动驱动电动机3，玻璃托架1在牵引钢绳5的拉动下沿着玻璃导轨2上下滑动，实现玻璃的开度调节。

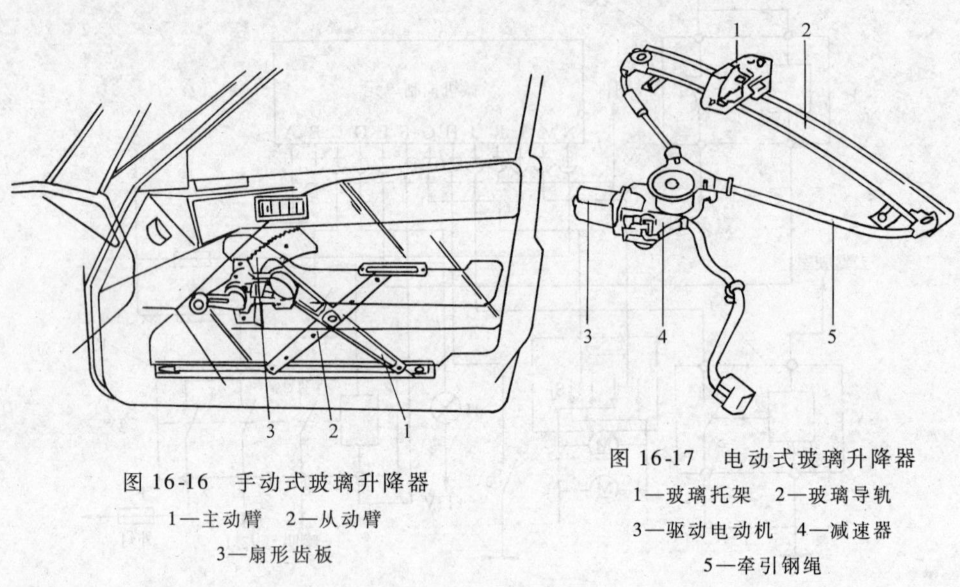

图16-16　手动式玻璃升降器
1—主动臂　2—从动臂
3—扇形齿板

图16-17　电动式玻璃升降器
1—玻璃托架　2—玻璃导轨
3—驱动电动机　4—减速器
5—牵引钢绳

16.1.4　车窗

车窗的基本功能是保证视野与采光，同时与整车形体协调。汽车上的车窗有前、后风窗和后侧窗（见图16-18）。

车窗主要由车身壳体上的车窗支柱框架、车窗玻璃与框架的连接件嵌条、接焊件、垫块等组成。所有车窗玻璃都是安全玻璃。为此，前风窗采用双层曲面玻璃，侧窗装钢化玻璃。双层玻璃用透明塑料薄膜热压而成，玻璃碎时不会造成整块玻璃碎裂而影响视野，薄膜还能吸收撞击时的剩余能量。钢化玻璃在碎裂时会变为无锋利边缘的小块。

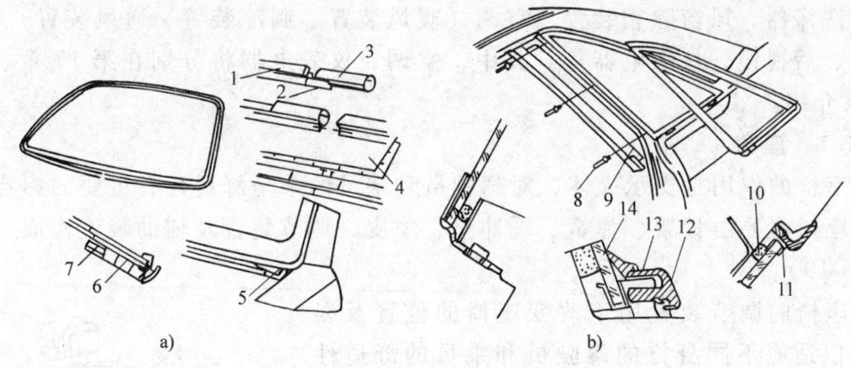

图16-18　车窗结构

a）前风窗　b）后侧窗

1—玻璃嵌条　2—橡胶圆条　3—接头套件　4、14—玻璃　5—楔形垫块　6、10—粘胶　7—垫块　8—铆钉　9—前装饰条　11—后密封条　12—下装饰条　13—弹簧卡片

16.1.5　车身本体与门窗的日常维护

1）保持车身表面清洁，及时清理外表污物。洗车时，仪表板等地方千万要注意不要让水渗到里面去，因为其下面有很多电线接头，容易引起短路。

2）经常擦洗门窗，应使用汽车专用清洗剂和碱性小的肥皂，不能用去污粉和洗衣粉等含碱性高的洗涤用品。车窗脏了可以使用储液罐里的车窗洗涤剂清洗。

3）保持车身干燥，注意雨后及时擦车，将雨水擦净。

4）车身内部要经常通风、打扫，清除灰尘等脏物，有时也可以喷洒一些消毒杀虫剂或空气清新剂。

5）定期进行油漆表面磨光和上蜡处理。如果车身有碰撞、划道，必须马上修复、补漆。

6）注意镀光金属件的保养，应使用炭精清洁剂清洗，定期上蜡。注意塑料件的清洁。

7）人造革容易老化、开裂，最好涂上一层皮革保护剂。

8）注意防锈，发现锈蚀，应及时进行去锈处理。

9）炎热地区车窗玻璃可以贴反光膜保护，防止紫外线进入。

16.2　车身附属装置

车身中具有独立功能并成为一个分总成的部件称为车身附属装置。它以车身为基体，安装在车身内、外，主要有座椅、内外饰、仪表电器、刮水器、洗涤器、风窗除霜装置、空调（暖风装置、制冷装置、通风装置）、遮阳板、后视镜、仪表电器等。其中，空调、仪表电器将分别在第17章、第18章介绍。

16.2.1　座椅

座椅的作用是支承人体，对驾驶员和乘员的乘坐舒适性有重要的影响。

座椅主要由骨架、弹簧、缓冲垫、蒙皮、调节装置及辅助装置构成（见图16-19）。

座椅的调节装置用于改变座椅的位置及姿态，以适应不同身材的驾驶员和乘员的舒适性要求。最基本的调节有座椅的前、后、上、下、位置调节和靠背角度调节（见图16-20），另外还有靠背倾斜调节、靠枕上下、前后调节及腰椎支承气垫调节等。

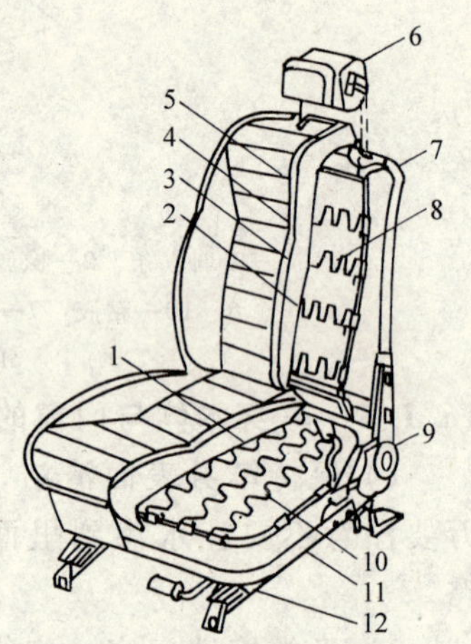

图16-19　座椅的一般结构
1—座椅缓冲垫　2—靠背缓冲垫　3—衬垫衬布　4—蒙皮初垫　5—蒙皮　6—靠枕　7—靠背骨架　8—靠背弹簧　9—靠背倾斜调节机构　10—座椅弹簧　11—座椅骨架　12—座椅调节器

汽车座椅的调节有手动调节和电动调节两种。现代轿车普遍采用微型电动机驱动的电动座椅调节装置。座椅的调整可参考以下方法进行：

（1）座椅的前后调整　调整座椅与踏板的距离，使脚向下踩住制动踏板至最低处时，腿部仍要有一定的弯曲，感到自然轻松。

（2）座椅的上下调整　上下调整座椅，使司机的目光平视时，视线能够落在前风窗玻璃的中线上。同时注意头部离车顶部要有一个拳头左右的距离，手握转向盘的高度大约低于肩部10cm左右为宜。

（3）座椅靠背角度调整　调整靠背倾斜度，注意不可过于倾斜，否则影响操控汽车。

（4）腰部支撑调整　腰部支撑调整的标准是：让座椅支撑住腰，向后靠时，不要让腰部悬空。这样的位置可以最大程度上减少驾驶过程中的疲劳。有些座椅没有腰部支撑的功能，可以自己买个小垫子支在腰后。

（5）头枕调整　头枕的最佳位置是头枕的中心线恰好与眼眉在一条线上，尽可能地让后脑和头枕完全接触。

高档的汽车座椅还带有个性化的自适应靠背和衬垫、主动通风系统和按摩功能，方向可调座椅为驾驶员和乘客提供了最佳的舒适性。

16.2.2　刮水器

1. 作用

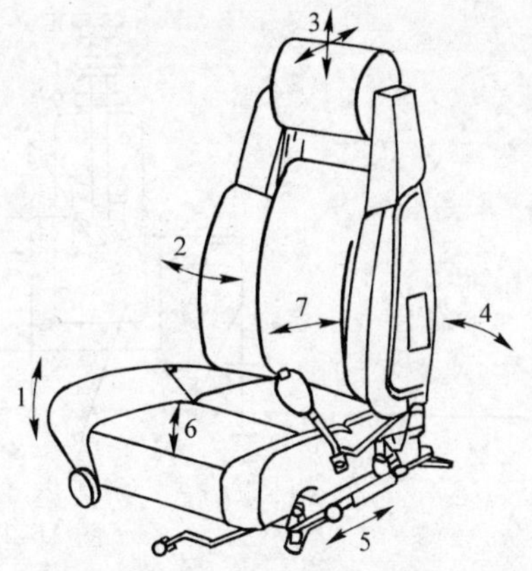

图16-20　座椅的一般调节方式

1—座位上下调节　2—侧背支撑调节　3—靠枕上下、前后调节　4—靠背倾斜调节　5—座椅前后调节　6—座位前部调节　7—腰椎支承气垫调节

刮水器是清除玻璃外表面的雨水、雪及灰尘的装置，以保证驾驶员在雨雪天行驶有良好视野。现代汽车都采用电动机驱动的电动刮水器。

2. 电动刮水器的结构与工作原理（见图16-21）

它由电动机11驱动，刮水器的左、右刮水刷片总成3被刮水刷臂2压靠在风窗玻璃外表面上。电动机驱动减速机构12旋转，并通过驱动杆系13作往复运动，带动刮水刷臂2和刮水刷片总成3左右摆动，刮刷风窗玻璃。

电动刮水器具体工作过程如图16-22所示。

当刮水器开关在“Ⅰ”挡位置（低速）时，电流由蓄电池正极经电源开关8、熔断器7、接线柱②、接触片9，然后分成两路。一路通过接线柱③、串励绕组1、电枢至蓄电池负极而形成回路；另一路通过接线柱④、并励绕组3

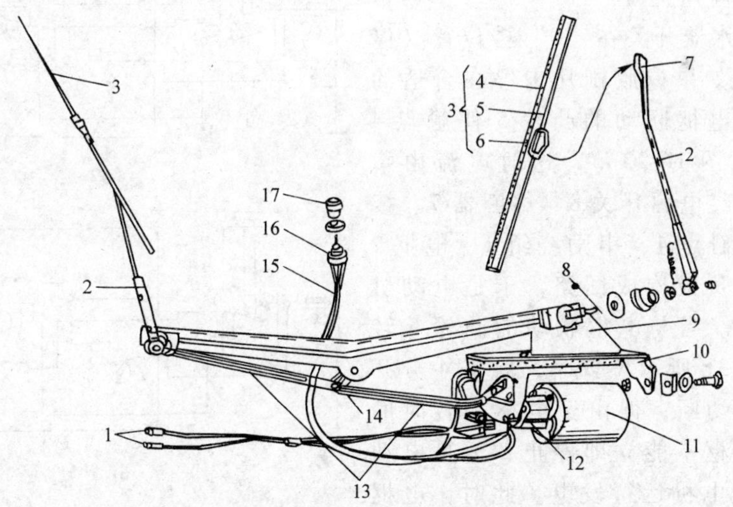

图16-21　电动刮水器

1—电线插头　2—刮水刷臂　3—刮水刷片总成　4—橡胶刷片　5—刷片杆　6—刷片支座　7—刷片支持器　8—刮水刷臂心轴　9—刮水器底板　10—电动机安装架　11—电动机　12—减速机构　13—驱动杆系　14—驱动杆铰链　15—电线束　16—刮水器开关　17—刮水器开关旋钮

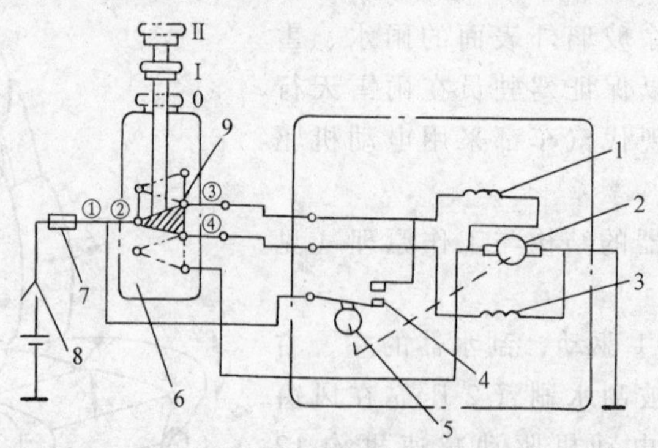

图 16-22　刮水器工作原理

1—串励绕组　2—电枢　3—并励绕组　4—触点　5—凸轮
6—刮水器开关　7—熔断器　8—电源开关　9—接触片

至蓄电池负极而形成回路。此时，在串励绕组 1 和并励绕组 3 的共同作用下，磁场增强，电动机以低速旋转。

当刮水器开关在“Ⅱ”挡位置（高速）时，电流由蓄电池正极经电源开关 8、熔断器 7、接线柱②、接触片 9、接线柱③、串励绕组 1、电枢 2 至蓄电池负极而形成回路。此时，由于并励绕组 3 被隔出，磁场减弱，于是电动机以高速旋转。

当刮水器开关在“0”挡位置（停止）时，如果橡胶刷片未停在合适的位置，与电枢联动的凸轮 5 使触点 4 闭合（见图 16-23a），这时电流由蓄电池正极经电源开关 8、熔断器 7、接线柱①、触点 4、串励绕组 1、电枢 2 至蓄电池负极构成回路，于是电动机继续转动。当与电枢联动的凸轮 5 转至图 16-23b 所示位置时，触点 4 分开而电路被切断；但由于电枢旋转时的惯性，电枢不能立即停止，于是电动机便以发电机运行发电。此时，电枢电流所产生的电磁作用力与原来电枢的旋转方向相反，于是便产生制动转矩，使电动机迅速停止转动，刮水器便停止工作，而橡胶刷片便停在风窗玻璃下部适当的位置。

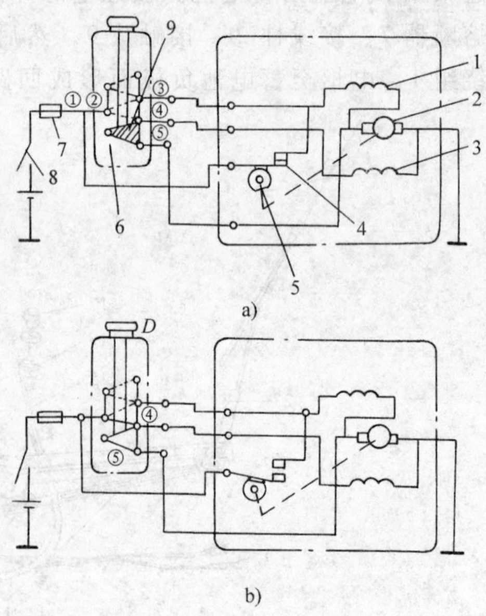

图 16-23　电动刮水器自动复位原理

a）触点闭合　b）触点分开

1—串励绕组　2—电枢　3—并励绕组
4—触点　5—凸轮　6—刮水器开关
7—熔断器　8—电源开关
9—接触片

3. 刮水器的维护

1）经常清洗风窗玻璃和刮水器上的脏物，延长刮水器的寿命。

2）汽车长时间停放时，需把刮水器抬起来。即使不是下雨天，也要注意喷水刮刷，以防橡胶片干裂硬化。

3）当刮水器出现刮水不良时，可将刮水器与风窗玻璃分离，用水浸湿刮水器，然后用 800 号水砂纸将刮水器来回磨 4 次 ~5 次，再用水清洗干净。

4）按使用说明书的要求选用风窗玻璃洗涤剂，以免对刮水器的橡胶片造成腐蚀。

4. 新型刮水器

上述的刮水器属于有骨架刮水器，比较结实，但对曲面玻璃各点的压力不一致，刮水性能差。目前已出现无骨架刮水器，整个由橡胶制成，无骨架、结构简单、质量小、运行噪声小，寿命是传统刮水器的 2 倍 ~3 倍，与曲面玻璃贴合紧密，受力均匀，刷玻璃干净。此外，无骨架刮水器有一块突起的橡胶，冬天可以帮助除雪。现在新车都配备无骨架刮水器。

更先进的是基于模糊控制的智能刮水器，采用红外线雨水传感器，感应落在风窗玻璃上雨水的大小，使刮水器自动工作在低速状态或高速状态。

16.2.3　风窗洗涤器

1. 作用

风窗洗涤器的功用是将清洁的水或洗涤液喷射到风窗玻璃上，在刮水器的作用下，清洗风窗玻璃上的尘土和污物，使驾驶员有良好的视野。

2. 风窗洗涤器的组成与工作原理（见图 16-24）

洗涤器主要由洗涤液泵、洗涤液罐和喷嘴等组成。洗涤液泵一般为齿轮式，由电动机直接驱动。电动机和洗涤液泵之间有两个水封和一个排水孔，用以保持其密封性能。

当按下控制开关 5 时，电动机即带动洗涤液泵齿轮 2 旋转，洗涤液即以一定的压力经喷嘴 3 喷到风窗玻璃 4 的外表面上。

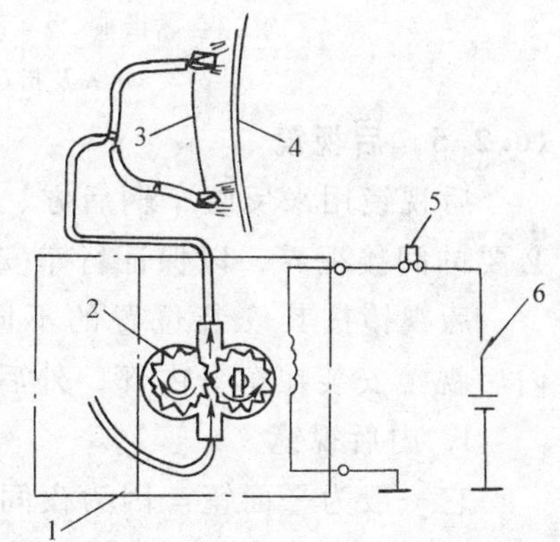

图 16-24　风窗洗涤器的工作原理

1—洗涤液罐　2—洗涤液泵齿轮　3—喷嘴　4—风窗玻璃　5—控制开关　6—电源开关

16.2.4　风窗除霜（雾）装置

1. 作用

在较冷的季节，有雨、雪或雾的天气，空气中的水分会在冷的风窗玻璃上凝结成细小的水滴甚至结冰，从而影响驾驶员的视线。为了防止水蒸气在风窗玻璃上凝结，设置了风窗除霜（雾）装置，需要时可以对风窗玻璃加热。

2. 风窗除霜（雾）装置的组成与工作原理

在装有空调或暖风装置的汽车上，可以通过风道向前面及侧面风窗玻璃吹热风以加热玻璃、防止水分凝结。对后风窗玻璃的除霜，常常是利用电热丝加热实现的。如图 16-25 所示，在风窗玻璃内表面均匀间隔地镀有数条很窄的导电膜，形成电热丝，在需要时接通电路，即可对风窗进行加热。

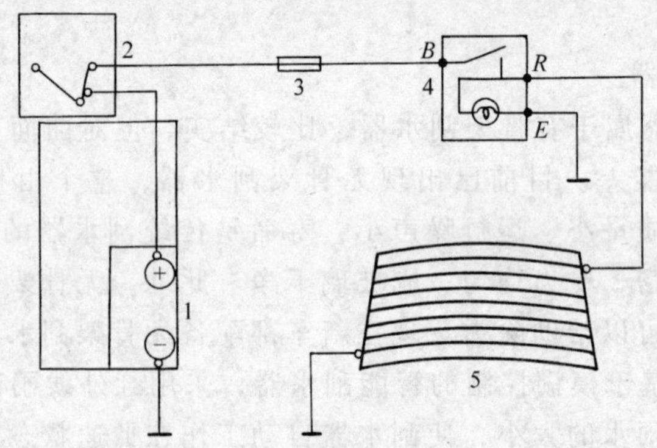

图 16-25　后窗除霜（雾）装置

1—蓄电池　2—点火开关　3—熔断丝　4—除霜器开关及指示灯　5—除霜器（电热丝）

16.2.5　后视镜

后视镜用来反映车辆后方、侧方和下方的环境情况，使驾驶员能够看清必要的间接视界，以保证行车安全。

后视镜按其安装位置的不同分为内后视镜和外后视镜（见图 16-26），内后视镜安装在车身内部，外后视镜安装在车身外部。

1. 内后视镜

它一般为平面镜。因为夜间受后方车辆的前照灯照射时，从镜面反射的光线易使驾驶员处于眩目状态而发生危险，因此一般多采用防眩目后视镜（见图 16-27）。它利用棱镜 3 的内表面反射和外表面反射原理制成，白天使用反射率约为 80% 的内表面，黑夜使用反射率约为 4% 的外表面，以便看清汽车后方情况。

为了防止汽车碰撞时内后视镜伤害驾驶员和乘客，后视镜设置有安全机构，常见的方式有破坏式、脱开式和变位式。

图 16-27 所示后视镜的安全机构为破坏式，它在基座 1 上设置了两处刚性较弱的破坏部位，当超过规定负荷时，此处易折断起保护乘员作用。

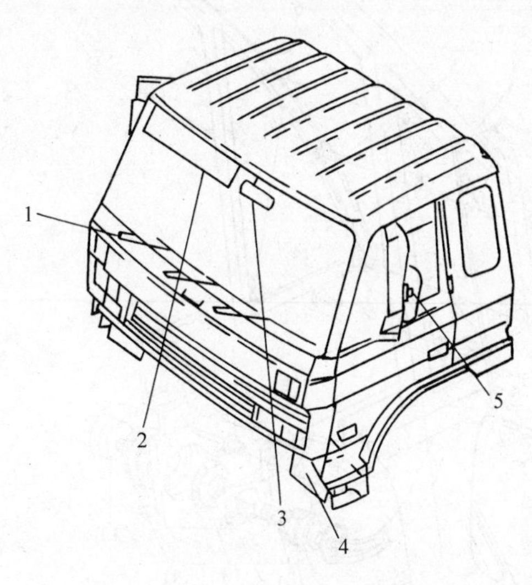

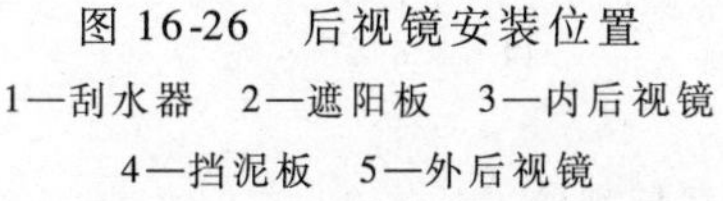

图16-26 后视镜安装位置

1—刮水器 2—遮阳板 3—内后视镜 4—挡泥板 5—外后视镜

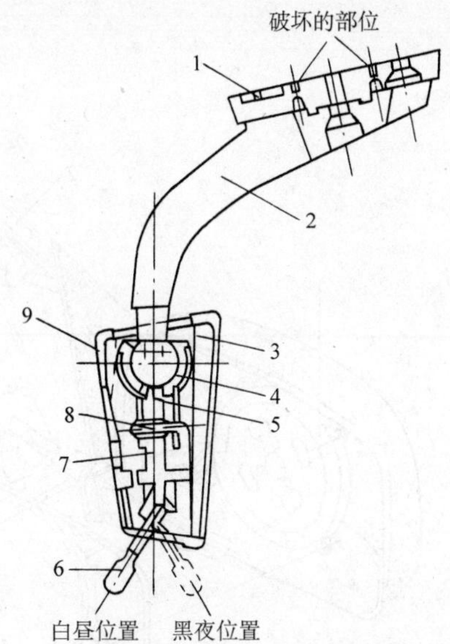

图16-27 防眩目后视镜

1—基座 2—镜杆 3—棱镜 4—衬垫 5—弹簧 6—握把 7—支架 8—螺钉 9—镜体

脱开式是指镜杆与基座之间用板簧固定，当超过规定负荷时，板簧弯曲脱开而起保护作用。

变位式是指镜杆与基座之间用球铰链机构固定并保持一定转矩，当超过规定负荷时可以改变位置而起保护作用。

2. 外后视镜

外后视镜常用凸面镜，其角度可以调节，有机械调节方式和电动调节两种方式。

图16-28所示为机械调节式后视镜。它主要由镜体1、镜片7和位置调节机构组成。通过控制钮12拉动操纵绳14可以在车内对后视镜进行调节。

现代轿车普遍使用电动后视镜。图16-29所示为一种双电动机式的电动后视镜，它主要由后视镜镜体9、镜面总成、两个永磁电动机2和5、连接杆和传动机构组成。通过在驾驶室内调整开关，控制后视镜反射面的空间角度，可进行上、下、左、右4种方位的位置调整。

部分高级轿车电动后视镜还设有电子控制系统，各后视镜调整好后，其角度便以电信号的形式储存在存储器中。一旦需要调整后视镜时，只要按下所需调整项目的按钮，后视镜便可调整至所需的角度。

有的后视镜还具有自动折叠、刮水、洗涤、除霜、测距、防止晃眼等功

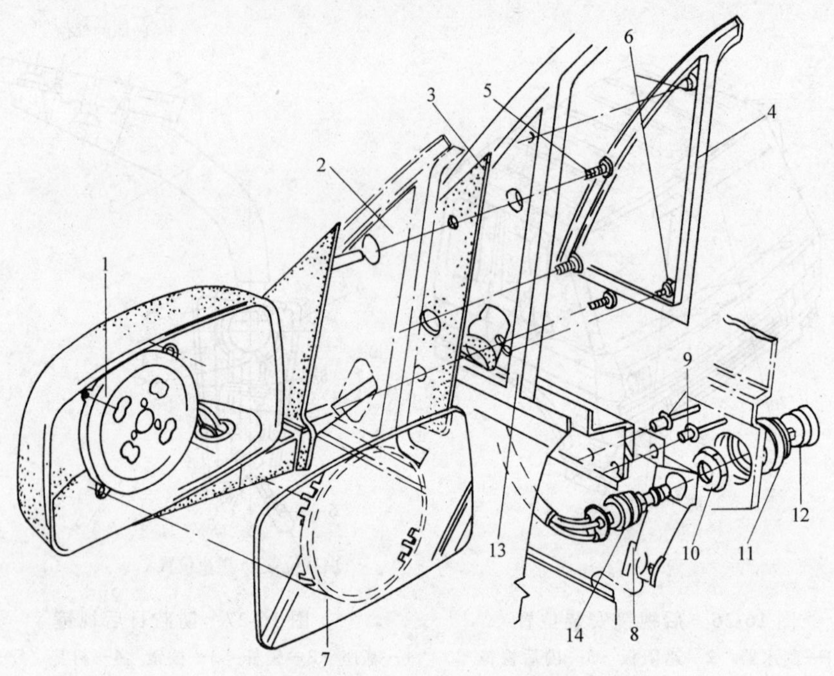

图 16-28　机械调节式后视镜

1—镜体　2—装饰套　3—垫板　4—内护板　5—有槽圆头螺钉　6—护孔圈
7—镜片　8—支架　9—抽芯铆钉　10—薄板螺母　11—波纹管
12—控制钮　13—三角窗　14—操纵绳

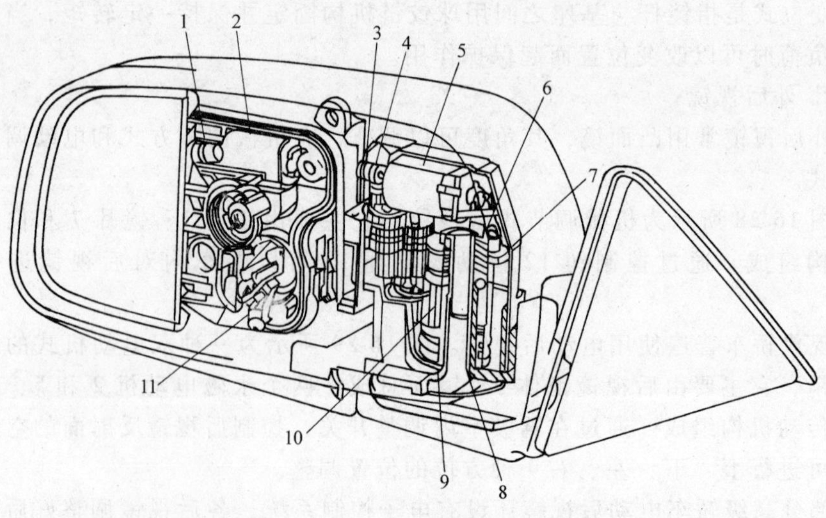

图 16-29　一种双电动机式的电动后视镜

1—蜗杆　2—电动机（左右共用）　3—蜗杆　4—涡轮　5—电动机（单侧用）
6—限位开关　7—离合器机构　8—主轴　9—镜体　10—减速齿轮部件　11—涡轮

能。VOLVO 汽车公司的后视镜盲点信息系统（BLIS），是将两台快速摄像机分别放置在两个车门的后视镜上，当另一辆汽车进入监视区时，后视镜附近的报警灯就会闪亮，驾驶员就可以清晰地看到另外一车辆正在靠近，从而采取安全措施。

16.2.6 遮阳板

遮阳板位于前排乘员的头部上方（见图 16-26），用于挡住干扰光线。遮阳板不但可以上、下翻转以挡住从前窗玻璃进来的光线，也可以把遮阳板从内支座脱开绕外支座向侧面旋转，挡住侧面光线。

16.3 车身安全防护装置

安全防护装置是汽车结构的重要组成部分。在交通事故中，汽车自身受到碰撞称为一次碰撞，乘员因此而受到车内某些部件（如转向盘、仪表板、玻璃等）的碰撞称二次碰撞。为避免一次碰撞而采取的各种装置称主动安全装置，如防抱死制动系统等。为避免或减轻乘员受到二次碰撞或被抛出车外的安全装置称为乘员安全保护装置，如安全带、安全气囊等。

车身上的安全防护装置主要有保险杠、安全带、安全气囊等。

16.3.1 保险杠

汽车车身的前端和后端分别装有前保险杠和后保险杠总成，通过支架连接固定在车架上。保险杠能够保证汽车与其他物体碰撞时，由保险杠首先接触物体，通过支架吸收撞击能量，以防止轻度碰撞时伤害人员和损坏汽车部件。

保险杠主要由支架和外罩组成，外罩一般采用树脂制成。图 16-30a 所示为塑料保险杠结构示意图。

有的轿车采用吸能式保险杠（见图 16-30b），在支架上安装有液压阻尼器 4，使撞击能量能被阻尼器吸收。

中小型轿车在保险杠上还安装有防撞橡胶块。有的汽车将保险杠与前部的空气导流板制成一体。

16.3.2 安全带

安全带在乘员由于惯性而急剧向前冲撞进时产生束紧力，限制乘员向前冲撞，从而保护乘员避免发生二次碰撞。大量实践证明，安全带可以大幅度降低碰撞引起的伤亡。驾驶员开车佩带安全带已经成为我国的交通法规。

安全带的布置形式很多，用得最多的是三点式安全带（见图 16-31）。

安全带主要由织带、带扣、滑移导向件、安装附件以及收卷器等组成。织带 2 用合成纤维织成，发生事故时将乘员定在座椅上。高度调节器 3 可以

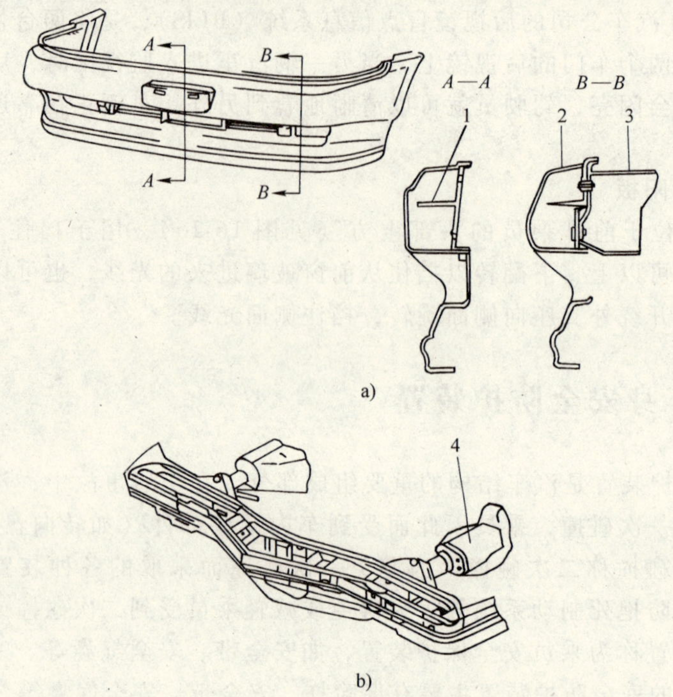

图 16-30 保险杠

a）塑料保险杠 b）吸能式保险杠

1—限位块 2—外罩 3—支架 4—阻尼器

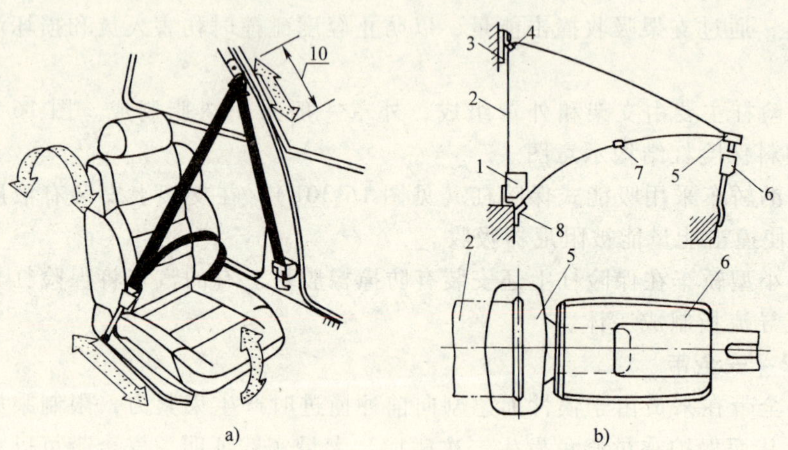

图 16-31 三点式安全带

a）结构 b）工作原理

1—收卷器 2—织带 3—高度调节器 4—导向板 5—锁舌

6—锁扣 7—限位架 8—底支架

调节安全带，以适应不同身高乘员的要求。锁舌5与锁扣6配合作用，以便系上或脱开安全带。底支架8、导向板4、锁扣-锁舌连接形成三点式约束。织带收卷器1的主要作用是当不需要使用安全带时将织带收回，存储织带。

收卷器有多种结构形式。普通收卷器佩带时对人体稍有压迫感。目前，许多轿车都采用功能较完备的紧急锁止式收卷器（ELR）（见图16-32）。在正常情况下，安全带对人体不起约束作用。当乘员向前弯腰时，安全带从收卷器内拉出；当乘员恢复正常姿势时，收卷器又自动把安全带回收，使安全带随时保持与人体贴合。而当汽车在紧急情况下，即汽车减速度超过预定值或车身严重倾斜时，收卷器会将安全带卡住，有效地保护乘员安全。

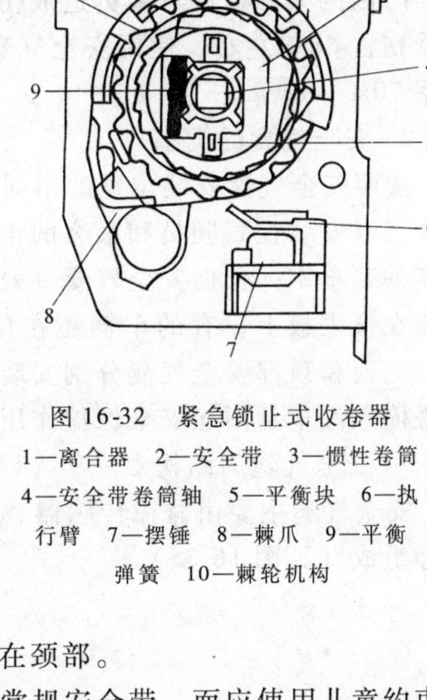

图16-32 紧急锁止式收卷器

1—离合器 2—安全带 3—惯性卷筒 4—安全带卷筒轴 5—平衡块 6—执行臂 7—摆锤 8—棘爪 9—平衡弹簧 10—棘轮机构

安全带使用时应注意以下事项：

1）使用三点式安全带时，应注意使安全带贴靠肩膀中部，不应让安全带勒在颈部。

2）身高小于1.5m的儿童不可以佩戴常规安全带，而应使用儿童约束系统，以免在腹部或颈部造成伤害（见图16-33）。

3）孕妇佩戴安全带应使上半截安全带穿过胸部中间，下半截安全带拉到大腿上，水平保持在腹部下，并收紧安全带（见图16-34）。

4）安全带应通畅、清洁，不得在锋利边缘上摩擦，安全带出口处不能

图16-33 婴儿正确使用安全带

图16-34 孕妇正确使用安全带

让纸片或其他东西堵塞。

5）损坏或因事故而拉长的安全带必须更换。

16.3.3　安全气囊

1. 安全气囊的作用

安全气囊（Supplemental Restraint System，SRS）是为了减少汽车在发生碰撞时因巨大的惯性对乘员造成伤害而设置的。统计表明，交通事故中，头部受伤占66%左右，使用安全气囊可减少头部受伤率30%～50%、面部受伤率70%～80%。

2. 安全气囊的类型

按照安全气囊安装位置的不同可分为正面、侧面和顶部安全气囊。正面安全气囊安装在驾驶员和乘客的正面，对汽车正面碰撞起安全保护作用，有较高的装车率。正面安全气囊一般安装在转向盘中央的衬盖内，副驾驶一侧安装在仪表板上，有的车辆还在仪表板下方安置了膝部免受伤害的安全气囊。侧面和顶部安全气囊分别安装在驾驶员、乘客的侧面和顶部，对汽车侧面碰撞和汽车翻倾起安全保护作用。

3. 安全气囊的结构

安全气囊主要由碰撞传感器、气体发生器、气囊、控制装置以及显示装置等组成（见图16-35）。

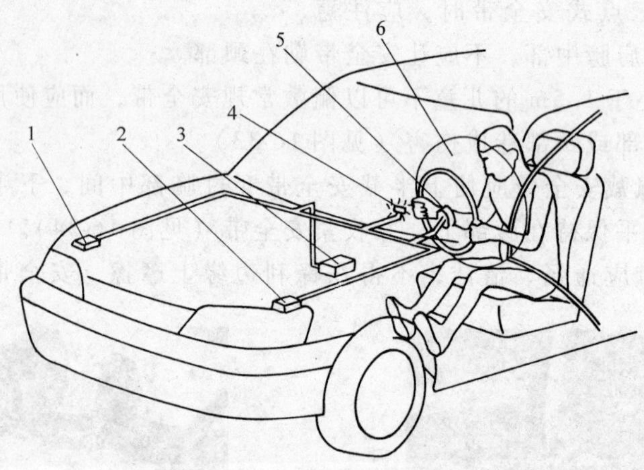

图16-35　安全气囊的组成与其在车上的布置

1—右前方传感器　2—左前方传感器　3—中部传感器总成　4—气囊指示灯　5—气体发生器　6—气囊

（1）碰撞传感器　其功能是对汽车碰撞强度作出检验，并将其转化为电子信号传送给电控单元。碰撞传感器分为安装于汽车左、右翼子板下或前保险杠内侧的前安全气囊传感器（侧向安全气囊传感器安装在车门或门柱上）和装于气囊控制装置中的安全传感器两类。

（2）气体发生器 用来产生气体，安装于气囊下，能在极短的时间内（30ms 内）将气体充满整个气囊。气体的产生方法主要有以下 3 种方式：

1）高压储气式：将氮、氩等惰性气体压缩储藏于压力容器内，利用雷管破坏容器的盖板而使气体逸出，通过导管输入气囊。

2）固体推进剂式：利用点火器将类似于火箭推进剂的固体型气体发生剂点燃，把燃烧后产生的气体充入气囊。它一般由气体发生剂、火药、传爆管、过滤器等组成。

3）混合式：同时使用以上两种方法。

（3）气囊 一般用尼龙布制成，在尼龙布上开有排气的小孔，以便在气囊充气后就进行排气，使气囊逐渐变软，加强缓冲作用和不至于影响人员活动。安全气囊只能使用一次，用完即报废。

（4）控制装置 它采用电子控制，是安全气囊的控制中心。当接收到传感器的碰撞信号后，进行分析判断，发出指令，引爆气体发生器。

电子控制装置一般由微处理器、点火控制引爆驱动电路、安全气囊诊断电路、备用电源和安全气囊报警灯等组成。

4. 安全气囊的工作原理

当汽车发生碰撞时，碰撞强度通过传感器转化为电信号，被电控装置接收，进行分析，发出相应指令，由执行器执行。轻度碰撞时，电控装置指令执行器收紧安全带，保护乘员；碰撞达到一定程度时，电控装置指令引爆气体发生器，安全气囊急速膨胀，挡住驾驶员或乘员的身体，起到缓冲保护作用。之后安全气囊小孔排气，使气囊逐渐变软，加强缓冲作用。整个工作过程如图 16-36 所示。

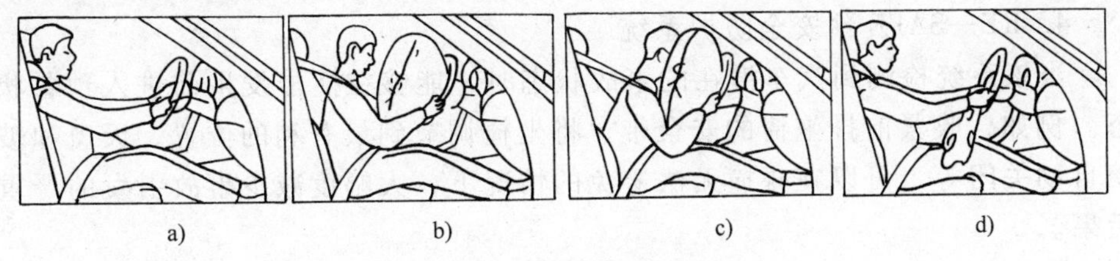

a) b) c) d)

图 16-36 安全气囊的工作过程

a）触发前 b）充气膨胀 c）头部陷入 d）气囊压扁

安全气囊使用时应注意如下事项：

1）安全气囊需要与安全带配合使用才能起到安全保护作用。

2）要注意观察位于仪表盘上的安全气囊报警灯。在正常情况下，点火开关转到“acc”或“on”位置时，报警灯会亮大约 6s，进行自检，然后熄灭；若报警灯一直亮，则表明安全气囊系统有故障，应立即进行修理。否则，有可能出现气囊不起作用或误弹出的情况。

3）汽车装有前排双安全气囊时，不可让儿童坐在前排位置。

4）不要在前风窗玻璃或车内后视镜上悬挂饰品、在安全气囊和驾乘者之间放置坚硬或尖锐的物体，以免安全气囊打开时冲击到人造成严重伤害。

5）驾驶员所佩戴的眼镜最好选择不易破裂的安全镜片，以免在气囊打开时造成对眼睛和面部的伤害。

6）避免高温。安全气囊装置的部件应妥善保管，不要让它在85℃以上的高温环境下，以免造成安全气囊误打开。

7）不能敲打气囊裸露在外的标识部位，以免被误引爆。

16.3.4　其他汽车安全技术

1. 距离警示系统

该系统探测到汽车与前面汽车的时间间隔低于设定值时，会在前风窗玻璃发出警示，同时发出警告铃声；如果司机仍然没有采取任何安全措施，这个系统将会主动制动。

2. 驾驶员警示系统

该系统通过摄像头不断检测汽车与道路两边以及周围汽车的距离，并通过传感器发送到控制单元之中，控制单元不断对这些数据进行计算，以评估驾驶员注意力是否分散、汽车是否存在失控的危险，如果评估的结果是高风险，就会发出警告铃声，同时在仪表盘上显示驾驶员需要休息的警示。

3. 酒后驾驶闭锁装置

安装该装置的汽车，当打开车门时系统就被激活，对着这个装置吹气5s，系统就会自动判断驾驶员有没有喝酒、是否适合开车。如果判定驾驶员喝酒多了，系统会关闭汽车，即使强行打火也发动不了汽车。

4. RE—SAFE预安全防护系统

当该系统检测到汽车潜在的事故状态时，能够在撞击发生前进入预备状态。例如，收紧前排坐椅的安全带、将坐椅调节到最有利的位置、天窗和玻璃自动关闭等，可以在碰撞无法避免的情况下，大幅度减少事故引发的严重后果。

16.4　汽车电子巡航控制系统

16.4.1　巡航控制系统的作用

巡航控制系统（Cruise Control System，CCS）又称为巡航行驶装置、速度控制系统、恒速行驶系统或巡航行驶控制系统等。其作用是使汽车根据行车阻力自动调节节气门开度，使汽车行驶速度保持一定，避免了驾驶员频繁踩节气门踏板的疲劳，改善了汽车的燃料经济性能和发动机的排放性。

16.4.2　电子巡航控制系统的组成与工作原理

汽车电子巡航控制系统由传感器、操作开关、执行器和巡航控制 ECU 等组成（见图 16-37）。传感器和开关将信号送入巡航控制 ECU，ECU 根据这些信号计算节气门应有的开度，并给执行器发出信号，自动调节节气门开度。

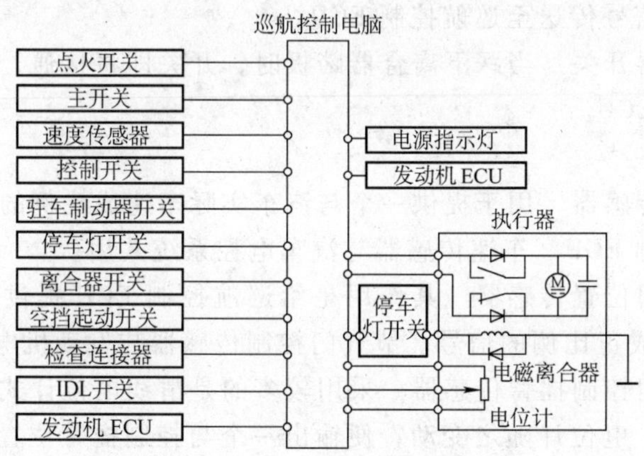

图 16-37　汽车电子巡航控制系统的组成

16.4.3　电子巡航控制系统的主要部件

1. 操作开关

操作开关主要用于设置巡航车速或将其重新设置为另一车速，以及取消巡航控制等。操纵开关主要包括主开关、控制开关和退出巡航开关。

（1）主开关　主开关（MAIN）是巡航控制系统的主要电源开关，多数采用按键方式，每次将其推入，巡航控制系统的电源就接通或关闭。即使点火再次接通，主要开关仍保持关闭。

（2）控制开关　手柄式控制开关有 5 种控制功能：SET（设置）、COAST（减速）、RES（恢复）、ACC（加速）和 CANCEL（取消）。其中，SET 和 COAST 模式共用一个开关，RES 和 ACC 模式共用另一个开关。当沿箭头方向操作开关时，开关接通；而松开时，则关断。图 16-38 所示的开关是自动回位型开关。

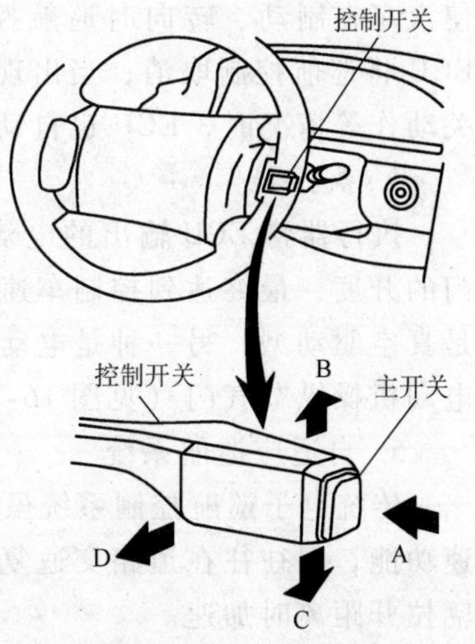

图 16-38　主开关和控制开关

（3）退出巡航控制开关　退出巡航控制开关包括取消开关、停车灯开关、驻车制动开关、离合器开关、空挡起动开关。当其中任一开关接通时，巡航控制系统将被自动取消。但CCS取消瞬间的车速大于35km/h时，此车速存于巡航控制ECU中，当接通RES开关时，最后存储的车速就会自动恢复。

(4) 驻车制动开关　当拉起驻车制动操纵杆时，开关就接通，将取消信号传送至巡航控制ECU，同时驻车制动报警灯亮。

(5) 空挡起动开关　当变速杆设置在自动变速器的P或N位时，开关即接通，将取消信号传送至巡航控制ECU。

(6) 离合器开关　当踩下离合器踏板时，开关即将接通，将取消信号传送至巡航控制ECU。

2. 传感器

(1) 车速传感器　用于提供一个与汽车实际车速成比例的交变振荡脉冲信号给巡航控制ECU。车速传感器与汽车电控系统共用。

(2) 节气门位置传感器　其作用是给巡航控制ECU提供一个与节气门位置（开度）成正比例的信号。节气门控制传感器与发动机电控系统共用。

(3) 节气门控制摇臂传感器　采用较多的是滑线电位计式。当节气门控制摇臂转动时，电位计随之变动，便输出一个与控制摇臂位置成比例且连续变化的信号。

3. 巡航控制ECU

巡航控制ECU由处理器芯片，A/D、D/A转换IC、输出重置驱动和保护电路等模块组成。ECU接收来自车速传感器和各种开关的信号，按照存储的程序进行处理。当车速偏离设定的巡航车速时，ECU给执行器一个电信号，控制执行器的动作，使实际车速与设定车速相一致。

汽车在巡航控制状态时，若车速低于40km/h，ECU将取消巡航控制，使汽车在制动、转向时巡航控制不起作用；当车速超过设定车速68km/h，ECU将巡航控制取消；当出现汽车的减速大于$2m/s^2$，以及汽车的制动灯开关动作等情况时，ECU也自动取消巡航控制，以确保行车安全。

4. 执行器

执行器将ECU输出的电流或电压信号转变为机械运动，进而控制节气门的开度，最终达到控制车速的目的。目前使用的执行器有两种类型，一种是真空驱动型，另一种是电动机驱动型。前者由负压操纵节气门，后者由微电动机操纵节气门（见图16-39）。

5. 自适应巡航系统

传统电子巡航控制系统虽然具有加速、减速、恢复车速、消除等控制车速功能，但往往在道路交通复杂的情况下，不便于进行车辆接近时减速和车辆拉开距离时加速。

为了解决这一问题，已经出现自适应巡航系统。它是在车辆前面设置一

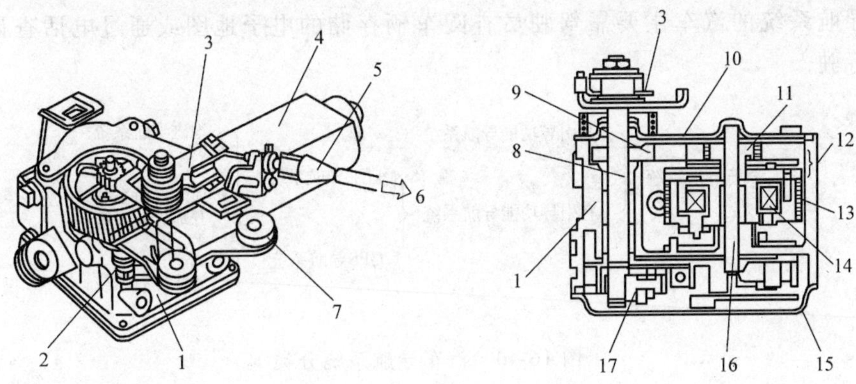

图16-39　电动机驱动型执行器

1—电路板　2—电位计　3—控制臂　4—电动机　5—线束　6—输出信号　7—支架　8—蜗杆轴　9—蜗杆　10、15—壳体　11—蜗轮　12—滑环　13—磁极　14—电枢　16—电枢轴　17—电位计主动齿轮

个车载雷达或激光发射器，向前方车辆发射毫米波（30～300Hz）或激光束，用以测定与前方车辆之间的距离。驾驶员只需要简单的设定自己的汽车与前车的间隔时间（有1～2.6s共5种选择）以及自己的巡航速度，系统就会自动工作，保持与前车安全的行车距离。

16.4.4　巡航控制系统使用维护

1）遇到交通阻塞或大风天气，在雨、水、雪等湿滑路面上行驶时，不要使用巡航控制系统。

2）汽车行驶在陡坡时，不要使用巡航控制系统，以免引起发动机转速过大变化。

3）汽车巡航行驶时，对装有手动变速器的汽车不应在未踩下离合器踏板时就将变速杆置空挡，否则会造成发动机转速急剧升高。

4）注意观察仪表板上的CRUISE指示灯是否闪亮，若闪亮，则表明巡航控制系统处于故障状态，应停止使用巡航控制系统，排除故障。

5）使用时，应注意巡航ECU的防潮、防振、防磁和防污染。

16.5　汽车电子导航系统

16.5.1　汽车导航的意义

汽车导航是指为汽车提供行驶方向路线的一种服务。它可以避免驾驶员迷失行车方向、帮助驾驶员选择最短的行车路线、避免交通拥挤，还可以提供车辆的安全防盗、工况监测等作用。

16.5.2　汽车导航的分类

如图16-40所示，汽车导航按是否有自动引导功能分为两类。无引导功能导航系统的汽车主要靠驾驶员查阅车辆存储的电子地图或通过电话查询进行行驶。

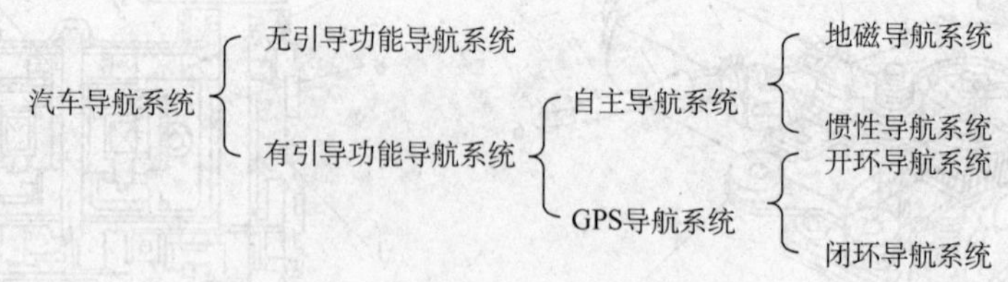

图 16-40 汽车导航系统分类

有引导功能导航系统按是否接受全球定位信息分自主导航系统和 GPS 导航系统。

自主导航系统利用汽车内置的传感器确定车辆位置，并在显示器上显示，引导汽车前进。根据传感器的不同，自主导航系统分为地磁导航系统和惯性导航系统。地磁导航系统利用地磁传感器测试汽车方向，惯性导航系统利用陀螺仪测试汽车方向。

目前广泛使用的是全球卫星定位系统（Global Positioning System，GPS）导航。按信息是否返回控制中心，GPS 系统分开、闭环系统。开环系统信息不返回控制中心，闭环系统信息返回控制中心。

16.5.3 汽车导航系统的组成及工作原理

要对汽车进行导航，必须了解汽车所在的位置、汽车行驶状态和路网、交通信息。汽车导航系统主要由全球卫星定位系统（GPS）、地面主控中心和车载系统组成（见图 16-41）。

1. 全球卫星定位系统

该系统 20 世纪 70 年代由美国研制，1993 年实施完成投入使用，有民用和军用两种，汽车导航属于民用。它由地球上空 20183km 处 6 个轨道面上总共 24 颗轨道卫星构成（见图 16-42a）。每个轨道面等距离分布 4 颗卫星，用 1575.42MHz 载波将信息不断送达地球，在地球任何位置总能接收来自 4 颗卫星发出的电波。

汽车的位置通过测量电波从卫星至汽车接收装置的传播时间来确定。理论上，接收到 3 颗卫星信号就可以根据公式

$$R_i = \sqrt{(X_i - X_0)^2 + (Y_i - Y_0)^2 + (Z_i - Z_0)^2}\,(i = 1,2,3)$$

计算出汽车在地球上的位置（见图 16-42b）；考虑实际空间大量因素的影响，可以利用第 4 颗卫星来进行修正，可以利用与其他传感器结合进行推测导航。

2. 地面主控中心

地面主控中心由无线电台、调制解调器、计算机系统和道路地图数据

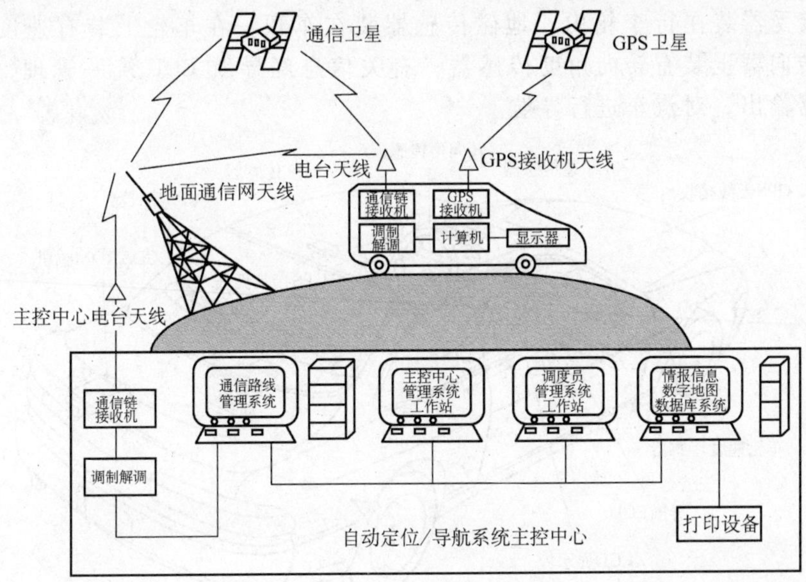

图 16-41　汽车导航系统的组成

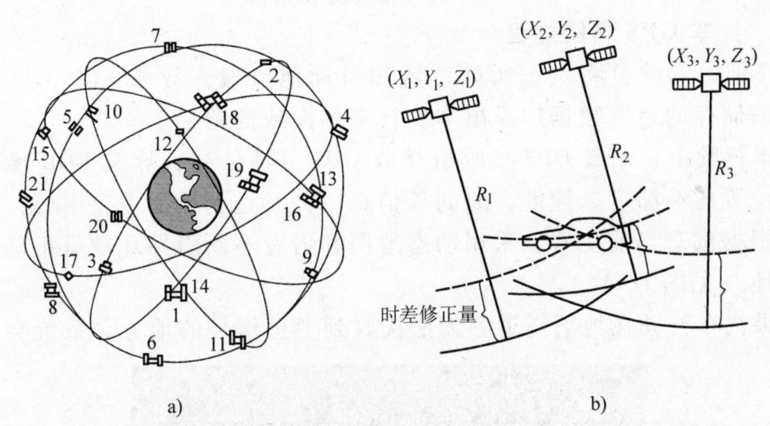

图 16-42　全球卫星定位系统

a）卫星轨道　b）测量原理

(Globe Information System, GIS) 4 部分组成（见图 16-41）。无线电台用来接收、发送车辆位置等信息；调制解调器进行车辆数据采集和处理；计算机系统对调制解调器送来的数据进行分析计算，并将处理后的信息送往工作站；工作站则在 GIS 上显示汽车所在位置，并提供空间查询功能。

3. GPS 车载系统

GPS 车载系统的组成如图 16-43 所示。车辆前座中央有 LCD 显示器，可显示道路地图和其他有关交通信息；车的前、后部各装有 GPS 接收天线，

GPS接受器装在行李箱内；地磁传感器装在车顶，在车轮上装有速度传感器；转向器上装有转向角度传感器；有关信息经导航ECU统一管理，通过显示器输出，对汽车进行导航。

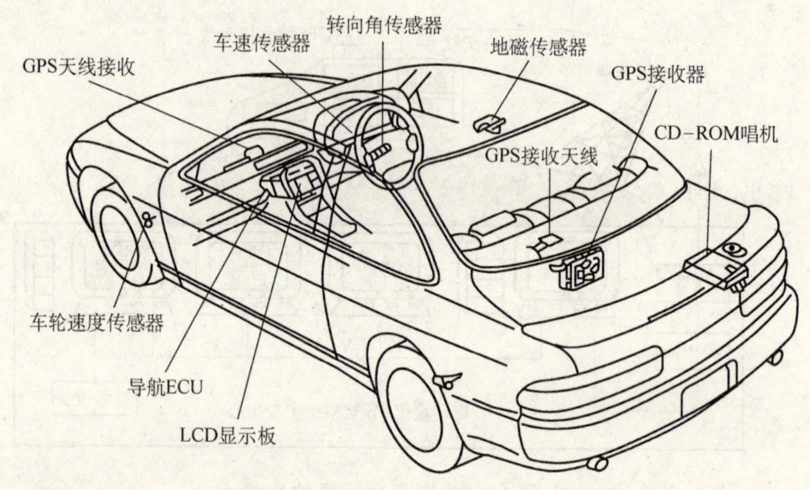

图16-43　GPS车载系统的组成

16.5.4　汽车GPS导航过程

行车前，驾驶员将汽车所处位置和目标地点输入导航ECU，导航ECU就能根据储存的道路数据选择出本次行车的大致的路径。

汽车行驶中，车载GPS接收机接收GPS卫星信号，导航ECU推算出汽车所处位置的经纬度、速度、时间等信息，并发送到地面主控中心，地面主控中心根据汽车当前位置，采用动态地图和语音不断引导驾驶员正确行驶到达目的地（见图16-44）。

如果汽车行驶在地下隧道等无法接收到卫星信号的地方，系统会自动导

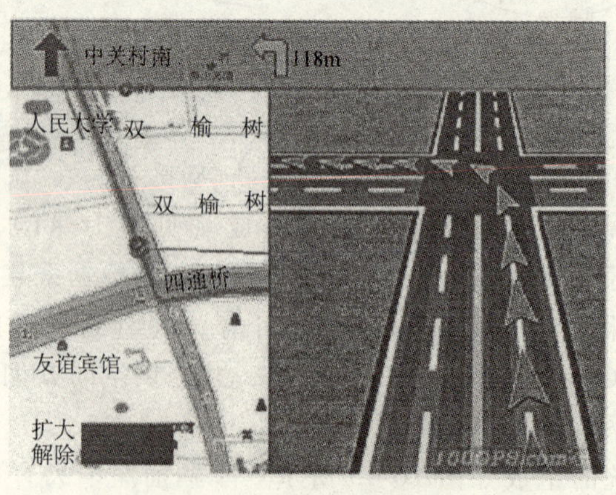

图16-44　GPS动态地图

入自主导航系统，由车速传感器测量出汽车的行驶速度，导航 ECU 推算出行驶的距离，方位传感器检测出汽车前进方向。

汽车 GPS 导航结合车辆管理信息系统，还可以实现车辆以下多种服务：

(1) 车辆调度　交通指挥中心根据道路交通拥挤情况，随时通知车辆及时改道行驶。

(2) 车辆跟踪防盗　它能够使车辆在监控中心的屏幕上出现，随时掌控汽车的位置，尤其是对一些重要车辆和货物的跟踪运输。

GPS 防盗器主要是靠锁定点火装置达到防盗的目的，它可将报警信息和报警车辆所在的方位传送到车主的手机或者报警中心。如果车辆失窃，可以根据 GPS 提供的信息及时追回车辆。这种防盗器的功能设置很多，可通过车载移动电话监听车内的声音，还可通过手机关闭油路、电路，并锁死门锁。

(3) 信息查询　驾驶员可以根据电子地图或与交通指挥中心联系，查询加油站、停车场、维修点、饭店、旅游景点等多种服务。

(4) 紧急援助　遇到交通事故或其他紧急情况，可以向监控中心求助。

(5) 远程车辆诊断　部分功能全面的汽车还可以将车辆的技术状态检测出来并远程传送到车辆诊断中心，判断汽车故障，指导维修汽车。

16.6　汽车货箱

汽车货箱用于容纳货物。根据用途的不同，货箱结构有较大不同，通常分为栏板式货箱、自卸式货箱、厢式货箱、罐式货箱、平台式货箱、篷式货箱、牵引—半挂式货车用货箱等（见图 16-45）。

16.6.1　栏板式货箱

栏板式货箱（见图 16-46）是使用最多的一种货箱。它主要由底板总成、栏板（前、后、左、右边栏板总成）及一些连接件组成。

底板总成 2 用钢板和木板制成，通过底部的横梁和纵梁支撑在车架上，并用 U 形螺栓 16 夹紧固定。横梁的左、右两端还焊接若干绳钩 8，作为固定货物的拉绳用。

栏板用扎成瓦楞状的钢板焊接在钢梁边框制成，并用若干立柱加固。左、右边板总成 7、3 及后板总成 6 通过销钉 11 与底板铰接，可以打开，方便装卸货物。前板总成 1 固定，上部有货架（安全架），以备运输少量超长货物之用。

16.6.2　专用货箱

汽车用途广泛，有各种专用汽车，并配以不同的专用货箱和设备（见图

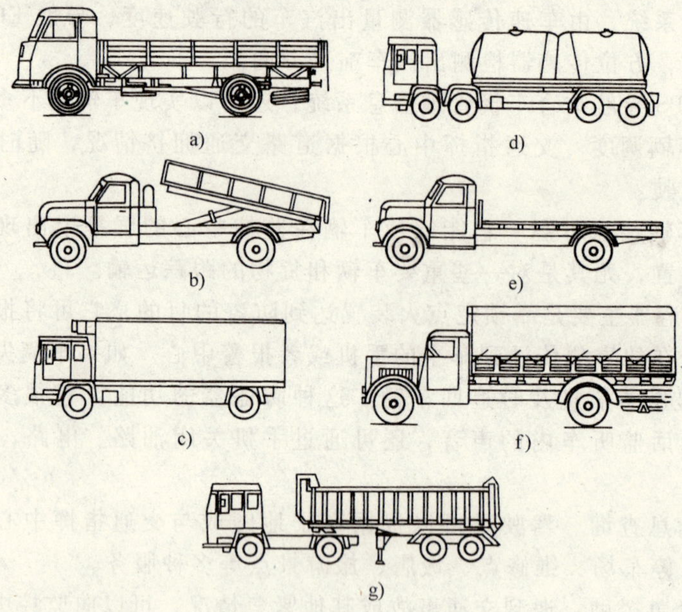

图 16-45 汽车货箱类型

a）栏板式货箱 b）自卸式货箱 c）厢式货箱 d）罐式货箱
e）平台式货箱 f）篷式货箱 g）牵引—半挂式货车用货箱

16-45）。

自卸式货箱（见图 16-45b）配用液压举升装置，使货箱倾斜卸货，大大提高了生产效率，在工程和矿山车辆中应用普遍。

厢式货箱（见图 16-45c）对货物有较好保护作用，常用于运输日用百货、食品等易污损物品。

罐式货箱（见图 16-45d）用于装载液体及气体类物品，对易燃易爆物品有特殊的装备要求。

平台式货箱（见图 16-45e）采用钢板制成大型货物平台，用于运送大件货物。

篷式货箱（见图 16-45f）在栏板式货箱上加装顶篷，对货物有较好的保护作用。

牵引—半挂式货车用货箱（见图 16-45g）将货箱单独制造，再与汽车铰接，方便货箱的拆卸。

汽车货物运输正越来越多采用集装箱运输，这是一种先进的运输方法，便于公路、铁路、水路和航空联运和国际联运，可以有效提高生产率，保障货物安全。

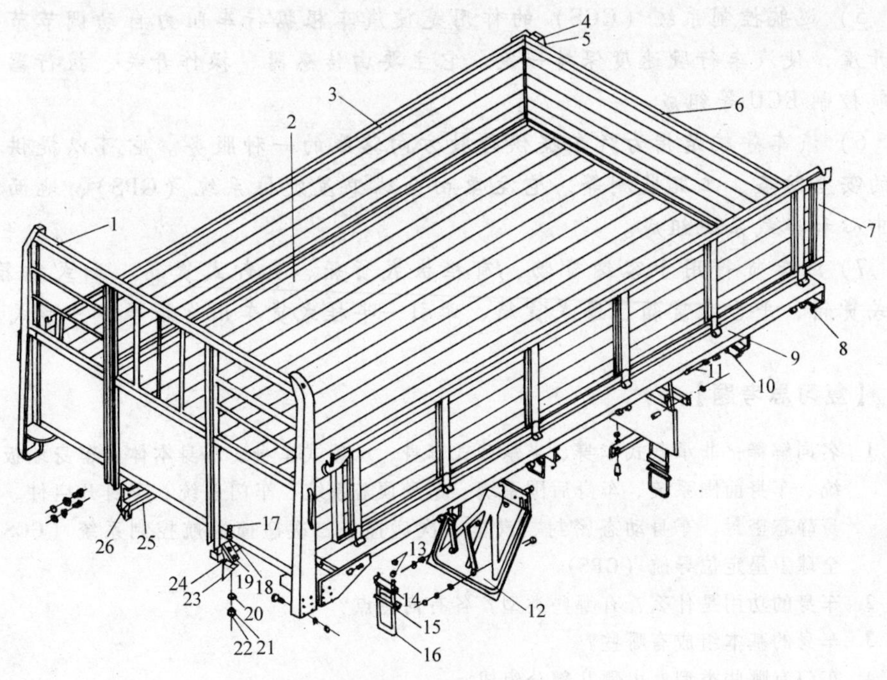

图 16-46　栏板式货箱

1—前板总成　2—底板总成　3—右边板总成　4、13—螺母　5—栓杆　6—后板总成　7—左边板总成　8—绳钩　9、21—开口销　10、18、20—垫圈　11—销钉　12—挡泥板　14—压板　15—垫板　16—U 形螺栓　17—螺栓　19—弹簧　22—槽顶螺母　23—下支座（在车架上）　24—上支架　25—纵梁垫木　26—货箱纵梁

本章小结

1）汽车车身是驾驶员的工作场所，也是容纳乘员和货物的场所。按车身受力情况的不同分为非承载式、半承载式和承载式 3 种形式。

2）汽车车身主要由车身本体、开启件（各种门、窗、行李箱和车顶盖等）、附件（各种座椅、内外饰、仪表电器、刮水器、洗涤器、风窗除霜装置、空调等）和安全保护装置（保险杠、安全带、安全气囊等）组成，货车及专用车辆还有货箱及专用设备。

3）安全带在乘员由于惯性而急剧向前冲撞时产生束紧力，限制乘员向前冲撞，从而保护乘员避免发生二次碰撞。

4）安全气囊（SRS）是为了减少汽车在发生碰撞时因巨大的惯性对乘员造成伤害而设置的。按照安全气囊安装位置的不同可将其分为正面、侧面和顶部安全气囊。安全气囊主要由碰撞传感器、气体发生器、气囊、控制装置以及显示装置等组成。

5）巡航控制系统（CCS）的作用是使汽车根据行车阻力自动调节节气门开度，使汽车行驶速度保持一定。它主要由传感器、操作开关、执行器和巡航控制ECU等组成。

6）汽车导航是指为汽车提供行驶方向路线的一种服务。它可以提供车辆的安全防盗、工况监测等。它主要由全球卫星定位系统（GPS）、地面主控中心和车载系统组成。

7）汽车货箱用于容纳货物，有栏板式货箱、自卸式货箱、厢式货箱、罐式货箱、平台式货箱、篷式货箱、牵引—半挂式货车用货箱等多种形式。

【复习思考题】

1. 名词解释：非承载式车身、半承载式车身、承载式车身、车身本体、车身地板系统、车身前围系统、车身后围系统、车身顶盖系统、车门系统、车身开启件、车身静态密封、车身动态密封、汽车一次碰撞、二次碰撞巡航控制系统（CCS）、全球卫星定位导航（GPS）。
2. 车身的功用是什么？有哪些类型？各有何特点？
3. 车身的基本组成有哪些？
4. 车门有哪些类型？由哪几部分组成？
5. 叙述电控式中央门锁的基本组成与工作原理。
6. 汽车座椅有哪些调节？如何调节？
7. 拆装电动刮水器，并叙述其基本结构与工作原理。
8. 拆装风窗洗涤器，并叙述其基本结构与工作原理。
9. 叙述三点式安全带的基本结构与正确使用。
10. 安全气囊有何作用？由哪几部分组成？工作原理如何？使用中应注意什么问题。
11. 叙述汽车巡航控制系统（CCS）的作用原理。
12. 叙述汽车GPS导航的作用、组成和工作原理。
13. 栏板式货箱由哪些部件组成？

第 17 章　汽 车 空 调

教学目标与要求

- 掌握汽车空调的作用、类型和基本组成
- 掌握手动空调系统的组成和工作原理
- 理解自动空调系统的基本组成和工作原理
- 学会汽车空调系统的正常使用和日常维护

教学重点

※手动空调系统的组成和工作原理
※自动空调系统的基本组成和工作原理

教学难点

▲制冷系统的工作原理
▲汽车空调系统的控制

17.1 汽车空调概述

汽车空调是实现对车厢内空气进行制冷、加热、换气、加湿、除湿和空气净化的装置。它可以为乘车人员提供舒适的乘车环境，降低驾驶员的疲劳强度，提高行车安全。空调装置已成为汽车的标准装备。

17.1.1 汽车空调的组成

现代空调由制冷系统、供暖系统、通风和空气净化装置及控制系统组成。

（1）制冷系统　利用制冷剂蒸气压缩循环原理对空气进行冷却和除湿。

（2）供暖系统　通常利用发动机热水加热装置对车内空气进行加热。

（3）通风装置　利用自然通风或强制通风方式将车外新鲜空气引入车内。

（4）空气净化装置　利用灰尘滤清器、电子集尘器及负离子发生器等过滤和净化车内空气。

（5）控制系统　利用电气元件、真空机构和操纵机构对车内空气的温度、风量、流向进行控制，同时对制冷、供暖系统内的温度、压力进行控制和安全保护。

17.1.2 汽车空调的布置

不同类型空调的布置方式有所不同。本章主要介绍轿车冷暖一体式汽车空调。其布置形式是将蒸发器、暖风散热器、离心式鼓风机、操纵机构等组装在一起，称为空调器总成。汽车空调在汽车上的布置如图17-1所示。

17.1.3 汽车空调的类型

汽车空调的分类及特点见表17-1。

表17-1　汽车空调的分类及特点

分类方法	类　型	特　点
按驱动方式分	独立式	专用一台发动机驱动压缩机，制冷量大、工作稳定，但成本高，体积及重量大，多用于大、中型客车
	非独立式	空调压缩机由汽车发动机驱动，制冷性能受发动机工作影响较大，稳定性较差，多用于小型客车和轿车
按空调功能分	单一功能型	将制冷、供暖、通风系统各自安装、单独操作、互不干涉，多用于大型客车和载货汽车上
	冷暖一体式	制冷、供暖、通风共用鼓风机和风道，在同一控制板上进行控制。工作时，可分为冷暖风分别工作的组合式和冷暖风可同时工作的混合调温式，轿车多用后一种

（续）

分类方法	类 型	特 点
按控制方式分	手动空调	拨动控制板上的功能键对温度、风速、风向进行控制
	自动空调	利用计算机等控制系统，实现对车内空气的多功能最佳控制

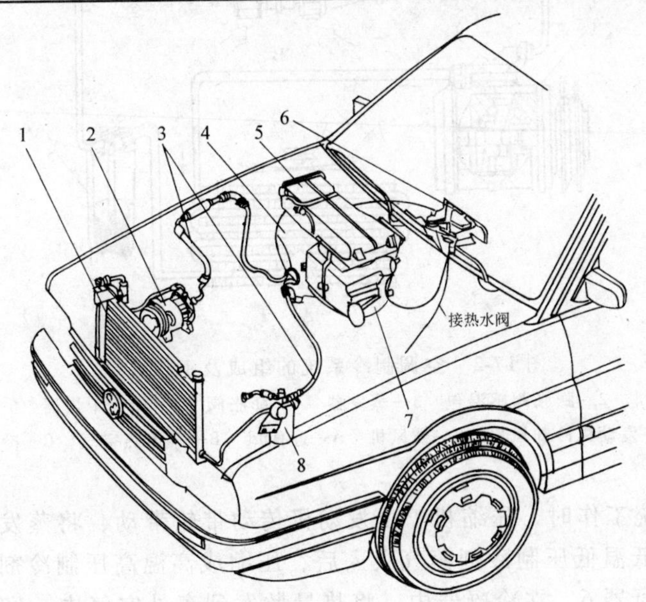

图 17-1 汽车空调在汽车上的布置

1—冷凝器 2—压缩机 3—制冷剂管路 4—蒸发器箱 5—进风罩 6—空调控制装置 7—加热器 8—储液干燥器

17.2 手动空调

手动空调由制冷系统、暖风系统、空气净化系统和控制系统等组成。

17.2.1 制冷系统的组成与工作原理

1. 组成

汽车空调制冷系统由压缩机、冷凝器、节流膨胀装置（膨胀阀式节流管）、储液干燥器、蒸发器压力开关等组成（见图 17-2）。

2. 制冷原理

通过制冷剂在系统内循环流动，利用制冷剂液态变为气态时要大量从外界（车内）吸收热量的原理，达到降低车内温度的目的。常用的制冷剂有 R-12（二氟二氯甲烷，又称“氟利昂”）和 R-134a（四氟乙烯）。由于 R-12 中氯元素对大气中臭氧的严重破坏作用正被淘汰。R-134a 是一种环保制冷

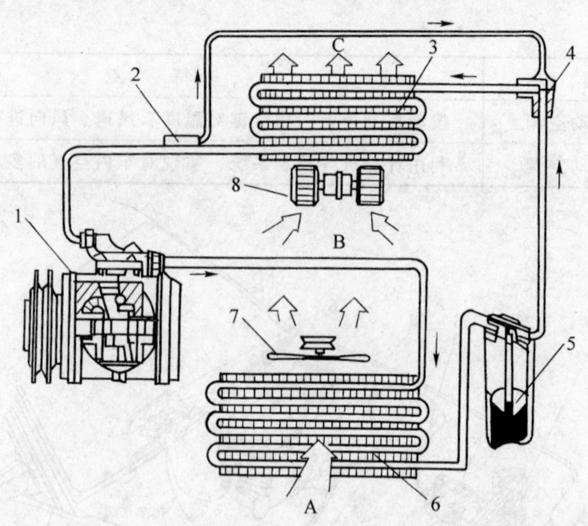

图 17-2 空调制冷系统的组成及工作原理

1—压缩机 2—膨胀阀感温包 3—蒸发器 4—膨胀阀 5—储液干燥器 6—冷凝器 7—发动机冷却风扇 8—鼓风机 A—迎面风 B—车内热空气 C—冷风

剂。

制冷系统工作时，压缩机1由发动机传动带轮带动，将蒸发器3中因吸热而汽化的低温低压制冷剂蒸气吸入后，压缩成高温高压制冷剂气体，经高压管送入冷凝器6，在冷凝器中，将热量散发到车外空气中，经冷凝器冷却使高温高压的制冷剂气体冷凝成中温高压制冷剂液体，进而送入储液干燥器5中除去水分和杂质，然后送入膨胀阀，经膨胀阀4节流降压，变为低温低压气液混合制冷剂后进入蒸发器。液态制冷剂汽化吸热，当鼓风机将空气吹过蒸发器表面时，车内温度降低。汽化后的制冷剂再次被压缩机吸入，重复上述过程。

17.2.2 制冷系统主要部件的结构与工作原理

1. 压缩机

俗称空调气泵，其作用是将在蒸发器吸收热量蒸发的低温低压（约0℃、0.15MPa）制冷剂气体吸入，经过绝热压缩成温度为70℃左右、压力为1.3~1.5MPa的高温高压制冷剂气体，然后送入冷凝器。

压缩机种类繁多、型式各异，目前常用的有往复活塞式和旋转活塞式。

（1）往复活塞式压缩机 以哈里松DA-6和HR-6式6缸压缩机为例，它为轴向往复活塞式结构，如图17-3所示，压缩机每端均装有3个独立的气缸，各缸都安装有簧片阀。3组双作用活塞是由安装在压缩机轴上的旋转斜盘驱动的，后盖有两个孔，一个装高压卸压阀，另一个装高压切断开关。压缩机离合器为6极结构。

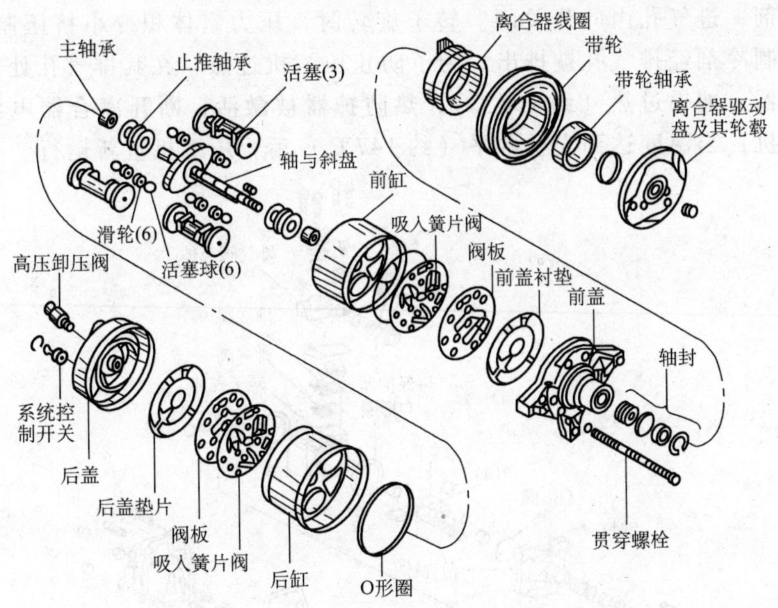

图 17-3　哈里松 DA-6 和 HR-6 压缩机分解图

图 17-4 所示为斜盘往复活塞式压缩机工作过程示意图，主轴旋转时斜盘作左右摇摆运动，斜盘通过钢球驱动双头活塞，在前、后气缸中作往复运动，完成进气和压缩过程。

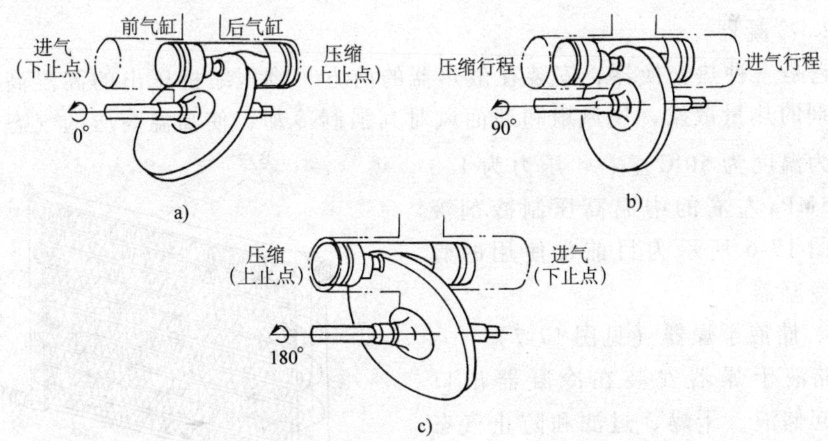

图 17-4　斜盘往复活塞式压缩机工作过程示意图

a）前气缸处于进气下止点　b）前气缸处于压缩行程

c）前气缸处于压缩上止点

（2）旋转式压缩机　松下公司的旋转式压缩机为单转子、3 叶片结构，如图 17-5 所示。制冷剂是通过进气孔流入压缩机的，叶片之间的压力室充满制冷剂，进气孔由叶片关闭。转子旋转时，压力室体积变小挤压制冷剂，加压的制冷剂经排气孔被排出。为了防止压缩机过热，在其排气孔处安装有热防护器，如果过热（约165℃），热防护器被激活，断开离合器电源使压缩机停机；当温度达到安全水平（约147℃）后，压缩机重新运行。

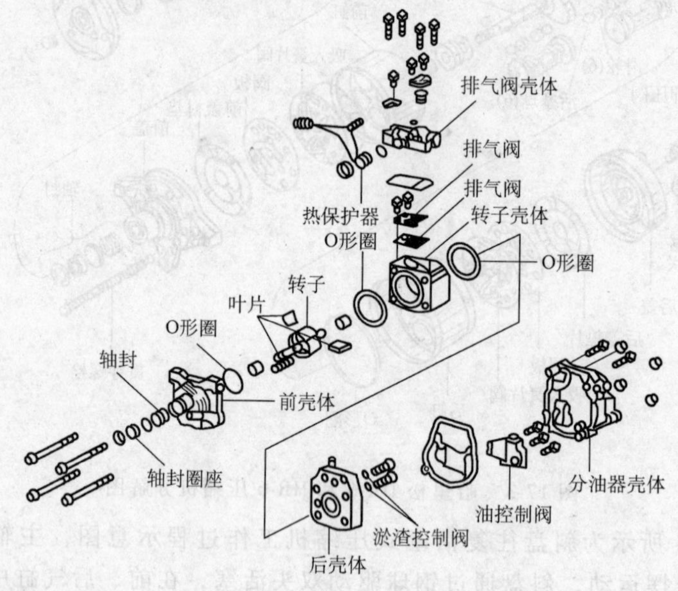

图17-5　松下公司的旋转叶片式压缩机分解图

2. 冷凝器

它是一种热交换器，安装在散热器的前方，将压缩机压出的高温高压的制冷剂的热量散发，用风扇和迎面风对其强制冷却，使高温高压的气态制冷剂变为温度为50℃左右、压力为1.3~1.5MPa左右的中温高压制冷剂液体。图17-6所示为目前常使用的管带式冷凝器。

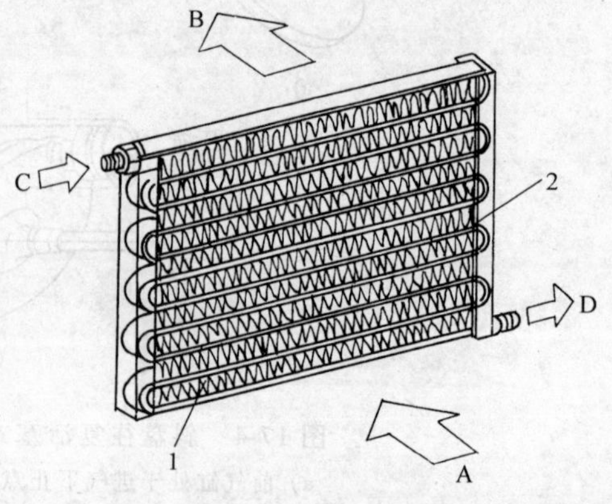

图17-6　管带式冷凝器

1—带状管　2—散热片　A—冷空气　B—热空气　C—来自压缩机　D—去储液干燥器

3. 储液干燥器（见图17-7）

储液干燥器安装在冷凝器出口处，起储液、干燥、过滤和防止气态制冷剂进入蒸发器的作用。它主要由滤网3、干燥剂4、储液罐5、玻璃观察孔1、引出管2等组成。出口处玻璃观察孔用来观察制冷剂是否足量，若观察孔明净，则说明制冷剂足量；

若出现气泡，则说明系统内有空气，影响制冷效果。有些储液干燥器上还装有易熔塞，当储液干燥器内部压力和温度达到一定值时，易熔塞就会熔化，排出制冷剂，保护制冷系统免遭损坏。

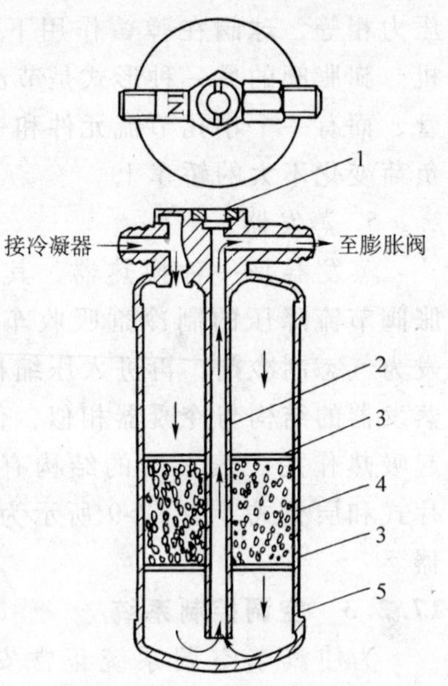

图 17-7　储液干燥器

1—玻璃观察孔　2—引出管　3—滤网　4—干燥剂　5—储液罐

在孔管系统中，利用一个储液罐装置来完成储液干燥器的功能。储液罐安装在蒸发器出气口处低压侧。储液罐的功能基本与储液干燥器相同。

4. 膨胀阀

膨胀阀又称节流阀，安装在蒸发器入口前，是制冷循环高压和低压的分界点，其作用一是将高压制冷剂液体进行节流减压，变为温度1～4℃、压力0.15～0.3MPa的低温低压液态制冷剂后进入蒸发器；二是自动调节制冷剂流量，以适应制冷负荷的需要。

自动温度控制式膨胀阀的结构如图17-8所示。它主要由感温包7、毛细管6、膜片5、球阀2、顶杆4及弹簧1等部件组成。膨胀阀安装在蒸发器入口处，感温包固定在蒸发器出口的管路外壁，感温包内装有制冷剂，通过毛细管与膨胀阀膜片的上方相连。

当压缩机工作时，液态制冷剂经球阀被喷入蒸发器中，液态制冷剂因突然膨胀而变成低压湿蒸气，吸收蒸发器周围的空气的热量，使湿蒸气汽化成低压气态制冷剂。蒸发器出口处的温度高时，感温包中的制冷剂膨胀，膨胀阀膜片上方的压力升高，膜片向下移动，顶开球阀，液态制冷剂流入蒸发器中的量增加；当蒸发器出口处温度降低时，感温包中制冷剂收缩，膨胀阀膜片上方的压力减小，膜片上移，球阀开度减小，减少了喷入蒸发器的制冷剂量。膨胀阀开启的程度随蒸发器出口的温度而变化，并影响感温包内压力的大小，从而达到自动控制的目的。当压缩机停止工作时，膨胀阀膜片上方的压力与蒸发器入口的

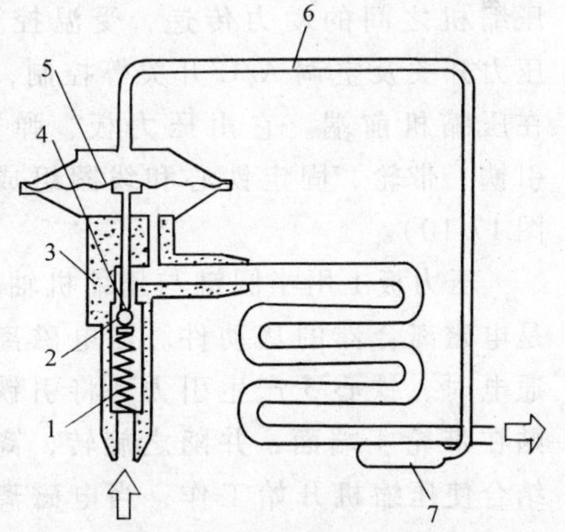

图 17-8　自动温度控制式膨胀阀

1—弹簧　2—球阀　3—壳体　4—顶杆　5—膜片　6—毛细管　7—感温包

压力相等，球阀在弹簧作用下，处于关闭状态，阻止制冷剂倒流进入压缩机。膨胀阀的另一种形式是节流管，用在孔管系统上。它没有感温包、平衡管，而有一个小孔节流元件和一个网状过滤器，一般用在隔热性能好且车内负荷变化不大的轿车上。

5. 蒸发器

蒸发器是一种换热器，其作用是使膨胀阀节流降压的制冷剂吸收车内热量而蒸发为气态制冷剂，再进入压缩机进行循环。蒸发器的结构与冷凝器相似，但功能相反，起吸热作用。蒸发器的结构有管带式、管片式和层叠式，图17-9所示为管片式蒸发器。

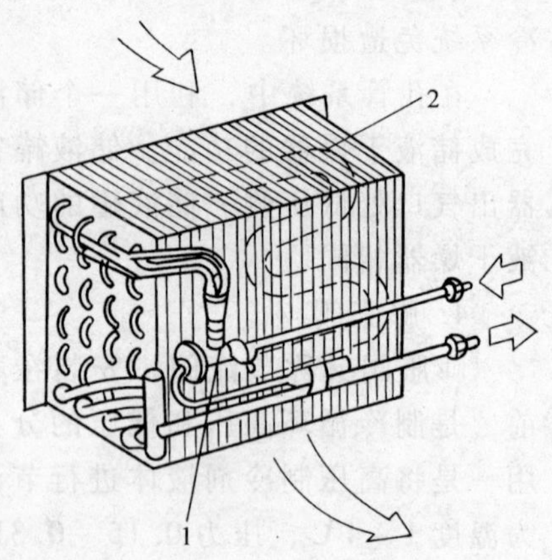

图17-9　管片式蒸发器

1—膨胀阀　2—蒸发器

17.2.3　空调控制系统

为使汽车空调系统正常安全地工作，维持所需的温度，制冷系统设置了控制元件和保护装置，主要有电磁离合器、空调面板控制开关、温度控制开关、发动机转速自动调节装置及安全保护装置等。

1. 控制系统主要部件结构与工作原理

（1）电磁离合器　空调压缩机是由发动机通过电磁离合器来驱动的。电磁离合器根据需要断开和接通发动机与压缩机之间的动力传递，受温控开关、压力开关及空调A/C开关等控制，安装在压缩机前端。它由压力板、弹簧片、引铁、带轮、固定铁心和线圈组成（见图17-10）。

压力板1用半圆键与压缩机轴相联，是电磁离合器的从动件。当电磁离合器通电时，铁心5产生引力，将引铁3吸贴在带轮4端面，并随之旋转，离合器结合使压缩机开始工作；当电磁离合器断电时，铁心磁力消失，引铁在弹簧片2的作用下脱开带轮，压缩机停止工作。

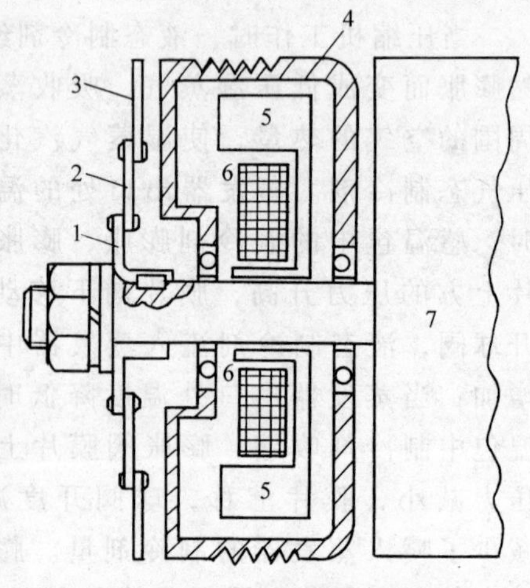

图17-10　电磁离合器

1—压力板　2—弹簧片　3—引铁

4—带轮　5—铁心　6—线圈

7—压缩机体

（2）空调控制面板开关　安装在驾驶室前壁，面板上有3个控制开关，分别为鼓风机开关、空调方式选择开关和温度选择开关。这些开关可由驾驶员进行操纵。鼓风机开关用来控制鼓风机转速，通常设有 4 个挡位，即关闭位置、高速挡、中速挡和低速挡，有电阻调速和绕组调速两种方式。空调方式选择开关用于确定空调系统的功能，即要求空调是制冷、取暖、通风，还是除霜。温度选择开关用来控制温度门的位置，调节送入车内的冷、暖空气混合量，以实现对车内温度的调节；开关可在左、右两半区无级连续调节，对应温度门也有确定的位置。

（3）温控开关（恒温器）　温控开关感受蒸发器表面温度、车内温度和大气温度。一般情况下，根据蒸发器表面温度来控制压缩机的开与停，起到调节车内温度使之稳定的作用，也称恒温器。常用的温控开关有机械波纹管式和热敏电阻式。

1）机械波纹管式。机械波纹管式温控开关结构如图 17-11 所示。在感温管 4 内充有制冷剂饱和液体，一端与温控开关的波纹伸缩管 5 相连，另一端贴附在蒸发器表面。当蒸发器温度较高时，感温管内制冷剂蒸发膨胀，使波纹伸缩管伸长，推动传动杠杆放大机构使触点 11 闭合，电磁离合器通电接合，压缩机工作；当蒸发器温度降到调定值（如 1～4℃）时，波纹伸缩管收缩，通过杠杆机构 10 使触点断开，电磁离合器断电，压缩机停止工作。如此反复，使温度控制在一定范围。旋动温度调节凸轮 7 可改变弹簧 8 的预紧力，从而可改变蒸发器的温度控制范围。

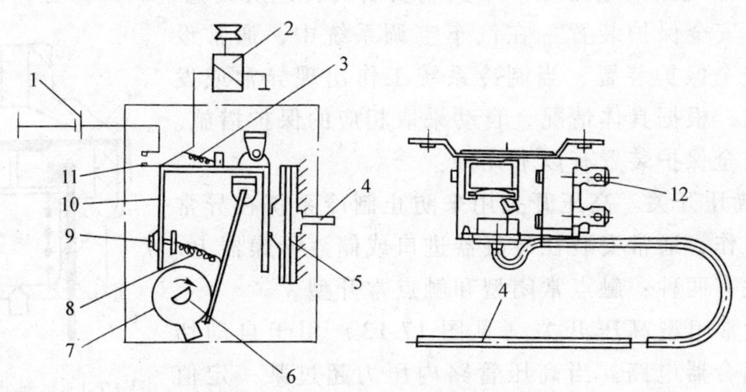

图 17-11　机械波纹管式温控开关

1—蓄电池　2—电磁离合器　3—弹簧　4—感温管　5—波纹伸缩管
6—转轴　7—温度调节凸轮　8—弹簧　9—调整螺钉
10—杠杆机构　11—触点　12—接线插头

2）热敏电阻式。热敏电阻式温控开关由热敏温度传感器、温度调节电阻和放大电路组成。热敏电阻安装在蒸发器出口侧，将蒸发器温度变化转为电信号，经集成电路放大，同选定的蒸发器温度相比较而控制电磁离合器，使压缩机工作或停止。蒸发器温度的选定由温度调节电阻控制，通过安装在仪表板上的温度调节旋钮由驾驶员调整设定。

（4）发动机转速自动调节装置　当发动机在怠速工况带动空调压缩机时，为了保持发动机稳定运转，有的发动机设有怠速自动提升装置。

化油器式发动机怠速自动提升装置如图17-12所示。当空调开关A/C接通时，也接通了真空电磁阀电路，电磁力克服弹簧力将真空电磁阀阀门4吸下，打开了真空促动器与进气支管的真空通道，在真空吸力作用下，真空促动器膜片上移，通过拉杆使节气门1开度增大，从而提高发动机怠速转速，以补偿空调设备工作所消耗的功率。

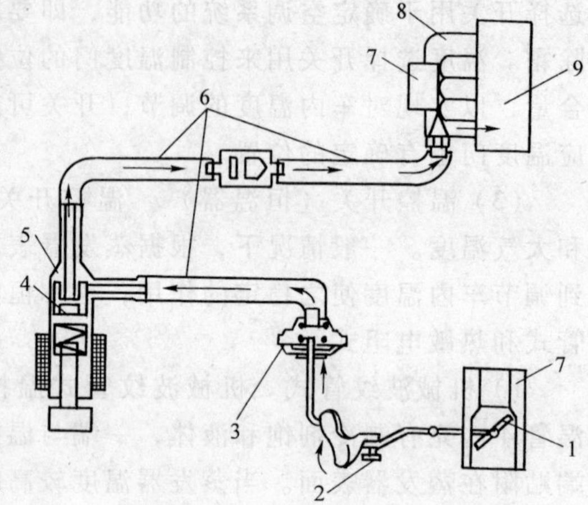

图17-12　怠速提升装置

1—节气门　2—速度调节螺钉　3—真空促动器　4—真空电磁阀阀门　5—真空电磁阀　6—真空管　7—化油器　8—进气支管　9—发动机

对于采用电控发动机的车型，电控单元根据车速、空调系统各信号，通过执行元件（如继电器等）来控制发动机转速及其他空调部件工作。

（5）安全保护装置　在汽车空调系统中，通常设有各种安全保护装置，当制冷系统工作出现异常或发生故障时，根据具体情况，自动采取相应的保护措施。常用的安全保护装置有以下几种：

1）高压开关。高压开关用来防止制冷系统在异常高压下工作，通常安装在冷凝器进口或储液干燥器上。高压开关有两种：触点常闭型和触点常开型。

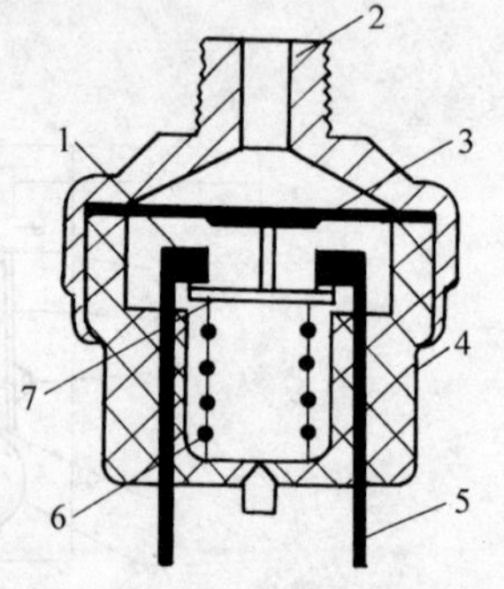

图17-13　触点常闭型高压开关

1—活动触点　2—接头　3—膜片　4—外壳　5—接线柱　6—弹簧　7—固定触点

触点常闭型高压开关（见图17-13）用于自动切断电磁离合器电路。当高压管路内压力超过某一定值时，触点打开，切断电磁离合器电路，以免压缩机过载或系统管路损坏；当高压管路内压力恢复正常后，在弹簧力的作用下，触点闭合，接通电磁离合器电路，空调工作。

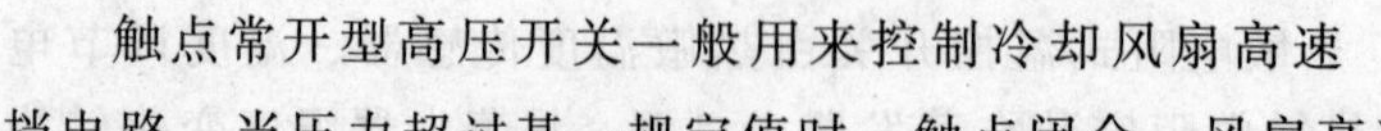
触点常开型高压开关一般用来控制冷却风扇高速挡电路，当压力超过某一规定值时，触点闭合，风扇高速运转，以加强冷凝

器的冷却能力。

2）低压开关。低压开关也称制冷剂泄漏检测开关。当制冷系统泄漏或其他原因使制冷剂不足时，低压开关自动断电使电磁离合器停止工作。低压开关通常安装在冷凝器与压缩机出口（或膨胀阀）之间的高压区，结构与高压开关类似，为触点常开型。

3）环境温度开关。环境温度开关安装在灰尘滤清器附近，当外界温度小于某一规定值时，环境温度开关切断电磁离合器，使制冷系统不工作。

4）发动机冷却液过热开关。其功用是在发动机冷却液温度过高时，使电磁离合器分离，停止压缩机运转。它一般安装在发动机冷却液箱或冷却液管路上。

5）减压安全阀。它安装在压缩机缸体上，如果高压端的压力升到 3.43 ~4.14MPa，减压安全阀就开启，以降低压力。通常它和高压开关起双层保护作用，一旦减压安全阀开启就必须更换。

2. 空调系统典型控制电路

汽车空调控制电路将空调各部件连接起来，完成各种操作和调控功能。各种车型空调系统的调控功能和控制电路虽不尽相同，但有些共同特点。空调系统典型控制电路主要由电源电路、电磁离合器控制电路、鼓风机控制电路、冷凝器冷却风扇控制电路和怠速控制器电路等组成，如图 17-14 所示。

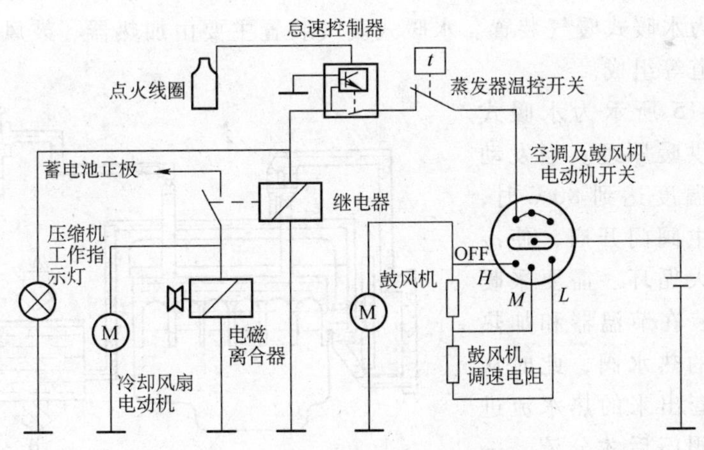

图 17-14　空调系统典型控制电路

空调系统典型控制电路的工作过程如下：

1）接通空调及鼓风机开关，电流从蓄电池流经鼓风机开关后分为两路。一路从开关上面经温控器至压缩机、电磁离合器，使电磁离合器线圈通电，压缩机被带动工作，同时与电磁离合器并联的压缩机工作指示灯通电发亮；另一路从开关下面经L点（低速），通过两个鼓风机调速电阻到鼓风机，鼓风机低速运转。

2）转动空调及鼓风机开关，开关上面电路不变，下面电路通过开关*M*点（中速），电流只经过一个电阻到鼓风机，鼓风机转速升高。再转动开关，上面电路仍不变，下面电路改为接通*H*点，电流不经电阻直接到鼓风机，此时鼓风机转速最高。

3）空调系统工作后，温度开始降低，当温度低于设定值时，蒸发器控制开关触点断开，电磁离合器线圈通电，压缩机停止工作，指示灯熄灭，此时鼓风机仍工作。空调系统停止工作后，车内温度又上升，当高于设定温度时，蒸发器控制开关触点又闭合，电流通过电磁离合器线圈使压缩机工作，使车内温度控制在设定温度范围内。

为加强冷凝器的冷却效果，电路中设置了专用的冷凝器冷却风扇，由电动机驱动。压缩机工作时，冷凝器冷却风扇也工作。由于电路工作时电流较大，电路中设置了一只继电器，用来控制压缩机电磁离合器和冷凝器冷却风扇电动机电路。

17.2.4 汽车供暖、通风系统

1.供暖装置

供暖是汽车空调的重要组成部分。轿车上一般采用发动机工作时冷却液供暖，称为水暖式暖气装置。水暖式暖气装置主要由加热器、鼓风机、热水阀及通风道等组成。

图17-15所示为水暖式暖气装置供暖原理。当发动机冷却液温度达到80℃时，节温器2主阀门开启，使冷却液进行大循环。需要采暖时，打开装在节温器和加热器芯之间的热水阀，此时从发动机水套出来的热水流进节温器主阀门后才分流，一部分热冷却液从进水管流经加热器4（另一部分分流到散热器散热），加热周围的空气，再由鼓风机将加热后的空气吹入车内，变冷后的冷却液由水泵抽回发动机，如此循环进行供暖，

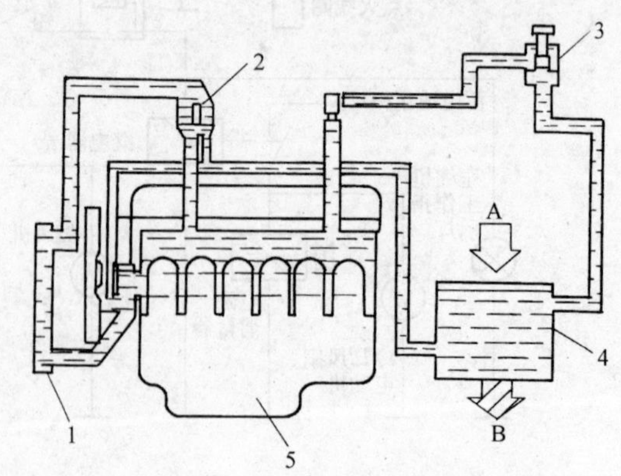

图17-15 水暖式暖气装置供暖原理

1—冷却水箱 2—节温器 3—热水阀 4—加热器（暖气芯） 5—发动机 A—冷空气 B—暖气

进入加热器的热水量由热水阀 3 进行控制。

2. 通风与空气净化装置

汽车空调通风一般分为自然通风和强制通风。自然通风利用汽车行驶时车内外的空气压力差，通过进、出风口进行自然换气；强制通风利用鼓风机对车内空气进行置换。轿车通常利用空调装置的外循环装置，根据需要开闭进风口，进风口处设一风门，通过控制风门开度和位置进行进风模式和进风量的控制。空气在鼓风机作用下，经进风口被吸入，流经加热器，并由出风口导出，进入车厢内。图 17-16 所示为轿车上采用的通风装置。

为了保持车内空气的清洁新鲜，除通过通风换气外，还采用空气净化装置，用以清除进入空气中的灰尘、花粉和异味等。常用的空气净化装置有灰尘滤清器、电子集尘器、负离子发生器及除臭剂等，安装在空调器总成内。

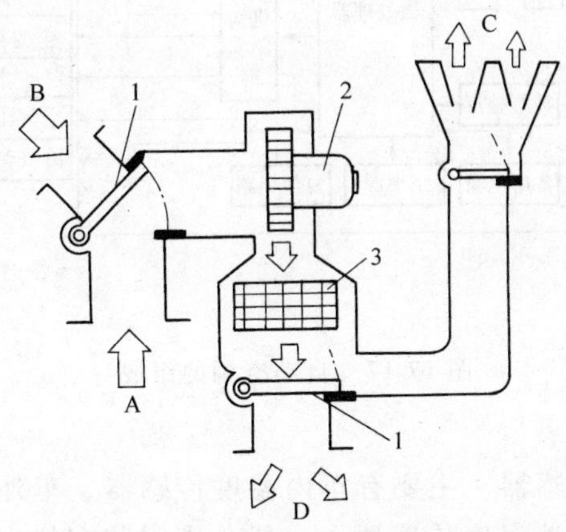

图 17-16 轿车上采用的通风装置

1—风门 2—鼓风机 3—加热器

A—车室空气进口 B—室外空气进口 C—除霜出风口 D—暖气出口

17.3 自动空调

自动空调在传统的手动空调基础上加装了一系列检测车内、外空气温度变化以及太阳辐射的传感器，改良了执行器的结构和控制，加装了空调控制单元（ECU）。空调 ECU 能根据各传感器所检测的各参数经内部电路处理后，对执行器的动作进行控制，同时还具备自我检测诊断功能。

17.3.1 自动空调的组成及作用

自动空调主要由传感器、空调 ECU 和执行器 3 部分组成，如图 17-17 所示。

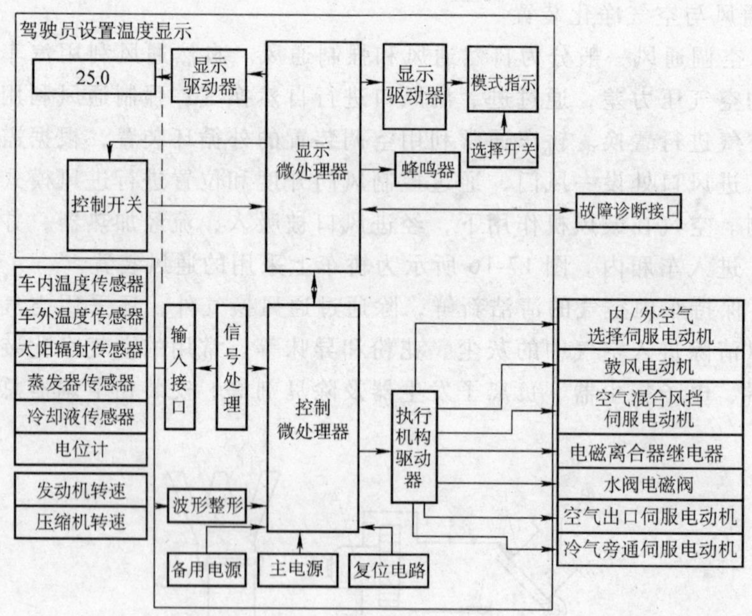

图 17-17 自动空调的组成

1. 传感器

(1) 各种温度传感器　主要有车内温度传感器、车外温度传感器、蒸发器温度传感器、冷却液温度传感器，一般分别安装在仪表板的下端、前保险杆右下端、蒸发器表面、冷却水路上。它们利用热敏电阻的阻值随温度变化而变化的原理，把温度变化的信号向空调 ECU 输送。

(2) 太阳辐射传感器　也称光照传感器，一般安装在前风窗玻璃下面。太阳辐射传感器把阳光辐射程度转变为电信号，并输送给空调 ECU。

(3) 压缩机转速传感器　是一种磁电式传感器，安装在压缩机内。它检测压缩机的转速，压缩机每转一圈，其产生 4 个脉冲信号输送给空调 ECU。

2. 执行器

(1) 鼓风机　鼓风机的转速可以通过空调控制面板上的“高速”、“中速”、“低速”按键设定。当按下“AUTO”键时，空调 ECU 根据送风温度自动调节鼓风机转速，若冷却液温度传感器检测到冷却液温度低于 40℃ 时，ECU 控制鼓风机停止工作。

(2) 电磁离合器　空调 ECU 根据各种参数控制电磁离合器的通断，进而控制压缩机的开与停。

（3）其他动力元件　主要包括气流方式控制伺服电动机、空气混合控制伺服电动机、进气控制伺服电动机等，用以实现不同的送风方式、改变冷暖空气的混合比例，调节送风温度及不同的进风方式等。

3. 空调 ECU

它一般与操作面板制成一体，对输入的各种传感器信号和功能选择键的输入指令进行计算、分析比较后，发出指令控制各个执行元件动作，使车内温度、空气流动状况等始终保持在设定的范围内。

17.3.2　自动空调的工作过程

（1）温度控制　空调 ECU 根据车内、外温度传感器测到的温度，不断地调节车内的空气温度和送风量，保证车内温度不变。另外，ECU 还根据太阳辐射传感器、冷却液温度传感器对送入车内的空气温度进行修正。

（2）送风量控制　空调 ECU 根据车内温度与设定温度之间的偏差，通过对鼓风机的控制来实现送风量控制。

（3）通风控制　车外新鲜空气和车内循环空气的自动切换由空调 ECU 控制。当车外温度很高时，为迅速降低车内温度，可暂时不引入车外新鲜空气，只对车内空气进行制冷。当车内温度下降到一定值后，自动切换装置通过对进风门进行控制，按一定比例引入新鲜空气。

（4）除霜控制　按动空调控制面板上的除霜开关，驾驶员前方和仪表盘两侧的除霜送风口即自动吹出热风，给前风窗玻璃和两侧面玻璃除霜，以保证驾驶员视线清晰。

（5）风门控制　风向可通过风门控制自动切换，使上方和侧面吹出冷风，而下方则吹普通风，以满足乘客头凉脚暖的舒适性要求。

17.4　汽车空调的维护及常见故障

17.4.1　汽车空调的日常维护

1）检查冷却系统的液位是否正确、软管和水泵是否渗漏。

2）检查制冷系统，应密封，各接头无泄漏。

3）检查压缩机和发动机风扇传动带是否良好、张紧程度是否合适、风扇离合器的工作是否正常。

4）按使用说明书的要求正确选用空气压缩机机油（也称冷冻机油）。

5）保持冷凝器和蒸发器表面清洁，及时清理杂物。

17.4.2　汽车空调的常见故障

汽车空调的常见故障现象及原因见表 17-2。

表17-2　汽车空调的常见故障现象及原因

故障现象	故障原因
不制冷或冷却不足	1）压缩机不转或传动带紧度不够，转速低 2）制冷剂不足 3）制冷系统有空气或水分渗入 4）电路连接不良 5）制冷系统零部件故障 6）制冷管道系统堵塞或风道断开
不供暖或暖气不足	1）暖风水阀或节温器失效 2）水路堵塞或水管脱落 3）鼓风机不转或转速低 4）风门不回位
压缩机异响	1）电磁离合器打滑或损坏 2）制冷剂不足或过量 3）压缩机零部件磨损、松旷或其托架松动 4）压缩机冷冻机油面过低

本章小结

1）汽车空调由制冷系统、供暖系统、通风、空气净化装置和控制系统组成。

2）空调制冷系统利用蒸气压缩循环原理工作，主要由压缩机、冷凝器、储液干燥器、膨胀阀、蒸发器等组成。制冷系统工作由电磁离合器、温控开关、发动机转速自动调节装置、保护装置等进行控制和保护。

3）轿车上通常采用水暖式供暖装置。通风和空气净化装置使车内空气保持流通和洁净。

4）轿车空调电路一般由电源电路、电磁离合器控制电路、鼓风机控制电路和冷凝器冷却风扇控制电路等组成。

5）自动空调主要由传感器、空调ECU和执行器3部分组成。

【复习思考题】

1. 名词解释：独立式驱动空调、非独立式驱动空调、冷暖一体式空调、制冷剂。
2. 汽车空调由哪些系统组成？各有何作用？
3. 制冷系统中，蒸发器、压缩机、冷凝器、膨胀阀、储液干燥器的作用是什么？说明制冷循环的工作原理。

4. 说明电磁离合器的基本结构及工作原理。

5. 说明温控开关的作用、类型及其工作原理。

6. 自动空调系统由哪几部分组成，它们的作用是怎样的？

第 18 章 汽车仪表、照明与影音系统

教学目标与要求

- 掌握电流表、电磁式机油压力表、电磁式燃油表、电热式发动机冷却液温度表的基本结构及工作原理
- 理解电子式冷却液温度、机油压力表、车速里程表的工作原理
- 掌握汽车照明装置的组成及各自的作用
- 掌握电喇叭及其继电器的基本结构与工作原理
- 掌握汽车前照灯的基本结构与新技术
- 掌握闪光器、液压式制动信号灯的基本结构与工作原理
- 学会电喇叭的音量和音调调整
- 理解汽车影音系统基本组成

教学重点

※汽车常用仪表（电流表、电磁式机油压力表、电磁式燃油表、电热式发动机冷却液温度表、电子式冷却液温度及机油压力表）的基本结构与工作原理

※汽车前照灯的基本结构与变光原理

※电喇叭及其继电器的基本结构、工作原理与调整

※液压式制动信号灯的基本结构与工作原理

※汽车影音系统基本组成

教学难点

▲电子式仪表及报警装置的结构原理

18.1　汽车仪表

18.1.1　汽车仪表的作用及组成

1. 汽车仪表系统的作用

为了便于驾驶员随时了解汽车各个主要系统的工作情况，正确使用汽车，及时发现问题、采取措施，防止发生人身和机械事故，保证汽车可靠而安全的行驶，在汽车驾驶室前方仪表板上安装有各种仪表和指示灯（见图 18-1），用来反映汽车的一些重要运行状态参数，必要时提出警示。

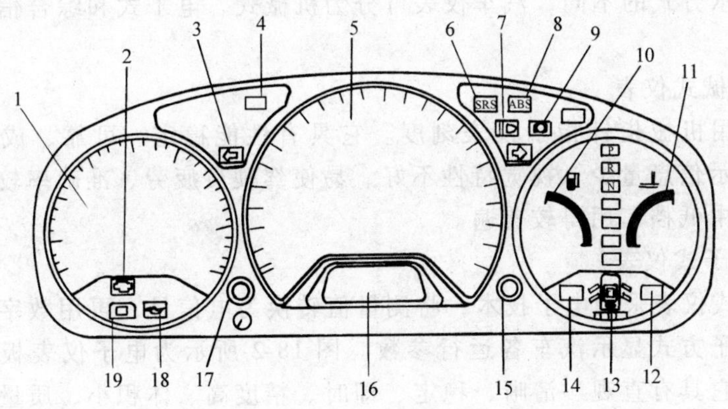

图 18-1　广州本田雅阁轿车仪表板

1—转速表　2—故障指示灯　3—转向信号灯　4—巡航控制指示灯　5—车速表　6—SRS 指示灯　7—远光指示灯　8—ABS 制动指示灯　9—驻车制动与制动系统指示灯　10—燃油表　11—冷却液温度表　12—座椅安全带提示灯　13—车门和制动灯监视器　14—低燃油指示灯　15—行程选择/复位按钮　16—行程表　17—亮度调节　18—低机油压力指示灯　19—充电系统指示灯

2. 汽车仪表系统的组成

汽车常用仪表及警示灯见表 18-1。

表 18-1　汽车常用仪表系统

仪表系统		功　用
充放电显示系统	电流表	指示蓄电池充电或放电的电流值
	电压表	指示蓄电池充电或放电的电压值
	充电指示灯	指示蓄电池充电或放电
润滑油压力显示系统	机油压力表	指示发动机主油道中机油压力大小
	润滑油压力报警灯或蜂鸣器	润滑油压力过低时报警
燃油量显示系统	燃油表	指示汽车燃油箱内储存燃油量的多少
	液面报警灯	燃油箱内燃油量过少时报警

（续）

仪表系统		功　用
冷却液温度显示系统	冷却液温度表	指示发动机水套中冷却液温度的高低
	冷却液温度报警灯或蜂鸣器	冷却液温度过高时报警
车速里程显示系统	车速里程表	指示汽车行驶速度和行驶里程
	里程表	指示汽车累计行驶里程
	转速表	指示发动机转速的高低

18.1.2　汽车仪表的分类

按显示方式的不同，汽车仪表可分为机械式、电子式和综合信息显示系统几类。

1. 机械式仪表

它采用机械指针指示仪表刻度。它具有性能稳定、可靠、成本低等优点，但显示信息量少、视觉特性不好、易使驾驶员疲劳、准确率较低。目前在货车和中低档车用得较普遍。

2. 电子式仪表

电子式仪表采用电子技术，将测量值转换为电信号，再用数字、声光或图形等电子方式显示汽车各运行参数。图18-2所示为电子仪表板常见的显示符号。它具有直观、清晰、稳定、即时、精度高、体积小、质量轻、美观等特点，已大量在汽车上使用。

图18-2　电子仪表板常见的显示符号

3. 综合信息显示系统

它以液晶显示器为基础，除显示常规的汽车运行参数外，还能显示地图信息、维修信息、多媒体信息、电话信息等。该系统具有导航、音响、道路和信息处理等功能。汽车仪表系统正向综合信息显示系统发展。

18.1.3　汽车仪表主要部件结构与工作原理

1. 充放电显示系统

它包括电流表、电压表和充放电指示灯等。

(1) 电流表　它串联于电路中，用以指示蓄电池的充放电电流值。电流表（见图 18-3）内的黄铜片 4 固定在绝缘底板上，两端与接线柱 1、3 相连，下面夹有永久磁铁 6。在轴 7 上装有带指针 2 的软铁转子5。

当没有电流通过电流表时，软铁转子 5 在永久磁铁的作用下被磁化，其极性与永久磁铁的极性相反，因两者的两端互相吸引，使指针 2 保持在中间刻度“0”的位置。当蓄电池放电电流通过黄铜片时，在铜片的周围产生磁场，其方向与永久磁铁的磁场相垂直。在这两个磁场的合成磁场作用下，软铁转子及指针向电流表的“-”刻度方向偏转一个角度，指示出放电电流值。电流值越大，软铁转子的偏转角越大。若有反向电流（即充电电流）通过黄铜片时，则指针向“+”刻度方向偏转，指出相应的充电电流值。

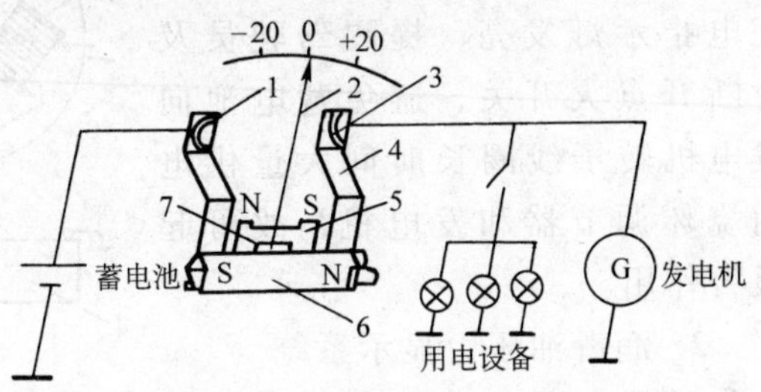

图 18-3　电流表的工作原理

1、3—接线柱　2—指针　4—黄铜片

5—软铁转子　6—永久磁铁　7—轴

在电子式仪表显示系统中，通过电压显示器直接显示汽车电源电压和充放电情况。

(2) 充放电指示灯　目前，在进口汽车上普遍采用充放电指示灯代替电流表。图 18-4 所示为充电指示灯电路图。在发动机起动前将点火开关 S 闭

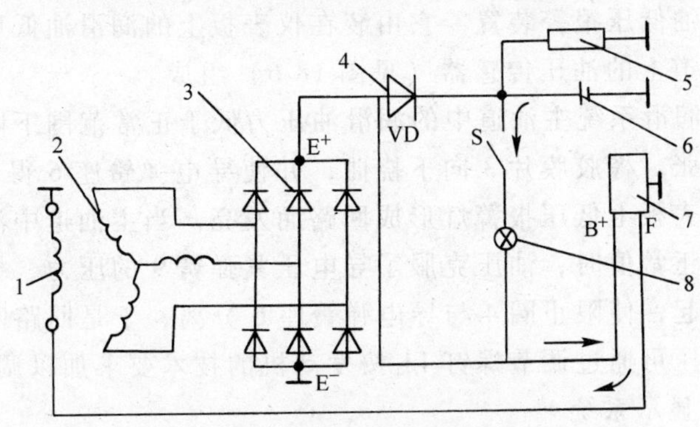

图 18-4　充电指示灯电路图

1—转子线圈　2—定子线圈　3—整流器　4—二极管　5—负载

6—蓄电池　7—调节器　8—充电指示灯

合时，蓄电池6的放电电流方向如图中箭头所示。此时，充电指示灯8发亮，表示发电机不对蓄电池充电。当发动机起动后，发电机经二极管4对蓄电池充电，同时经调节器7向本身的转子线圈1供电。此时，由于充电指示灯两端的电位相等，指示灯熄灭，表示蓄电池正被充电。

这种充电指示灯电路结构，在驾驶员忘记断开点火开关S时，充电指示灯发亮，提醒驾驶员及时断开点火开关，避免蓄电池向发电机转子线圈长时间大量供电而烧坏调节器和发电机，故可起报警作用。

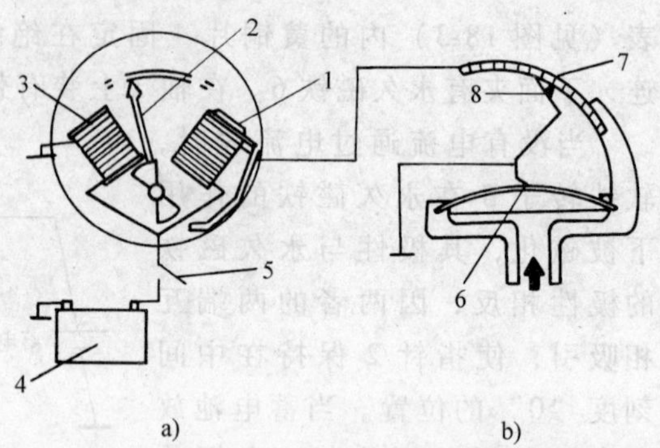

图18-5　电磁式机油压力表示意图

a）油压指示表　b）油压传感器

1—主线圈　2—指针　3—副线圈　4—蓄电池　5—点火开关　6—膜片　7—电阻　8—滑动触点

2. 润滑油压力显示系统

润滑油压力显示系统包括机油压力表和低润滑油压力报警系统。

（1）机油压力表　有电磁式、动磁式和双金属片式几种。图18-5所示为电磁式机油压力表，它包括油压指示表和油压传感器两部分。

油压指示表位于驾驶室仪表板上，内有电感不同的主线圈1和副线圈3及指针2。油压传感器则安装在发动机润滑系统主油道上，内有膜片6、滑动触点8及电阻7。当汽车发动机主油道的油压增高时，油压推动膜片弯曲，使滑动触点向左滑动，电阻值减小，故通过主线圈的电流增大，这时电流通过主线圈和副线圈的合成磁场使指针偏向右侧，指示出相应的油压。

（2）润滑油低压报警装置　它由装在仪表板上的润滑油低压报警灯和装在发动机主油道上的油压传感器（见图18-6）组成。

当发动机润滑系统主油道中的润滑油压力低于正常范围下限值时，导电压紧弹簧9伸张，橡胶膜片3向下挠曲，并使导电弹簧座6得以与限止圈4接触，于是仪表板上低压报警灯形成回路而发亮。当主油道中润滑油压力重新升高而达到正常值时，油压克服了导电压紧弹簧9的压力，橡胶膜片3将绝缘顶芯2顶起，使限止圈4与导电弹簧座6分离，于是回路断开，报警灯熄灭。报警油压可通过调节螺钉11按发动机的技术要求加以调节。

3. 燃油量显示系统

燃油量显示系统包括燃油表和低液面报警灯等。

（1）燃油表　有电磁式和电热式两种。图18-7所示为电磁式燃油表示意图。电磁式燃油表由装在仪表板上的燃油指示表和装在燃油箱内的传感器两部分组成。

燃油指示表刻度盘上从左至右标有 0、1/2、1，分别表示油箱内无油、半箱油、满油。

滑动变阻器式传感器由电阻 4、滑片 2 及浮子 1 等组成。浮子漂浮在油面上，随油面高度的变化而起落，从而带动滑片 2 在电阻 4 上滑动，使传感器的阻值随油面高度的改变而改变。

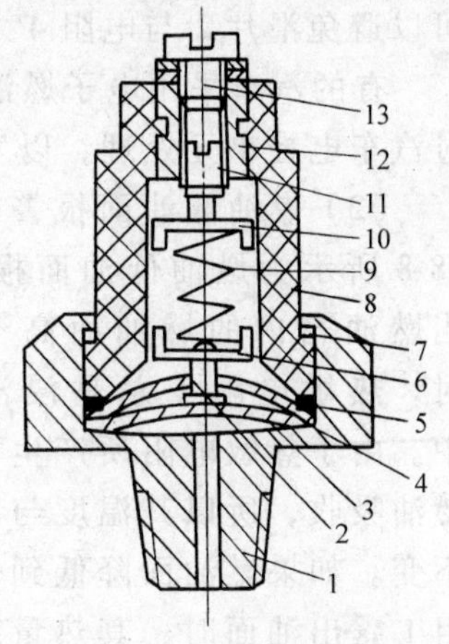

图 18-6　润滑油压力报警装置传感器

1—座体　2—顶芯　3—橡胶膜片　4—限止圈　5—密封垫圈　6、10—导电弹簧座　7—垫圈　8—绝缘盖体　9—导电压紧弹簧　11—调节螺钉　12—铜螺母　13—接线螺钉

点火开关接通后，电流流过燃油指示表和传感器。当油箱无油时，浮子下降到最低位置，电阻 4 被短路，此时指示表中的右线圈 5 也随之被短路，无电流通过，而左线圈 9 承受电源的全部电压，通过的电流达到最大值，产生的电磁吸力最强，吸引转子，使指针指在“0”位上。随着油箱中油量的增加，浮子上升，电阻 4 部分被接入，并与右线圈 5 并联，同时又与左线圈 9 串联，使左线圈电磁吸力减弱，而右线圈 5 中有电流通过，产生磁场，使转子 10 在两磁场的作用下向右偏转。当油箱盛满油时，浮子带动滑片 2 移动到电阻 4 的最左端，使电阻全部接入。此时，左线圈中的电流最小，右线圈中的电流最大，转子带着指针向右偏转角度最大，指在“1”的刻度，表示油箱盛满油。传感器的电阻 4 末端搭铁，

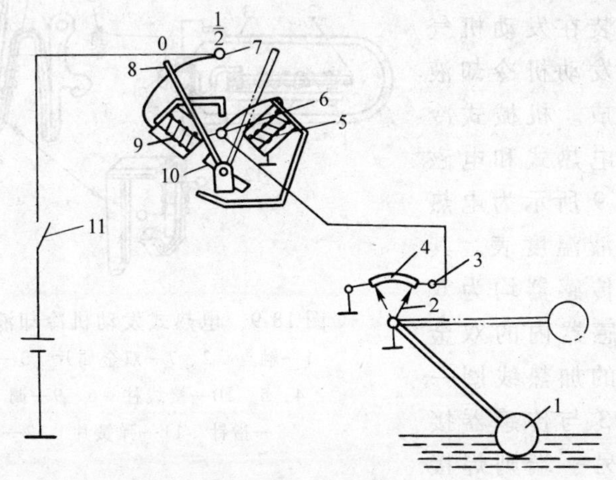

图 18-7　电磁式燃油表示意图

1—浮子　2—滑片　3—接线柱　4—电阻　5—右线圈　6、7—指示表接线柱　8—指针　9—左线圈　10—转子　11—点火开关

可以避免滑片2与电阻4之间因接触不良而产生火花，以免引起火灾。

有的汽车采用电子燃油表，将燃油箱内浮子移动量转换成电子信号，通过汽车电控单元处理，以发光二极管来显示油箱油量情况。

（2）燃油低油面报警装置 图18-8所示为燃油低油面报警装置。当燃油箱内的燃油面高于规定值时，热敏电阻1总是浸泡在燃油中。由于热敏电阻所产生的热量被燃油吸收，所以其温度与阻值保持不变。如果燃油面降低到使热敏电阻1露出油面时，其热量就不再被燃油吸收，于是其温度升高，导致其阻值下降。当热敏电阻值下降到一定程度时，继电器3的线圈内流过的电流增大到足以使继电器3的触点闭合，从而使低油面报警灯2发亮报警。

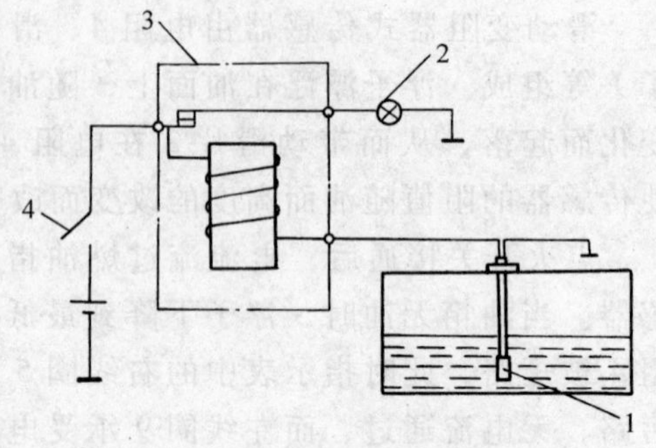

图18-8 燃油低油面报警装置

1—热敏电阻 2—报警灯 3—继电器 4—开关

4. 发动机冷却液温度显示系统

发动机冷却液温度显示系统包括冷却液温度表和冷却液温度及液面报警装置等。

（1）冷却液温度表 有机械式和电子式两类。

1）机械式冷却液温度表：由安装在仪表板上的温度指示表和安装在发动机气缸盖水套上的发动机冷却液温度传感器组成。机械式冷却液温度表有电热式和电磁式两种。图18-9所示为电热式发动机冷却液温度表。其温度指示表和传感器均为双金属片式。传感器内的双金属片2上所绕的加热线圈一端通过连接片3与传感器接线柱4相连，另一端则焊接在双金属片上，通过触点1和底板12搭铁。当接通点火开关后，冷却液温度表电路中会形成脉动电流。

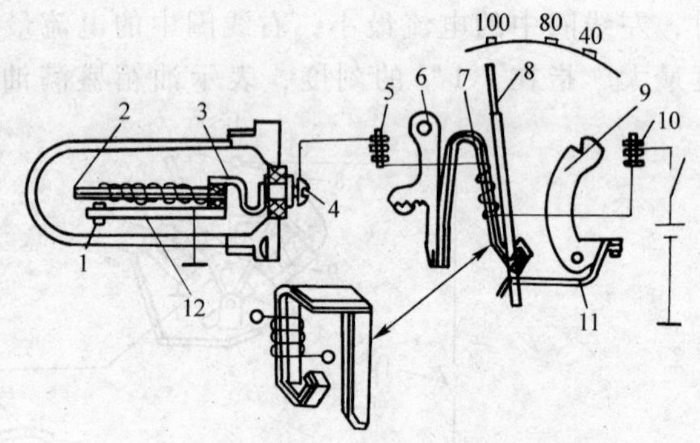

图18-9 电热式发动机冷却液温度表

1—触点 2、7—双金属片 3—连接片

4、5、10—接线柱 6、9—调节齿轮

8—指针 11—弹簧片 12—底板

在发动机冷却液温度较低时，双金属片2左端下弯，使触点1的初始接触压力较大，电流经过加热线圈，双金属片需经一段较长时间加热，才能使触点分开。由于温度低，双金属片的冷却则较快，很快又闭合。因此，在发动机冷却液温度较低时，触点闭合的相对时间较长，电路中的有效电流值较大，故温度指示表内时双金属片 7 受热变形大，指针 8 的偏转角大，指示较低发动机冷却液温度。

当发动机冷却液温度升高时，双金属片 2 左端向上弯曲而使触点的接触压力降低，线圈通电加热使触点断开所需时间变短，而双金属片的冷却则变慢，使触点的相对闭合时间缩短，电路中的电流有效值减小，温度指示表双金属片 7 变形量减小，指针偏转角小，指示高温。

2）电子式冷却液温度表：它常与电子式机油压力表组合在一起，共用一个电路。

冷却液温度传感器（热敏电阻型）安装在发动机水套内，机油压力传感器（双金属片电阻型）安装在发动机主油道中，与电阻组成机油压力测量电路。

当冷却液低于 40℃时，黄色发光二极管发黄色光显示；当冷却液温度在正常工作温度（约 85℃）时，绿色发光二极管发绿色光显示；当冷却液温度超过 95℃时，发动机有过热危险，以红色发光二极管发光报警，同时蜂鸣器也发出报警声响信号。

当润滑油压力过低（低于 68.6kPa）时，双金属片式润滑油压力传感器产生的脉冲信号频率最低，此时红色发光二极管发光显示，并由蜂鸣器发出报警声响信号；当发动机润滑油压力正常时，绿色发光二极管发光显示，表示发动机润滑系统工作正常；而在油压过高时，润滑油压力传感器产和的脉冲信号频率较高，黄色发光二极管发光显示，以引起驾驶员的注意，防止润滑系统故障，尤其是注意防止润滑系统各部的垫子被冲坏和润滑装置损坏。

图 18-10 所示为杆图式电子仪表。温度用 16 格亮杆显示，亮格越多，温度越高。亮格旁边有国际标准（ISO）温度符号及冷（C）和热（H）符号。当亮格达到 11 或 12 时，ISO 符号开始闪烁，提醒驾驶员注意避免温度过高。

（2）冷却液温度报警装置　图 18-11 所示为双金属片式冷却液温度报警装置。它有一对常开触点，触点开闭受双金属片 2 的变形控制，一般装在发动机水套上，随着冷却液温度提高，双金属片变形增大；当冷却液温度升到一定限度时，双金属片使触点闭合，报警灯 5 亮，表示发动机冷却液温度过高。

（3）冷却液液面报警装置　在冷却膨胀水箱内装有自动液位报警装置。当液面过低时，位于仪表盘中的冷却液液面报警灯会连续闪烁。

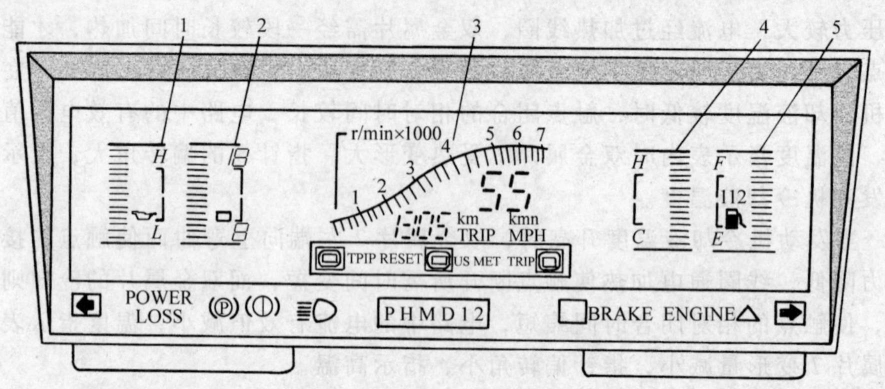

图 18-10　杆图式电子仪表

1—润滑油压力　2—蓄电池电压　3—发动机转速、车速、里程

4—冷却液温度　5—燃油量

5. 车速里程表

车速里程表有机械式和电子式两种。

(1) 机械式车速里程表　图 18-12 所示为磁感应式车速里程表的结构简图。它由车速表和里程表两部分组成。

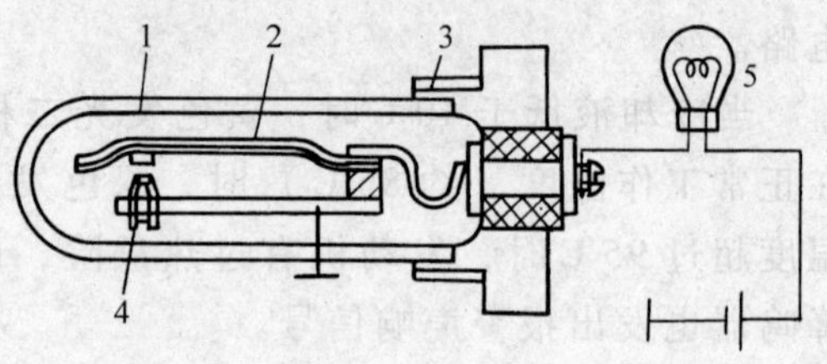

图 18-11　双金属片式冷却液温度报警装置

1—套管　2—双金属片　3—接头

4—触点　5—报警灯

车速表主要由与主动轴固定在一起的 U 形永久磁铁 1、带有转轴与指针的铝罩 2 以及罩壳 3、固定在车速里程表外壳上的刻度盘 5 等组成，主动轴由变速器或分动器传动蜗杆经软轴驱动。

不工作时，盘形弹簧 4 使车速表指针 6 位于刻度盘的零位。当汽车行驶时，主动轴带动永久磁铁 1 旋转，永久磁铁的磁力线在铝罩上产生涡流，涡流产生的磁场与旋转的永久磁铁磁场相互作用产生转矩，使铝罩克服盘形弹簧的弹力向永久磁铁 1 转动的方向旋转，直至与盘形弹簧弹力相平衡。车速越高，永久磁铁 1 旋转越快，铝罩 2 上产生的涡流越大，转矩越大，使铝罩 2 带动车速表指针 6 偏转的角度越大，指示的车速的示值就越高。

里程表由蜗轮蜗杆机构和数字轮组成。汽车行驶时，主动轴经 3 对蜗轮蜗杆驱动里程表最右边的第 1 个数字轮（第 1 个数字轮上的数字表示 1/10km）。从第一数字轮向左，每两个相邻的数字轮之间通过本身的内齿和进位数字轮传动齿轮，形成 1:10 的传动比。当第 1 个数字轮转动一周，由 9 转到 0 时，由内传动齿拨动左侧第 2 个数字轮转动 1/10 圈，成 1km 数递增；

当第 2 个数字轮转动一周，由 9 转到 0 时，其左侧第 3 个数字轮转动 1/10，以 10km 数递增。其余数字轮由低位到高位的显示、计数方式均依此类推，就能累计汽车行驶里程数。

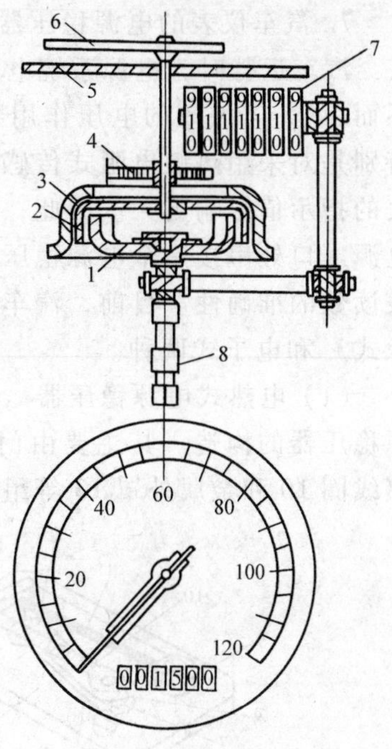

图 18-12　磁感应式车速里程表的结构简图

1—永久磁铁　2—铝罩　3—罩壳　4—盘形弹簧　5—刻度盘　6—车速表指针　7—里程表数字轮　8—车速表主动轴

(2) 电子式车速里程表　奥迪 100 型轿车的组合仪表中装有指针式电子车速里程表。它主要由车速传感器、电子电路、车速表和里程表 4 部分组成。

车速传感器由变速器驱动，能够产生正比于汽车行驶速度的电信号，由一个舌簧开关和一个有 4 对磁极的转子组成，如图 18-13 所示。转子每转一周，舌簧开关中的触点闭合 8 次，产生 8 个脉冲信号。汽车每行驶 1km，车速传感器输出 4127 个脉冲。

电子电路的作用是将车速传感器送来的具有一定频率的电信号经整形和触发后，输出一个与车速成正比的电流信号。

车速表实际上是一个磁电式电流表。当汽车以不同车速行驶时，从电子电路接线端输出的电流信号便驱动车速表指针偏转，即可指示相应的车速。

里程表由一个步进电动机及 6 位数字的十进位齿轮计数器组成。车速传感器输出的频率信号经 64 分频后，再经功率放大器放大到具有足够的功率，以驱动步进电动机带动 6 位数字的十进位齿轮计数器工作，从而积累行驶的里程。

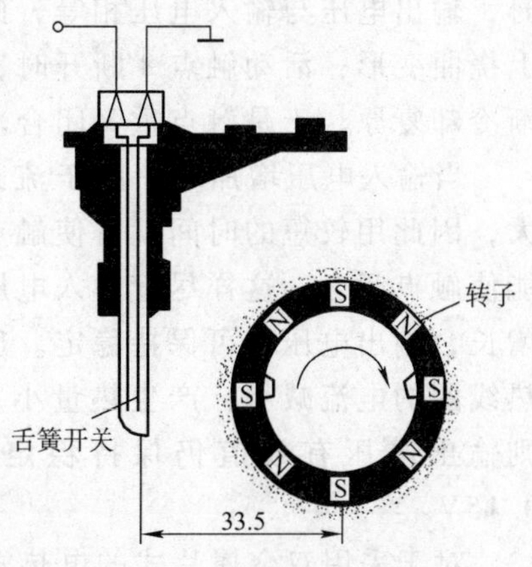

图 18-13　车速传感器的结构

6. 发动机转速表

为了检查发动机，并监视发动机的工作状况，更好地掌握换挡时机，利用经济车速行驶等，汽车还装有发动机转速表，用来测量发动机曲轴转速。按其结构不同可分为机械式和电子式两种。电子式转速表具有指示平稳、结构简单、安装方便等优点，所以被广泛应用。

7. 汽车仪表的电源稳压器

汽车运行时，电源系统电压通常在12～15V的范围内变化（对12V电系而言），若波动的电压作用到仪表上会造成仪表指示值产生较大的误差，特别是对采用热敏电阻式传感器的冷却液温度表和滑动电阻传感器的燃油量表的指示值影响更大。因此，为了提高仪表的指示精度，通常在汽车仪表的电源入口处串接一个电源稳压器，当电源电压波动时起稳压作用，以保证仪表读数的准确性。目前，汽车仪表中使用的电源稳压器有电热式（双金属片式）和电子式两种。

（1）电热式电源稳压器　图18-14所示为东风牌汽车仪表中的电热式电源稳压器的构造。其主要由门形双金属片1、固定触点7、活动触点8、加热线圈10和金属外罩13等组成。

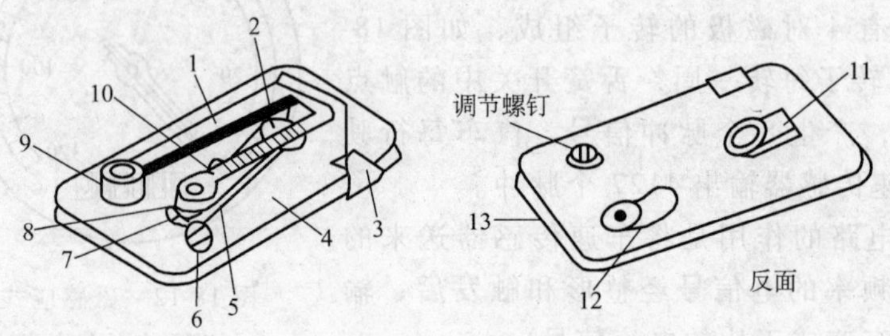

图18-14　电热式电源稳压器的构造

1—门形双金属片　2、9—铆钉　3—搭铁片　4—胶木底板　5—调节片　6—调节螺钉　7—固定触点　8—活动触点　10—加热线圈　11—接电源　12—接指示仪表　13—金属外罩

电热式电源稳压器的工作原理是：当稳压器活动触点8处于闭合状态时，输出电压与输入电压相等，此时，双金属片因加热线圈通电被加热而向上挠曲变形；活动触点8断开时，输出电压为0，双金属片因不再受热而逐渐冷却复原，于是触点重又闭合。如此反复变化，使稳压器输出脉冲电压。

当输入电压增加时，由于流过稳压器加热线圈的电流增大，产生热量大，因此用较短的时间就可使触点打开。而触点打开后，却需较长的时间才能使触点闭合，这样尽管输入电压增加，但因触点闭合时间减短、打开时间增长，输出电压仍可保持稳定。反之，当输入电压降低时，因流过稳压器加热线圈的电流减小，产生热量小，于是触点闭合时间增长、打开时间减短，则输出电压有效值仍保持稳定。该电源稳压器的输出电压为8.64V±0.15V。

对于采用双金属片式的电热式仪表，由于流过仪表中的电流是断续的脉冲电流，电压变化对仪表指示值影响不大，可不必设置电源稳压器。

（2）电子式电源稳压器　电子式电源稳压器一般采用三端集成电路式，

具有体积小、接线方便、外接元件少、抗干扰强、输出电压不需调整、电压稳定以及设计有过流、过热、短路等保护电路、可靠性高、寿命长、价格便宜等优点，已被广泛用于现代汽车仪表的稳压电源中。桑塔纳牌汽车仪表的电源稳压器采用三端子式电子稳压器，其结构如图 18-15 所示。图中 A 脚为输出脚，“⊥”脚为搭铁脚，E 为电源输入端。该稳压器的输出电压为 9.5～10.5V。

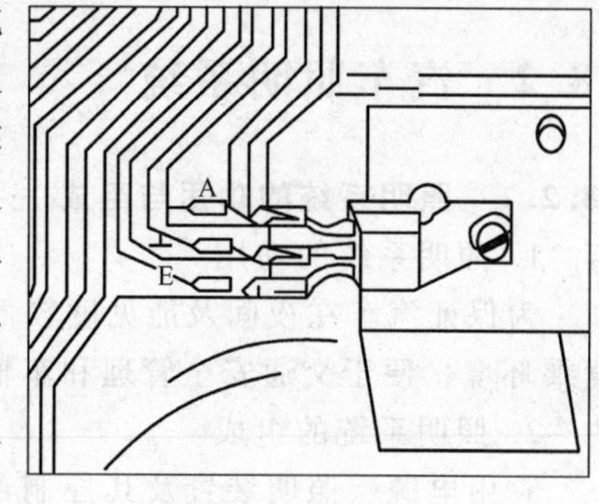

图 18-15　电子式仪表稳压器

18.1.4　汽车仪表的维护与常见故障

1. 汽车仪表日常维护

1）车辆使用中密切注视各仪表和报警器的工作情况，发现异常，立即停车并检查排除。

2）发动机运行时不能将蓄电池断开，因为这会引起瞬间的反电势，导致仪表损坏。

3）拆卸电子仪表板时，应首先切断电源，然后按拆卸顺序进行拆卸。应特别注意拆卸时不能敲打、振动，以防损坏电子元器件。一般应到维修厂进行拆卸检修。

2. 汽车仪表的常见故障

汽车仪表的常见故障现象及原因见表 18-2。

表 18-2　汽车仪表的常见故障现象及原因

故障现象	故障原因
冷却液温度表指针不动	1）稳压器工作不正常 2）冷却液温度自身故障（如双金属片发热线圈断路或脱落） 3）冷却液温度表传感器故障（如热敏电阻失效） 4）线路有断路
冷却液温度报警灯常亮	1）冷却液温度报警开关故障 2）线路有搭铁处 3）冷却液液位开关故障
燃油表指针总指向无油位置	1）燃油表自身故障 2）稳压器工作不正常 3）线路有断路处 4）燃油表传感器故障（如浮子机构被卡住）
润滑油压力报警灯常亮	1）润滑油压力报警开关故障 2）线路故障

18.2 汽车照明系统

18.2.1 照明系统的功用与组成

1. 照明系统的功用

为保证汽车在夜间及能见度较低的情况下安全、高速地行驶，改善车内驾乘环境，便于交通安全管理和车辆使用、检修，汽车必须设置照明系统。

2. 照明系统的组成

它由电源、照明装置及其控制部分组成。控制部分包括各种灯光开关、继电器等。照明装置包括车外照明、车内照明和工作照明3部分，其具体组成与作用见表18-3。照明系统在汽车上的布置如图18-16所示。

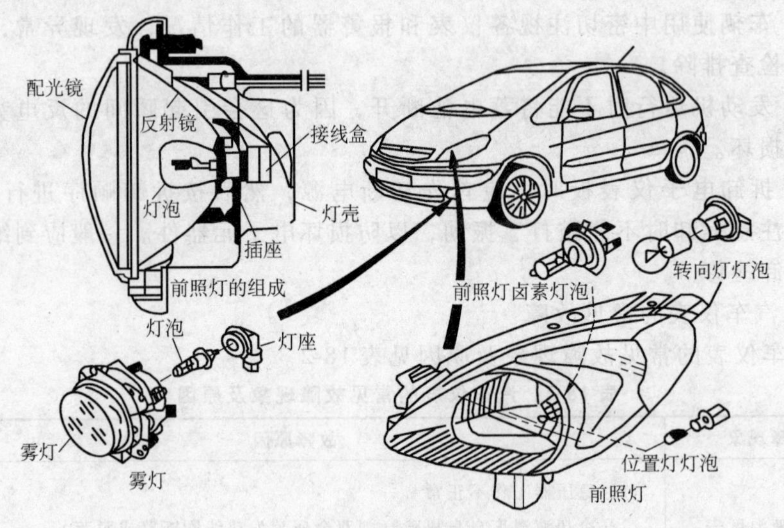

图18-16 照明系统在汽车上的布置

表18-3 汽车照明装置的组成与作用

照明装置		作用
车外照明装置	前照灯	夜间行驶时照明，可发出远光和近光两种光束
	前小灯（视宽灯）	夜间视宽、近距离照明等
	后灯	红色，警示作用，兼作牌照灯
	雾灯	黄色，在有雾、下雪、暴雨或尘埃弥漫时行车照明，具有信号作用
	倒车灯	倒车时车后照明，并起信号作用
	牌照灯	照明汽车后牌照

（续）

照明装置		作　　用
车内照明装置	仪表灯	仪表板照明
	顶灯	车内照明
	阅读灯	乘客阅读照明
工作照明装置	行李箱灯	夜间行李箱门打开时照明
	发动机罩灯	夜间发动机罩打开时照亮发动机

18.2.2　前照灯及控制装置的结构与工作原理

1. 前照灯

有两灯式和 4 灯式两种，前者是在汽车前端左右各装一个前照灯，后者是在汽车前端左右各装两个前照灯。

前照灯有全封闭式、半封闭式和可拆卸式几种。半封闭式前照灯的结构主要由灯泡组件、反光罩和透光玻璃等组成。

灯泡组件是将电能转变为光能的装置。现代汽车的前照灯都采用双丝灯泡。远光灯丝位于反光罩的焦点上，近光灯丝位于焦点上方。在近光灯丝下方加有金属遮罩，下部分的光线被遮罩挡住，以防止光线向上反射及直接照射对方驾驶员而引起眩目。

反光罩的形状是一旋转抛物面，其作用是将灯泡远光灯丝发出的光线聚合成平行光束，并使光度增大几百倍。

透光玻璃是许多透镜和棱镜的组合体，其上有皱纹和棱格。光线通过时，透镜和棱镜的折射作用使一部分光束折射并分散到汽车的两侧和车前路面上，以照亮驾驶员的视线范围。

2. 前照灯控制装置

前照灯控制装置控制前照灯的开、关和变光，有机械式脚踏变光开关和电子式自动变光器两类。

(1) 脚踏变光开关（图 18-17）　它安装于驾驶室内离合器踏板左侧，用于控制前照灯远光和近光切换。

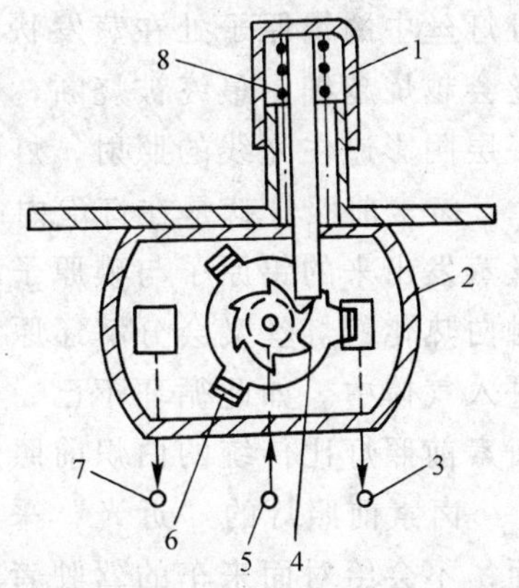

图 18-17　脚踏变光开关

1—踏帽　2—开关壳　3、7—接线柱

4—接触块　5—相线接线柱

6—接触点　8—回位弹簧

CA1091 汽车的脚踏变光开关结构如图 18-17 所示，其相线接线柱 5 用导线与车灯开关的Ⅱ位（前照灯）接线柱相连，内部与接触块4相通，另外两个接线柱3、7的导线分别与前照灯光远光灯和近光灯相连。变光开关设计保证，在任何时候接触块（转子）总有一个爪的端部与某一个触点相互接触。当踏下踏帽1后，推杆推动棘轮，带动接触块4顺时针转动60°，使图示下方的爪与左侧触点接触，而右侧触点与接触块分离。再踏一下踏帽，上面的爪又转过60°与右侧的触点相接触，左侧触点与接触块分离，如此保证远光和近光的变换。

（2）前照灯自动变光器　它能在汽车会车时，自动变远光为近光。其基本结构主要由感光器、放大电路和变光继电器组成。

在夜间行车无迎面来灯光照射时，灯光传感器内阻较大，控制接通远光灯。

当有迎面来车或道路有较好的照明度时，灯光传感器电阻下降，前照灯由远光自动切换为近光。

会车结束后，延时恢复远光会延时1~5s，可避免会车过程中由于光照突变而引起的频繁变光，以提高近光会车的可靠性。

18.2.3　汽车照明新技术

在现代轿车上，传统的可装卸的白炽灯泡和白炽真空前照灯正逐步被淘汰，取而代之的是卤素前照灯和氙灯，一些智能型前照灯已经装在最新样车上。

1. 卤素前照灯

传统前照灯的照明亮度较低，在转弯、会车、雨雾天及在高速公路上行驶时，会使驾车者不易看清路面、视野狭窄，也容易造成对方驾车者眩目。且灯丝中的钨原子处在蒸发状态，时间一长，蒸发的钨原子会越来越多，钨丝会越烧越细，最终被烧断，钨原子会沉积在灯泡玻璃上，时间长了就会有一层阴影遮住光线的照射，灯的亮度就会减弱。

卤素前照灯就是在灯泡内的惰性气体中渗入少量的卤元素——碘，从灯丝蒸发出来的钨原子与碘原子相遇反应，生成碘化钨化合物；当碘化钨一接触白热化的灯丝又会分解还原为钨和碘，钨又重新回到灯丝中去，碘则重新进入气体中。如此循环不已，灯丝几乎不会烧断，灯泡也不会发黑。所以，卤素前照灯比传统的白炽前照灯寿命更长、亮度更大。

卤素前照灯的“近光”采用偏光束灯丝，反射出去的光线朝下漫射向地面，不会给对面来车的驾驶者造成眩目。同时，灯罩也采用新型聚光玻璃，能提供更远更广泛的视野区域，不易使迎面而来的驾车者造成眩目。日本凌志轿车就装配了卤素前照灯。

2. 氙灯

卤素灯与普通灯泡一样有灯丝，而氙灯则没有灯丝。它是利用两电极之间放电器产生的电弧来发光的，如同电焊中产生的电弧的亮光，呈现蓝白色光，大幅提高了道路标志和指示牌的亮度。氙灯发射的光通量是卤素灯的 2 倍以上，同时电能转化为光能的效率也比卤素灯提高 70% 以上。

3. LED 前照灯

发光二极管（LED）拥有高亮度、反应时间短与使用寿命长等优点，用它取代传统汽车前照灯，可采用太阳能作为照明系统的电力来源。在日间有阳光时，LED 前照灯采集能量并加以储存，夜间便可提供灯光照明。2007 款林肯 Aviator 即采用此全新的照明系统。

4. 象素头灯照明系统

象素头灯照明系统（pixel headlights）是德国宝马公司研制的，它采用 480000 个独立控制的显微镜片取代了传统的发射镜。这种方法形成的前照灯光柱形状完全符合驾驶者的驾驶条件，同时还不会产生耀眼的远光照明；并且在拐弯、城市、高速公路和恶劣天气时具有独特的照明效果，可以给驾驶者提供特别的提示、警告信息，例如左转时光束显示出相应的左转箭头指示信息。另外，它的附属光还可以照亮道路标志。

5. 自适应前照灯系统

自适应前照灯系统（Adaptive Front Lighting System，AFS）是指能自动改变两种以上的光型以适应车辆行驶条件变化的前照灯系统。

车辆转弯时，传统前灯的光线因为和车辆行驶方向保持着一致，所以不可避免地存在照明的暗区，极易引发交通事故。而装有 AFS 系统的车辆在车辆转弯时，能产生旋转的光型，为驾驶员提供更为广阔的视野，使其清楚地观察到拐角处的行人和物体，使夜晚车辆转弯更加便利和安全。

18.2.4　照明系统的维护与常见故障

1. 汽车照明系统日常维护

1）注意检查灯光完好情况，若发现灯泡烧坏、插座锈蚀、镜头裂纹等应及时更换。

2）注意校准前照灯光照方向，如异常应按说明书的要求调整。

2. 汽车照明系统的常见故障

汽车照明系统的常见故障现象及原因见表 18-4。

表 18-4　照明系统的常见故障现象及原因

故障现象	故障原因
前照灯远、近光不全	1）变光开关损坏 2）远、近光中的一个导线断路 3）双灯丝灯泡中某灯丝烧断

（续）

故障现象	故障原因
左、右前照灯亮度不同	1）一侧的双丝灯泡搭铁不良 2）一侧灯泡插头松动或锈蚀 3）一侧灯泡反射镜积有灰尘或氧化

18.3 汽车信号装置

18.3.1 信号装置的作用与组成

1. 信号装置的作用

通过灯光和音响等手段，向行人和车辆发出警告，以保障行车安全。

2. 信号装置的组成

常见的汽车信号装置有喇叭音响信号装置（电喇叭、气喇叭等）、转向信号装置（转向灯、闪光器）、制动信号装置（制动灯、制动开关）、倒车信号装置（倒车信号灯、蜂鸣器）和危险警告信号装置。

18.3.2 信号装置主要部件的结构与工作原理

1. 喇叭音响信号装置

喇叭音响信号装置主要有气喇叭、电喇叭等。

气喇叭用气流使金属膜片振动而发声，在一些装气压制动的汽车上使用，其音量高，禁止在城市使用。

电喇叭在所有汽车上都安装，分有触点和无触点两类。

（1）触点式电喇叭　有筒形、螺旋形和盆形等不同的结构形式。盆形电喇叭具有尺寸小、指向性好等特点，被现代汽车广泛应用。其结构如图18-18所示。

按下电喇叭按钮，电喇叭内部通电，电路为：蓄电池正极→线圈2→触点7→按钮10→搭铁→蓄电池负极。线圈通电后产生磁力，吸动上铁心及衔铁下移，使膜片下拱，衔铁下移中将触点顶开，线圈电路被切断，其磁力消失，上铁心、衔铁及膜片又在触点和膜片自身弹力的作用下复位，触点又闭合。触点闭合后，线圈又通电产生磁力吸下上铁心和衔铁。如此循环，使膜片振动，产生较低频率的振动，促使共鸣板产生谐振。发出音量适中、和谐悦耳的声音。

盆形电喇叭音调的高低取决于其膜片的振动频率。通过改变上、下铁心之间的间隙来改变膜片的振动频率。需要调整音调时，松开锁紧螺母11，旋动下铁心1，旋入下铁心时，上、下铁心之间的间隙减小，音调升高；旋出下铁心则使音调降低。调至合适的音调后，旋紧锁紧螺母即可。

盆形电喇叭音量的高低取决于线圈电流，通过线圈的电流大，膜片振动也大，喇叭发出的音量也就大。线圈电流可以通过调整螺钉 8 来调整触点的接触压力。调整螺钉旋出，触点接触压力增大，电喇叭音量增大；螺钉旋入则会抵消部分触点臂自身弹性，使电喇叭音量减小。

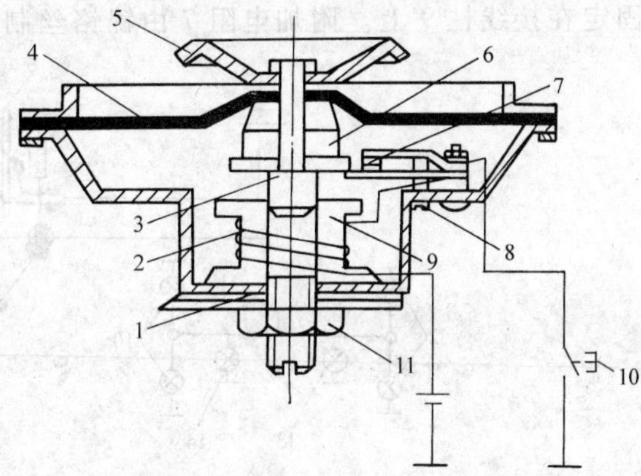

图 18-18　盆形触点式电喇叭的结构

1—下铁心　2—线圈　3—上铁心　4—膜片　5—共鸣板　6—衔铁　7—触点　8—调整螺钉　9—铁心　10—按钮　11—锁紧螺母

(2) 无触点式电喇叭　触点式电喇叭的触点容易烧蚀和氧化，工作不稳定、故障率较高。无触点电喇叭用晶体管代替触点，得到广泛应用。

(3) 喇叭继电器　为使电喇叭声音更加悦耳，有的汽车上设置了双音（高、低音两只）喇叭或三音（高、中、低 3 只）喇叭，因此通过喇叭按钮的电流较大。喇叭继电器的作用是减小通过喇叭按钮的工作电流，降低喇叭按钮触点烧蚀故障率，延长其使用寿命。配用喇叭继电器的电喇叭电路如图 18-19 所示。

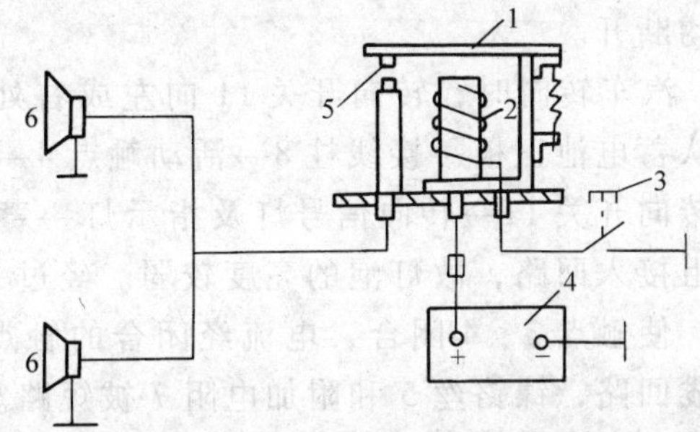

图 18-19　配用喇叭继电器的电喇叭电路

1—触点臂　2—线圈　3—喇叭按钮　4—蓄电池　5—触点　6—电喇叭

当按下喇叭按钮时，喇叭继电器线圈 2 通电，产生的电磁磁力使触点 5 闭合，按通喇叭电路而使电喇叭发声。

2. 转向信号装置

转向信号装置用于显示汽车的转弯方向。由转向灯、转向灯开关和闪光器等组成。

转向灯安装于车身前端和后端的左右两侧，驾驶员转向时，通过转向灯开关，控制转向灯闪烁，发出报警。

转向灯闪烁靠闪光器来完成，它有电热式、电容式和电子式几种。

(1) 电热式闪光器　其结构如图 18-20 所示，在胶木底板上固定着“工”字形铁心 1，上面绕有线圈 2，线圈的一端与固定触点 3 相连，另一端固定在接线柱9上。附加电阻7由镍铬丝制成，且和镍铬丝5串联。

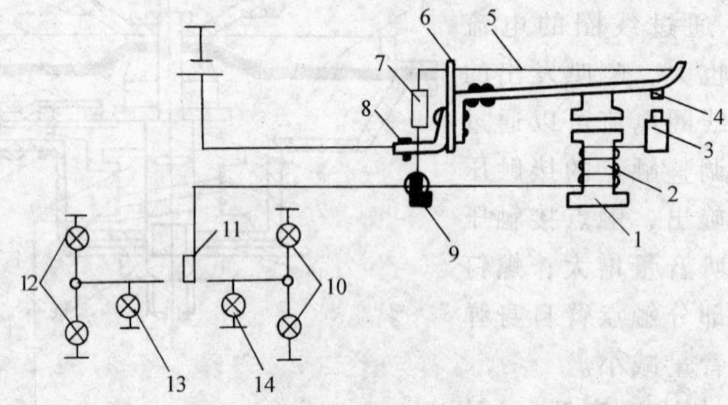

图18-20　电热式闪光器

1—铁心　2—线圈　3—固定触点　4—活动触点　5—镍铬丝
6—调节片　7—附加电阻　8、9—接线柱　10、12—转向信号灯　11—转向开关　13、14—转向指示灯

汽车不转向时，转向开关11处于中间位置，转向信号灯及指示灯的电路均断开。

汽车转向时，转向开关11向左或右处闭合，转向信号灯电路接通，电流从蓄电池正极→接线柱8→活动触点4→镍铬丝5→附加电阻7→接线柱9→转向开关11→转向信号灯及指示灯→蓄电池负极而形成回路。由于附加电阻接入回路，故灯泡的亮度较弱。经过一段时间后，镍铬丝受热膨胀而伸长，使触点3、4闭合，电流经闭合的触点→线圈2→转向信号灯及指示灯形成回路，镍铬丝5和附加电阻7被短路。这时，线圈中有电流通过，产生电磁力使触点闭合较牢。由于此时电路中的电阻减小，电流增大，故转向信号灯及指示灯发出较亮的光。经过一段时间后，镍铬丝5又冷却收缩使触点重新断开，电流又流经附加电阻7，灯光变暗。如此循环触点反复开闭，附加电阻不断被接入与短路，使通过转向信号灯及指示灯的电流忽大忽小，灯光忽明忽暗，标示车辆转弯的方向。

（2）电子式闪光器　分有触点和无触点两种类型。国产SG131型无触点闪光器的结构原理如图18-21所示。工作时，接通转向灯开关，VT_1因有正向偏压而导通，VT_2、VT_3则截止。由于VT_1的集电极电流很小，故转向灯是暗的。此时，电流通过R_1对电容C充电，使得VT_1的基极电位下降，当低于其导通电压时VT_1截止。VT_1截止后，VT_2通过R_3得到正向偏压而导通，VT_3也随之导通，转向灯变亮。此时，电容C经R_1、R_2放电，使VT_1的截止保持一段时间，转向灯也保持亮的状态。随着电容C放电电流的逐渐减小，VT_1基极电位开始升高，当达到其正向导通电压时，VT_1又导通，VT_2、VT_3又截止，转向灯又变暗。如此循环，使转向灯闪烁。

3．制动信号装置

制动信号装置用于汽车制动时发出警示信号。它由制动信号灯、信号灯开关和制动灯断线报警开关等组成。

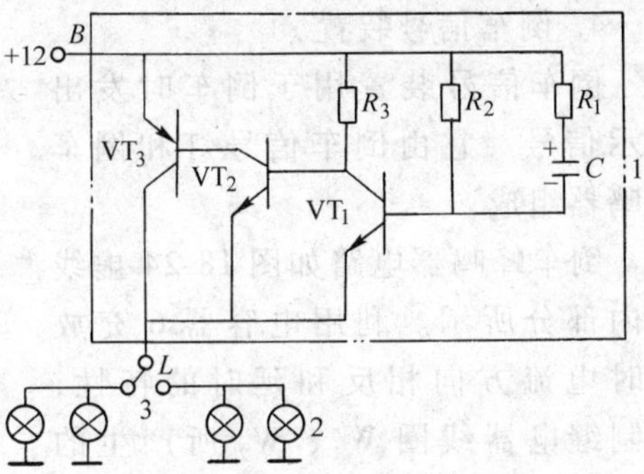

（1）制动信号灯　安装在汽车尾部，当驾驶员踩下制动踏板时，制动信号灯发出强烈红光警示。为了增强显示效果，有的汽车设有高位制动灯。

（2）制动信号灯开关　安装在制动回路中，有液压式、气压式和机械式几种。

图 18-21　国产 SG131 型无触点闪光器的结构原理

1—闪光器　2—转向灯　3—转向灯开关

1）液压式制动开关（见图 18-22）：用于液压制动的汽车中，安装在液压制动总泵的前端，当踩下制动踏板时，制动系统中液压增大，膜片 2 向上拱曲，使接触桥 3 接通接线柱 6 和接线柱 7，制动信号灯通电发亮；松开制动踏板时，制动系统的液压降低，在接触桥回位弹簧 4 的作用下复位，制动信号灯断电熄灭。

2）气压式制动开关：用于气压制动的汽车中，安装在制动系统输气管路上。其基本工作原理与液压式类似，其制动动力来自气压。

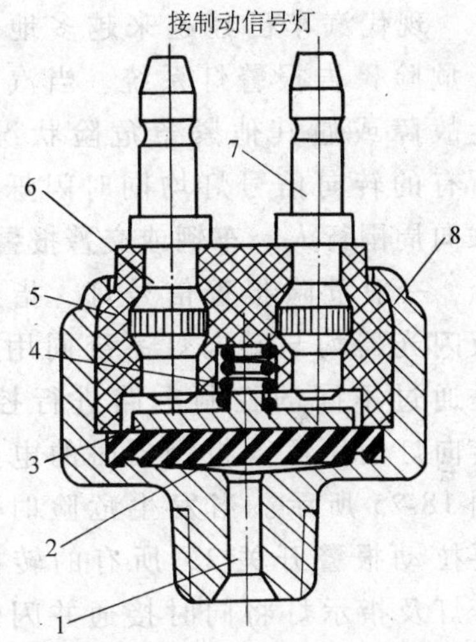

图 18-22　液压式制动信号灯开关

1—通制动液　2—膜片　3—接触桥　4—弹簧　5—胶木底座　6、7—接线柱　8—壳体

3）机械式制动开关：制动时直接由制动踏板推动制动灯开关的推杆，使开关触点闭合，接通制动信号灯电路。松开制动踏板时，推杆在回位弹簧力的作用下复位，触点断开制动信号灯断电熄灭。

（3）制动灯断线报警开关　为防止制动灯线路断线导致制动信号显示失效的危险，有些汽车安装有制动灯断线报警开关（图 18-23），其舌簧开关 5 受电磁线圈 4、6 共同控制，当两个线圈均通电时，磁场相互抵消，舌簧开关 5 保持断开，报警灯 3 不亮。当制动灯 7 或制动灯 8 有一个不亮时，电磁线圈 4 或电磁线圈 6 中无电流通过，另一线圈产生磁场吸动舌簧开关 5 闭合，报警灯 3 亮，但当制动灯 7 和制动灯 8 同时不亮时，报警灯不亮。

4. 倒车信号装置

倒车信号装置用于倒车时发出警示信号。它由倒车信号灯和倒车蜂鸣器组成。

倒车蜂鸣器电路如图18-24虚线框内部分所示。利用电容器6充放电时电流方向相反和延时的特性，控制继电器线圈 W_1、W_2 所产生的电磁力的大小和方向，进而控制动断触点4的开闭状态，使电喇叭5断续工作，产生蜂鸣效果。

5. 危险警告信号装置

现代汽车已经越来越多地安装了危险警告报警灯系统。当汽车发生故障或遇其他紧急危险状况时，所有的转向信号灯均同时闪烁，用来向周围行人、车辆或交警报警。

一般危险报警信号灯、指示灯及闪光器均与转向灯系统同用，只是通过不同的控制电路进行控制。转向灯用做危险报警器时的电路如图18-25所示。当发生危险时，只要拉动报警开关2，所有的转向信号灯及指示灯将同时接通并闪烁，以示报警。

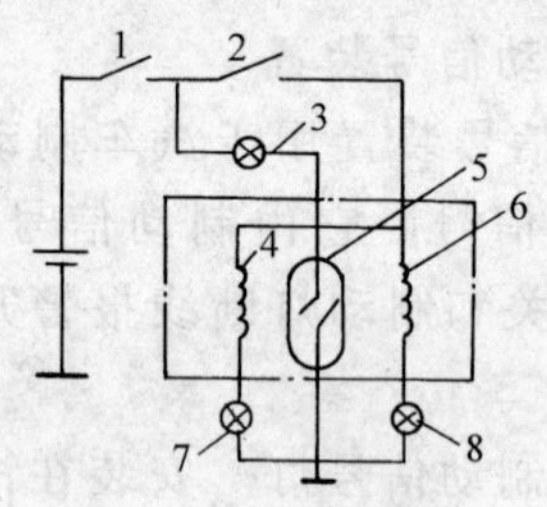

图18-23　制动灯断线报警开关

1—点火开关　2—制动灯开关　3—报警灯　4、6—电磁线圈　5—舌簧开关　7、8—制动灯

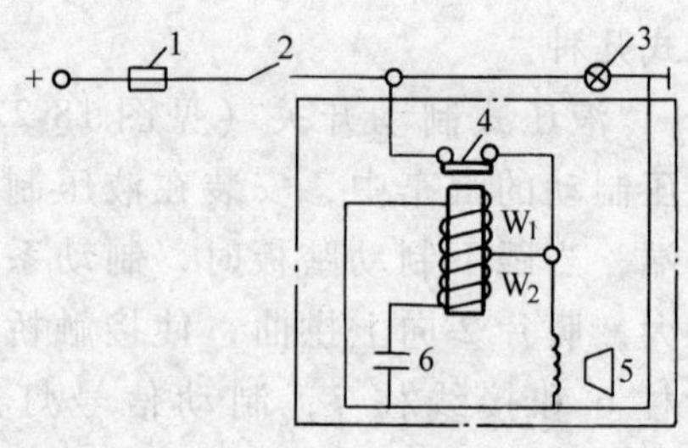

图18-24　倒车蜂鸣器电路

1—熔断器　2—倒车开关　3—倒车灯　4—动断触点　5—电喇叭　6—电容器

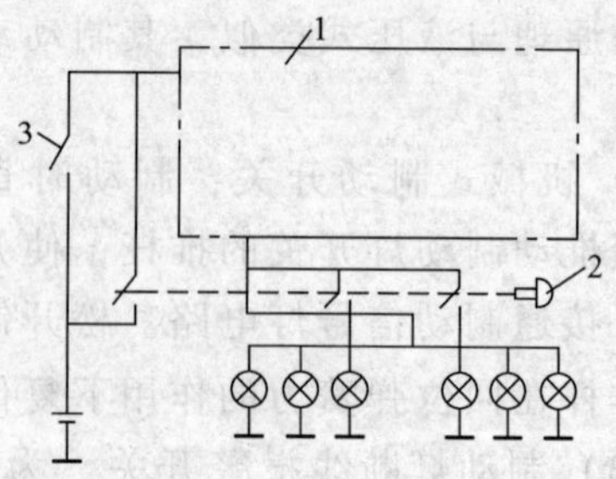

图18-25　转向灯用做危险报警器时的电路

1—控制电路　2—报警开关　3—总开关

18.3.3　信号装置的维护与常见故障

1. 信号装置的日常维护

1）出车前，应检查所有信号装置是否齐全有效、工作正常。若发现异常，立即检查排除。

2）喇叭声音如不正常，应检查是否安装牢固、调整是否正确。

2. 信号装置的常见故障

信号装置的常见故障现象及原因见表18-5。

表 18-5　信号装置的常见故障现象及原因

故障现象	故障原因
转向信号灯不工作	1）线路断路或短路（含熔断器） 2）闪光继电器损坏 3）转向信号灯开关损坏
转向信号灯闪光频率不正常	1）导线接触不良 2）灯泡接触不良或功率选用不当 3）闪光器故障
倒车灯不工作	1）线路有断路 2）倒车灯损坏 3）倒车灯开关损坏
喇叭不响	1）线路断路或短路（含熔断器） 2）喇叭继电器损坏 3）喇叭开关（按钮）故障 4）喇叭损坏
喇叭声音不正常	1）喇叭调整不当 2）线路接触不良

18.4　汽车影音系统简介

18.4.1　汽车影音概述

1923 年，在美国首先出现了装配电子管无线电收音机的汽车。20 世纪 70 年代初，可播放卡式录音带的车用收放两用机出现在轿车上。今天，汽车音响已经由最初的收听广播、聆听音乐等基本功能，演变成集视听娱乐、通讯导航、辅助驾驶、流动办公室等多种功能于一身的综合性多媒体车载电子影音系统，并成为衡量现代轿车舒适性和档次的标准之一。

按照德国 DIN（Deutch Industrial Orm）标准规定，车载影音系统的主机（见图 18-26）安置在驾驶室的中控台上，有 1DIN 和 2DIN 两种。1DIN 指一个标准空间（宽高固定，而深度不限），主机内至少装有收音机、磁带播放机或单碟 CD 机以及功率放大器 3 大部件，高级的则还带有多碟 CD 机的控制电路；2DIN 指的是 1DIN 的 2 倍空间，可以同时容纳收音机、磁带播放机、单碟或多碟 CD 机以及功放大器等 4 大部分。

18.4.2　汽车影音系统的基本组成与原理

汽车影音系统主要由影音信号源、功率大放器、扬声器、显示器等部分构成，高档音响还采用多段频率均衡器、环绕音效处理器等，以改善听感和音效。

1. 汽车影音信号源

汽车影音信号源包括收音机、磁带机、CD、MD、MP3、VCD机和DVD机，最近几年又扩展了USB、HD、Memory Stick、iPod等多种数码介质。

(1) 车载收音机　收音机是最常见的车载音响（见图18-27），用于收听无线电广播。通常它安置在主机上。

(2) 磁带机　磁带机用于播放录音带。早期的卡式磁带机只能作单向运动，可以快进，不能倒带，现已淘汰。

图18-26　汽车影音主机

图18-27　汽车音响

盒式磁带机20世纪60年代由荷兰PHILIPS公司发明，通常也安设在主机上，档次有高有低。低档产品功能简单，是全机械控制，多数只作为低档经济车型的厂家标配。高档的车载盒式磁带播放机通常采用电控系统，具有自动翻面循环播放、正反双向快速选曲等功能；有些还带有杜比降噪系统以改善音质，以及采用高硬度磁头来延长寿命。

(3) 单碟CD/VCD/MP3播放机　中高档汽车在出厂时一般配有单碟CD机，通常也安在主机上，并采用吸入式装碟。对于1DIN的主机来说，设有单碟CD机以后，便没有必要装磁带播放机了。不过有些消费者还是希望装备齐全，所以有厂家生产了一些2DIN主机，同时装备有收音机、磁带机及单碟 CD 机。

由于一张 CD 的最长播放时间仅有 74～80min，所以在长途行车时就难免需要频频换碟。多碟自动换片 CD 机很好地解决了这个问题：可以预先装好 6～12 张 CD（视其机型而定），放完一张之后机器会自动换下一张。这样就可以保证不会在短时间听到重复的歌曲了。

由于 AV 潮流的兴起，现在的新型单碟 CD 机往往都增加了 VCD 播放功能，配上液晶显示器（见图 18-28）之后，便可以在车里看电影了。

另外，MP3 播放功能也已经成为新型 CD 机的标配。利用 MP3 压缩率高的特点，可以在一张 CD 上记录上百首歌曲，避免了频繁换碟，也不会因为要携带大量 CD 碟而占用过多的车内储物空间。

图 18-28　车载液晶显示器

2. 功率放大器

功率放大器通常指能将不同影音介质信号进行扩大处理的功率放大器，包括前级发大器和后级放大器。

3. 扬声器

扬声器通常指前、后声场扬声器及重低音扬声器。如上海大众桑塔纳 2000 轿车，4 声道输出功率 4×10W，车前方的扬声器使用 4 寸、后方扬声器使用 6.5 寸。

4. 显示器

显示器主要指车载液晶显示器等。

其他组成部分包括各种导线、电容、电源分配器、接线端子等。

一些高档汽车音响具有遥控及 12C 总线控制功能，使汽车音响的音量调节、高低音调节、音量平衡调节等实现了数字化。在这类高档汽车音响中，多具有激光唱机输入（CDIN）接线端子和 CD 控制功能（微型数字盒式录音机 DCC、数字磁带录音机，DAT 信号也从 CDIN 端口进入），有 TADER（音量渐弱控制器）接口、遥控电源端等。某些进口和国产高级汽车音响还具有机械电子式防盗功能。

目前，带硬盘的汽车音响也已经应用于汽车，如索尼 MEX-1HD 型带硬盘 CD 音响，内置 10G 硬盘、内置“存储棒”插槽，功能相当齐全，包括 CD 播放、数码调谐收音、内置多声道功放电路，电子均衡控制，可以兼容播放 MP3 音乐、兼容 CD-R 和 CD-RW 刻录播放、高速转录 CD 音乐节目、转录“存储棒”节目等，附带的卡片式无线电遥控器可方便地进行播放和多种工作模式的控制操作。

18.4.3　汽车影音系统的使用维护

1. 汽车影音系统的维护

1）认真阅读汽车使用说明书的相关内容，按要求操作影音设备。

2）放置磁带、CD或VCD、DVD碟片时，不能直接用手触摸碟片表面。定时用清理工具清洁磁带和光碟，保持磁带和CD光碟洁净。

3）经常用湿润的小棉签擦拭磁带机、CD机的碟槽以及音响系统的面板。

4）音量不要突然放到最大，以免损坏喇叭和功放。

5）使用磁带机的应常检查磁带的松紧程度，松了就要将其卷紧，紧了就要用倒带的方式使之放松。如果磁带长时间不使用或关机时，最好将磁带退出，以免导致压带轮变形。

2. 汽车影音系统的常见故障。

汽车影音系统的常见现象及原因见表18-6。

表18-6　汽车影音系统的常见故障现象及原因

故障现象	故障原因
收音信号弱、电台少	1）天线未伸出或插接松动、内部断路 2）收音机内部线路或元器件故障
音响噪声大	1）音响线路接触不良 2）磁带机磁头或CD机激光头脏污 3）RCA信号端子的负端未接通 4）电阻或电容元件失效
左、右声道的音量不一样	1）主机平衡钮不在中间位置 2）前级输入和输出左右LEVEL控制钮不一样 3）扩大机输入灵敏度左右声道设定不一样
音量时大时小	1）电源地线与车壳的接点松动 2）前级和后级的输入和输出RCA不正常 3）灵敏度旋钮不正常
CD机读碟慢，甚至退碟	1）碟片有油污、划痕或弯曲变形等 2）激光头故障（激光头脏污、松动，二极管老化、损坏或不发光；激光头内RF放大器失效，物镜镜头倾斜、结露或物面有污物，光敏组件失效、主轴电机不转等） 3）音响线断路或短路 4）音响按键故障（簧片金属氧化锈蚀、变形、断裂或表面灰尘引起接触不良，簧片疲劳断裂，导电橡胶的涂层电阻值变大或磨损，线路板上的导电涂层磨损等） 5）功放和驱动等集成块损坏

本章小结

1）汽车上较常用的仪表有电流表或电压表、润滑油压力表、冷却液温度表、燃油表、转速表及车速里程表等。

2）汽车照明系统由电源、照明装置及其控制部分等组成。控制部分包括各种灯光开关、继电器等。照明装置包括车外照明、车内照明和工作照明3部分。车外照明装置包括：前照灯、前小灯、后灯、雾灯、倒车灯、牌照灯等；车内照明装置包括：仪表灯、顶灯、阅读灯等；工作照明装置包括：行李箱灯、发动机罩灯等。卤素前照灯、氙灯、LED前照灯、Hiexl Headlinghts系统、AFS等智能化前灯。

3）信号装置是通过灯光和音响等手段，向行人和车辆发出警告，以保障行动车安全。常见的汽车信号装置有喇叭音响信号装置（电喇叭、气喇叭等）、转向信号装置（转向灯、闪光器）、制动信号装置（制动灯、制动开关）、倒车信号装置（倒车信号灯、蜂鸣器）和危险警告信号装置等。

4）汽车影音系统主要由信号源、功率放大器、扬声器和显示器等部分组成。

【复习思考题】

1. 名词解释：杆图式电子仪表、AFS、CD、MP3、VCD、DVD。
2. 叙述电流表的基本结构及工作原理。
3. 叙述电磁式润滑油压力表的基本结构及工作原理。
4. 叙述润滑油低压报警装置的基本结构及工作原理。
5. 说明电磁式燃油表的基本组成及工作原理。
6. 叙述电热式发动机冷却液温度表的基本结构及工作原理。
7. 叙述电子式冷却液温度、润滑油压力表电路基本原理。
8. 说明机械式车速里程表的组成及工作原理。
9. 说明半封闭式汽车前照灯的基本结构与工作原理。
10. 叙述汽车照明系统新技术在汽车上的应用。
11. 说明盆形触点式电喇叭的基本结构、工作原理和主要调整。
12. 说明无触点式电喇叭电路原理。
13. 说明电热式闪光器基本结构与工作原理。
14. 说明无触点闪光器基本结构与工作原理。
15. 说明液压式制动信号灯开关的基本结构与工作原理。
16. 叙述汽车影音系统的基本组成。

第 19 章　汽车总电路及车载网络（CAN）

教学目标与要求

- 掌握汽车电路的特点
- 学会汽车电路的识读
- 掌握车载网络（CAN）的含义及意义
- 理解 CAN 数据传输系统的基本组成与工作原理
- 理解汽车 CAN 数据传输系统的基本组成与工作原理

教学重点

※汽车电路的特点与识读

※车载网络（CAN）的含义及意义

※汽车 CAN 数据传输系统的基本组成与工作原理

教学难点

▲汽车电路识读

▲汽车 CAN 数据传输系统的基本组成与工作原理

随着科学技术的迅速发展，车用电器和电子控制设备越来越多，它们用各种线路进行连接，形成了汽车总电路。传统的汽车电路已经开始向车载网络系统 CAN 总线发展。

19.1　传统汽车总电路

19.1.1　汽车电路特点

1. 低电压

汽车一般采用 12V，部分大功率柴油机采用 24V。低电压的优点是安全、电源简单，但电功率较小，不适应汽车用电设备日益增多的要求，酝酿中的汽车电系电压标准是 42V/14V 电压体系。

2. 单线制

由于电压低，汽车采用机体作为电流的一条公共回路，所以从电源向用电设备一般只用一条导线，称单线制。部分要求比较高的线路也有采用双线制。

3. 并联制

所有低压用电设备均采用并联制，电压相同。

4. 负极搭铁

现代汽车都采用负极搭铁，即蓄电池的负极直接与机体连接。

19.1.2　汽车电路图

1. 汽车电路图的作用

现代汽车的电器与电子设备多、线路复杂，故障判断困难，只有熟悉汽车电路和各用电设备的工作原理，才能正确判断故障，合理使用和维修汽车。

2. 汽车电路图的种类

根据工作需要，汽车电路有多种表示方式，主要有布线图、原理图和线束图，其中原理图最为简捷明了。图 19-1 所示为汽车整车电路原理图。

3. 汽车电路图组成

不管用何种形式表示，汽车电路图均应标示出汽车电源（蓄电池、发电机）、用电设备（起动系统、点火系统、灯光音响系统等）、开关（电源开关、点火开关、灯开关、组合开关灯）、保险（熔断器、易熔线、断路器）、继电器、各种连接插头和导线。

4. 汽车电路原理图的识读

要识读一辆汽车的全车线路，首先应熟悉汽车电路的一些特点（如单线制、并联制、负极搭铁），还应了解不同国家的汽车电器设备的图形符号

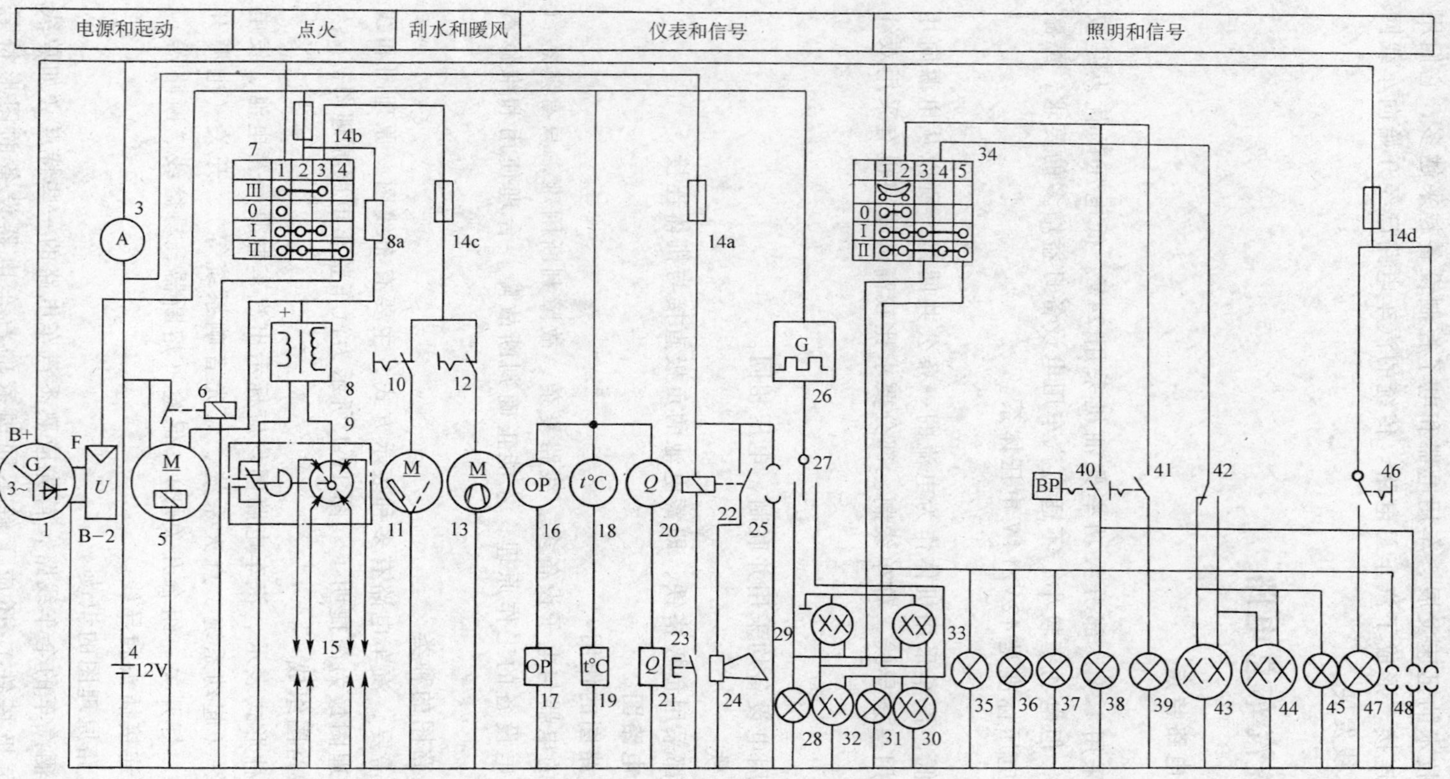

图 19-1　汽车整车电路原理图

1—交流发电机　2—交流发电机调节器　3—电流表　4—蓄电池　5—起动机　6—起动继电器　7—点火开关　8—点火线圈　9—分电器　10—刮水器开关　11—刮水电动机　12—暖风开关　13—暖风电动机　14a～d—熔断器　15—火花塞　16—油压表　17—油压表传感器　18—冷却液温度表　19—冷却液温度表传感器　20—燃油表　21—燃油表传感器　22—喇叭继电器　23—喇叭按钮　24—电喇叭　25—工作灯插座　26—闪光器　27—转向灯开关　28、31—转向指示灯　29、32—前小灯　30、33—尾灯　34—车灯开关　35—牌照灯　36、37—仪表灯　38—制动灯　39—阅读灯　40—制动灯开关　41—阅读灯开关　42—变光开关　43、44—前照灯　45—远光指示灯　46—防空/雾灯开关　47—防空/雾灯　48—挂车插座

（可与图注相对照）；其次应该掌握每一电器设备的结构、工作原理和该电器设备所需要的控制开关、熔断器、插接器等；然后根据“模块原则”，化整为零，逐个系统（点火系统、燃油喷射电控系统、自动变速器电控系统、ABS 电控系统、起动系统、充电系统、灯光系统、信号系统等）进行线路分析；最后再归纳综合，化零为整，以中央结线盒为中心，向外辐射。还应该对照实际汽车电路走线，理论联系实际，多看多动手，才能逐步掌握。

19.2　车载网络（CAN）

19.2.1　车载网络（CAN）的含义及意义

1. 车载网络（CAN）的含义

CAN 全称为 Controller Area Network，即控制器局域网，是德国 Bosch（博世）公司在 1986 年为解决现代汽车中众多电子控制部件之间的数据交换而开发的一种数据通信总线，也称为 CAN—BUS 总线。CAN 已经被列入 ISO 国际标准，为 ISO11898。今天，CAN 已成为国际上应用最广泛的数据通信的主流技术。

2. 车载网络（CAN）的意义

传统的汽车电路采用的是一个用电设备一条回路的布线方式。随着汽车电器设备和控制装置的大量增加，许多中高档轿车多达 20 余个电控单元，数据信息的交换和共享（如车速信号为发动机、自动变速器、ABS、ASR 系统、自动空调系统等所必需）导致线束和插接件急剧增多，空间布置困难、线间信号干扰、质量增加、成本升高、故障检测维修难度大。而采用车载局域网 CAN，每块电控单元都只需引出两条导线进行数据通信、共享，极大地减少了导线数量、提高了可靠性、节约了制造和维修成本。图 19-2 所示为汽车发动机控制单元与自动变速器控制单元的传统信号传递和 CAN 总线信号传递方式的比较。

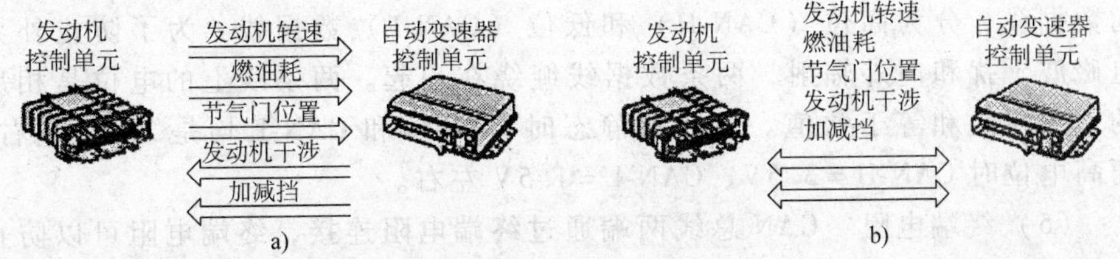

图 19-2　信号传递方式的比较
a）传统信号传递方式　b）串行总线信号传递方式

19.2.2　CAN数据传输系统的组成与工作原理

1. CAN数据传输系统的组成

CAN数据传输系统由若干控制单元组成，每个单元包括CAN控制器、CAN收发器、CAN总线和终端电阻等部件，如图19-3所示。

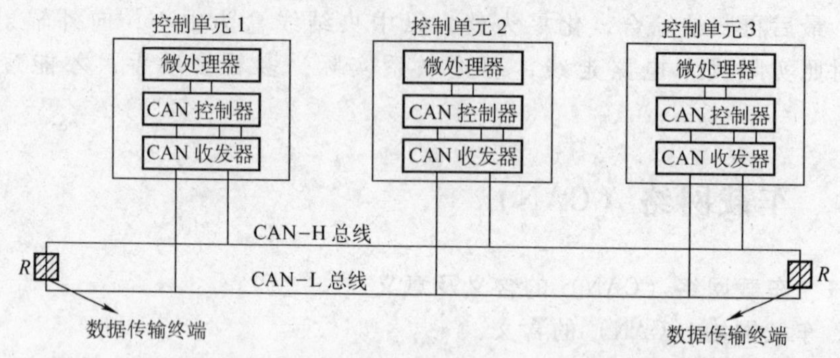

图19-3　CAN-BUS局域网的基本组成

(1) 控制单元　控制单元即网络中需要进行信息交流的智能单元，在汽车电子网络中包括各控制系统的汽车电脑（ECU），另外还有一些智能化的传感器、执行机构等单元。

(2) CAN控制器　CAN控制器用于接收汽车电子模块发出的数据并将其处理转化为CAN数据格式，然后通过CAN收发器发布到数据总线上；或通过CAN收发器接收来自数据总线上的本模块所需要的信息，并将这些CAN格式数据处理后转化为汽车电子模块能识别的电子信号，然后传给汽车电子模块。

CAN控制器本身即是一个控制单元，内有微处理器、数据存储单元（RAM）和程序存储单元（ROM）。

(3) CAN收发器　CAN收发器是CAN接收器和发送器的组合，它将CAN控制器提供的数据转化成电信号并发送到数据总线上；同时接收总线上的信号，转化为数据后传给CAN控制器。

(4) CAN总线　大部分车型用的CAN总线（数据传输总线）是两条双向数据线，分为高位（CAN-H）和低位（CAN-L）数据线。为了防止外界电磁波干扰和向外辐射，两条数据线缠绕在一起。两条线上的电位是相反的，电压的和等于常值。一般在静态时CAN-H和CAN-L均是2.5V左右，而高电位时CAN-H=3.5V、CAN-L=1.5V左右。

(5) 终端电阻　CAN总线两端通过终端电阻连接，终端电阻可以防止数据在到达线路终端后象回声一样返回，并因此而干扰原始数据，从而保证了数据的正确传送。有些汽车CAN系统的终端电阻装在控制单元内。

2. CAN数据传输原理

CAN 数据总线的数据传输像一个电话会议。一个电话用户（控制单元）将数据“讲入”网络中，其他用户通过网络“接听”这个数据，对于这个数据感兴趣的控制单元就会利用数据，而其他控制单元则选择忽略；并且该网络中的任一控制单元既可发送数据，又可接收数据。

当某一控制单元向 CAN 控制器提供需发送的数据后，CAN 控制器转换数据格式后再将此数据发送给 CAN 收发器，CAN 收发器接收由 CAN 控制器传来的数据，并转化为电信号后通过数据传输线发出。此时，CAN 系统中其他单元转化为接收器接收此信号，其他单元接收信号后检查、判断所接收的信号是否是所需要的，如果接收的数据重要，它将被接受并进行处理，否则该数据将被忽略。

汽车 CAN 数据传输采用串行通信，在同一线路上同时传输多条信息，也称多路传输。多路传输是通过计算机和线路的分时工作实现的。计算机将工作时间分成很短的小段（1‰ s 甚至更短），数据信息在各个微小的时间段内依次传输，但由于速度非常快，对人来说就好象是同时传输的一样。

19.2.3　汽车 CAN 数据传输系统

1. 车载网络系统在汽车上的一般应用

车载网络一般分为 4 个系统：动力传动系统、车身系统、安全系统和信息系统。根据信息交换速率、容量等要求，各系统所采用的网络大致如图 19-4 所示。

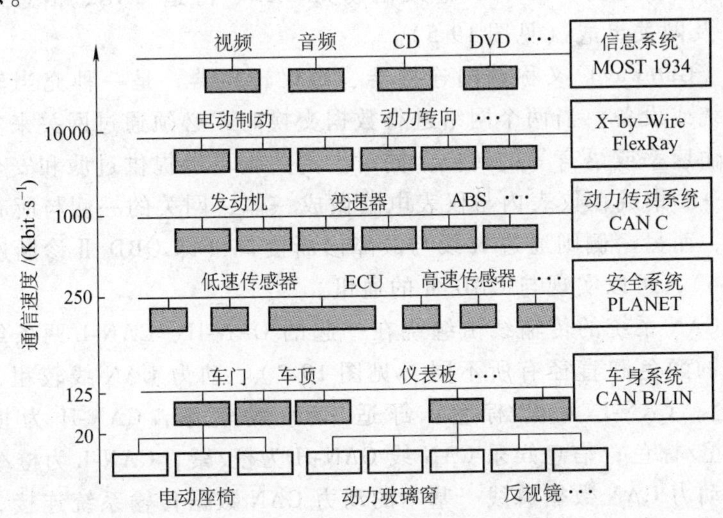

图 19-4　车载网络的应用

（1）动力传动系统　包括发动机、自动变速器、制动、转向等子系统（将汽车的主要因素——运动、制动、转向等功能用网络连接起来时）。

在动力传动系统中，数据传递应尽可能快速，以便及时利用数据，所以需要一个高性能的发送器。高速发送器会加快数据传递，以便将接收到的数据立即应用到发动机下一个点火脉冲即工作循环中去，使发动机工作在最佳状态，同时保持对制动、转向等的灵敏反应。

(2) 车身系统　主要有中控门锁、电动窗、照明、后视镜等子系统。与动力传动系统相比，汽车上的各处都配置有车身系统的部件。因此，线束较长、节点（即挂接在总线上的模块）的数量较多，容易受到干扰。其防干扰的措施是尽量降低通信速度。

另一方面，与动力传动系统相比，车身系统本身（如玻璃升降等）对反应速度的要求也并不高。为此，目前常常采用速度较低且更廉价的解决方案。

(3) 安全系统　是指根据多个传感器的信息使安全气囊启动等的控制系统。由于涉及到人的生命安全，加之在汽车中气囊数目多、碰撞传感器多等原因，要求安全系统必须具备通信速度快、可靠性高等特点。

(4) 信息（娱乐、ITS）系统　信息系统在车上的应用很广泛，例如车载电话、音响等系统的应用。对信息系统通信总线的要求是：容量大、通信速度非常高。通信媒体一般采用光纤或铜线，因为此两种介质传输的速度非常快，能满足信息系统的高速化需求。

2. 典型车载网络系统

以大众汽车为例，其CAN总线由动力CAN、舒适CAN、信息娱乐（显示）CAN及网关组成（见图19-5）。

网关（Gateway）又称网间连接器、协议转换器，是一种充当转换器的计算机系统或设备。当两个网络进行数据交换时，必须通过网关来实现数据格式、传输速率或语言等的转换。同时，网关也可以提供过滤和安全功能。

网关一般集成在仪表内与仪表电脑做成一体，网关的一侧与所有的CAN系统相连，而另一侧则通过K线与故障诊断接口（即OBD Ⅱ诊断座）相连（见图19-6），可以实现与OBD Ⅱ的通讯。

大众CAN系统的传输线由缠绕在一起的CAN-H、CAN-L两条组成。各CAN系统的颜色和直径有所不同（见图19-7）。动力CAN线较粗，CAN-H为橙/黑色，CAN-L为橙/棕色；舒适CAN线较细，CAN-H为橙/绿色，CAN-L为橙/棕色；信息娱乐CAN线CAN-H为橙/紫，CAN-L为橙/棕色。

(1) 动力CAN数据总线　基本的动力CAN数据传输系统连接3块电脑（见图19-8），它们是发动机、ABS及自动变速器电脑。每个电脑和很多传感器、执行机构联接，各电脑之间又通过CAN总线交换信息。

3个控制单元的优先权顺序为：ABS电控单元→发动机电控单元→自动变速器电控单元。

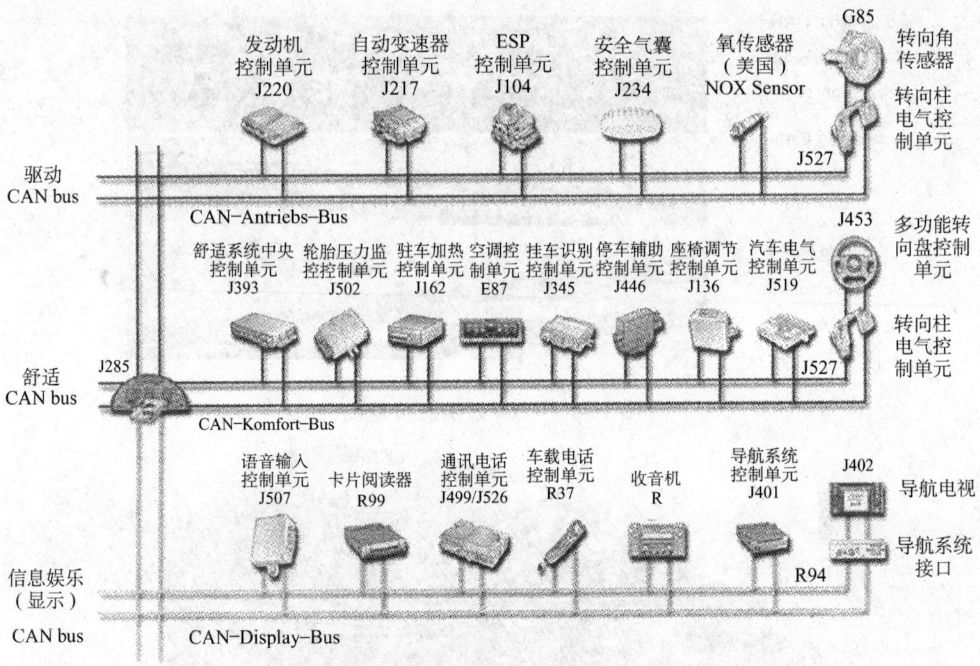

图 19-5 大众 CAN 总线的组成

图 19-6 大众 CAN 网关的位置与联接

大众 POLO（保罗）的动力 CAN 数据传输系统由车载网络控制单元 J559、数据总线的诊断接口 J533、仪表板控制单元 J285、发动机控制单元 J220、ABS 控制单元 J104、自动变速器控制单元 J217、安全气囊控制单元 J234、转向辅助控制单元 J500 等组成。高尔夫动力 CAN 总线连接 6 块电脑，分别是 J285 仪表、J217 变速器电脑、J220 发动机电脑、J104ABS 电脑、G85 转向柱模块、J234 气囊电脑。

在动力传动 CAN 系统中，数据传递应尽可能快速，以便及时利用数据，动力 CAN 数据总线以 500kbit/s 速率快速传递数据。CAN-H、CAN-L 任何一条总线出现故障，动力 CAN 总线都会失去数据传递能力。

大众动力 CAN 的高、低线之间通过终端数据电阻相连。早期的终端电

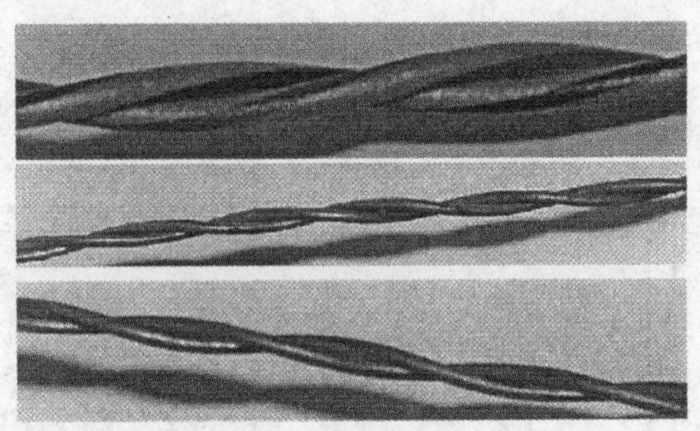

图 19-7 CAN 系统的传输线

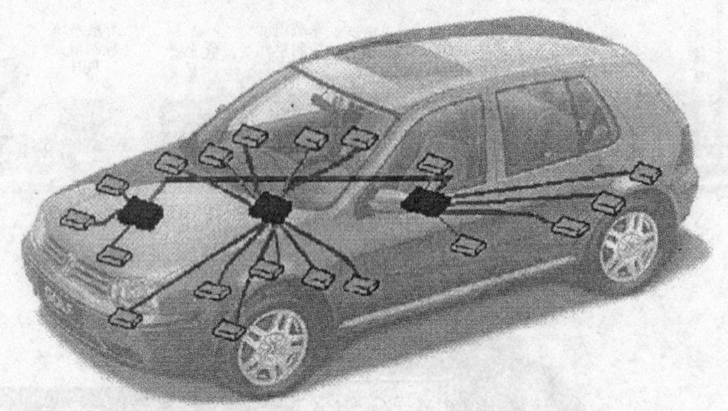

图 19-8 大众动力 CAN 总线的基本形式

阻独立在各控制单元之外，现在一般集成在控制单元内（见图 19-9）。发动机控制单元内的终端电阻值为 66Ω，其他控制单元内的终端电阻较大，达 2.6kΩ。

（2）舒适 CAN 数据总线 该数据总线的控制单元中，各条传输线以星状形式汇聚一点（见图 19-10）。这样设计的好处是，如果一个控制单元发生故障，其他控制单元仍可发送各自的数据。

舒适 CAN-H、CAN-L 两总线之间没有终端电阻，如果 CAN-H、CAN-L 线路中某处出现对地短路、对正极短路或线路问题，CAN 系统会立即转为应急模式运行或转为单线通信模式运行。

基本的舒适 CAN 数据总线连接 5 块控制单元，包括中央控制单元及 4 个车门的控制单元。数据传递有 5 个功能：中央门锁、电动窗、照明开关、后视镜加热及自诊断功能。5 个控制单元的优先权顺序为：中央控制单元→驾驶员侧车门控制单元→前排乘客侧车门控制单元→左后车门控制单元→右后车门控制单元。

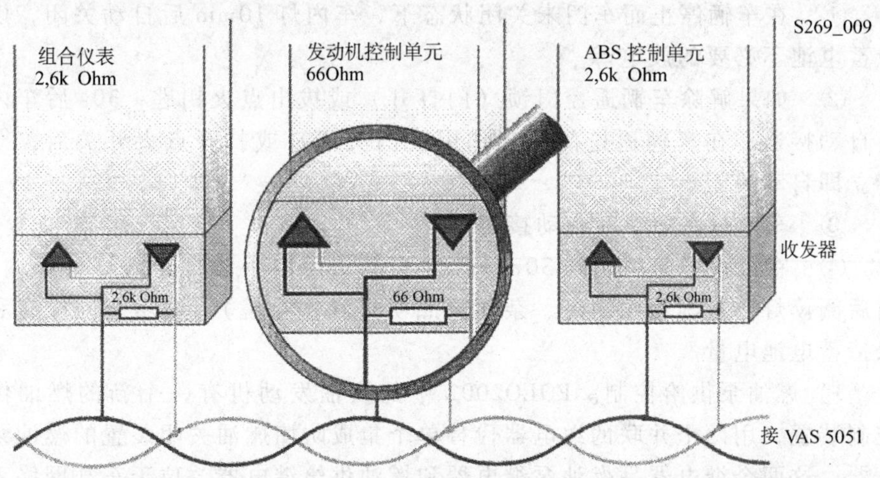

图 19-9　大众动力 CAN 总线终端电阻

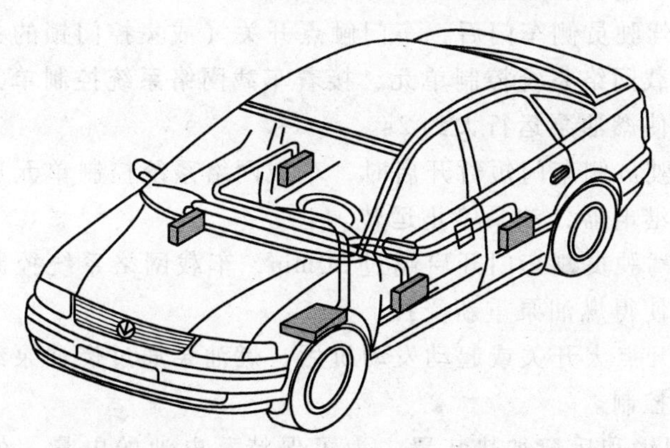

图 19-10　大众舒适 CAN 数据总线星状连接

以 POLO 车载网络系统为例，舒适 CAN 数据总线控制功能说明如下。

1）负荷管理。在车辆行驶中，由于大量使用舒适性装备和电热器，如后窗加热装置、外后视镜加热和电子辅助加热装置等，尤其是车辆时走时停和冬季行驶时会引起发电机过载，导致蓄电池放电，这时车载网络系统控制单元的负荷管理系统会针对监测到的蓄电池电压采取措施。

电压低于 12.7V 时，怠速转速将会被提高；电压降到 12.2V 以下时，车载网络系统控制单元将关闭后窗加热装置、座椅加热装置和外后视镜加热装置，并降低空调压缩机功率，以保持车辆的行驶能力，并确保车辆重新起动的能力。当电压重新达到标准电压时，其控制单元恢复所关闭的电器功能。

2）车内灯控制。

① 在车辆停止而车门未关闭状态下，车内灯10min后自动关闭，以避免蓄电池不必要的放电。

② 如果解除车辆遥控门锁（门打开）或拔出点火钥匙，30s后车内灯会自动接通；在车辆遥控门锁起作用（门关闭）或打开点火开关后，车内灯立即自动关闭。

③ 车内灯在撞车时自动接通。

④ 在点火开关关闭约30min后，自动关闭由手动打开的灯（车内灯、前后阅读灯、行李箱照明灯、杂物箱照明灯和化妆镜）。该功能同样有利于保持蓄电池电量。

3）燃油泵供给控制。POLO2002中的汽油发动机有一个新的燃油供给控制装置，用两个并联的继电器代替单个集成防撞燃油关闭装置的燃油泵继电器。这两个继电器是燃油泵继电器和燃油供给继电器，位于车载网络系统控制单元上的继电器托架上。其工作方式为：

① 打开驾驶员侧车门后，车门触点开关（或集控门锁的关闭单元）将信号发送到车载网络系统控制单元，接着车载网络系统控制单元控制燃油供给继电器，并使燃油泵运行大约2s。

② 当驾驶员侧车门短暂开启时，车载网络系统控制单元通过其定时开关切断燃油泵继电器，油泵停止运转。

③ 如果驾驶员侧车门开启超过30min，车载网络系统控制单元通过其定时控制装置使得燃油泵重新受控。

④ 当打开点火开关或起动发动机后，燃油泵通过燃油泵继电器，由发动机控制单元控制。

4）外后视镜和后窗加热装置。为了保持蓄电池的电量，外后视镜和后窗加热装置只有在发动机运行时才能接通，在接通约20min之后，加热装置将自动关闭。

5）后座椅靠背监控。在后窗座椅的中间位置带有三点式安全带的车辆，若后排座椅中间位置的靠背部分安装不正确，在打开点火开关后，仪表板中间的一个指示灯亮约20s。

6）接通后风窗玻璃刮水器。当后风窗玻璃刮水器刮片位于1挡、2挡或间歇挡时，如果将车辆挂入倒挡，则后风窗玻璃刮水器会自动刮水1次，以使驾驶员能看清车后的物体和路面。

7）控制前风窗玻璃刮水器锁止装置。当前风窗玻璃刮水器已接通间歇挡、发动机盖打开时，反映此状况的信号将从发动机盖接触开关发送至车载网络系统控制单元，控制单元将阻止前风窗玻璃刮水器运动，直至发动机盖再次关闭。该功能对提高车辆使用安全性有利。

8）转向信号和报警灯控制。车载网络系统控制单元对转向信号和报警灯可以实现如下控制功能：

①　转向灯闪烁（左、右转向）；

②　当接通报警灯按钮或撞车时闪烁报警；

③　当触动防盗报警装置时闪烁；

④　打开或关闭集中门锁时闪烁。

9）编码。车载网络系统在维修中的编码是必不可少的。在进行燃油供给控制系统、可加热式外后视镜、车内灯的控制装置及带有舒适性开关的后窗刮水器等装置的更换和维修之后，必须进行编码。

19.3　汽车总电路及车载网络（CAN）的维护与常见故障

19.3.1　汽车电路的使用维护

1）注意保持汽车电路的清洁、完整和安装牢固。

2）禁止用高压水枪清洗汽车电器和线路。

3）导线折断、脱皮或老化时，应及时更换同规格的新导线。

4）熔丝熔断或损坏时，应更换同规格的新熔丝。

5）电路出现冒烟、火花、异响、焦臭、发热等异常现象时，应及时停车检查。

6）检查电路应该先切断蓄电池总电源。

19.3.2　汽车电路的常见故障

汽车电路常见故障主要有断路和短路。

电路断路和短路势必造成用电设备失去作用，影响汽车工作，应根据电路结构原理分析判断是哪条线路或电子模块故障。

故障诊断可以采用以下方法进行。

1. 直观法

通过直观检查（如电路是否出现冒烟、火花、异响、焦臭、发热等异常现象）来发现明显故障，提高检修速度。

2. 电阻测量法

采用电表欧姆档检查电路导线两端的电阻，如电阻为无穷大，则为电路断路，如电阻为 0，则为电路短路。

3. 替换法

将被怀疑的导线或部件用已知完好的导线或部件替换，验证怀疑是否正确。

19.3.3 汽车CAN总线的常见故障

汽车CAN总线的常见故障现象及原因见表19-1。

表19-1 CAN总线的常见故障现象及原因

故障现象	故障原因
动力传动系统、车身系统、安全系统、信息系统功能失常	1）通信线路短路、断路（含CAN-H和CAN-L短路、CAN-H对正极短路、CAN-H对地短路、CAN-H断路、CAN-L对正极短路、CAN-L对地短路和CAN-L断路共7种故障） 2）通信线路质量不符合要求，引起通信信号衰减或失真 3）汽车电源电压过低 4）电控模块ECM失效 5）数据传输终端电阻损坏

CAN总线故障一般通过示波器测量波形来检测，也可通过检测仪器进行诊断，但不如示波器直观。

本章小结

1）汽车电路具有低压、单线、并联制、负极搭铁等特点。汽车电路原理图显示了汽车电器设备的总体组成及连接特点，是进行汽车电系故障诊断与排除的基础。

2）控制器局域网CAN极大地减少了汽车导线的数量、提高了可靠性、节约了制造和维修成本。

3）CAN局域网由若干个控制单元、CAN控制器、CAN接收发送器、传输数据总线等组成。

4）车载网络一般分为4个系统：动力传动系统、车身系统、安全系统和信息系统。

5）动力CAN数据传输系统连接发动机、ABS及自动变速器电脑3块电脑。每个电脑和很多传感器、执行机构联接，各电脑之间又通过CAN总线交换信息。

6）舒适CAN数据总线连接5块控制单元，包括中央控制单元及4个车门的控制单元。它具有负荷管理、车内灯控制、燃油泵供给控制、外后视镜和后窗加热装置控制、后座椅靠背监控、接通后风窗玻璃刮水器、控制前风窗玻璃刮水器锁止装置、转向信号和报警灯控制、编码等功能。

【复习思考题】

1. 名词解释：CAN、多路传输、数据总线、网关、车载网络、汽车动力CAN、汽车舒适CAN。

2. 汽车电路连接有哪些特点？

3. 如何正确识读汽车电路原理图？

4. 汽车 CAN 有何作用？

5. CAN 总线系统由哪几部分组成？

6. 简述大众汽车 CAN 系统的基本组成与工作原理。

7. POLO 汽车的舒适 CAN 总线有哪些功能？

参考文献

[1] 李贵炎．车载网络系统结构原理与维修［M］．南京：江苏科学技术出版社，2008.

[2] 朱建风，李国忠．常见车系 CAN-BUS 原理与检修［M］．北京：机械工业出版社，2007.

[3] 尹燕功．汽车轮胎的合理使用［J］．北京工业职业技术学院学报，2007，6(1)：28-33.

[4] 李威，尹术飞．TPMS 的无源化发展方向研究［J］．重型汽车，2005，5：14-16.

[5] 陈宝珍．汽车雨刷的选购与维护［J］．汽车维护与修理，2007，7：67-68.

[6] 陈家瑞．汽车构造：下册［M］．北京：人民交通出版社，2006.

[7] 麻友良，丁卫东．汽车电器与电子控制系统［M］．北京：机械工业出版社，2003.

[8] 赵良红．汽车底盘电控技术［M］．北京：机械工业出版社，2002.

[9] 汽车工程手册编辑委员会．汽车工程手册（基础篇）［M］．北京：人民交通出版社，2001.

[10] 余志生．汽车理论［M］．北京：机械工业出版社，2001.

[11] 陈达因．上海桑塔纳 2000GSi 轿车结构图册［M］．北京：人民交通出版社，2000.

[12] 中国标准出版社．汽车国家标准汇编［S］．北京：中国标准出版社，1999.

[13] 张泰岭、陆华忠，罗锡文．汽车自动变速器原理与检修［M］．广州：广东科技出版社，1999.